Sackmann – das Lehrbuch für die Meisterprüfung

Teil IV: Berufs- und Arbeitspädagogik

Ausbildung der Ausbilder nach AEVO

Auflage 37 a

Mitarbeiter:

Dipl.-Verw.-Wirt Walter Bourichter, Dipl.-Päd. Ulrich Brand, Dr. Friedrich-Hubert Esser, Studienass. Sybille Hänel, Thomas Hintz, Dipl.-Ing. Ass. Hans-Jürgen Ibe, Betriebswirt Rainer Kissel, Dr. Beate Kramer, OStR. Hugo Küchler, Dipl.-Ing. Ass. Herbert Quant, Heinz Richtarsky, Dr. Uwe Schaumann, Prof. Dr. Martin Twardy

Verlagsanstalt
Handwerk
GmbH

Sackmann – das Lehrbuch für die Meisterprüfung

Teil III: Rechnungswesen, Betrieb und Wirtschaft, Recht und Steuern
mit CD-ROM

Teil IV: Berufs- und Arbeitspädagogik, Ausbildung der Ausbilder nach AEVO

Auflage 37 a
Stand: 1. Mai 2004

ISBN 3-87864-669-0

Umschlaggestaltung, Layout und Grafiken:
Susanne Stang, Stefan Zienke
Lektorat und Herstellung:
Martina Burkert, Barbara Schnell
Satz: WVG Werbe- und Verlagsgesellschaft mbH, Grevenbroich

Verlagsanstalt Handwerk GmbH
Auf'm Tetelberg 7
40221 Düsseldorf
Tel.: 02 11/3 90 98–0
Fax: 02 11/3 90 98–33
E-Mail: buchshop@verlagsanstalt-handwerk.de
Internet: www.verlagsanstalt-handwerk.de

Inhaltsverzeichnis

Lernfeld 1: Allgemeine Grundlagen

Verf.: Dipl.-Päd. Ulrich Brand, OStR. Hugo Küchler

Lernfeld 2: Planung der Ausbildung

Verf.: Dipl.-Verw.-Wirt Walter Bourichter / Heinz Richtarsky (Kap. 1 – 4); Dr. Friedrich-Hubert Esser / Dr. Uwe Schaumann / Prof. Dr. Martin Twardy (Kap. 5), OStR. Hugo Küchler (Kap. 6)

Lernfeld 3: Einstellung von Auszubildenden

Verf.: Studienass. Sybille Hänel

Lernfeld 4: Ausbildung am Arbeitsplatz

Verf.: Thomas Hintz / Dr. Beate Kramer

Lernfeld 5: Förderung des Lernprozesses

Verf.: Dipl.-Ing. Ass. Hans-Jürgen Ibe / Dipl.-Ing. Ass. Herbert Quant

Lernfeld 7: Abschluss der Ausbildung

Verf.: Betriebswirt Rainer Kissel

Anhang

Vorwort zur Auflage 37a

Am 1. Januar 2004 ist die neue Handwerksordnung in Kraft getreten, die eine ganze Reihe von einschneidenden Veränderungen mit sich bringt, vor allem durch die Neustrukturierung der Anlagen A und B.

neue HwO

Das war – neben einigen anderen notwendigen Änderungen und Ergänzungen – für Autoren und Verlag Grund genug, Ihnen für die Vorbereitung auf Teil IV der Meisterprüfung sowie die Ausbildereignungsprüfung eine überarbeitete Zwischenauflage (Auflage 37a) vorzulegen.

Wir wünschen Ihnen viel Erfolg bei Ihren Prüfungen!

Juni 2004

Vorwort zur 37. Auflage

Mit der neuen, aktualisierten Auflage legt der Verlag wiederum ein modernes Lehrbuch vor, das von den beteiligten Autoren mit großem Engagement für seine Leser geschrieben wurde und regelmäßig an neueste Erkenntnisse angepasst wird. Verfasst ist das Buch für alle, die zukünftig selbst ausbilden wollen, insbesondere aber für die Teilnehmer von Kursen, die auf die Meisterprüfung bzw. die Ausbildereignungsprüfung vorbereiten.

modernes Lehrbuch

Nach wie vor sind es vorrangig kleine und mittelständische Betriebe, die Ausbildungsplätze anbieten und sich engagiert um den Nachwuchs kümmern. Insbesondere für diejenigen, die sich qualifizieren wollen, um dieser verantwortungsvollen Aufgabe gerecht zu werden, stellt dieses Buch das notwendige Wissen zur Verfügung und gibt praktische Hilfestellung.

Es bereitet nicht nur optimal auf die Prüfung vor, sondern vermittelt gleichzeitig alle notwendigen **Kompetenzen,** um Nachwuchs versiert auszubilden und systematisch zu qualifizierten Mitarbeiterinnen und Mitarbeitern im Betrieb heranzubilden.

„Handlungsorientierung" ist ein Stichwort, das die Vorbereitung auf den Teil IV der Meisterprüfung und auf die Ausbildereignungsprüfung seit einigen Jahren bestimmt. Das bedeutet, dass die Prüfung und entsprechend auch die Vorbereitung darauf an konkreten Handlungssituationen aus dem Ausbildungsalltag ausgerichtet sind.

Die Praxisorientierung des Unterrichts hat sich damit deutlich erhöht. Dem Erwerb von Handlungskompetenz und Selbstständigkeit wird ein zunehmend höherer Stellenwert beigemessen als dem bloßen Wissenserwerb.

Die Gliederung wird durch **sieben Lernfelder** bestimmt, die die logische Abfolge in der Praxis von der Auswahl und Einstellung des Lehrlings bis zur Gesellen-/Abschlussprüfung mit einem Ausblick auf Fort- und Weiterbildung wiedergibt.

sieben Lernfelder

Die sieben Lernfelder

1. Allgemeine Grundlagen
2. Planung der Ausbildung
3. Einstellung von Auszubildenden
4. Ausbildung am Arbeitsplatz
5. Förderung des Lernprozesses
6. Ausbildung in der Gruppe
7. Abschluss der Ausbildung

Diese Lernfelder orientieren sich an den Anforderungen für die Ausbildereignungsprüfung nach **AEVO** (Ausbilder-Eignungsverordnung) und an der Verordnung über gemeinsame Anforderungen in der Meisterprüfung **(AMVO)** sowie an den Themen des zugehörigen **Rahmenstoffplanes.**

Was zeichnet dieses Lehrbuch besonders aus?

Merkmale der neuen Auflage

- Die **Autoren**: Es handelt sich um engagierte Dozenten, die die einzelnen Themen inhaltlich erarbeitet haben und kontinuierlich von Auflage zu Auflage weiter entwickeln. Sie bringen dabei permanent ihre umfangreichen Erfahrungen aus der Unterrichts- und Prüfungspraxis mit ein.
- Der hohe **Praxisbezug**: Im „Sackmann" ist nicht nur das gesamte Wissen, das für Prüfungen im Bereich der Berufs- und Arbeitspädagogik erforderlich ist, übersichtlich dargestellt, sondern auch ein hoher Praxisbezug gegeben.
- Die zahlreichen **Beispiele**: Sie gewährleisten, dass der Text nicht theoretisch bleibt, sondern in die Praxis übertragbar ist.
- Die farbigen **Randmarginalien**: Sie sorgen für Übersicht auf den Seiten und helfen bei der schnellen Orientierung.
- Die vielen **praktischen Durchführungshinweise,** Ablaufschemata, Übersichten, Beispiele für Ausbildungsplanung, Unterweisungsentwürfe etc.: Sie veranschaulichen zusammen mit vielen Abbildungen die Kernaussagen des Buches.
- Die **Fragen am Kapitelende**: Sie helfen, den wesentlichen Inhalt zusammenzufassen, selbst eine Lernerfolgskontrolle durchzuführen und den Zusammenhang zu eigenen praktischen Erfahrungen herzustellen.
- Die zahlreichen **Kapitel- und Seitenverweise**: Diese führen den Leser zusätzlich durch das Buch und unterstützen die systematische Erarbeitung des Lernstoffs.
- Das detaillierte **Stichwortverzeichnis**: Es ermöglicht die Nutzung des Buches als Nachschlagewerk auch noch nach Ablegung der Prüfung und als dauerhaften Rat- und Impulsgeber für die Durchführung der Berufsbildung im Betrieb.
- Die nützlichen **Internetadressen**: Sie wurden ausgewählt, um den Leser auf weitere interessante Informationen zum Thema aufmerksam zu machen. Innerhalb des Lehrbuchtextes wird der Leser an Ort und Stelle zielgerichtet zum gewünschten Unterverzeichnis der Website geführt, so

dass ein schneller Zugriff auf die dort abrufbaren Fakten, Formulare, Downloadangebote etc. möglich ist.
Zusätzlich sind im Anhang des Buches wichtige, themenübergreifende Internetadressen mit kurzen Erläuterungen zum Inhalt in einer Übersicht zusammengestellt, damit „lohnende" Internetadressen auch für spätere Recherchen präsent bleiben.

- Das hilfreiche **Literaturverzeichnis**: Der „Sackmann" wird nicht nur zur Prüfungsvorbereitung eingesetzt, sondern vielfach auch danach weiter als Nachschlagewerk genutzt. Die genannten Titel werden von den Autoren als freiwillige, begleitende und vertiefende Lektüre empfohlen, aber nicht vorgeschrieben.

ergänzende Teilnehmerunterlage

Ergänzend zu diesem Lehrbuch und eng darauf abgestimmt wurde von der **Zentralstelle für Weiterbildung im Handwerk (ZWH)** eine Teilnehmerunterlage mit Handlungssituationen und Aufgaben erstellt, anhand derer eingeübt werden kann, Handlungen selbst zu planen, durchzuführen und zu kontrollieren. Diese Teilnehmerunterlagen, die eng mit dem „Sackmann" verbunden sind, können – sofern nicht ohnehin im Vorbereitungskurs eingesetzt – über den Verlag direkt bezogen werden.

Übungsbogen

Abgerundet wird das Gesamtkonzept rund um die Meisterprüfung durch **Übungsbogen**, mit denen der „Ernstfall" der Prüfung geprobt werden kann. Erfahrene Autoren haben hier zu allen Lernfeldern eine breite Auswahl an Multiple-Choice- und frei zu beantwortenden Aufgaben zusammengestellt. Ausgangspunkt ist jeweils eine Problemstellung in einer konkreten Betriebssituation. Dabei kann erworbenes Wissen gezielt angewendet und auf den Prüfstand gestellt werden.

Prüfungstraining

Darüber hinaus ist die Bearbeitung verschiedener Aufgabentypen und Formen der Fragestellung ein ideales Prüfungstraining. Da die Übungsbogen in formaler Hinsicht auf gängige Prüfungsbogen abgestimmt sind, ist es somit möglich, die Prüfungssituation im Vorfeld zu simulieren. Dennoch ist darauf hinzuweisen, dass die Übungsbogen keinesfalls Originalprüfungsfragen enthalten und jede Prüfung in der jeweiligen Kammer individuell zusammengestellt wird und jeweils anders aussieht.

Die Lösungshinweise im Anhang der Übungsbogen sowie die Kapitelverweise auf den „Sackmann – das Lehrbuch für die Meisterprüfung" dienen abschließend der eigenen Kontrolle und ermöglichen ein schnelles Nachschlagen zu einzelnen Aufgabenstellungen. So können noch vorhandene Wissenslücken rechtzeitig erkannt und geschlossen werden.

Auch die Übungsbogen können, sofern sie nicht Bestandteil der Kursunterlagen sind, separat direkt beim Verlag bestellt werden.

Autoren und Verlag wünschen eine erfolgreiche Vorbereitung auf die Prüfung, aber auch gleichzeitig viel Erfolg bei der anschließenden Bewältigung der vielfältigen Aufgabenstellungen als Ausbilder in Ihrem Betrieb!

April 2003

Hinweise

Hinweise zu Schreibweisen und Begriffen im Lehrbuch

- Die Begriffe **„Auszubildender" und „Lehrling"** werden in diesem Band absolut gleichwertig verwendet.
- Zugunsten der besseren Lesbarkeit wurde auf Doppelbezeichnungen wie z. B. „der Ausbilder/die Ausbilderin" oder „Ausbilder/in" bewusst verzichtet.

Bestellungen beim Verlag

Bestellungen beim Verlag:

Verlagsanstalt Handwerk GmbH
Auf'm Tetelberg 7
40221 Düsseldorf
Tel. 0211/390 98–27
Fax 0211/390 98–33

ZWH-Teilnehmerunterlagen	Best.-Nr. 1414	EUR 19,90
Übungsbogen Teil IV	Best.-Nr. 1421 02	EUR 7,80
Übungsbogen Teil III	Best.-Nr. 1421 01	EUR 12,80
Übungsbogen Teil III+IV	Best.-Nr. 1421 00	EUR 19,80

Preise inkl. MwSt. zzgl. Versandspesen.

Lernfeld 1: Allgemeine Grundlagen

1. Bedeutung und Stellung der Berufsbildung

Kompetenzen:

Der Lernende

- kann die Bedeutung beruflicher Aus- und Weiterbildung für den Einzelnen, den Betrieb und die Gesellschaft beurteilen,
- kann die Grundstruktur des Bildungssystems in Deutschland erfassen und darstellen,
- kennt Anforderungen an das Bildungssystem und kann Möglichkeiten der Einflussnahme auf die Entwicklung des Bildungssystems beurteilen,
- versteht Allgemeinbildung und Berufsbildung als Bildungsoptionen und kann die mit ihnen verbundenen Berufslaufbahnperspektiven bewerten.

1.1 Die Bedeutung beruflicher Aus- und Weiterbildung

betriebliche Gründe für die Ausbildung

Warum entscheiden sich Betriebe für die Berufsausbildung? Im Handwerk zum Beispiel gehört es zum Selbstverständnis eines Meisters, sein berufliches Können und Wissen an die nachwachsende Generation weiterzugeben. Aber auch unter nüchternen Kosten-Nutzen-Gesichtspunkten überwiegen die Vorteile, wenn man darunter den Nutzen versteht, den ein Betrieb nach der Ausbildung daraus zieht:

Der Betrieb gewinnt durch die Ausbildung beruflich qualifizierte und betrieblich eingearbeitete Mitarbeiter; er sichert bzw. verbessert damit seine Wettbewerbsfähigkeit. Berufsausbildung beugt einem möglichen Facharbeitermangel vor, somit stellen die Kosten der Aus- und Weiterbildung für den Betrieb eine Investition in die Zukunft dar.

Zur Erläuterung:

- Aus Lehrlingen werden häufig besonders betriebsverbundene Mitarbeiter. Die Chance, dass sie nach ihrer Ausbildung im Betrieb verbleiben, ist umso größer, je bessere Fort- und Weiterbildungsmöglichkeiten ihnen eröffnet werden.

- Das Ausbilden von Lehrlingen mindert die Gefahr unwirtschaftlicher Personalfluktuation; es erspart dem Betrieb die zeitaufwendige Suche nach neuen Mitarbeitern sowie Einarbeitungskosten.
- Die betriebliche Aus- und Weiterbildung stellt darüber hinaus auch insofern eine Investition in die Zukunft dar, als sie der Imagepflege dient: Gute Qualifizierungsleistungen gelten als Werbefaktor.

Wer als Ausbilder tätig wird, muss sich nicht nur darüber klar werden, welchen Stellenwert die berufliche Aus- und Weiterbildung für den Betrieb besitzt, sondern sich auch mit der Frage auseinander setzen, welche Bedeutung sie für den Einzelnen und die Gesellschaft hat. Die Beschäftigung mit dieser Frage lässt erkennen, welche Anforderungen an die betriebliche Ausbildung sich aus den Veränderungen in Wirtschaft, Gesellschaft und Technik ergeben.

Nutzen für den Einzelnen

Für den Einzelnen stellt die berufliche Aus- und Weiterbildung die Basis für die gesamte berufliche Laufbahn dar: Sie verschafft dem Einzelnen eine Existenzgrundlage, trägt zur Sicherung seiner Position auf dem Arbeitsmarkt bei und eröffnet berufliche Perspektiven. Sie bildet sowohl die Voraussetzung für eine berufliche Fortbildung (z. B. vom Gesellen zum Meister) wie auch z. B. für das Anrecht auf tarifliche Einstufung, eine Berufsunfähigkeitsrente oder die finanzielle Förderung einer Umschulung. Studierwilligen bietet die Berufsausbildung einen sicheren Rückhalt bei der weiteren Karriereplanung.

Nutzen für die Gesellschaft

Die Gesellschaft ist aus sozialpolitischen und wirtschaftlichen Gründen in hohem Maße an der beruflichen Aus- und Weiterbildung interessiert: Die Aus- und Weiterbildung trägt dazu bei, die Zahl arbeitsloser Jugendlicher sowie die „Aussteiger"-Quote (Drop-out-Quote) zu verringern. Sie verbessert – da höhere Einkommen erzielt werden – das allgemeine Steueraufkommen, sichert den Wohlstand der Bürger und damit zugleich den sozialen Frieden und gesellschaftliche Stabilität. Ein hohes Qualifikationsniveau der Arbeitnehmer ist außerdem Voraussetzung für den Erhalt bzw. die Steigerung der internationalen Wettbewerbsfähigkeit.

Der Ausbilder, der die Interessen des Betriebs, des Lehrlings und der Gesellschaft im Auge behalten muss, benötigt grundlegende Kenntnisse über das Bildungssystem. Diese Kenntnisse sind beispielsweise die Voraussetzung dafür, Auszubildende von ihrer schulischen Vorbildung her richtig einschätzen und in Fragen ihrer weiteren beruflichen Entwicklung sachkundig beraten zu können. Im Folgenden sollen daher die Struktur und die Kennzeichen des Bildungssystems in Deutschland erläutert werden.

1.2 Grundstruktur des Bildungssystems der Bundesrepublik Deutschland

Das Bildungssystem in Deutschland umfasst zum einen das allgemein bildende und das berufliche Schulwesen, zum anderen den Bereich außerschulischer Berufsbildung.

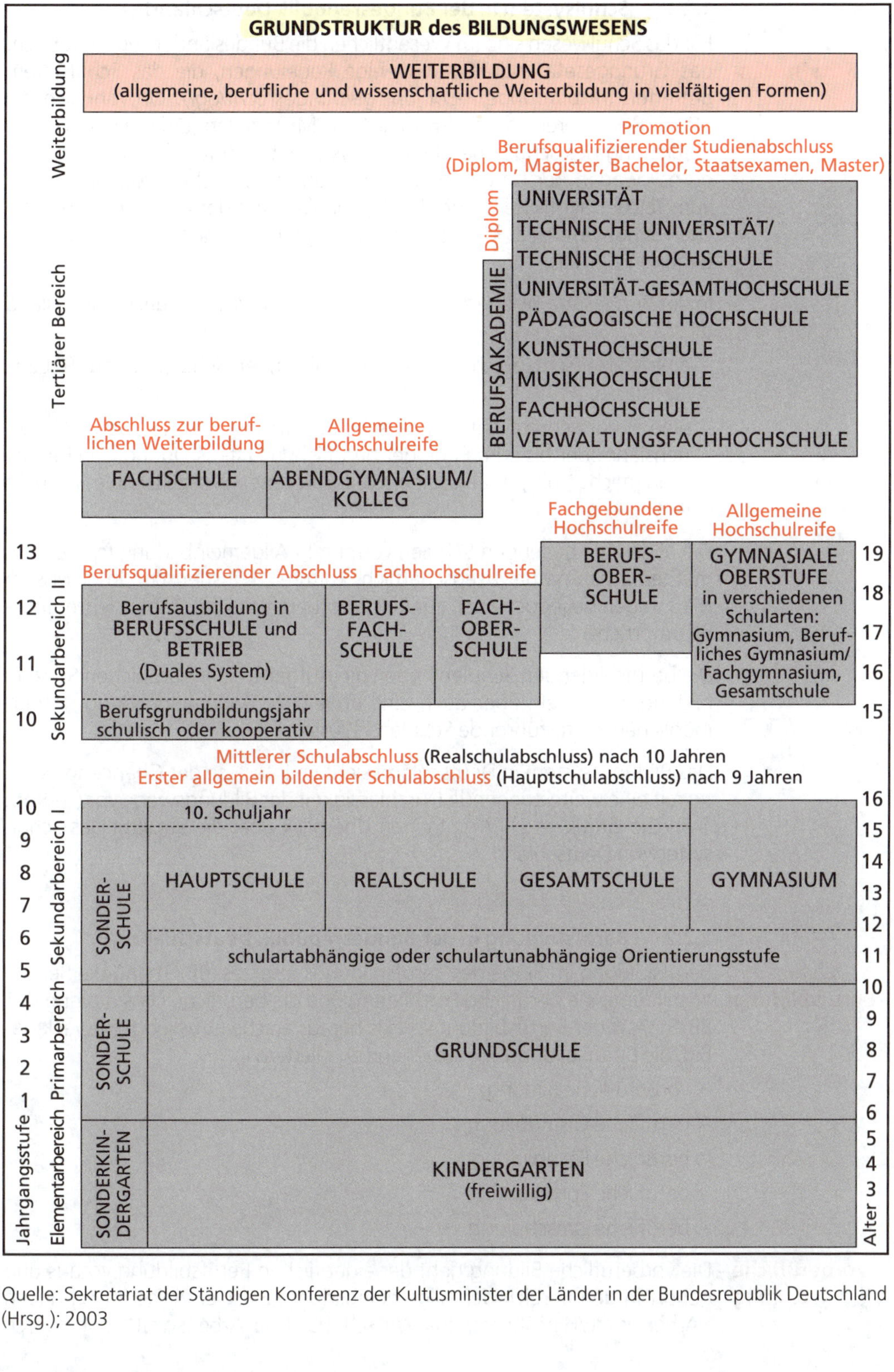

Quelle: Sekretariat der Ständigen Konferenz der Kultusminister der Länder in der Bundesrepublik Deutschland (Hrsg.); 2003

1.2.1 Schulsystem in der Bundesrepublik Deutschland

Schulsystem

Für das Schulwesen sind im Wesentlichen die Bundesländer verantwortlich; das Grundgesetz enthält nur wenige Regelungen, die das Schulsystem betreffen *(http://bundesrecht.juris.de/bundesrecht/gg/)*. Obwohl sich die Ständige Konferenz der Kultusminister (KMK) seit langem um eine Vereinheitlichung des schulischen Bildungssystems bemüht, gibt es in den Ländern – wegen der unterschiedlichen bildungspolitischen Vorstellungen – zum Teil beträchtliche Unterschiede, vor allem auf dem Gebiet des beruflichen Schulwesens. Es können jedoch einige grundlegende Merkmale festgehalten werden.

In der Bundesrepublik besteht allgemeine Schulpflicht. Je nach Bundesland gilt

- eine Vollzeitschulpflicht an allgemein bildenden Schulen bis zur 9. bzw. 10. Klasse,
- eine Berufsschulpflicht (Teilzeitschulpflicht) bis zum 18. bzw. 21. Lebensjahr oder bis zum Ende der beruflichen Erstausbildung. Die Berufsschulpflicht ruht, wenn eine weiterführende Vollzeitschule besucht wird.

Die allgemein bildenden Schulen vermitteln Allgemeinbildung (sprachlich, mathematisch-naturwissenschaftlich, kulturell, künstlerisch); in gewissem Maß tragen sie jedoch auch zur Berufsvorbereitung bei (Arbeitslehre, Technikunterricht).

Die berufsbildenden Schulen haben die Aufgabe einer beruflichen Spezialbildung, vermitteln aber auch eine erweiterte Allgemeinbildung und ermöglichen weiterführende Schulabschlüsse.

Das Bildungssystem in Deutschland sieht im Interesse der Chancengerechtigkeit eine weitestgehende Durchlässigkeit der Bildungswege vor (→ Kap. 1.3). Die Grafik → S. 17 gibt einen Überblick über die Struktur des Schulsystems in Deutschland.

1.2.2 Berufsbildung in der Bundesrepublik Deutschland

System der Berufsbildung

Berufsbildung im Sinne des Berufsbildungsgesetzes (BBiG) sind die Berufsausbildung, die berufliche Fortbildung und die berufliche Umschulung (§ 1 BBiG). Aus der Berufsbildungspraxis heraus erscheint es jedoch zweckmäßig, die Berufsbildung weitergehend zu gliedern in

- vorberufliche Bildung,
- berufliche Grundbildung,
- berufliche Fachbildung,
- berufliche Fortbildung,
- berufliche Umschulung.

vorberufliche Bildung

Die vorberufliche Bildung geht der eigentlichen Berufsbildung voraus und gehört in den Bereich der Allgemeinbildung. Beispielsweise im Schulfach „Arbeitslehre/Hinführung zur Wirtschafts- und Arbeitswelt" oder durch

Betriebserkundungen und -praktika lernen die Schüler das Erwerbsleben näher kennen und entwickeln ein (selbst-)kritisches Berufswahlverhalten. Einen wichtigen Beitrag leisten in diesem Zusammenhang auch die Berufsinformationszentren (BIZ) der Arbeitsverwaltung (→ Lernfeld 3: Einstellung von Auszubildenden, Kap. 1.1.1).

Grundbildung

Die berufliche Grundbildung stellt die erste Phase der Berufsausbildung dar. In ihr werden systematisch Grundfertigkeiten und Grundkenntnisse vermittelt, die als Basis für die weiterführende Fachausbildung unerlässlich sind und teilweise für mehrere Berufe in Frage kommen (berufsfeldbreite Ausbildung).

Fachbildung

Die berufliche Fachbildung schließt an die berufliche Grundbildung an und vermittelt in einem geordneten Ausbildungsgang die notwendigen fachlichen Fertigkeiten und Kenntnisse, die für die Ausübung einer qualifizierten beruflichen Tätigkeit, d. h. eines Berufes, notwendig sind. Außerdem muss dem Auszubildenden in der Phase der beruflichen Fachbildung ermöglicht werden, Berufserfahrungen zu sammeln (§ 1 Abs. 2 BBiG). Sie schließt mit der Gesellen-, Gehilfen- oder Facharbeiterprüfung ab.

Fortbildung

Die berufliche Fortbildung ist auf den beruflichen Aufstieg gerichtet (Höhergraduierung) und führt zu einem durch Verordnung oder Satzung geregelten Fortbildungsabschluss. Ein Beispiel für die berufliche Fortbildung ist der Schritt von der Gesellenprüfung zur Meisterprüfung.

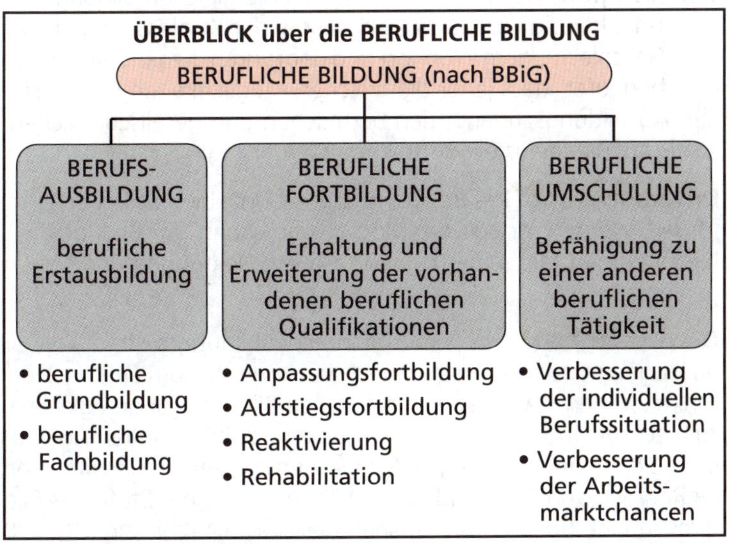

Die berufliche Fortbildung dient ebenfalls der Anpassung an veränderte Qualifikationserfordernisse, die sich z. B. durch die Einführung neuer Technologien ergeben (auch: Weiterbildung). Als weiterer Zweck der beruflichen Fort- und Weiterbildung kommt die berufliche Wiedereingliederung von Arbeitnehmern nach einer Unterbrechung ihrer Erwerbstätigkeit (Reaktivierung) sowie von körperlich, geistig oder seelisch behinderten Menschen (Rehabilitation) in Frage.

Umschulung

Die berufliche Umschulung hat zum Ziel, Erwerbstätige auf eine andere als die bisher ausgeübte berufliche Tätigkeit vorzubereiten. Die Inhalte der Umschulungsmaßnahmen entsprechen denen einer Erstausbildung. Die Ausbildungszeiten und -methoden sind dem System der Erwachsenenbildung angepasst. Eine berufliche Umschulung kommt beispielsweise dann in Betracht, wenn jemand seinen Beruf aus gesundheitlichen Gründen nicht mehr ausüben kann oder längerfristig arbeitslos ist und geringe Chancen hat, in seinem Beruf eine neue Stelle zu finden.

Die Gliederung der Berufsausbildung in Grund- und Fachbildung wird in bestimmten Berufen durch die Bildung von Schwerpunkten und Fachrichtungen noch verfeinert. Am stärksten wird in der Stufenausbildung differenziert. Näheres zur Berufsausbildung mit Schwerpunkten oder Fachrichtungen sowie zur Stufenausbildung wird in → Lernfeld 2: Planung der Ausbildung, Kap. 2.5 erläutert.

1.3 Anforderungen an das Bildungssystem

Die Leitbegriffe der Bildungspolitik sind vor allem gesellschaftspolitischer und pädagogischer Natur. In Bezug auf das Bildungssystem bestehen folgende Zielvorstellungen:

Ziele des Bildungssystems

Chancengleichheit: Jeder Mensch soll die gleichen Bildungschancen haben, unabhängig von der sozialen Lage, der Konfession, der Nationalität, dem Geschlecht, dem Wohnort und dem vorausgegangenen Bildungsweg. Dies bedeutet, dass jeder die gleichen Möglichkeiten hat im Hinblick auf den Ausbildungszugang, den beruflichen und gesellschaftlichen Aufstieg sowie auf die finanzielle Ausbildungsförderung.

Differenzierung: Die Begabungen des Einzelnen sollen erkannt und gefördert werden; er soll die Möglichkeit haben, an Bildungsmaßnahmen teilzunehmen, die seiner Eignung, seinen Neigungen und seinen Leistungen entspricht.

Durchlässigkeit: Jeder soll im dualen Bildungssystem von einem Bildungsgang in einen anderen wechseln können. Zum einen soll er die Möglichkeit haben, zwischen verschiedenen Bildungsgängen gleichen Niveaus zu wechseln (horizontale Durchlässigkeit), z. B. von einer allgemein bildenden zu einer berufsbildenden Schule. Zum anderen soll es ihm möglich sein, im Rahmen von Fort- und Weiterbildung von einer Stufe des Bildungssystems in eine höhere aufzusteigen (vertikale Durchlässigkeit), z. B. soll ein Meister berechtigt sein, ein Fachhochschulstudium zu beginnen.

Transparenz: Das Bildungssystem soll für jeden durchschaubar sein. Jeder soll erkennen können, welche Bildungswege ihm offenstehen, z. B. ohne große Mühe in der Lage sein herauszufinden, welche weiterführenden Bildungsgänge in Frage kommen und was sie beinhalten.

Anpassungsfähigkeit: Das Bildungssystem soll die Bürger befähigen, flexibel auf technische, wirtschaftliche oder gesellschaftliche Veränderungen zu reagieren, indem es die Lernfähigkeit, die Entscheidungsfreude und die Mobilität jedes Einzelnen fördert. Das Ausbildungssystem muss zukunftsorientiert gestaltet werden, indem offene Ausbildungsstrukturen geschaffen und Schlüsselqualifikationen vermittelt werden.

Öffentliche Verantwortung: Im Zusammenhang mit dem dualen System meint der Begriff „öffentliche Verantwortung", dass sowohl die Allgemeinbildung als auch die Berufsbildung grundsätzlich in die Verantwortung des Staates fallen; es bestehen jedoch unterschiedliche Zuständigkeiten.

Bund, Länder und Kommunen

Dem Staat (Bund, Länder, Kommunen) obliegen im Rahmen der dualen Ausbildung die Aufgaben der

- Regelung (ausbildungsrechtliche Rahmenbedingungen, Ausbildungsordnungen, Berufsschulwesen),
- Förderung (Teilfinanzierung),
- Überwachung der Durchführung und Einhaltung der Vorschriften.

zuständige Stellen

Er überträgt einen nicht unbeträchtlichen Teil dieser Durchführungs- und Überwachungsaufgaben an die zuständigen Stellen, die in seinem Auftrage tätig werden.

Des Weiteren bedeutet öffentliche Verantwortung, dass vor allem folgende institutionelle Aktionsträger bei der Gestaltung der Berufsausbildung mitverantwortlich einbezogen sind:

- Vertreter des Staates (Bund/Länder),
- Arbeitgeberverbände und Gewerkschaften,
- Kammern und Innungen.

Gleichwertigkeit von Allgemeinbildung und Berufsbildung: Zur Bildung gehört die Berufsbildung ebenso wie die Allgemeinbildung.

Die Berufsbildung ist diejenige Bildung, die den Menschen zur Ausübung eines Berufes qualifiziert, d. h. spezifische Kenntnisse, Fertigkeiten und Verhaltensweisen vermittelt, die zur Berufsausübung benötigt werden. Als beruflich gebildet gilt derjenige, der die Aufgaben am Arbeitsplatz sach- und fachgerecht bewältigt und in der Lage ist, auf Veränderungen im Betrieb sowie im Wirtschaftsleben angemessen zu reagieren.

Allgemeinbildung hingegen ist diejenige Bildung, die jedermann unabhängig vom Beruf erwirbt und die ihn in die Lage versetzt, private und gesellschaftspolitische Herausforderungen zu bewältigen (→ S. 18).

Beide Formen der Bildung werden von jedem Menschen gleichermaßen benötigt: Sie sind Teile der Persönlichkeitsbildung.

Persönlichkeitsbildung

Die im vergangenen Jahrhundert aufgekommene und lange nachwirkende Abwertung der beruflichen gegenüber der allgemeinen Bildung lässt sich nicht länger aufrechterhalten. Die berufliche Bildung ist nicht weniger anspruchsvoll als der Weg zum Abitur; es wird immer mehr „Kopfarbeit" verlangt. Ein Beispiel: Ein Tischlerbetrieb erstellt CAD-Entwürfe für seine Produkte und überträgt die Daten entsprechend in die Produktionsmaschine. Ein Lehrling in diesem Betrieb wird in rechnergestützten Tätigkeiten ausgebildet, die ebenfalls Planung und Steuerung komplizierter Prozesse einschließen.

Berufsbildung bezeichnet keinen Gegensatz zur Allgemeinbildung, sie ist auch kein Sonderfall der Allgemeinbildung, sondern Bildung, die sich in der Berufsrealität bewährt.

Gleichwertigkeit

Daher fordern die an der Berufsbildung Beteiligten die bislang nicht erreichte Anerkennung der Gleichwertigkeit von allgemeiner und beruflicher Bildung: Abschlüsse im beruflichen Bildungswesen müssen dieselben Berechtigungen erwirken und dieselben Berufslaufbahnperspektiven eröffnen wie die Abschlüsse im allgemein bildenden Schulwesen.

Weiterentwicklung des Bildungssystems

Die Überlegung, welche Ansprüche an das Bildungssystem gestellt werden, führt zu der Frage, wie der Einzelne oder beispielsweise ein Ausbildungsbetrieb seine Weiterentwicklung beeinflussen kann. Grundsätzlich bietet es sich an, über gesellschaftliche und politische Gruppen oder wirtschaftliche Interessensverbände Einfluss zu nehmen. In Frage kommen z. B. Gewerkschaften, Parteien, Kirchen, Innungen und Kammern.

Bitte bearbeiten Sie abschließend die folgenden Aufgaben:

1. Welche Bedeutung hat die berufliche Aus- und Weiterbildung für die Betriebe, den Einzelnen und die Gesellschaft?
2. Wie ist das Bildungswesen in der Bundesrepublik aufgebaut?
3. Welche Anforderungen werden an das Bildungssystem in Deutschland gestellt?

2. Das duale System der Berufsausbildung

Kompetenzen:

Der Lernende

- kann Betrieb, Schule und überbetriebliche Ausbildungsstätte als Lernorte des dualen Systems kennzeichnen und hinsichtlich ihrer Bedeutung gewichten,
- kann Stärken und Schwächen des dualen Systems im Vergleich mit anderen europäischen Ausbildungssystemen beschreiben.

2.1 Duales System im Überblick

Die berufliche Erstausbildung wird in Deutschland überwiegend im Rahmen einer dualen Berufsausbildung vermittelt. Rund zwei Drittel der Schüler von Abgangsklassen aller Schularten streben eine betriebliche Lehre an. Der Anteil derjenigen, die sich für eine vollschulische Berufsqualifikation entscheiden, liegt, wenn man von den Studenten absieht, bei etwa 10 %, allerdings mit wachsender Tendenz.[1)]

Begriff „duales System"

Der Begriff „duales System" wurde 1964 durch den „Deutschen Ausschuss für das Erziehungs- und Bildungswesen" geprägt und bezeichnet „ein System der gleichzeitigen Ausbildung in Betrieb und Berufsschule".

Die naheliegende Schlussfolgerung, dass es sich dabei lediglich um ein Zusammenwirken von zwei Lernorten handelt, nämlich Werkstatt und Klassenraum, greift jedoch zu kurz. Bei genauer Betrachtung ist festzustellen, dass es hier um zwei grundsätzlich verschiedene organisatorisch-institutionelle Einheiten geht.

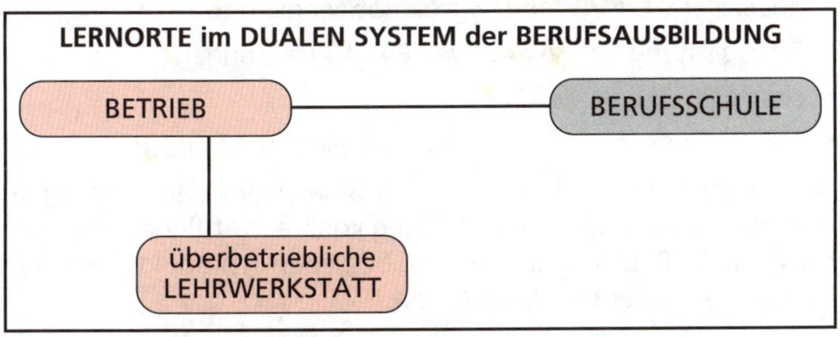

Betrieb und Berufsschule sind gleichberechtigte institutionelle Träger. Der Schwerpunkt liegt jedoch faktisch auf der arbeitsplatzgebundenen Ausbildung im Betrieb, der durch den Teilzeitunterricht in der Pflicht-Berufsschule ergänzt wird.

1) Quelle: Berufsbildungsbericht 2003 *(www.berufsbildungsbericht.info)*

2.2 Lernorte des dualen Systems

Die Berufsausbildung im dualen System setzt sich aus einer betrieblichen und einer schulischen Ausbildung zusammen. Den Lernorten Betrieb und Berufsschule kommen dabei unterschiedliche Aufgaben zu. Im Folgenden sollen die Lernorte des dualen Systems vorgestellt und ihre Aufgaben erläutert werden.

2.2.1 Aufgaben des Lernorts Betrieb

Betriebe leisten in verschiedener Weise Beiträge zur Berufsbildung: Einarbeitung (Trainee-Programme), Praktikantenausbildung, innerbetriebliche Weiterbildung, Umschulung und Berufsausbildung. Ein Betrieb, der beruflich ausbildet, muss nach Berufsbildungsgesetz (BBiG) und Handwerksordnung (HwO) bestimmte Voraussetzungen erfüllen.

Eine gesetzliche Ausbildungspflicht besteht für die Betriebe nicht. Wenn sie sich zur Aufnahme einer Berufsausbildung entschließen, so verfolgen sie dabei einen berechtigten Eigennutz: die Sicherung des dringend benötigten Berufsnachwuchses. Ein Aufgabenprofil, das sich ausschließlich an dieser Nutzenfunktion orientierte, würde allerdings den Interessen der Auszubildenden und der Volkswirtschaft nicht gerecht werden. Deshalb bestimmt das BBiG verbindliche Zielvorgaben: „Die Berufsausbildung hat eine breit angelegte berufliche Grundbildung und die für die Ausübung einer qualifizierten beruflichen Tätigkeit notwendigen fachlichen Fertigkeiten und Kenntnisse in einem geordneten Ausbildungsgang zu vermitteln. Sie hat ferner den Erwerb der erforderlichen Berufserfahrungen zu ermöglichen" (§ 1 Abs. 2 BBiG). Ergänzt werden diese Leitvorstellungen durch die Auflage in § 6 Abs. 1 Ziff. 5 BBiG, wonach der Ausbildende die Pflicht hat, „dafür zu sorgen, daß der Auszubildende charakterlich gefördert sowie sittlich und körperlich nicht gefährdet wird".

gesetzliche Zielvorgaben

Aufgaben-schwerpunkte

Zusammengefasst ergeben sich daraus folgende Aufgabenschwerpunkte des Lernorts Betrieb in der Berufsausbildung:

- Vermittlung der fachlichen Fertigkeiten und Kenntnisse, die für eine qualifizierte berufliche Tätigkeit notwendig sind,
- Ermöglichung des Erwerbs von Berufserfahrungen,
- charakterliche Förderung,
- Vermeidung von sittlicher und körperlicher Gefährdung.

Der Lernort Betrieb umfasst je nach Branche wiederum verschiedene Arbeitsplätze, an denen die Ausbildung konkret stattfindet: z. B. in der Werkstatt, auf der Baustelle, in größeren Betrieben in produktionsunabhängigen „Lehrecken" oder Lehrwerkstätten.

Die überbetriebliche Lehrwerkstatt ist sachlich und rechtlich Bestandteil des Lernorts Betrieb.

2.2.2 Ergänzende Aufgaben der überbetrieblichen Lehrwerkstatt

Neue Ausbildungsordnungen und Berufsbilder fordern eine ständig breiter angelegte berufliche Grundbildung und eine Fachbildung, die durch Ergänzung und Erweiterung der Berufsbilder im Laufe der Jahre immer komplexer geworden ist. Dagegen spezialisieren sich die Betriebe zunehmend auf bestimmte Teiltätigkeiten innerhalb eines Berufsbildes.

überbetriebliche Unterweisung

Die überbetriebliche Unterweisung eignet sich dazu, bestimmte Fertigkeiten und Kenntnisse rationell zu vermitteln. Gleichzeitig bietet sie den Auszubildenden die Möglichkeit, modernste Ausbildungsinhalte kennen zu lernen, die noch nicht in allen Betrieben vermittelt werden können. Somit nimmt die überbetriebliche Unterweisung bestimmte Aufgaben der betrieblichen Ausbildung wahr.

Aufgaben der überbetrieblichen Ausbildung

- Anpassung an die technische Entwicklung

Manche neuen Techniken können nicht sofort von allen Betrieben vermittelt werden.

- Ergänzungs- und Ausgleichsfunktion (§ 22 BBiG, § 22 HwO)

Aufgrund der unterschiedlichen Struktur der Betriebe sollen Qualitätsunterschiede in der Ausbildung durch überbetriebliche Lehrunterweisung vermieden werden, da die überbetriebliche Ausbildung die erforderliche Ergänzung und den inhaltlichen Ausgleich bewirkt.

- Systematisierung und Intensivierung der betrieblichen Ausbildung

Bestimmte Fertigkeiten können aus pädagogischen Gründen optimaler unabhängig vom Produktionsablauf in kleinen Gruppen systematisch und intensiv vermittelt werden.

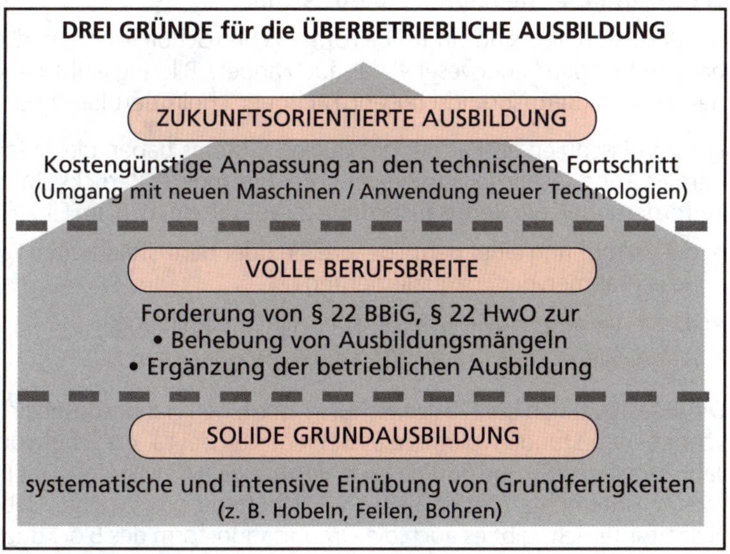

Über diese ursprünglichen Aufgaben hinaus nehmen die überbetrieblichen Lehrwerkstätten folgende weitere Funktionen wahr:

- Sicherstellung eines gleichmäßigen Ausbildungsniveaus, insbesondere vor Prüfungen,

- zusätzliche Ausbildungsangebote in strukturschwachen Gebieten oder für lernschwache Lehrlinge,
- Angebot von Lehrgängen für die berufliche Weiterbildung.

Der Besuch von überbetrieblichen Lehrwerkstätten ist in einigen Berufen durch die Ausbildungsordnung zwingend vorgeschrieben (z. B. Bauberufe). Im Übrigen ist die Förderung der überbetrieblichen Berufsausbildung eine gesetzliche Aufgabe der Kammern und Innungen. Die Handwerkskammern sind nach Satzungsrecht berechtigt, Beschlüsse zur Durchführung der überbetrieblichen Berufsausbildung zu fassen. Wenn solche Beschlüsse vorliegen, besteht hinsichtlich der Teilnahme an den Lehrgängen

- für den Ausbildenden Freistellungspflicht
- und für den Auszubildenden Teilnahmepflicht.

Die Kosten der überbetrieblichen Ausbildung hat der Ausbildende zu tragen, soweit sie nicht durch Landes- oder Bundeszuschüsse bzw. Umlagen auf Innungs- oder Kammerebene gedeckt sind. Sie werden in Form von Gebühren auf der Grundlage einer Gebührenordnung erhoben.

Nutzen für die Betriebe

Die in der überbetrieblichen Lehrwerkstatt erworbenen Fertigkeiten und Kenntnisse und die damit verbundene Anhebung des Leistungsstandes kommen der Ausbildung im Betrieb zugute. Insofern hat sich die überbetriebliche Ausbildung in den vergangenen Jahren als fester Bestandteil der Berufsausbildung etabliert, da sie wesentlich zum Ziel einer qualifizierten und mobilitätsfördernden Ausbildung beiträgt.

2.2.3 Aufgaben des Lernorts Berufsschule

Berufsschulen

Die Berufsschulen sind ein Teil des öffentlichen Schulwesens, und zwar des berufsbildenden Schulwesens, das auch andere Bildungsaufträge wahrzunehmen hat (Berufsgrundschuljahr, Fachoberschule, Berufsfachschule etc.).

Die Berufsschulen als Partner des dualen Systems haben die Aufgabe, allgemeine und fachliche Lerninhalte unter besonderer Berücksichtigung der Anforderungen der Berufsausbildung zu vermitteln, d. h. im Einzelnen:

- die Vermittlung einer berufsgenerellen oder berufsfeldbreiten Fachtheorie im Rahmen der Erstqualifizierung,
- die Vertiefung und Erweiterung der Allgemeinbildung,
- die Verleihung von Schullaufbahnberechtigungen.

zeitliche Organisation

Die Berufsschulen sind Teilzeitschulen mit einem landesgesetzlich vorgeschriebenen Stundenvolumen. Es bewegt sich bei ca. 40 Schulwochen pro Jahr zwischen 480 und 560 Unterrichtsstunden à 45 Minuten. Das bedeutet 12–14 Unterrichtsstunden bzw. 1–2 Schultage pro Woche. Neben dem Teilzeitunterricht gibt es auch die Organisationsform des Blockunterrichtes (12–13 Schulwochen Vollzeitunterricht, phasenweise über das Jahr verteilt) sowie die Kombination von Teilzeit- und Blockunterricht. Schließlich sind auch dynamische Regelungen möglich: Ein größerer Anteil von Schulstunden im 1. Ausbildungsjahr wird durch einen reduzierten Anteil im letzten Ausbildungsjahr ausgeglichen.

Zwei Drittel der Berufsschulzeit sind für die eigentliche Fachausbildung vorgesehen (8 U.-Std./Woche); ein Drittel steht für die Allgemeinbildung zur Verfügung (4 U.-Std./Woche).

Klassenorganisation

Die Klassenorganisation folgt den Erfordernissen in den einzelnen Berufen, so gibt es

- monoberufliche aufsteigende Fachklassen (z. B. Friseure),
- berufsfeldbreite Fachklassen (z. B. Grundausbildung in den Metallberufen),
- gemischtberufliche Klassen (z. B. verschiedene Elektroberufe, HwK- und IHK-Berufe),
- monoberufliche Bezirks- und Landesfachklassen für schwach besetzte Berufe.

Die Schüler einer Berufsschulklasse sind im Hinblick auf Alter, Vorbildung, betriebliche Herkunft und Interessen oft sehr verschieden. Das erschwert den Unterricht mitunter beträchtlich.

Merkmale der Lernorte Betrieb und Berufsschule		
Merkmale	**Betrieb**	**Berufsschule**
Rechtsebene	privatrechtlich (Zivilrecht)	öffentlich-rechtlich (öffentliches Recht)
rechtliche Zuständigkeit	Bundesrecht	Landesrecht
gesetzliche Regelung	Berufsbildungsgesetz Handwerksordnung	Schulgesetze der Länder
inhaltliche Regelung	Ausbildungsordnungen (Bundesrecht)	Rahmenlehrpläne (Landesrecht)
rechtliche Grundlage	Ausbildungsvertrag	Schulpflichtgesetz
Lehrende	qualifizierte Ausbilder/ Handwerksmeister	Lehrer (i. d. R. Hochschulausbildung)
Qualifikationsziele	Berufsausbildung	berufliche Bildung allgemeine Bildung
Lernorganisation	produktions- und auftragsorientiert	wissenschaftsorientiert-systematisch
Finanzierung	betrieblich	staatlich (öffentlich)
Kontrolle	zuständige Stelle	Bundesländer
Prüfung	zuständige Stelle	keine Prüfung

Berufsschullehrer Berufsschullehrer unterrichten in der Regel zwei Schulfächer – nicht nur in der Teilzeit-Berufsschule, sondern auch in anderen Schulformen des berufsbildenden Schulwesens. Aufgrund ihrer zumeist vollakademischen Ausbildung liegt ihre eigentliche Kompetenz eher im Bereich des Abstrakt-Theoretischen und Berufsgenerellen. Ihr Bezug zur Berufsrealität gründet sich ganz überwiegend auf Betriebspraktika im Rahmen ihrer Studienzeit und auf Kooperationen mit Betrieben und berufsständischen Organisationen (Innungen) während ihrer Lehramtszeit.

2.2.4 Kooperation – Koexistenz – Konkurrenz?

Mit dem Begriff „duales System" verbindet sich die Vorstellung einer Verzahnung und Gleichwertigkeit der Lernorte. Das ist jedoch in der Praxis keineswegs selbstverständlich und nicht überall gegeben. In der bildungspolitischen Diskussion findet die Forderung allgemeine Zustimmung; auf Bundes-, Landes- und Regionalebene sind Berufsbildungsausschüsse gesetzlich verankerte Einrichtungen. In der berufspädagogischen Praxis ist eine Lernortkooperation aber eher die Ausnahme. Ausbilder und Lehrer sind nur sehr vage darüber informiert, was am jeweils anderen Lernort geschieht. Man arbeitet aneinander vorbei oder betrachtet sich mitunter als lästige Konkurrenz.

Eine effektive Lernortkooperation kann man nicht gesetzlich verordnen, sie muss vielmehr von allen Beteiligten getragen werden und setzt Verständigungsbereitschaft und persönliches Engagement voraus.

Lernortkooperation Unter pädagogischen Gesichtspunkten ist Lernortkooperation mehr als eine bloße Beziehung zwischen den an der Berufsausbildung beteiligten Personen. Sie bedeutet eine didaktische Verständigung über Ziele, Inhalte und Methoden. Deshalb erfordert Kooperation spezifische Abstimmungsmaßnahmen für eine gemeinsame Planung und Gestaltung (→ Lernfeld 2: Planung der Ausbildung, Kap. 6).

2.3 Zuständigkeiten, Aufsicht und Kontrolle im dualen System

Das duale Ausbildungssystem ist ein verzweigtes und weit reichendes Ordnungsgefüge. Das Funktionieren des Systems setzt voraus, dass der Sachverstand und die Interessen aller Beteiligten in gemeinsamer Verantwortung für die Planung, Durchführung und Weiterentwicklung der Berufsausbildung zusammengeführt werden.

Hierbei sind die drei Ebenen zu unterscheiden,

- die politische Ebene: Bund und Länder (Gestaltung der Ordnungsunterlagen),
- die Verwaltungsebene: Kammern und Regierungspräsidenten (Kontrolle und Aufsicht),

- die pädagogische Ebene: Betriebe und Berufsschulen (Durchführung der Berufsausbildung).

Im Einzelnen sind folgende Aktionsträger des dualen Systems zu nennen:

Arbeitgeber

Beteiligung der Arbeitgeber

Die Arbeitgeber schließen die Berufsausbildungsverträge mit den Auszubildenden ab und entscheiden, ob, wen und wie viele sie in welchen Berufen ausbilden. Sie tragen auf der Grundlage staatlicher Vorgaben die Verantwortung für die Ausbildung und finanzieren die Ausbildung überwiegend. Durch ihre Verbände wirken sie an der Gestaltung der strukturellen und inhaltlichen Regelungen mit. Ihre Interessen sind vor allem auf den beruflichen Nutzen und den Praxisbezug der Qualifikationen gerichtet.

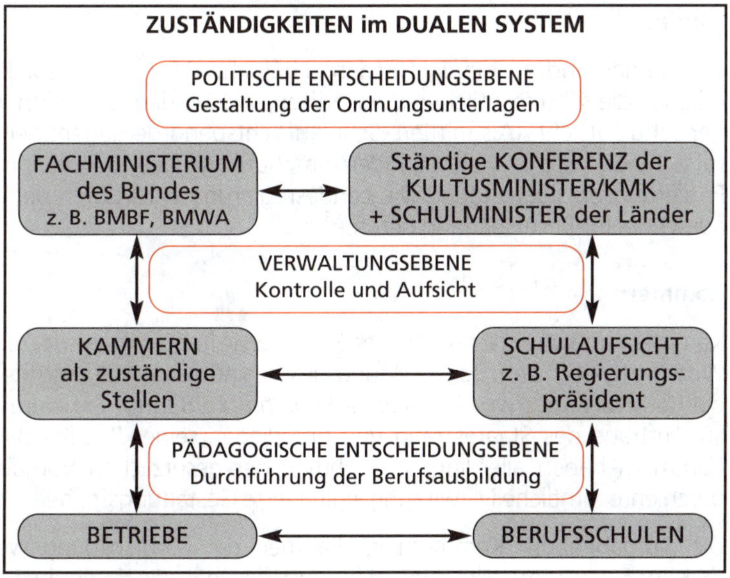

Arbeitnehmer

Rolle der Arbeitnehmer

Die Arbeitnehmer wirken durch ihre Gewerkschaften, im Handwerk auch durch ihre Gesellenvertreter, an der Planung und Durchführung der Ausbildung mit. Sie sind neben den Arbeitgebermitgliedern in allen wichtigen Ausschüssen paritätisch vertreten (Berufsbildungsausschuss auf Bundes-, Landes- und Kammerebene, Prüfungsausschüsse) und nehmen in größeren Betrieben durch den Betriebsrat und die Jugendvertretung Einfluss auf die Ausbildung. In der Berufsbildung und deren Verbesserung sehen sie eine wesentliche Aufgabe in Hinblick auf die Vertretung der Arbeitnehmerinteressen und befürworten grundsätzlich das duale System.

Bund

Verantwortung des Bundes

Der Bund ist zuständig für den betrieblichen Teil der Ausbildung: Er erlässt bundeseinheitliche Rahmenvorschriften (BBiG, HwO, Ausbilder-Eignungsverordnung u. a.), beschließt die Ausbildungsordnungen und wirkt zusammen mit der Ständigen Konferenz der Kultusminister (KMK) bei der Verzahnung von Ausbildungsordnungen und schulischen Rahmenlehrplänen mit *(www.kmk.org)*.

Bundesinstitut für Berufsbildung (BIBB)

Aufgaben Das Bundesinstitut für Berufsbildung *(www.bibb.de)* berät die Bundesregierung durch den Hauptausschuss für Berufsbildung (= „runder Tisch" der Berufsbildung) und koordiniert die Einarbeitung und Überarbeitung der Ausbildungsordnungen. Darüber hinaus ist es zuständig für Forschung, Statistik und Berichterstattung in der Berufsbildung, beispielsweise erstellt es jährlich das Verzeichnis der anerkannten Ausbildungsberufe[1)] (2003: ca. 350).

Länder

Zuständigkeit Die Länder sind zuständig für den schulischen Teil der Ausbildung: Sie erlassen die schulrechtlichen Vorschriften, wie Schulorganisation, Lehrpläne, Schulaufsicht. (Als mittlere Schulaufsichtsbehörde gegenüber den Berufsschulen wird in vielen Ländern im Auftrage des Kultusministers der Regierungspräsident tätig.) Die Landesregierung wird durch den Landesausschuss für Berufsbildung beraten.

Kammern

Rolle der Kammern Kammern sind öffentlich-rechtliche Selbstverwaltungsorgane der regionalen Wirtschaft. Nach dem Berufsbildungsgesetz sind sie „zuständige Stellen" für die Berufsbildung *(www.aaonline.dkf.de/bb/p098.htm)*. Sie werden somit im Auftrage des Staates tätig und unterliegen seiner Rechtsaufsicht. Die Kammern haben allerdings im Rahmen der gesetzlichen Vorgaben eine durch ehrenamtliche Mitwirkung legitimierte Gestaltungsfreiheit.

Die Aufgaben der Kammern im Rahmen der Berufsbildung werden in → Kap. 5.1 erörtert; allgemein ist festzustellen, dass die Kammern für Fragen der betrieblichen Berufsausbildung vorrangig Ansprechpartner sind.

Arbeitsverwaltung

Aufgaben Die Arbeitsverwaltung nimmt im Rahmen des dualen Systems auf Bundes-, Landes- und örtlicher Ebene wichtige Aufgaben vor allem im Vor- und Umfeld der Berufsausbildung wahr: Sie informiert und berät über berufliche Ausbildungsmöglichkeiten und vermittelt Ausbildungsstellen an Ausbildungsplatzsuchende. Sie finanziert Stützkurse für lernschwache Lehrlinge und zahlt Berufsausbildungsbeihilfen für sozial schwache Lehrlinge. Außerdem erörtert sie in ihren paritätisch besetzten Verwaltungsausschüssen die Ausbildungsplatzsituation und beschließt Maßnahmen.

[1)] Das „Verzeichnis der anerkannten Ausbildungsberufe 2003" kann zum Preis von € 24,90 zzgl. Versandkosten bezogen werden beim Verlag W. Bertelsmann GmbH & Co. KG, Postfach 10 06 33 in 33506 Bielefeld, Tel.: 0521/911 01-11, Fax: 0521/911 01-19, E-Mail: service@wbv.de

2.4 Kosten und Finanzierung des dualen Systems

Im Rahmen der dualen Berufsausbildung tragen die ausbildenden Betriebe den größten Teil der Kosten, wobei die Ausbildungsplätze je nach Beruf und Betriebsgröße unterschiedlich teuer sind. Die betrieblichen Ausbildungskosten setzen sich vor allem aus folgenden Kostenarten zusammen:

Kostenarten

- Ausbildungsvergütungen für die Lehrlinge,
- Personalkosten für haupt- und nebenberufliche Ausbilder,
- Ausbildungsmittel für die Berufsausbildung (Arbeitsmittel, Lernmittel, Lehrmittel),
- Aufwendungen für die überbetriebliche Unterweisung, Lehrgangskosten,
- Prüfungs- und Eintragungsgebühren, Verwaltungskosten,
- ggf. Umlagen oder Sonderabgaben aufgrund von tarifvertraglichen Regelungen bzw. Kammerbeschlüssen.

Brutto-/Netto-Ausbildungskosten

Sowohl in gesamtwirtschaftlicher als auch in einzelbetrieblicher Betrachtung bezeichnet man die Summe dieser Kosten als Brutto-Ausbildungskosten. Zieht man hiervon die Erträge ab, die die Lehrlinge durch ihre produktiven Leistungen während der Ausbildung erwirtschaften, ggf. ergänzt durch spezielle Zuschüsse, so erhält man die Netto-Ausbildungskosten.

spezielle Finanzierungsregelungen

In einigen Handwerksberufen gelten besondere Finanzierungsregelungen, z. B. die Ausgleichskassen-Verordnung für das Schornsteinfegerhandwerk oder die tarifvertraglichen Regelungen für das Baugewerbe im Rahmen der Stufenausbildung „Bau", für das Steinmetzen- und Steinbildhauerhandwerk, für das Dachdeckerhandwerk und für das Gerüstbaugewerbe.

Die Aufwendungen für die Berufsschule werden von der öffentlichen Hand getragen; es handelt sich um Mittel der Länder, Kreise, Städte und Gemeinden für die Personal- und Sachkosten. Die finanziellen Verpflichtungen des Bundes beschränken sich im Rahmen des dualen Systems im Wesentlichen auf die Förderung der überbetrieblichen Ausbildungsstätten.

Der weitaus größte Teil der Kosten im Rahmen des dualen Systems wird also von den Ausbildungsbetrieben getragen. Gleichgültig, ob man nun eine Vollkosten- oder Teilkostenbetrachtung vornimmt, ob man nach verschiedenen Berufen oder Betriebsgrößen differenziert, die unterschiedlichen Ergebnisse lassen sich auf einen gemeinsamen Nenner bringen: Bei der Berufsausbildung legen die Betriebe mehr oder weniger zu. Dennoch entscheiden sich die Betriebe für das Ausbilden, da sich ihr Engagement – wie bereits in → Kap. 1.1 dargestellt – langfristig auszahlt: Ausbildungsbetriebe investieren in die Zukunft.

2.5 Stärken und Schwächen des dualen Systems

Stärken des dualen Systems

Im internationalen Vergleich findet das duale System weltweit Anerkennung. Es werden vor allem folgende Stärken hervorgehoben:

- Es setzt keine formalen Eingangsqualifikationen voraus und steht prinzipiell allen offen.
- Es sorgt für ein arbeitsmarktorientiertes Angebot an Ausbildungsplätzen und trägt dazu bei, die Jugendarbeitslosigkeit deutlich niedriger zu halten als in anderen Staaten.
- Es bewährt sich bei der Bewältigung gesellschaftspolitischer Herausforderungen (z. B. demographische Schwankungen).
- Es ermöglicht jungen Menschen einen stufenweisen Übergang von der Schule ins Beschäftigungssystem.
- Es vermittelt nicht nur berufliche Fertigkeiten und Kenntnisse, sondern – durch Ausbildung in der Ernstsituation des Betriebes und im sozialen Umfeld des Arbeitsalltages – auch Berufserfahrung.
- Es wirkt einer vorzeitigen Spezialisierung entgegen und fördert durch die Sicherung der vollen Berufsbreite Flexibilität und Mobilität.
- Es senkt die Ausbildungskosten, weil Produktionsmittel zugleich als Ausbildungsmittel und betriebliche Mitarbeiter zugleich als Ausbilder eingesetzt werden.
- Es passt sich rasch an technische und wirtschaftliche Veränderungen an, weil sich die Ausbildungsbetriebe als Produktionsbetriebe zwangsläufig mit den neuen Gegebenheiten auseinander setzen müssen.

Schwachstellen des dualen Systems

Bei einer kritischen Betrachtung des dualen Systems werden gesellschaftspolitische Argumente, pädagogische Vorbehalte und/oder an einzelbetrieblichen Fehlleistungen orientierte Einwände vorgetragen. Als Schwachstellen werden häufig genannt:

- Die Betriebe nutzen die Berufsausbildung im Sinne ihrer übergeordneten Interessenlage zur Profitmaximierung.
- Die Ausbildung wird nicht immer systematisch und planmäßig gestaltet, sondern richtet sich häufig nach Auftragseingang und Arbeitsanfall in den Betrieben. Sie ist nicht produktionsorientiert, sondern produktionsabhängig (betriebsspezifische Arbeiten statt berufsgenerelle Ausbildung).
- Die Betriebe verstoßen zuweilen gegen das Jugendarbeitsschutzgesetz, gegen Arbeitszeitregelungen und Beschäftigungsbeschränkungen.
- Manche Ausbilder sind zu wenig qualifiziert und engagiert. Vielen Berufsschullehrern fehlt der fachpraktische Bezug und die Ausrichtung auf den zukünftigen Qualifikationsbedarf.
- Die didaktische Abstimmung zwischen Berufsschule, Betrieb und überbetrieblicher Lehrwerkstatt ist oftmals unzulänglich.
- Eine Gleichwertigkeit von allgemeiner und beruflicher Bildung ist nicht gewährleistet.
- Eine „Ausbildung für alle“ ist nicht in jedem Fall sichergestellt.

Die Verantwortlichen im Rahmen des dualen Systems kommen nicht umhin, sich mit diesen oder anderen Kritikpunkten ernsthaft auseinander zu setzen. Zur Sicherung und Weiterentwicklung der Ausbildungsqualität bedarf es:

Weiterentwicklung der Ausbildungsqualität

- der verstärkten Kooperation und Koordination zwischen den Lernorten,
- einer kontinuierlichen Beratung, Kontrolle und Überwachung der Ausbildungsbetriebe,
- eines ausgewogenen Einsatzes überbetrieblicher Ausbildungsmaßnahmen,
- einer laufenden, möglichst gemeinsamen Weiterbildung von Ausbildern und Lehrern,
- einer verbesserten Planmäßigkeit und Systematik in der betrieblichen Ausbildung,
- einer optimalen Nutzung der Ausbildungszeiten durch flexible Unterrichtsorganisation,
- schulischer Lernangebote für leistungsstärkere und leistungsschwächere Lehrlinge.

2.6 Vergleich des dualen Systems mit der Berufsausbildung in anderen Ländern

Der Blick in andere Länder zeigt, dass das berufliche Bildungswesen sehr unterschiedlich organisiert werden kann. Im Folgenden vergleichen wir drei verschiedene Modelle unter der Fragestellung, wo konkret ausgebildet wird.

Betriebsmodell

Beim Betriebsmodell findet die gesamte Ausbildung im Betrieb statt. Sie richtet sich quantitativ und qualitativ nach dem jeweils aktuellen Arbeitskräftebedarf. Der Betrieb plant, realisiert, kontrolliert und finanziert die Ausbildung nach dem Prinzip der Kostenminimierung und lässt sich weitgehend von seinen Produktionsinteressen leiten (z. B. Großbritannien, Japan, USA).

Schulmodell

Das Schulmodell stellt den Gegensatz zum Betriebsmodell dar. Die Qualifizierung findet in einer beruflichen Schule statt. Planung, Durchführung und Kontrolle werden bürokratisch-zentralistisch gesteuert, wobei das Mitspracherecht der Unternehmen weitgehend eingeschränkt ist. Die systematisch gestaltete Ausbildung wird mit öffentlichen Mitteln finanziert und ist folglich produktionsunabhängig (z. B. Schweden, Spanien, Frankreich).

duales Modell

Beim dualen (kooperativen) Modell teilen sich Ausbildungsbetrieb und Berufsschule die Ausbildung. Das Ausbildungsangebot ist weitgehend marktvermittelt. Planung, Durchführung und Kontrolle der Ausbildung unterliegen jedoch staatlichen Rahmenvorschriften unter Beteiligung der Sozialpartner und Selbstverwaltungsorganisationen. Die Finanzierung erfolgt sowohl durch private als auch durch öffentliche Mittel (z. B. Deutschland, Österreich, Schweiz).

Übersicht

Vergleich des beruflichen Bildungswesens			
	Betriebsmodell	**Schulmodell**	**duales Modell**
Beschreibung	Nach dem Abschluss der allgemein bildenden Schule tritt der Auszubildende unmittelbar in das Berufsleben ein und wird in seine Aufgaben im Betrieb eingewiesen.	Nach dem Abschluss der allgemein bildenden Schule besucht der Auszubildende eine berufliche Vollzeitschule und tritt danach ins Erwerbsleben ein.	Nach dem Abschluss der allgemein bildenden Schule erhält der Auszubildende eine praktische Ausbildung im Betrieb, die durch theoretischen Unterricht in der Berufsschule ergänzt wird.
Länder	Großbritannien, Japan, USA, Irland, z. T. in Italien, Griechenland, Spanien und Portugal	Belgien, Schweden, Luxemburg, Frankreich, Italien, Griechenland, Spanien, Portugal	Deutschland, Österreich, Schweiz, Dänemark, z. T. in Luxemburg, ansatzweise in Frankreich
Stärken	– produktionsorientiertes, praxisnahes Lernen – schnelles Gewöhnen an das Arbeitsleben – begrenzte Kosten, weil Arbeitsmittel zur Ausbildung genutzt werden und Auszubildende auch produzieren	– pädagogisch-systematisches Lernen – Vermittlung fachübergreifender Qualifikationen – Erweiterung der Allgemeinbildung – hohe berufliche Flexibilität	Verbindung der Stärken des Betriebsmodells mit denen des Schulmodells
Schwächen	– Ausbildung ist produktionsabhängig und unsystematisch – Auszubildende bleiben oft sich selbst überlassen, die Ausbildung läuft nur nebenbei – neue Techniken nicht in allen Betrieben	– Ausbildung ist oft zu theoretisch – geringe Anpassung an den technischen Fortschritt – mangelnde Differenzierung zwischen Lernschwachen und Begabten	– Auszubildende werden häufig als Arbeitskräfte ausgenutzt – mangelnde Abstimmung zwischen betrieblicher und schulischer Ausbildung – keine Arbeitsplatzgarantie nach der Ausbildung

Die Notwendigkeit einer vergleichenden Betrachtung der Berufsbildungssysteme ergibt sich aus zwei Gründen:

Zum einen geht es um die Frage, welches Ausbildungsmodell das wirkungsvollste ist. Der Rat der Europäischen Gemeinschaft hat in diesem Zusammenhang bereits 1979 empfohlen, eine „alternierende Ausbildung" vorzuziehen. Die Leitgedanken sind dabei folgende:

alternierende Ausbildung

- Die „alternierende Ausbildung" erleichtert den Jugendlichen den Übergang von der Schule ins Erwerbsleben.
- Sie liefert einen wichtigen Beitrag dazu, dem Ziel einer „Ausbildung für alle" näher zu kommen.
- Sie erschließt sowohl den Zugang zur Beschäftigung als auch zur Weiterbildung.

Aus diesen Erwägungen heraus bevorzugt auch die UNESCO kooperative Ausbildungsformen.

Zum anderen geht es bei einer vergleichenden Betrachtung um den politisch-aktuellen Aspekt, die Ziele der Europäischen Union zu verwirklichen. Der EU-Binnenmarkt bedeutet nicht nur den ungehinderten Austausch von Waren, Dienstleistungen und Kapital, sondern auch die Möglichkeit für die Bürger, ihren Arbeits- und Wohnort europaweit frei zu wählen.

Im Zuge des europäischen Vereinigungsprozesses wurden verschiedene Strategien zur Integration der Ausbildungssysteme verfolgt.

Geltung nationalen Rechts

In der Praxis gilt nach wie vor nationales Recht: Die Regelung der schulischen und betrieblichen Bildung ist Sache der einzelnen Staaten. Europäische Regelungen ersetzen nationales Recht nicht, sondern sind lediglich Verfahrensrichtlinien, z. B. der Grundsatz, dass die in den EU-Mitgliedsstaaten erworbenen Qualifikationen gleich behandelt werden müssen, wenn sie inhaltlich gleichwertig sind. Somit bleibt in Deutschland z. B. das handwerkliche Meistersystem, der Große Befähigungsnachweis, vorläufig weiterhin unangefochtenes Recht.

Bildungsprogramme der EU

Dennoch kommt man nicht umhin, den Blick über die nationalen Grenzen hinaus zu richten. Auf der Grundlage des europäischen Rechts haben alle Menschen in der EU die Möglichkeit, in anderen Mitgliedsstaaten zu lernen, zu arbeiten und zu leben. Die Europäische Union unterstützt daher mit verschiedenen Bildungsprogrammen diejenigen, die Ausbildungs- und Berufserfahrungen in den Mitgliedsstaaten sammeln wollen. Es kommt darauf an, diese Aktionsprogramme zu nutzen, um Wettbewerbsvorteile für den eigenen Standort und Instrumente für eine grenzüberschreitende Zusammenarbeit zu gewinnen. In Frage kommen Austauschprogramme, Partnerschaften und die Erprobung von „best-practice-Modellen". Die Aktionsprogramme werden von der Europäischen Union nicht nur als Mittel zur Förderung individueller Initiativen verstanden, sondern zugleich auch als Instrumente auf dem Weg zu einer zukünftigen gemeinsamen Berufsbildungspolitik. Insofern sind sie in ihrer Langzeitwirkung von großer Bedeutung (Weitere Infos unter: *http://eu.daad.de).*

Bitte bearbeiten Sie abschließend die folgenden Aufgaben:

1. Welche Merkmale kennzeichnen das duale System?

2. Nennen Sie die Aufgabenschwerpunkte des Betriebs, der Berufsschule und der überbetrieblichen Lehrwerkstatt.

3. Welche Vor- und Nachteile haben die drei grundlegenden Ausbildungsmodelle: duales Modell, Betriebsmodell und Schulmodell?

3. Rechtliche Rahmenbedingungen der Ausbildung

Kompetenzen:

Der Lernende

- kann die für die Berufsausbildung relevanten Gesetze benennen sowie die in ihnen aufgeführten Bestimmungen bedarfsgerecht ermitteln,
- kann die Eignungsvoraussetzungen für die Ausbildung erläutern,
- ist in der Lage, die Aufgaben von Ausbildendem, Ausbilder und Ausbildungsbeauftragtem zu unterscheiden.

3.1 Stellung der Berufsbildung im Rechtssystem

öffentliches und privates Recht

Die zwischenmenschlichen Beziehungen werden wesentlich geprägt durch die Rechtsordnung. Rechtsgrundlagen sind die Normen, die einerseits die Beziehungen zwischen dem Staat und seinen Bürgern (öffentliches Recht), andererseits zwischen den Bürgern untereinander (privates Recht) regeln. Das Berufsbildungsrecht ist eine Verzahnung von öffentlichem und privatem Recht.

gesetzliche Grundlagen

Eine andere Unterscheidung des Rechts ist die in gesetztes Recht, Richterrecht und vereinbartes Recht. Gesetztes Recht im Bereich der Berufsbildung sind bestimmte Artikel des Grundgesetzes und der Verfassungen der Bundesländer, darüber hinaus folgende Gesetze und Verordnungen und Satzungen:

- Berufsbildungsgesetz,
- Handwerksordnung (Gesetz zur Ordnung des Handwerks),
- Berufsbildungsförderungsgesetz,
- Jugendarbeitsschutzgesetz,
- Ausbilder-Eignungsverordnung (AEVO),
- Verordnung über gemeinsame Anforderungen in der Meisterprüfung im Handwerk (AMVO),
- Ausbildungsordnungen,
- Prüfungsordnungen.

privates Recht

Aber auch das private bzw. vereinbarte Recht ist bei der Berufsbildung von erheblicher Bedeutung, insbesondere bei der Gestaltung des Ausbildungsverhältnisses: Geregelt werden die Rechtsbeziehungen zwischen den Parteien eines Berufsausbildungsverhältnisses, nämlich zwischen dem Ausbildenden einerseits und dem Lehrling andererseits. Es gelten hier weitgehend die allgemeinen privatrechtlichen Grundsätze, insbesondere des Bürgerlichen Gesetzbuches und des Arbeitsrechts.

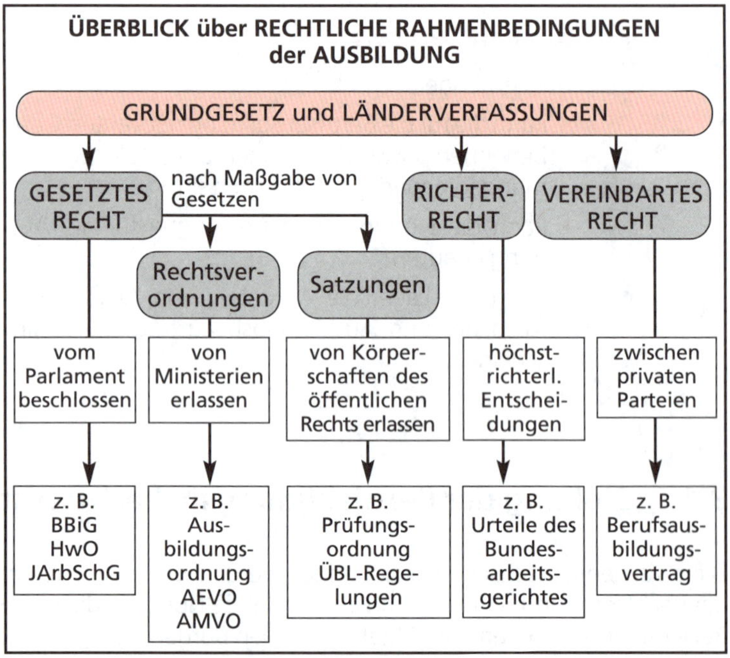

3.2 Bedeutung des Grundgesetzes und der Landesverfassungen für die berufliche Bildung

3.2.1 Grundgesetz für die Bundesrepublik Deutschland

Das 1949 erlassene Grundgesetz für die Bundesrepublik Deutschland ist der Maßstab für alle Rechtsnormen *(http://bundesrecht.juris.de/bundesrecht/gg/)*. Es regelt die Grundrechte des Einzelnen, die Aufgaben der Organe des Bundes und deren Verhältnis untereinander sowie das Verhältnis zu den Ländern.

Grundrechte im Rahmen der Berufsbildung

Von den Grundrechten interessieren im Hinblick auf die berufliche Bildung die folgenden:

Recht auf freie Entfaltung der Persönlichkeit (Art. 2 Abs. 1)

Jeder hat das Recht auf die freie Entfaltung seiner Persönlichkeit, soweit er nicht die Rechte anderer verletzt und nicht gegen die verfassungsmäßige Ordnung oder das Sittengesetz verstößt.

Gleichheit vor dem Gesetz (Art. 3 Abs. 1 und 2)

Alle Menschen sind vor dem Gesetz gleich; Männer und Frauen sind gleichberechtigt.

Erziehungsrecht der Eltern (Art. 6 Abs. 2)

Pflege und Erziehung der Kinder sind das natürliche Recht der Eltern und die vorrangig ihnen obliegende Pflicht.

Schulwesen (Art. 7 Abs. 1)

Das gesamte Schulwesen steht unter der Aufsicht des Staates.

Berufsfreiheit (Art. 12)

freie Berufswahl

Alle Deutschen haben das Recht, Beruf, Arbeitsplatz und Ausbildungsstätte frei zu wählen. Es kann demnach niemand zu einer bestimmten Arbeit gezwungen werden, außer im Rahmen einer allgemeinen, für alle gleichen öffentlichen Dienstleistungspflicht (z. B. Ableistung des Wehrdienstes). Das bedeutet, dass eine zwangsweise Lenkung der Berufsausbildung zugunsten bestimmter Berufe, wie sie in diktatorisch regierten Staaten üblich ist, durch das Grundgesetz untersagt ist.

Die Berufsberatung (Arbeitsamt) sowie die Berufsorganisationen (Innung, Kreishandwerkerschaft, Handwerkskammer) können lediglich im Rahmen der Berufsaufklärung informierend und beratend tätig werden.

Bundesrecht und Landesrecht

Bundesrecht

Das Grundgesetz regelt auch, welche Gesetzgebung dem Bund ausschließlich oder konkurrierend obliegt. Die Berufsausbildung gehört in die Zuständigkeit des Bundesgesetzgebers, sofern sie nicht an Schulen erfolgt, die den Schulgesetzen der Länder unterstehen. Das bedeutet, dass die betriebliche Berufsbildung nicht als eine schulrechtliche, sondern als eine sozial-, arbeits- und wirtschaftsrechtliche Angelegenheit zu betrachten ist. Sie fällt deshalb in die Zuständigkeit des Bundesgesetzgebers.

Landesrecht

Der Berufsschulunterricht hingegen, der an den dem Landesrecht unterliegenden Berufsschulen erteilt wird, gehört nicht in die Bundeszuständigkeit, sondern in die Gesetzgebungszuständigkeit der einzelnen Bundesländer.

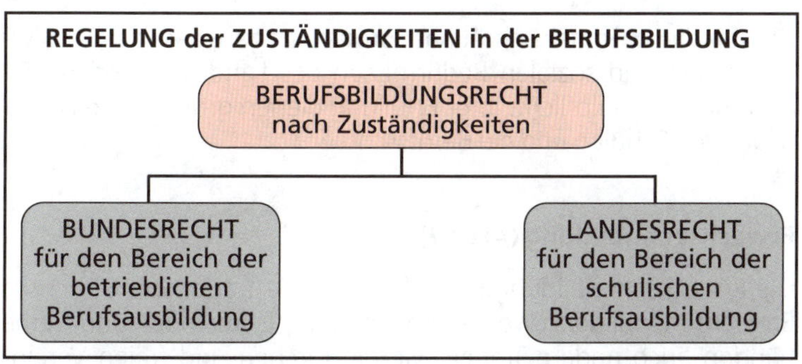

Damit sind für die betriebliche und die schulische Berufsausbildung zwei unterschiedliche Zuständigkeiten gegeben.

3.2.2 Landesverfassungen

Regelungen der Länder im schulischen Bereich

Jedes der Bundesrepublik angehörende Land (einschließlich der Stadt-Staaten) besitzt eine eigene Landesverfassung, die nähere Regelungen für den kulturellen und damit auch schulischen Bereich trifft.

Da die landesverfassungsmäßigen Bestimmungen unterschiedlich sind, werden hier nur beispielhaft die wichtigsten Regelungen des Landes Nordrhein-Westfalen nach der Verfassung von 1950 erwähnt, die die Ausbildung betreffen *(www.nrw.de/→ Service: Download → Landesverfassung NRW)*.

Berufsbildung (Art. 6 Abs. 1 und 2)

Der Jugend sind umfassende Möglichkeiten zur Berufsausbildung und Berufsausübung zu sichern. Begabte Jugendliche sind besonders zu fördern. Die Jugend ist vor Ausbeutung, Missbrauch und sittlicher Gefährdung zu schützen.

Ziel der Erziehung (Art. 7)

Ehrfurcht vor Gott, Achtung vor der Würde des Menschen und Bereitschaft zum sozialen Handeln zu wecken, ist vornehmliches Ziel der Erziehung. Die Jugend soll erzogen werden im Geiste der Menschlichkeit, der Demokratie und der Freiheit, zur Duldsamkeit und zur Achtung vor der Überzeugung des anderen, in Liebe zu Volk und Heimat, zur Völkergemeinschaft und Friedensgesinnung.

Anspruch auf Bildung (Art. 8 Abs. 1)

Jedes Kind hat Anspruch auf Erziehung und Bildung. Das natürliche Recht der Eltern, die Erziehung und Bildung ihrer Kinder zu bestimmen, bildet die Grundlage des Erziehungs- und Schulwesens.

Schulpflicht (Art. 8 Abs. 1)

Die staatliche Gemeinschaft hat Sorge zu tragen, dass das Schulwesen den kulturellen und sozialen Bedürfnissen des Landes entspricht. Es besteht allgemeine Schulpflicht: Ihrer Erfüllung dienen grundsätzlich die allgemein bildenden Schulen und die Berufsschule.

Erwachsenenbildung (Art. 17)

Die Erwachsenenbildung ist zu fördern. Als Träger von Einrichtungen der Erwachsenenbildung werden neben Staat, Gemeinden und Gemeindeverbänden auch andere Träger, wie die Kirchen und freien Vereinigungen, anerkannt.

3.3 Grundlegende Gesetze

zentrale Gesetze der beruflichen Bildung

Im Folgenden sollen vier zentrale Gesetze für den Bereich der beruflichen Bildung erläutert werden: Berufsbildungsgesetz, Handwerksordnung, Jugendarbeitsschutzgesetz, Berufsbildungsförderungsgesetz.

3.3.1 Berufsbildungsgesetz (BBiG)

Regelung der betrieblichen Berufsbildung

Ein für die Berufsbildung besonders wichtiges Bundesgesetz ist das Berufsbildungsgesetz vom 14. 8. 1969 *(http://bundesrecht.juris.de/bundesrecht/bbig/)*. Es verfolgt das Ziel, eine umfassende bundeseinheitliche Regelung für die berufliche Bildung zu gewährleisten.

Das Gesetz gilt für die gesamte Berufsausbildung, soweit sie nicht in berufsbildenden Schulen durchgeführt wird. Es hat also Gültigkeit für den betrieblichen Teil der Berufsausbildung, gleichgültig, ob die Ausbildung in Betrieben von Industrie, Handel oder Handwerk erfolgt.

Für den handwerklichen Bereich gilt außerdem die Handwerksordnung, in die Teile des BBiG übernommen wurden.

3.3.2 Handwerksordnung (HwO)

Seit jeher hat es für das deutsche Handwerk ein besonderes Berufsrecht gegeben. Die heutige Grundlage ist das Gesetz zur Ordnung des Handwerks, kurz Handwerksordnung genannt, von 1953, danach wurde sie mehrfach geändert, zuletzt im Dezember 2003 *(http://bundesrecht.juris.de/bundesrecht/hwo/)*.

Regelung der handwerklichen Ausbildung

In die Handwerksordnung sind die Bestimmungen des Berufsbildungsgesetzes im Wortlaut übernommen worden. Diese werden um einige handwerksspezifische Regelungen erweitert, die sich aus Einrichtungen wie Gesellenprüfung, Meisterprüfung und Innungen erklären. Während also für die nicht handwerkliche Ausbildung unmittelbar das Berufsbildungsgesetz gilt, regelt die Handwerksordnung die handwerkliche Ausbildung. Zuständige Stelle im Sinne des Berufsbildungsgesetzes ist hier die Handwerkskammer (→ Kap. 5.1).

3.3.3 Jugendarbeitsschutzgesetz (JArbSchG)

Schutz jugendlicher Arbeitnehmer

Das Jugendarbeitsschutzgesetz *(http://bundesrecht.juris.de/bundesrecht/jarbschg/)* enthält Bestimmungen zum Schutz jugendlicher Arbeitnehmer. Es gilt für Auszubildende, die noch nicht 18 Jahre alt sind. Kind ist, wer noch nicht 15 Jahre alt ist. Jugendlicher im Sinne des Gesetzes ist, wer 15 Jahre, aber noch nicht 18 Jahre alt ist. Jugendliche, die noch der Vollzeitschulpflicht unterliegen, gelten als Kinder im Sinne des JArbSchG. (Weitere Vorschriften des JArbSchG, → Lernfeld 3: Einstellung von Auszubildenden, Kap. 2)

Kinderarbeit

Die Beschäftigung von Kindern ist verboten. Beschränkt zulässig ist die Beschäftigung von Kindern über 13 Jahre mit leichten und für sie geeigneten Tätigkeiten, z. B. in der Landwirtschaft, beim Zeitungsaustragen oder beim Sport.

Berufsbildungsrecht

Die wichtigsten Rechtsgrundlagen des Berufsbildungsrechtes		
Berufsbildungsgesetz §§		**Handwerksordnung §§**
1, 2	Definition der Berufsbildung	–
3, 4, 5	Berufsausbildungsvertrag	–
13–16, 29	Dauer der Ausbildung	–
10–12	Vergütung	–
6–8	Pflichten des Ausbildenden	–
9	Pflichten des Auszubildenden	–
20–24, 76 ff.	persönliche und fachliche Eignung von Ausbildenden und Ausbildern	21–24
22–23	Eignung der Ausbildungsstätte	22–23
25–28	Ausbildungsordnung als Grundlage der Berufsausbildung	25–27
31–33	Verzeichnis der Ausbildungsverhältnisse (Lehrlingsrolle)	28–30
34–43	Prüfungswesen	31–40, 91
44–45	Regelung und Überwachung der Berufsausbildung	41–41a, 54, 61
48–48b	Ausbildung behinderter Menschen	42b–e

Rechtsgrundlagen und Zuständigkeiten bei der Berufsausbildung		
s. §§ 74–75 BBiG	**Handwerksbetrieb**	**kein Handwerksbetrieb (z. B. Zeche, Stadtwerke)**
Handwerksberuf (nach Anlage A)	Rechtsgrundlage: HwO + BBiG zuständige Stelle: HwK	Rechtsgrundlage: HwO + BBiG zuständige Stelle: HwK
kein Handwerksberuf	Rechtsgrundlage: BBiG zuständige Stelle: HwK	Rechtsgrundlage: BBiG zuständige Stelle: IHK u. a.

Übersicht

Die wichtigsten Bestimmungen des Jugendarbeitsschutzgesetzes	
Überwachungsbehörde:	Gewerbeaufsichtsamt
Geltungsbereich:	Personen, die nicht 18 Jahre sind (Jugendliche zwischen 15 und 18 Jahren)
Arbeitszeiten:	nicht mehr als 8 Stunden täglich oder 40 Stunden wöchentlich 5-Tage-Woche 12 Stunden Freizeit 20.00 bis 6.00 Uhr Nachtruhe Sonderregelungen
Pausen:	bei einer Arbeitszeit von mehr als 4,5 Stunden: 30 Minuten bei einer Arbeitszeit von mehr als 6 Stunden: 60 Minuten
Urlaubsregelung:	mindestens 30 Werktage unter 16 Jahre mindestens 27 Werktage unter 17 Jahre mindestens 25 Werktage unter 18 Jahre
Freistellung:	zur Berufsschule zur überbetrieblichen Ausbildung zu Prüfungen zu erforderlichen ärztlichen Nachuntersuchungen
Gesundheitliche Untersuchung:	vor Einstellung (Bescheinigung nicht älter als 14 Monate) Nachuntersuchung nach einem Jahr
Gefährliche Arbeit:	Arbeiten, die die Leistungsfähigkeit übersteigen, dürfen nicht ausgeführt werden. Auf besondere Gefahren ist zu Beginn der Ausbildung hinzuweisen (halbjährlich wiederholen).
Der Ausbildungsbetrieb ist verpflichtet, das Jugendarbeitsschutzgesetz an geeigneter Stelle im Betrieb auszuhängen.	

Beschäftigung von Jugendlichen

Jugendliche, die der Vollzeitschulpflicht nicht mehr unterliegen, dürfen beschäftigt werden

- in einem Berufsausbildungsverhältnis,
- außerhalb eines Berufsausbildungsverhältnisses, jedoch nur mit leichten und für sie geeigneten Tätigkeiten bis zu sieben Stunden täglich und 35 Stunden wöchentlich.

Erlaubt ist die Beschäftigung von Jugendlichen während der Ferien für vier Wochen im Kalenderjahr.

tägliche und wöchentliche Arbeitszeit

Das JArbSchG bestimmt die Dauer der täglichen und wöchentlichen Arbeitszeit, der Ruhezeiten, des Urlaubs und der Pausen, wobei abweichende Tarifvertragsregelungen oder Betriebsvereinbarungen zulässig sind.

Das JArbSchG regelt zudem Beschäftigungsverbote und Beschränkungen für gefährliche und gesundheitsbeeinträchtigende Tätigkeiten. Hier finden sich auch die gesetzlichen Bestimmungen in Bezug auf die Freistellung der Lehrlinge zur Teilnahme am Berufsschulunterricht und an Prüfungen.

Freistellung an Berufsschultagen

Nach den Vorschriften des JArbSchG muss der Arbeitgeber dafür Sorge tragen, dass Jugendliche vor Beginn und während der Berufsausbildung ärztlich untersucht werden. Das Gesetz enthält weiterhin Vorschriften über Auskunfts- und Informationspflichten des Arbeitgebers sowie Straf- und Bußgeldvorschriften bei Verstößen gegen das JArbSchG.

ärztliche Untersuchung

3.3.4 Berufsbildungsförderungsgesetz (BerBiFG)

Das Berufsbildungsförderungsgesetz *(http://bundesrecht.juris.de/bundesrecht/berbifg/)* enthält Regelungen zur Berufsbildungsplanung, zum Berufsbildungsbericht und zur Bundesstatistik.

Der Berufsbildungsbericht, den der Bundesminister für Bildung und Forschung jährlich vorzulegen hat, unterrichtet die Bundesregierung und das Parlament über die aktuelle Ausbildungssituation. Darin wird der Sachstand und die voraussichtliche Entwicklung der Ausbildungsplatzzahlen dargestellt. Des Weiteren dient die Bundesstatistik als Planungsgrundlage, in der die wichtigsten Daten der Auszubildenden, Ausbildungsbetriebe, Prüfungsteilnehmer und Ausbildungsberater zusammengetragen sind.

BIBB

Das BerBiFG legt außerdem die Aufgaben des Bundesinstituts für Berufsbildung (BIBB) fest, das für die Durchführung der Gesetzesbestimmungen zuständig ist, und regelt die Arbeit des Hauptausschusses für Berufsbildung *(www.bibb.de)*.

3.4 Arbeitsrecht

Das Ausbildungsverhältnis ist ein Arbeits- und Erziehungsverhältnis, auf das im Wesentlichen Vorschriften des Arbeitsrechts Anwendung finden (§ 3 Abs. 2 BBiG).

Zum Arbeitsrecht gehören

- das Individualarbeitsrecht und
- das kollektive Arbeitsrecht.

Individualarbeitsrecht

Wesentlicher Bestandteil des Individualarbeitsrechts sind die Rechtsbeziehungen, die sich aus dem Arbeitsvertrag bzw. aus dem Ausbildungsvertrag ergeben, sowie das öffentlich-rechtliche Arbeitnehmerschutzrecht, und zwar die besonderen Schutzrechte des Arbeitnehmers.

kollektives Arbeitsrecht

Zum kollektiven Arbeitsrecht gehören das Tarifvertragsrecht sowie das Betriebsverfassungs- und Personalvertretungsrecht.

Einzelheiten zum Ausbildungsvertragsrecht werden im → Lernfeld 3: Einstellung von Auszubildenden, Kap. 2 dargestellt. Im Folgenden sollen die arbeitsrechtlichen Schutzvorschriften, das Tarifvertragsrecht und das Betriebsverfassungsrecht erläutert werden.

3.4.1 Arbeitsrechtliche Schutzvorschriften

Bürgerliches Gesetzbuch (BGB), Gewerbeordnung und Arbeitsstättenverordnung schreiben vor, dass der Arbeitgeber Arbeitsräume, Betriebsvorrichtungen, Maschinen und Gerätschaften so einzurichten und zu unterhalten hat, dass die Beschäftigten vor Gefahren für Leben und Gesundheit geschützt sind (Alle drei Gesetzestexte unter: *http://bundesrecht.juris.de/bundesrecht/...*).

Anforderungen an Räume

Dazu müssen in den Räumen genügend Licht und Luft vorhanden sein, und es muss dafür gesorgt werden, dass im Betrieb entstehender Staub, Dünste und Gase sowie Abfälle entsorgt werden. Wenn mehr als fünf Arbeitnehmer verschiedenen Geschlechts beschäftigt sind, sollen, falls das betriebstechnisch möglich ist, getrennte Toilettenräume zur Verfügung stehen (§ 37 ArbStättV).

Unfallschutz

Der Unfallschutz wird durch die Sicherheitsvorschriften des Betriebes und durch die Unfallverhütungsvorschriften der Berufsgenossenschaft geregelt. Bezüglich des Unfallschutzes ist es Aufgabe des Unternehmers bzw. Ausbildenden, dafür zu sorgen, dass

- unfallsichere Betriebsanlagen vorhanden sind,
- die Mitarbeiter über die Unfallgefahren belehrt werden,
- alle Vorkehrungen getroffen werden, um ggf. erste Hilfe leisten zu können.

3.4.2 Tarifvertragsrecht

Tarifvertrag

Tarifverträge werden zwischen Gewerkschaften und Vereinigungen von Arbeitgebern ausgehandelt. Unter bestimmten Voraussetzungen sind sie unmittelbar auf das Ausbildungsverhältnis anzuwenden, nämlich dann, wenn

- Arbeitnehmer und Arbeitgeber den tarifvertragschließenden Parteien angehören,
- die Tarifverträge durch den Bundesminister für Wirtschaft und Arbeit für allgemein verbindlich erklärt wurden oder
- dies im Arbeits- oder Ausbildungsvertrag entsprechend vereinbart wurde.

Eine solche Bindung an Tarifverträge besteht in den Ausbildungsverträgen bezüglich der Höhe der Ausbildungsvergütung.

3.4.3 Betriebsverfassungsrecht

Das Betriebsverfassungsgesetz *(www.betriebsverfassungsgesetz.com)* regelt die Beziehung zwischen Arbeitgeber und Belegschaft. In Betrieben mit in der Regel mindestens fünf ständig wahlberechtigten Arbeitnehmern, von denen drei wählbar sein müssen, kann ein Betriebsrat eingerichtet werden.

Betriebsrat

Aufgabe des Betriebsrates ist es, durch das Zusammenwirken von Arbeitgebern und Betriebsrat dem Wohl des Betriebes und der Belegschaft zu dienen.

Mitbestimmungsrecht des Betriebsrats

Die Mitbestimmungsrechte des Betriebsrates erstrecken sich auf Fragen der Ordnung, der Arbeitszeit- und Pausenregelungen, der Zahlung der Arbeitsentgelte, der Urlaubsregelungen, der Einführung und Anwendung technischer Einrichtungen zur Überwachung der Arbeitnehmer, der Unfallverhütung, des Gesundheitsschutzes, der Ausgestaltung von Sozialeinrichtungen, der Festsetzung von Akkord- und Prämiensätzen, auf Regelungen zum Verhalten von Arbeitnehmern im Betrieb sowie auf das betriebliche Vorschlagswesen.

Der Betriebsrat ist zu unterrichten bei der Planung von betrieblichen Räumen, technischen Anlagen und Fertigungsverfahren sowie in Fragen der Arbeitsplatzumgebung. Mitbestimmen kann er bei der Durchführung von Maßnahmen der betrieblichen Berufsbildung. Bei personellen Einzelmaßnahmen wie Einstellung, Eingruppierung, Umgruppierung und Versetzungen ist er zu unterrichten. In diesen Fällen hat er das Recht, seine Zustimmung zu verweigern, dies gilt im übrigen auch für Kündigungen.

Jugend-/Auszubildendenvertretung

In Betrieben mit mindestens fünf Arbeitnehmern, die das 18. Lebensjahr noch nicht vollendet haben oder die zu ihrer Berufsausbildung beschäftigt sind und das 25. Lebensjahr noch nicht vollendet haben, werden Jugend- und Auszubildendenvertretungen gewählt.

Wählbar für die Jugendvertretung sind alle Arbeitnehmer des Betriebes bis 18 Jahre und alle Lehrlinge, die das 25. Lebensjahr noch nicht vollendet haben. Die regelmäßige Amtszeit der Jugend- und Auszubildendenvertretung beträgt zwei Jahre.

Interessenvertretung über den Betriebsrat

Ihre Interessen vertritt die Jugendvertretung in den Betriebsratssitzungen. Sie kann an allen Betriebsratssitzungen mit einem Vertreter teilnehmen. Werden Angelegenheiten behandelt, die insbesondere Jugendliche betreffen, so hat zu diesem Tagesordnungspunkt die gesamte Jugendvertretung das Recht, an der Betriebsratssitzung teilzunehmen. Die Jugendvertreter haben Stimmrecht im Betriebsrat in Angelegenheiten, die überwiegend jugendliche Arbeitnehmer bzw. Auszubildende betreffen.

Folgende Maßnahmen kann die Jugendvertretung ergreifen:

- Beantragung von Maßnahmen zur Berufsausbildung beim Betriebsrat,
- Überwachung der Durchführung der geltenden Gesetze, Verordnungen, Unfallverhütungsvorschriften, Tarifverträge und Betriebsvereinbarungen,
- Entgegennahme von Anregungen der Jugendlichen in Fragen der Berufsbildung und, falls sie berechtigt sind, Einwirkung auf den Betriebsrat im Hinblick darauf, dass sie aufgegriffen werden.

Die Jugendvertretung hat keine Möglichkeit der unmittelbaren Einwirkung auf die Geschäftsführung oder Geschäftsleitung eines Unternehmens, sondern kann nur über den Betriebsrat Einfluss nehmen.

3.5 Arbeitsförderungsrecht und Ausbildungsförderungsrecht

Das Sozialgesetzbuch, Drittes Buch (SGB III) – Arbeitsförderung *(http://bundesrecht.juris.de/bundesrecht/sgb_3/)* und das Bundesausbildungsförderungsgesetz (BAföG) *(http://bundesrecht.juris.de/bundesrecht/baf_g/)* sehen in bestimmten Fällen die Möglichkeit von Berufsausbildungsbeihilfen vor. Darüber hinaus wird auch die Fortbildung finanziell gefördert (→ Lernfeld 7: Abschluss der Ausbildung, Kap. 4).

Berufsausbildungsbeihilfe

Auszubildende, deren Eltern bzw. Erziehungsberechtigte über ein geringeres Einkommen verfügen, haben unter bestimmten Voraussetzungen einen Anspruch auf Ausbildungsbeihilfen nach dem SGB III. Die Höhe richtet sich nach dem Einkommen der Eltern bzw. des Ehepartners sowie nach der Höhe der Ausbildungsvergütung. Der Antrag ist beim zuständigen Arbeitsamt zu stellen.

Förderung behinderter Menschen

Ebenso haben behinderte Menschen Anspruch auf Hilfe zur beruflichen Eingliederung. Ansprechpartner ist das zuständige Arbeitsamt.

Voraussetzungen für eine Förderung sind:

- die Bereitschaft des behinderten Menschen, sich beruflich ausbilden oder eingliedern zu lassen,
- Eignung und Neigung des behinderten Menschen für die geplante Maßnahme,
- die Einschätzung, dass er die Maßnahme erfolgreich abschließt,
- Beschäftigungsmöglichkeiten auf dem allgemeinen Arbeitsmarkt.

Auch Arbeitgeber haben unter bestimmten Voraussetzungen einen Leistungsanspruch, wenn sie behinderte Menschen ausbilden.

(Das Begabtenförderprogramm wird in → Lernfeld 5: Förderung des Lernprozesses, Kap. 6.2 vorgestellt.)

3.6 Berechtigung zum Einstellen und Ausbilden von Lehrlingen

Wer Lehrlinge einstellen und ausbilden möchte, muss bestimmte Voraussetzungen erfüllen. Die rechtlichen Bestimmungen finden sich im Berufsbildungsgesetz §§ 20–21, 23–24 bzw. in der Handwerksordnung §§ 21–24.

Bevor die Eignungsvoraussetzungen zum Einstellen sowie zum Ausbilden von Lehrlingen erläutert werden, sollen zunächst die in diesem Zusammenhang bedeutsamen Begriffe Ausbildender und Ausbilder erklärt und gegeneinander abgegrenzt werden.

In der Alltagssprache wird derjenige, der für die Ausbildung im Betrieb zuständig ist, ganz allgemein als Ausbilder bezeichnet. Im Handwerk ist damit stets der Meister als Betriebsinhaber gemeint. Das Berufsbildungsrecht hingegen unterscheidet zwischen dem Ausbildenden und dem Ausbilder im Betrieb.

Ausbildender Der Ausbildende ist der Betriebsverantwortliche, der Lehrlinge einstellt und für die Erfüllung der Vertragspflichten verantwortlich ist. Er muss „persönlich geeignet" sein.

Ausbilder Der Ausbilder ist die für die Durchführung der Berufsausbildung zuständige Person. Er muss „persönlich und fachlich" geeignet sein.

Diese Unterscheidung zwischen Ausbildendem und Ausbilder ist begründet im Hinblick auf bestimmte Unternehmensformen (z. B. GmbH) oder große Betriebseinheiten, in denen sich der Chef nicht unmittelbar selbst um die Ausbildung kümmern kann oder nicht die notwendige fachliche Ausbildung besitzt. In diesen Fällen muss der Ausbildende einen Ausbilder ausdrücklich bestellen, der innerbetrieblich gegenüber der Geschäftsleitung und außerbetrieblich gegenüber der Kammer für die Berufsausbildung verantwortlich ist. In den Handwerksbetrieben ist oftmals der Meister Ausbildender und Ausbilder in einer Person.

Unterstützung durch Ausbildungsbeauftragte Ferner werden für die Ausbildung der Lehrlinge vor Ort Mitarbeiter/Gesellen als Ausbildungsbeauftragte benannt. Sie unterstützen den verantwortlichen Ausbilder bei der Durchführung der Ausbildung und sind berechtigt, Auszubildenden Aufgaben zu übertragen, die den Ausbildungszwecken dienen.

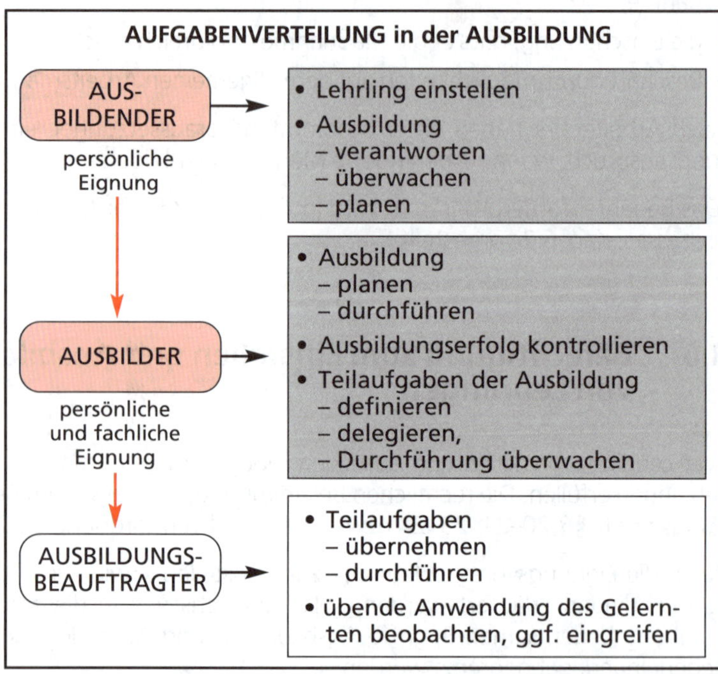

3.6.1 Eignungsvoraussetzungen für das Einstellen von Lehrlingen

Wer als Ausbildender Lehrlinge einstellen möchte, muss persönlich geeignet sein; die Ausbildungsstätte muss ebenfalls geeignet sein (→ Lernfeld 2: Planung der Ausbildung, Kap. 3).

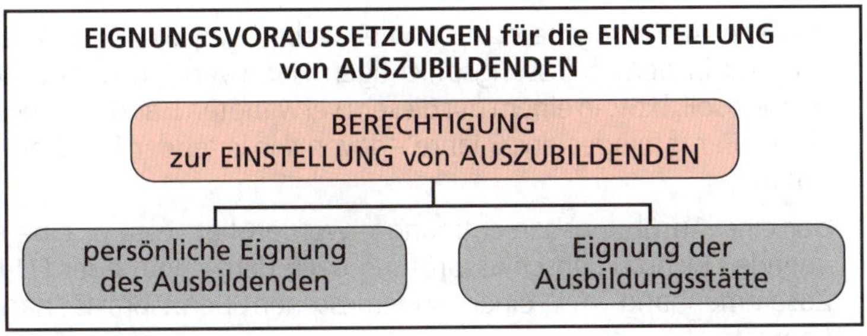

persönliche Eignung

Das Berufsbildungsgesetz und die Handwerksordnung enthalten keine positive Bestimmung des Begriffs der persönlichen Eignung. Grundsätzlich ist jeder selbstständige Handwerker zur Lehrlingseinstellung persönlich geeignet und berechtigt, sofern dem keine besonderen Gründe entgegenstehen. BBiG bzw. HwO legen fest, dass persönlich nicht geeignet ist, wer

- Kinder und Jugendliche nicht beschäftigen darf oder wegen bestimmter Taten vorbestraft ist,
- wiederholt oder schwer gegen BBiG bzw. HwO oder gegen die auf der Grundlage dieser Gesetze erlassenen Vorschriften und Bestimmungen verstoßen hat.

Verbote, Kinder und Jugendliche zu beschäftigen, enthält das Jugendarbeitsschutzgesetz (§ 25). Sie betreffen in erster Linie Personen, die straffällig geworden sind, z. B. wegen

- Unzucht mit abhängigen Personen,
- Verstoßes gegen Arbeitsschutzbestimmungen,
- Gefährdung des Ausbildungszieles durch Beschäftigung mit berufsfremden Tätigkeiten,
- Ausnutzung der Arbeitskraft der Lehrlinge.

3.6.2 Eignungsvoraussetzungen für das Ausbilden von Lehrlingen

fachliche Eignung

Wer Lehrlinge ausbilden möchte, muss persönlich und fachlich geeignet sein. Die fachliche Eignung umfasst vor allem die für den jeweiligen Beruf erforderlichen berufsfachlichen Fertigkeiten und Kenntnisse.

Als fachlich geeignet gilt nach dem Berufsbildungsgesetz (§§ 20, 21 und 76 BBiG) derjenige,

- der das 24. Lebensjahr vollendet hat und die Abschlussprüfung in einer dem Ausbildungsberuf entsprechenden Fachrichtung bestanden hat;
- der eine entsprechende Hochschulabschlussprüfung in Zusammenhang mit einer angemessenen Berufspraxis nachweisen kann.

fachliche Eignung im zulassungspflichtigen Handwerk

Fachlich geeignet ist im zulassungspflichtigen Handwerk (§ 21 HwO in Verbindung mit §§ 7, 8 HwO) derjenige,

- der die Meisterprüfung in dem zulassungspflichtigen Handwerk, in dem ausgebildet werden soll, bzw. in einem mit diesem verwandten Handwerk bestanden hat;
- der eine Ausübungsberechtigung erworben hat, weil er eine Gesellenprüfung in dem zulassungspflichtigen Handwerk, in dem ausgebildet werden soll, bzw. in einem mit diesem verwandten Handwerk besitzt und diesen Beruf mindestens 6 Jahre – davon 4 in leitender Tätigkeit – ausgeübt hat;
- der eine Ausübungsberechtigung erworben hat, weil er eine entsprechende Hochschulabschlussprüfung nach deutschem oder EU-Recht in Zusammenhang mit einer angemessenen Berufspraxis nachweisen kann;
- der eine Ausnahmebewilligung erhalten hat.

fachliche Eignung im zulassungsfreien Handwerk oder im handwerksähnlichen Gewerbe

Fachlich geeignet ist im zulassungsfreien Handwerk oder im handwerksähnlichen Gewerbe (§ 21 HwO in Verbindung mit §§ 20, 21 und 76 BBiG) derjenige,

- der die Meisterprüfung/eine gleichwertige Prüfung in dem zulassungsfreien Handwerk, in dem ausgebildet werden soll, bzw. in einem mit diesem verwandten Handwerk bestanden hat;
- der nach § 76 BBiG das 24. Lebensjahr vollendet hat und die Abschlussprüfung in einer dem Ausbildungsberuf entsprechenden Fachrichtung bestanden hat;
- der eine entsprechende Hochschulabschlussprüfung in Zusammenhang mit einer angemessenen Berufspraxis nachweisen kann;
- der einen anerkannten beruflichen Abschluss an einer außerbetrieblichen Ausbildungsstätte entsprechender Fachrichtung erworben hat und eine angemessene Zeit in diesem Beruf tätig war.

Als fachlich geeignet gelten unter gewissen Umständen auch andere Mitarbeiter des Betriebes. So kann beispielsweise ein Geselle bis zu einem Jahr nach dem Tode des selbstständigen Handwerksmeisters die Lehrlinge im Betrieb weiter ausbilden. Voraussetzungen hierfür sind, dass sie die Gesellenprüfung bzw. eine entsprechende Abschlussprüfung bestanden haben oder mindestens vier Jahre selbstständig, als Werksmeister oder in ähnlicher Stellung tätig gewesen sind. Die Jahresfrist kann in begründeten Fällen verlängert werden.

Die fachliche Eignung für die Ausbildung von Lehrlingen schließt die pädagogische Qualifikation des Ausbilders mit ein. Mit einer bestandenen Meisterprüfung ist diese gewährleistet. Wer ein zulassungspflichtiges Handwerk **ohne** Meisterprüfung ausübt, muss eine Prüfung in Teil IV erfolgreich abgelegt haben.

In den anderen Fällen mussten die berufs- und arbeitspädagogischen Kenntnisse bislang gemäß § 21 BBiG nach der Ausbilder-Eignungsverordnung (AEVO) durch ein Zeugnis oder einen anderen offiziellen Bescheid nachgewiesen werden. Das hat sich im Hinblick auf die angespannte Lehrstellensituation in 2003 geändert. Nach der Rechtsänderung müssen Ausbilder den vorgeschriebenen Qualifizierungsnachweis nach der Ausbilder-Eignungsverordnung befristet bis 2008 nicht mehr vorweisen. Die Bestimmungen nach dem Berufsbildungsgesetz, wonach Ausbilder persönlich und fachlich geeignet sein müssen, gelten jedoch unverändert weiter.

Aussetzung der Anwendung der AEVO

Somit haben die Kammern als zuständige Stellen darüber zu wachen, dass das verantwortliche Ausbildungspersonal berufs- und arbeitspädagogisch geeignet ist. Hierzu gehören z. B. Kenntnisse über einschlägige Vorschriften des BBiG, über das Berufsausbildungsverhältnis, die Planung der Berufsausbildung und die Möglichkeiten zur Förderung von Lernprozessen usw.

Sollten Anzeichen dafür vorliegen, dass diese Voraussetzungen nicht gegeben sind, kann und muss die Kammer einschreiten. Sie hat Maßnahmen zur Behebung von Mängeln in der Ausbildung zu ergreifen. Das Einstellen und das Ausbilden kann auch untersagt werden (§ 24 BBiG).

Durch die vorübergehend befristete Rechtsänderung in § 7 der AEVO wird diese also nicht aufgehoben. Im Hinblick auf die Berufsausbildung ist ein zertifizierter Nachweis gegenwärtig von Vorteil und auf absehbare Zeit unerlässlich.

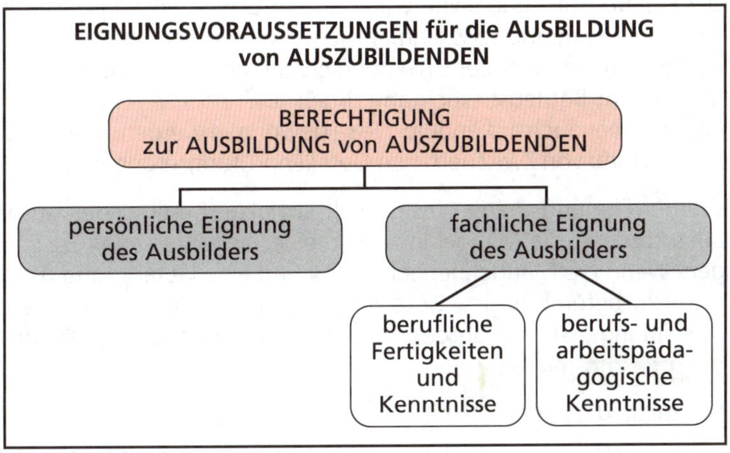

Der Erwerb berufs- und arbeitspädagogischer Kompetenzen ist vor der zuständigen Stelle in sieben Handlungsfeldern nachzuweisen:

1. Allgemeine Grundlagen,
2. Planung der Ausbildung,
3. Einstellung von Auszubildenden,
4. Ausbildung am Arbeitsplatz,
5. Förderung des Lernprozesses,
6. Ausbildung in der Gruppe,
7. Abschluss der Ausbildung.

Wer die Meisterprüfung in einem Handwerk abgelegt hat, besitzt neben der fachlichen auch die pädagogische Eignung, da der Hauptteil IV der Meisterprüfung der geforderten berufspädagogischen Prüfung entspricht (→ Lernfeld 7: Abschluss der Ausbildung, Kap. 4.1). In den neuen Bundesländern bleiben Berechtigungen zum Einstellen oder Ausbilden von Lehrlingen weiter bestehen, die vor dem Beitritt zur Bundesrepublik gegolten haben.

3.6.3 Überwachung und Entzug der Einstellungs- und Ausbildungsberechtigung

Überwachungspflicht der Kammern

Berufsbildungsgesetz und Handwerksordnung verpflichten die zuständigen Stellen (Kammern), darüber zu wachen, dass die persönliche und fachliche Eignung zur Ausbildung sowie die Eignung der Ausbildungsstätte vorliegen.

Eignungsfeststellung

Der Bundesausschuss für Berufsbildung hat für die Überwachung der Ausbildungseignung Kriterien aufgestellt, die den zuständigen Stellen als Grundlage für die Eignungsbeurteilung dienen. Er hält insbesondere bei Ausbildungsstätten, in denen erstmalig oder nach längerer Unterbrechung ausgebildet werden soll, eine vorherige Eignungsfeststellung für erforderlich. Dies gilt ebenso für Betriebe, die in einem Beruf ausbilden möchten, in dem sie bisher noch nicht ausgebildet haben.

Die Eignungsprüfung sollte während der Dauer eines Berufsausbildungsverhältnisses mindestens einmal wiederholt werden. Die zuständigen Stellen stützen sich in erster Linie auf die Berichte, die die Ausbildungsberater nach ihrem Betriebsbesuch anfertigen. Die erforderlichen Informationen können aber auch auf andere Weise gewonnen werden, wie z. B. durch die Auswertung von Zwischen- und Gesellenprüfungsergebnissen.

Feststellung von Eignungsmängeln

Werden Eignungsmängel festgestellt, so hat die Kammer den Ausbildenden aufzufordern, die Mängel innerhalb einer angemessenen Frist zu beseitigen, wenn die Mängel behebbar sind und eine Gefährdung des Lehrlings nicht zu befürchten ist. Geschieht dies nicht oder ist das Erreichen des Ausbildungszieles gefährdet, so muss die Kammer die zuständige Landesbehörde informieren.

Die zuständige Behörde hat

Entzug der Einstellungs- und Ausbildungsberechtigung

- das Einstellen und Ausbilden zu untersagen, wenn die persönliche oder fachliche Eignung nicht oder nicht mehr vorliegt,
- für eine bestimmte Ausbildungsstätte das Einstellen und Ausbilden zu untersagen, wenn die Ausbildungsstätte nicht geeignet ist oder die Lehrlingszahl eines Betriebes unangemessen hoch ist.

Bevor das Einstellen und Ausbilden von Lehrlingen untersagt wird, sind der Ausbildende und ein Vertreter der zuständigen Stelle zu hören. Gegen die Entscheidung stehen den Betroffenen die üblichen Rechtsmittel zu.

3.6.4 Ordnungswidrigkeiten in der Berufsbildung

Verstöße gegen die Vorschriften der Berufsbildung können als Ordnungswidrigkeiten geahndet werden. Sowohl das Berufsbildungsgesetz (§ 99) als

Ordnungswidrigkeiten nach BBiG und HwO

auch die Handwerksordnung (§ 118) legen in einem Katalog fest, welche Ordnungswidrigkeiten mit welchen Geldbußen belegt werden können.

Mit einer Geldbuße bis zu € 5 000,– kann beispielsweise belegt werden, wer

- Auszubildende einstellt oder ausbildet, obwohl er persönlich oder fachlich nicht geeignet ist,
- einen Ausbilder bestellt, obwohl dieser persönlich oder fachlich nicht geeignet ist oder diesem die Ausbildung untersagt worden ist,
- Auszubildende einstellt oder ausbildet, obwohl ihm das Einstellen oder Ausbilden untersagt worden ist.

Diese Ordnungswidrigkeiten werden auf Antrag der zuständigen Stelle (Kammer) von der örtlich zuständigen Kreisverwaltung verfolgt.

Bitte bearbeiten Sie abschließend die folgenden Aufgaben:

1. Welche wesentlichen Regelungen enthalten das Berufsbildungsgesetz und die Handwerksordnung im Hinblick auf die Berufsausbildung?

2. Bitte erläutern Sie die Eignungsvoraussetzungen für das Einstellen und das Ausbilden von Lehrlingen.

4. Aufgaben, Stellung und Funktion des Ausbilders

Kompetenzen:

Der Lernende

- kann das Anforderungsprofil eines Ausbilders bestimmen,
- kann die Bedeutung bzw. die Stellung des Ausbilders im Betrieb erklären.

4.1 Pädagogische Aufgaben des Ausbilders

Die zentrale Aufgabe des Ausbilders liegt darin, den Lehrling im Hinblick auf das Erreichen des Ausbildungszieles bestmöglich zu fördern, d. h., nicht nur berufliche Qualifikationen zu vermitteln, sondern auch die Entwicklung einer allgemeinen Handlungskompetenz zu ermöglichen. Berufsausbildung ist somit Bestandteil einer ganzheitlichen Persönlichkeitsförderung des Lehrlings.

Aufgaben des Ausbilders

Konkret schlägt sich dies in mehreren Aufgabenfeldern nieder:

- Er muss ein guter Fachmann sein, d. h. die Fertigkeiten und Kenntnisse seines Berufes meisterlich beherrschen und die betriebliche Praxis kennen.
- Er muss ein guter „Lehrer" sein, d. h. über die notwendigen Vermittlungstechniken verfügen, um sein fachliches Können und Wissen ebenso wie seine beruflichen Erfahrungen an andere weiterzugeben; er muss in der Lage sein, ein entsprechendes Lernumfeld zu gestalten und den Ausbildungserfolg planmäßig zu überprüfen; ebenfalls muss er die Leistungen und das Verhalten beurteilen.
- Er muss ein guter Lernberater sein, d. h. dem Lernenden Hilfen geben, die Lösung von Aufgaben selbstständig zu planen, durchzuführen und zu kontrollieren, und ihm durch aufbauende Kritik ein Gefühl wachsender Sicherheit geben.
- Er muss ein guter Erzieher sein, d. h. auf die individuellen Besonderheiten des Jugendlichen eingehen, dessen Sprache und Handeln kennen, ihm auch in menschlicher Beziehung beratend und fördernd zur Seite stehen und an dessen Bildungs- und Persönlichkeitsentwicklung aktiv interessiert sein.
- Er muss ein guter Vorgesetzter sein, der die Ausbildung ordnungsgemäß plant, durchführt und überwacht, d. h. beispielsweise auch, dass er sich bei der Wahrnehmung seiner Führungsaufgaben um einen partnerschaftlichen Führungsstil bemüht, ohne dass seine Autorität als Ausbilder dadurch beeinträchtigt wird. Als Vorgesetzter ist er sich jederzeit seiner

besonderen Fürsorgepflicht bewusst und setzt sich als Anwalt des Lehrlings bei der Geschäftsleitung für die Erfüllung der gesetzlichen Bestimmungen ein.

Vorbildfunktion

Von besonderer Bedeutung ist die Vorbildfunktion des Ausbilders: Er muss Verhaltensweisen selber „vorleben", die er vom Auszubildenden erwartet oder erhofft. Der Ausbilder sollte stets bedenken, dass sein eigenes Verhalten weitreichenden Einfluss auf das des Lehrlings hat. Verhaltensweisen oder Eigenschaften, die der Ausbilder als Vorbild zeigen sollte, sind z. B.

- sicheres Auftreten als gefestigte Persönlichkeit,
- kooperatives Verhalten im Umgang mit den Mitarbeitern,
- freundliche Umgangsformen im Kontakt mit Kunden,
- Aufgeschlossenheit gegenüber Neuem,
- Belastbarkeit und hohe Frustrationstoleranz,
- Zuverlässigkeit, Genauigkeit und Sicherheitsbewusstsein bei der Arbeit.

Die folgende Grafik stellt die pädagogischen Aufgaben des Ausbilders noch einmal im Einzelnen dar.

pädagogische Aufgaben des Ausbilders

PÄDAGOGISCHE AUFGABEN des AUSBILDERS

AUSBILDEN

- Fertigkeiten planmäßig unterweisen
- Kenntnisse systematisch vermitteln
- Fähigkeiten und Begabungen gezielt fördern
- Selbstständiges Lernen organisieren und erforderliche Lerntechniken vermitteln
- Erfahrungen machen lassen

FÜHREN und ERZIEHEN

- Vorbild sein
- Geeignete Führungsmittel einsetzen
- In Fragen der beruflichen Weiterentwicklung und ggf. bei persönlichen Problemen beraten
- Eignung, Leistung und Verhalten der Lehrlinge beurteilen
- Interessen der Lehrlinge gegenüber der Geschäftsführung vertreten

Erziehungsaufgaben

Letztendlich hat der Ausbilder das übergreifende Ziel, den Lernenden zu einem verantwortlich denkenden und selbstständig handelnden Mitarbeiter heranzubilden, d. h. ihn zu befähigen,

- berufliche Anforderungen am Arbeitsplatz sach- und fachgerecht zu bewältigen,
- Leistungen unter den Bedingungen von Wirtschaftlichkeit, Rationalisierung und Zeitdruck zu erbringen,
- bei der Arbeit mitzudenken und über situationsgerechte Arbeitsschritte selbstständig zu entscheiden,
- sich für technische und wirtschaftliche Fortschritte seines Berufes zu interessieren und Bereitschaft zum lebenslangen Weiterlernen zu entwickeln,
- sich in wechselnden Berufssituationen zu behaupten,

- Sinn und Aufgabe seiner Arbeit und der Betriebsziele zu erkennen,
- Kreativität und Initiative zu entfalten,
- in einer Betriebsgemeinschaft (Team) zu arbeiten,
- betriebliche und gesellschaftliche Verantwortung zu übernehmen.

4.2 Der Ausbilder im Spannungsfeld unterschiedlicher Ansprüche und Erwartungen

unterschiedliche Erwartungen

Die Verantwortung des Ausbilders richtet sich nicht nur auf den Lehrling, sondern bezieht sich auch auf das betriebliche und gesellschaftliche Umfeld. Auf diese Weise werden z. T. sehr unterschiedliche, sogar widersprüchliche Ansprüche und Erwartungen an den Ausbilder herangetragen:

- Die Interessen des Lehrlings konzentrieren sich vor allem auf eine möglichst gute, existenzsichernde Berufsausbildung und stellen somit pädagogische Erfordernisse in den Vordergrund.
- Der Gesetzgeber schreibt eine Berufsausbildung vor, die sich im Rahmen der rechtlichen Vorgaben vollzieht, auch wenn diese nicht immer den betrieblichen Gegebenheiten oder der technischen Entwicklung entsprechen.
- Die Berufsschulen beanspruchen zunehmend mehr Zeit für ihren Unterricht, die der betrieblichen Ausbildung verloren geht.
- Die Gesellschaft erwartet, dass dem Arbeitsmarkt flexibel ausgebildete Fachkräfte zur Verfügung stehen, obgleich hier den betrieblichen Ausbildungsmöglichkeiten zuweilen Grenzen gesetzt sind.
- Der Betrieb selbst muss zunächst einmal seine Produktionsinteressen und wirtschaftlichen Ziele im Auge behalten.
- Die Mitarbeiter des Betriebes sind an ihren eigenen Arbeitsbedingungen stärker interessiert als an den Erfordernissen der Ausbildung.

mögliche Spannungen

Die Beziehungen des Ausbilders zu diesem Umfeld können somit zu Spannungen und Konflikten führen. Es fällt dem Ausbilder leichter, mit diesen Konflikten zu leben, wenn er sich ernsthaft mit den verschiedenen Funktionsträgern auseinander setzt, ihre unterschiedlichen Ziele verstehen lernt und daraus Konsequenzen zieht, die auf einen Ausgleich der Interessen gerichtet sind, kurz: wenn er den Dialog mit den übrigen für die Berufsausbildung verantwortlichen oder an ihr interessierten Personen sucht und die Kooperation mit ihnen pflegt und ausbaut.

Selbstverständnis des Ausbilders

Im Rahmen dieses Spannungsfeldes muss sich der Ausbilder eine eigenständige Position aufbauen und diese behaupten. Sein daraus entspringendes Selbstverständnis bestimmt sich vor allem durch folgende Merkmale:

- Er besitzt eine anerkannte fachliche, pädagogische, psychologische und organisatorische Kompetenz.
- Er verhilft dem Lehrling zu beruflicher und persönlicher Selbstverwirklichung.
- Er verschafft dem Betrieb qualifizierten Berufsnachwuchs.
- Er trägt dazu bei, den Fortbestand freien Unternehmertums zu sichern.
- Er leistet durch die Schaffung und Sicherung von Arbeitsplätzen einen wichtigen Beitrag für die Gesellschaft.
- Er ist derjenige, der die unterschiedlichen Interessen aller Beteiligten ausgleicht.

5. Aufgaben der Handwerksorganisation in der Berufsbildung und Möglichkeiten der Mitwirkung

Kompetenzen:

Der Lernende

- kennt die Aufgaben der Kammern und Innungen zur Unterstützung und Qualitätssicherung in der Berufsausbildung und kann sie bewerten,
- kann die Möglichkeiten der ehrenamtlichen Mitarbeit in Gremien und Ausschüssen der Handwerksorganisation zusammenfassen.

5.1 Aufgaben der Kammern in der Berufsbildung

Handwerkskammern, Industrie- und Handelskammern und z. B. auch Landwirtschaftskammern sind zuständige Stellen im Sinne des Berufsbildungsgesetzes. Sie alle sind Körperschaften des öffentlichen Rechts und nehmen vom Staat übertragene Aufgaben wahr.

Im Bereich der Berufsbildung hat die zuständige Stelle (Kammer) folgende Aufgaben:

- Feststellung der Eignung von Ausbildendem, Ausbilder und Ausbildungsbetrieb,
- Verkürzung und Verlängerung der Ausbildungszeit,
- Einrichten und Führen des Verzeichnisses der Berufsausbildungsverhältnisse (Lehrlingsrolle),
- Errichten von Prüfungsausschüssen und Abnahme von Prüfungen,
- Erlass von Prüfungsordnungen,
- Erlass von Regelungen zur Durchführung der Berufsausbildung (z. B. Ort, Dauer und Inhalt der überbetrieblichen Ausbildung),
- Ausbildungsregelungen für behinderte Menschen
- Überwachung und Förderung der Berufsausbildung u. a. durch Ausbildungsberater (z. B. bei Ausbildungskonflikten, Ausbildungsabbruch).

Die Grafik → S. 59 zeigt die Aufgaben der zuständigen Stelle im Überblick.

Aufgaben der zuständigen Stelle

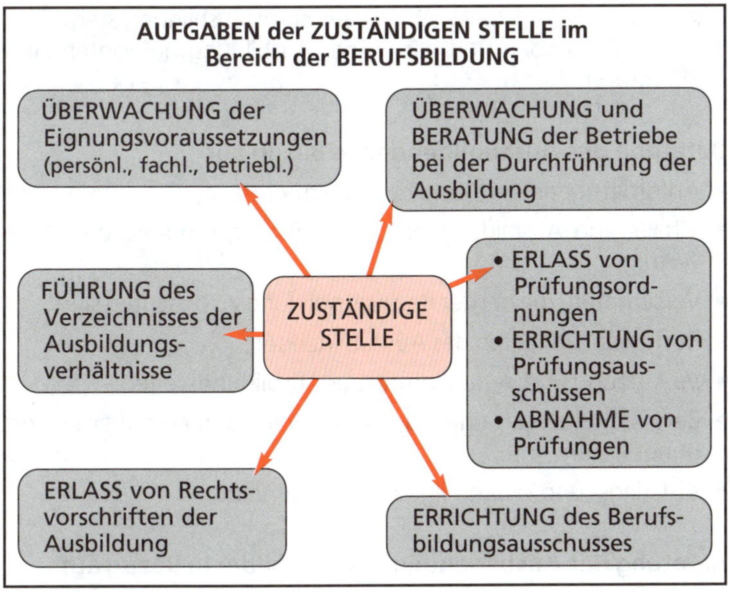

6/6/6L

Berufsbildungsausschuss

Nach § 43 HwO bzw. § 56 BBiG hat die zuständige Stelle einen **Berufsbildungsausschuss** zu errichten. Er besteht aus sechs Arbeitgebern, sechs Arbeitnehmern und sechs Lehrern an berufsbildenden Schulen; letztere wirken nur mit beratender Stimme mit. Der Berufsbildungsausschuss muss in allen wichtigen Angelegenheiten der Berufsbildung gehört und unterrichtet werden und ist in die Vorbereitung der Beschlussfassung von Rechtsvorschriften durch die Vollversammlung einbezogen.

Überwachung der Ausbildung

Zur Unterstützung der Betriebe bei der Durchführung der Berufsausbildung haben die zuständigen Stellen **Ausbildungsberater** zu bestellen. Die Ausbildungsberater überwachen die Ausbildung in Bezug auf

- die Art und Einrichtung der Ausbildungsstätte,
- die persönliche und fachliche Eignung der Ausbildenden und Ausbilder,
- ein angemessenes Verhältnis der Zahl der Auszubildenden zur Zahl der Fachkräfte,
- die Einhaltung der Ausbildungsordnung durch die Betriebe,
- die kostenlose Bereitstellung der Ausbildungsmittel durch die Betriebe,
- den rechtzeitigen Abschluss des Ausbildungsvertrages und dessen Eintragung in das Verzeichnis der Ausbildungsverhältnisse,
- die Teilnahme am Berufsschulunterricht und überbetrieblicher Ausbildung,
- die Einhaltung der gesetzlichen Vorschriften und Verordnungen,
- die Erfüllung von Auflagen zur Behebung von Mängeln,
- die Zusammenarbeit der Betriebe mit der Berufsschule und den Erziehungsberechtigten.

Beratungsaufgaben Mehr noch als die Überwachung der Berufsausbildung steht die Beratung der Auszubildenden und der an der Ausbildung beteiligten Personen im Vordergrund.

Beratung des Auszubildenden in Bezug auf

- Anforderungen des Ausbildungsberufes,
- Inhalte von Ausbildungsordnung, Prüfungsordnung und Ausbildungsvertrag,
- Vorschriften, die bei der Berufsausbildung zu beachten sind,
- Rechte und Pflichten des Auszubildenden,
- Verkürzung und Verlängerung der Ausbildungszeiten,
- Berufsschulbesuch und Ausbildungsmaßnahmen außerhalb der Ausbildungsstätte,
- Aufstiegs- und Weiterbildungsmaßnahmen.

Beratung der Ausbildenden und Ausbilder in Bezug auf

- Jugendpsychologie,
- Didaktik und Methodik,
- Einsatz von Unterweisungshilfen,
- Eignungsvoraussetzungen,
- gesetzliche Bestimmungen,
- Möglichkeiten der Verkürzung und Verlängerung der Ausbildungszeit,
- Art und Einrichtung der Ausbildungsstätte,
- Aufstellung betrieblicher Ausbildungspläne,
- Zusammenarbeit mit anderen Stellen.

5.2 Aufgaben der Innungen in der Berufsbildung

Innungen Im Handwerk übernehmen nach der Handwerksordnung auch Innungen bestimmte Aufgaben in der Berufsbildung.

(Handwerksbetriebe schließen sich auf freiwilliger Basis regional zu Innungen zusammen.)

Nach § 67 Abs. 2 HwO ist jede Innung verpflichtet, zur Förderung der Berufsausbildung der Lehrlinge einen Ausschuss zu bilden (Lehrlingsausschuss). Der Ausschuss ist zuständig für alle Angelegenheiten, die sich auf die Berufsausbildung der Lehrlinge beziehen. Der Vorsitzende des Ausschusses führt die Bezeichnung „Lehrlingswart".

Lehrlingswart Der ehrenamtlich tätige Lehrlingswart ist Experte für alle fachlichen und berufsbezogenen Fragen und kann somit gemeinsam mit dem Ausbildungsberater der Kammer anstehende Probleme lösen.

5.3 Ehrenamtliche Mitarbeit in Gremien der Handwerksorganisation

Mitarbeit

Fachwissen und praktische Erfahrungen von Ausbildenden bzw. Ausbildern können in den Gremien der Handwerksorganisation der Berufsbildung zugute kommen. Jeder Meister im Handwerk hat die Möglichkeit, ehrenamtlich in Gremien und Ausschüssen der Kammer oder Innung mitzuwirken. Entsprechendes gilt selbstverständlich für den nichthandwerklichen Bereich.

in der Kammer

Die Organe der Kammern bieten z. B. folgende Mitwirkungsmöglichkeiten:

- in den Gesellen- und Meisterprüfungsausschüssen,
- in den Vollversammlungen,
- im Berufsbildungsausschuss.

in der Innung

Darüber hinaus gibt es zahlreiche verantwortungsvolle Aufgaben in Innungen:

- als Lehrlingswart,
- als Mitglied des Gesellenprüfungsausschusses,
- als Mitglied des Ausschusses zur Beilegung von Konflikten zwischen Lehrling und dem Ausbilder,
- in der Innungsversammlung.

Der Meister kann sich als Fachkraft mit Erfahrungen in der Berufsausbildung auch nebenberuflich als Ausbilder (Lehrer) engagieren:

- in der überbetrieblichen Unterweisung (der Kammer, Innung, Kreishandwerkerschaft),
- in Fort- und Weiterbildungskursen.

Auf die Mitarbeit in Prüfungsausschüssen soll im Folgenden näher eingegangen werden.

im Gesellenprüfungsausschuss

Gesellenprüfungsausschüsse sind paritätisch mit je einem oder je zwei Vertretern von Arbeitgebern und Arbeitnehmern sowie einem Vertreter der Lehrer besetzt. Die Arbeitgebervertreter werden durch die zuständige Stelle berufen ebenso wie die Arbeitnehmervertreter, die von den im Kammerbezirk tätigen Gewerkschaften vorgeschlagen werden. Die Vertreter der Lehrerschaft werden durch die Schulaufsichtsbehörde bestellt. Die Mitglieder eines Gesellenprüfungsausschusses werden für längstens fünf Jahre in ihr Amt berufen.

im Meisterprüfungsausschuss

Meisterprüfungsausschüsse werden von der höheren Verwaltungsbehörde (Bezirksregierung) bei der Kammer errichtet. Diese Behörde ernennt die Mitglieder der Prüfungsausschüsse auf Vorschlag der Kammer für längstens fünf Jahre. Ein Meisterprüfungsausschuss besteht aus fünf Mitgliedern: einem Vorsitzenden, zwei Arbeitgebervertretern, einem Arbeitnehmervertreter und einem Sachkundigen für die Teile III und IV der Meisterprüfung.

Anforderungen an Prüfer

Die Qualität der Prüfungen hängt sehr stark von der Kompetenz der Prüfer ab. Sie tragen eine hohe Verantwortung sowohl gegenüber den Betrieben, die sich bei der Einstellung von Mitarbeitern auf ihr Urteil verlassen, als auch gegenüber den Prüfungsteilnehmern, deren berufliche Zukunft von dem Prüfungsergebnis abhängt. Die Mitglieder der Prüfungsausschüsse müssen für die Prüfungsgebiete sachkundig und für die Mitwirkung im Prüfungswesen geeignet sein (§ 37 Abs. 1 BBiG), d. h., sie sollen über die rein fachliche Kompetenz hinaus rechtliche Grundkenntnisse und bestimmte Eigenschaften besitzen wie Verantwortungsbewusstsein, Menschenkenntnis, persönliche Integrität und Reife und vor allem prüfungspädagogische Fähigkeiten.

Die Tätigkeit in den Prüfungsausschüssen ist ehrenamtlich. Für bare Auslagen und Zeitversäumnisse wird eine angemessene Entschädigung gezahlt. Die Mitwirkung in solchen Gremien ist mit einigem Zeit- und Arbeitsaufwand verbunden und erfordert die Bereitschaft, sich für den eigenen Berufsstand und für die berufliche Zukunft der nachwachsenden Generation zu engagieren.

Bitte bearbeiten Sie abschließend die folgenden Aufgaben:

1. Nennen und erläutern Sie die pädagogischen Aufgaben des Ausbilders.

2. Erläutern Sie die Aufgaben von Kammern und Innungen in der Berufsbildung.

Lernfeld 2: Planung der Ausbildung

1. Betriebliche Auswahl von Ausbildungsberufen und Entscheidung zur Ausbildung

Kompetenzen:

Der Lernende

- kann die Bedeutung von Personalentwicklung in Betrieben erläutern,
- kann auf der Basis der eigenen gewerblichen Ausrichtung und der betrieblichen Rahmenbedingungen Ausbildungsplatzentscheidungen treffen.

1.1 Personalentwicklung und Entscheidung zur Ausbildung

Personalentwicklung ist eine der unverzichtbaren Voraussetzungen von Betrieben, die nicht nur heute, sondern auch in Zukunft erfolgreich sein wollen.

Weiterbildung

Förderung und Weiterbildung von Mitarbeitern entsprechend den betrieblichen Anforderungen einerseits und dem individuellen Fähigkeitspotential andererseits gehören zu den wichtigsten Investitionen, die ein Betrieb in die zukünftige Betriebsentwicklung und in die dauerhafte Sicherung seiner Wettbewerbsfähigkeit tätigen kann.

Die Qualität der Mitarbeiter wird also ein immer wichtigerer Faktor für den Erfolg von Betrieben. Auszubildende und Mitarbeiter sind das „Humankapital" eines jeden Betriebes, das sorgsam gepflegt werden muss. Unter diesen Gesichtspunkten sollte auch die Frage der Ausbildung von Lehrlingen überlegt werden.

Bildung wird vielfach als separater Produktionsfaktor verstanden – man spricht deshalb auch von „Personalentwicklung". Personalentwicklung beinhaltet alle Maßnahmen, die der beruflichen Entwicklung aller Beschäftigten eines Betriebes dienen und die erforderlichen Qualifikationen vermitteln. Ziel ist es, die optimale Wahrnehmung derzeitiger und künftiger Aufgaben zu ermöglichen, dabei dürfen natürlich die persönlichen Interessen der Mitarbeiter nicht unberücksichtigt bleiben.

1.1.1 Personalplanung

Grundlage einer jeden Personalentwicklung ist die Personalplanung. Sie ist ein wesentlicher Faktor einer vorausschauenden Unternehmenspolitik, denn qualifizierte Fachkräfte sind rar – ein gesicherter Personalbestand ist wichtig für den reibungslosen Ablauf im Betrieb. Ständig höhere berufliche Anforderungen an die Qualifikationen erfordern Anpassungsleistungen durch planmäßige Entwicklung der Mitarbeiter eines Betriebes.

Zeiträume der Planung

Ziel der Personalplanung ist es, das für das Unternehmen erforderliche Personal nach Anzahl und Qualität bereitzustellen und es rationell einzusetzen. Man unterscheidet:

- kurzfristige Personalplanung 1 Jahr
- mittelfristige Personalplanung bis 5 Jahre
- langfristige Personalplanung bis 10 Jahre

Je geringer die erforderliche Qualifikation für eine bestimmte Aufgabe, desto kurzfristiger kann geplant werden.

Die Hauptaufgabe der Personalplanung ist die Ermittlung des quantitativen und des qualitativen Personalbedarfs. Darüber hinaus geht es um die Organisation des rationellen Einsatzes des vorhandenen Personals und die Planung seiner Entwicklung.

Kurzfristiger Personalbedarf ist relativ einfach und sicher vorauszubestimmen, längerfristige Personalbedarfsplanungen werden immer das Risiko von Fehleinschätzungen haben. Die Gründe hierfür können Kapazitätserweiterungen, konjunkturelle Schwankungen und Veränderungen in der Auftragslage sein.

Es lassen sich drei Arten der Personalbedarfsplanung unterscheiden:

- Ersatzbedarf (wegen Kündigung oder Tod von Mitarbeitern),
- Zusatzbedarf (wegen Ausweitung der Produktion/Leistung, neuer Berufe, Arbeitszeitverkürzung),
- Personaleinschränkung (wegen konjunktureller Schwankungen).

Hilfsmittel

Eine wirksame Personalplanung erfordert exakte organisatorische Hilfsmittel wie:

- Stellenbeschreibungen,
- Stellenpläne,
- Stellenbesetzungspläne,
- Nachfolge- und Laufbahnpläne.

1.1.2 Ausbildung eigener Lehrlinge

Die Ergebnisse der Personalbedarfsplanung führen zu der Entscheidung, ob zusätzliches Personal benötigt wird und in welchem Bereich dieses notwendig ist. Es bleibt weiter zu klären, ob dieses Personal kurzfristig, mittelfristig oder langfristig benötigt wird.

Kurzfristiger Personalbedarf ist durch interne Umbesetzung, gegebenenfalls in Verbindung mit einer Schulungsmaßnahme, oder durch Anwerbung externen Fachpersonals zu decken.

Ausbildung für eigenen Bedarf

Mittel- oder langfristiger Personalbedarf ist auch durch Ausbildung eigener Lehrlinge zu decken. Hier ist vorab zu prüfen, ob im Betrieb Ausbildungsmöglichkeiten bestehen.

Das Ausbilden eigener Lehrlinge hat neben der gesellschaftlichen und volkswirtschaftlichen Bedeutung auch deutliche Vorteile für den Betrieb. Die Lehrlinge können von vornherein auf die jeweiligen betrieblichen Besonderheiten vorbereitet werden. Im Laufe der Ausbildung werden sie in die Unternehmenskultur und Firmenphilosophie eingeführt und lernen an den betrieblichen Anforderungen. Es sind also alle Gründe für und gegen eine Ausbildung gründlich abzuwägen.

1.2 Ausbildungsmöglichkeiten im Betrieb

Analyse und Entscheidung

Im Zusammenhang mit der Entscheidung, in einem bestimmten Beruf auszubilden, ist zu prüfen, welche Ausbildungsmöglichkeiten im Betrieb bestehen. Hierzu ist als Erstes eine genaue Analyse der Ausbildungsordnung vorzunehmen, um festzustellen, ob alle geforderten Ausbildungsinhalte vermittelt werden können. Es ist also zu klären, ob der Betrieb nach „Art und Einrichtung" geeignet ist. Hilfe bei der Klärung dieser Frage können hierbei die Ausbildungsberater der zuständigen Stellen (Kammern) geben. Wenn festgestellt wird, dass bestimmte Inhalte nicht vermittelt werden können, muss entschieden werden, ob diese in außerbetrieblichen Lernorten vermittelt werden sollen (→ Kap. 3.2).

Nach der Prüfung der Ausbildungsstätte ist die Eignung des Ausbilders zu prüfen. Dieser muss fachlich und persönlich geeignet sein. Liegt die fachliche und persönliche Eignung des Ausbilders nicht vor, kann eine geeignete Person eingestellt werden (→ Lernfeld 1: Allgemeine Grundlagen, Kap. 3.6).

1.3 Verzeichnis der staatlich anerkannten Ausbildungsberufe

Für eine Entscheidung zur betrieblichen Berufsausbildung ist die Kenntnis der staatlich anerkannten Ausbildungsberufe wichtig. Ein Verzeichnis[1] darüber wird jährlich vom Bundesinstitut für Berufsbildung erstellt.

Die anerkannten Ausbildungsberufe des Handwerks ergeben sich aus der Anlage A und B zur Handwerksordnung (HwO). Soweit für die neu gefass-

[1] Das „Verzeichnis der anerkannten Ausbildungsberufe 2003" kann zum Preis von € 24,90 zzgl. Versandkosten bezogen werden beim Verlag W. Bertelsmann GmbH & Co. KG, Postfach 10 06 33 in 33506 Bielefeld, Tel.: 0521/911 01-11, Fax: 0521/911 01-19, E-Mail: service@wbv.de

ten Berufe noch keine Ausbildungsordnung erlassen ist, kann in den bisherigen Berufen weiter ausgebildet werden. Die nachstehende Übersicht zeigt die Berufe des Handwerks nach In-Kraft-Treten des Dritten Gesetzes zur Änderung der Handwerksordnung vom 24. 12.2003, gültig ab 1. 1. 2004.

Anlage A zur Handwerksordnung
Stand: 1. 8. 2004

Verzeichnis der Gewerbe, die als zulassungspflichtige Handwerke betrieben werden können (§ 1 Abs. 2)		
Nr.	**Ausübungsberuf**	**Ausbildungsberuf(e)**
1	Maurer und Betonbauer	Maurer Beton- und Stahlbetonbauer Feuerungs- und Schornsteinbauer 1. Stufe: Hochbaufacharbeiter
2	Ofen- und Luftheizungsbauer	Backofenbauer Kachelofen- und Luftheizungsbauer
3	Zimmerer	Zimmerer 1. Stufe: Ausbaufacharbeiter
4	Dachdecker	Dachdecker
5	Straßenbauer	Straßenbauer 1. Stufe: Tiefbaufacharbeiter
6	Wärme-, Kälte- und Schallschutzisolierer	Wärme-, Kälte- und Schallschutzisolierer 1. Stufe: Ausbaufacharbeiter
7	Brunnenbauer	Brunnenbauer 1. Stufe: Tiefbaufacharbeiter
8	Steinmetzen und Steinbildhauer	Steinmetz und Steinbildhauer
9	Stukkateure	Stukkateur 1. Stufe: Ausbaufacharbeiter
10	Maler und Lackierer	Maler und Lackierer Fahrzeuglackierer 1. Stufe: Bauten- und Objektbeschichter
11	Gerüstbauer	Gerüstbauer
12	Schornsteinfeger	Schornsteinfeger
13	Metallbauer	Metallbauer
14	Chirurgiemechaniker	Chirurgiemechaniker

Berufe der Anlage A

Nr.	Ausübungsberuf	Ausbildungsberuf(e)
15	Karosserie- und Fahrzeugbauer	Karosserie- und Fahrzeugbaumechaniker
16	Feinwerkmechaniker	Feinwerkmechaniker
17	Zweiradmechaniker	Zweiradmechaniker Fahrradmonteur
18	Kälteanlagenbauer	Kälteanlagenbauer
19	Informationstechniker	Informationselektroniker
20	Kraftfahrzeugtechniker	Kraftfahrzeugmechatroniker Mechaniker für Karosserieinstandhaltungstechnik Kraftfahrzeugservicemechaniker
21	Landmaschinenmechaniker	Mechaniker für Landmaschinentechnik
22	Büchsenmacher	Büchsenmacher
23	Klempner	Klempner
24	Installateur und Heizungsbauer	Anlagenmechaniker für Sanitär-, Heizungs- und Klimatechnik
25	Elektrotechniker	Elektroniker Systemelektroniker
26	Elektromaschinenbauer	Elektroniker für Maschinen- und Antriebstechnik
27	Tischler	Tischler
28	Boots- und Schiffbauer	Bootsbauer
29	Seiler	Seiler
30	Bäcker	Bäcker
31	Konditoren	Konditor
32	Fleischer	Fleischer
33	Augenoptiker	Augenoptiker
34	Hörgeräteakustiker	Hörgeräteakustiker
35	Orthopädietechniker	Orthopädiemechaniker und Bandagist
36	Orthopädieschuhmacher	Orthopädieschuhmacher
37	Zahntechniker	Zahntechniker
38	Friseure	Friseur
39	Glaser	Glaser

Berufe der Anlage A

Nr.	Ausübungsberuf	Ausbildungsberuf(e)
40	Glasbläser und Glasapparatebauer	Glasapparatebauer Glasbläser Thermometermacher
41	Vulkaniseure und Reifenmechaniker	Mechaniker für Reifen- und Vulkanisationstechnik

Änderungen Anlage A + B

Seit dem 1.1.2004 ist die Novelle zur Handwerksordnung in Kraft. Neu strukturiert sind die Anlagen A und B zur Handwerksordnung. Nur noch 41 von ehemals 94 Berufen gehören zur Anlage A. Hier bedarf es eines Meisterbriefes als Voraussetzung für eine Selbstständigkeit im Handwerk.

53 Handwerke werden als zulassungsfreie Handwerke, in denen aber weiter ausgebildet wird, in die Anlage B, Abschnitt 1, aufgenommen. Zum Abschnitt 2 gehören die handwerksähnlichen Gewerbe, zu denen bisher drei Ausbildungsberufe zählen, und zwar Bodenleger, Kosmetiker und die Bestattungsfachkraft.

Anlage B zur Handwerksordnung
Stand 1.8.2004

Verzeichnis der Gewerbe, die als zulassungsfreie Handwerke oder handwerksähnliche Gewerbe betrieben werden können (§ 18 Abs. 2)		
Nr.	**Ausübungsberuf**	**Ausbildungsberuf(e)**
Abschnitt 1: Zulassungsfreie Handwerke		
1.	Fliesen-, Platten und Mosaikleger	Fliesen-, Platten und Mosaikleger 1. Stufe: Ausbaufacharbeiter
2.	Betonstein- und Terrazzohersteller	Betonstein- und Terrazzohersteller
3.	Estrichleger	Estrichleger 1. Stufe: Ausbaufacharbeiter
4.	Behälter- und Apparatebauer	Behälter- und Apparatebauer
5.	Uhrmacher	Uhrmacher
6.	Graveure	Graveur
7.	Metallbildner	Metallbildner
8.	Galvaniseure	Galvaniseur
9.	Metall- und Glockengießer	Metall- und Glockengießer
10.	Schneidwerkzeugmechaniker	Schneidwerkzeugmechaniker
11.	Gold- und Silberschmiede	Goldschmied Silberschmied
12.	Parkettleger	Parkettleger

Berufe der Anlage B

Nr.	Ausübungsberuf	Ausbildungsberuf(e)
13.	Rollladen- und Jalousiebauer	Rollladen- und Jalousiebauer
14.	Modellbauer	Modellbauer
15.	Drechsler (Elfenbeinschnitzer) und Holzspielzeugmacher	Drechsler (Elfenbeinschnitzer) Holzspielzeugmacher
16.	Holzbildhauer	Holzbildhauer
17.	Böttcher	Böttcher
18.	Korbmacher	Korbmacher
19.	Damen- und Herrenschneider	Maßschneider
20.	Sticker	Sticker
21.	Modisten	Modist
22.	Weber	Weber
23.	Segelmacher	Segelmacher
24.	Kürschner	Kürschner
25.	Schuhmacher	Schuhmacher
26.	Sattler und Feintäschner	Sattler Feintäschner
27.	Raumausstatter	Raumausstatter
28.	Müller	Müller
29.	Brauer und Mälzer	Brauer und Mälzer
30.	Weinküfer	Weinküfer
31.	Textilreiniger	Textilreiniger
32.	Wachszieher	Wachszieher
33.	Gebäudereiniger	Gebäudereiniger
34.	Glasveredler	Glasveredler
35.	Feinoptiker	Feinoptiker
36.	Glas- und Porzellanmaler	Glas- und Porzellanmaler
37.	Edelsteinschleifer und -graveure	Edelsteinschleifer Edelsteingraveur
38.	Fotografen	Fotograf
39.	Buchbinder	Buchbinder
40.	Buchdrucker: Schriftsetzer; Drucker	Schriftsetzer Drucker
41.	Siebdrucker	Siebdrucker

Berufe der Anlage B

Nr.	Ausübungsberuf	Ausbildungsberuf(e)
42.	Flexografen	Flexograf
43.	Keramiker	Keramiker
44.	Orgel- und Harmoniumbauer	Orgel- und Harmoniumbauer
45.	Klavier- und Cembalobauer	Klavier- und Cembalobauer
46.	Handzuginstrumentenmacher	Handzuginstrumentenmacher
47.	Geigenbauer	Geigenbauer
48.	Bogenmacher	Bogenmacher
49.	Metallblasinstrumentenmacher	Metallblasinstrumentenmacher
50.	Holzblasinstrumentenmacher	Holzblasinstrumentenmacher
51.	Zupfinstrumentenmacher	Zupfinstrumentenmacher
52.	Vergolder	Vergolder
53.	Schilder- und Lichtreklamehersteller	Schilder- und Lichtreklamehersteller
Abschnitt 2: Handwerksähnliche Gewerbe		
1.	Eisenflechter	–
2.	Bautentrocknungsgewerbe	–
3.	Bodenleger	Bodenleger
4.	Asphaltierer (ohne Straßenbau)	–
5.	Fuger (im Hochbau)	–
6.	Holz- und Bautenschutzgewerbe (Mauerschutz und Holzimprägnierung in Gebäuden)	–
7.	Rammgewerbe (Einrammen von Pfählen im Wasserbau)	–
8.	Betonbohrer und -schneider	–
9.	Theater- und Ausstattungsmaler	–
10.	Herstellung von Drahtgestellen für Dekorationszwecke in Sonderanfertigung	–
11.	Metallschleifer und Metallpolierer	–
12.	Metallsägen-Schärfer	–
13.	Tankschutzbetriebe (Korrosionsschutz von Öltanks für Feuerungsanlagen ohne chemische Verfahren)	–

Berufe der Anlage B

Nr.	Ausübungsberuf	Ausbildungsberuf
14.	Fahrzeugverwerter	–
15.	Rohr- und Kanalreiniger	–
16.	Kabelverleger im Hochbau (ohne Anschlussarbeiten)	–
17.	Holzschuhmacher	–
18.	Holzblockmacher	–
19.	Daubenhauer	–
20.	Holz-Leitermacher (Sonderanfertigung)	–
21.	Muldenhauer	–
22.	Holzreifenmacher	–
23.	Holzschindelmacher	–
24.	Einbau von genormten Baufertigteilen (z. B. Fenster, Türen, Zargen, Regale)	–
25.	Bürsten- und Pinselmacher	–
26.	Bügelanstalten für Herren-Oberbekleidung	–
27.	Dekorationsnäher (ohne Schaufensterdekoration)	–
28.	Fleckteppichhersteller	–
29.	Klöppler	–
30.	Theaterkostümnäher	–
31.	Plisseebrenner	–
32.	Posamentierer	–
33.	Stoffmaler	–
34.	Stricker	–
35.	Textil-Handdrucker	–
36.	Kunststopfer	–
37.	Änderungsschneider	–
38.	Handschuhmacher	–
39.	Ausführung einfacher Schuhreparaturen	–
40.	Gerber	–

Berufe der Anlage B

Nr.	Ausübungsberuf	Ausbildungsberuf(e)
41.	Innerei-Fleischer (Kuttler)	–
42.	Speiseeishersteller (mit Vertrieb von Speiseeis mit üblichem Zubehör)	–
43.	Fleischzerleger, Ausbeiner	–
44.	Appreteure, Dekateure	–
45.	Schnellreiniger	–
46.	Teppichreiniger	–
47.	Getränkeleitungsreiniger	–
48.	Kosmetiker	Kosmetiker
49.	Maskenbildner	–
50.	Bestattungsgewerbe	Bestattungsfachkraft
51.	Lampenschirmhersteller (Sonderanfertigung)	–
52.	Klavierstimmer	–
53.	Theaterplastiker	–
54.	Requisiteure	–
55.	Schirmmacher	–
56.	Steindrucker	–
57.	Schlagzeugmacher	–

Bitte bearbeiten Sie abschließend die folgenden Aufgaben:

1. Erklären Sie, was unter „Personalentwicklung" zu verstehen ist, und begründen Sie, warum die Personalentwicklung für die Betriebe von großer Bedeutung ist.

2. Erläutern Sie die verschiedenen Möglichkeiten, einen gesteigerten Personalbedarf zu decken.

2. Ziele und Struktur der Ausbildungsordnung

Kompetenzen:

Der Lernende

- kann die Bedeutung der Ausbildungsordnung für die Gewährleistung einer bundesweit einheitlichen und systematischen Ausbildung in einem staatlich anerkannten Ausbildungsberuf erläutern,
- kann die Ziele und Inhalte einer Ausbildungsordnung bei der Planung der Ausbildung berücksichtigen.

2.1 Konzept der Ausbildung in staatlich anerkannten Ausbildungsberufen

Bedeutung der Ausbildungsordnung

Für einen anerkannten Ausbildungsberuf darf nur nach der Ausbildungsordnung ausgebildet werden (Ausschließlichkeitsgrundsatz – § 28 BBiG bzw. § 27 HwO). Die Anlagen A und B bilden die Grundlage für die im Handwerk anerkannten Ausbildungsberufe (→ Tabelle S. 65 ff.). Der Ausbildung in diesen und natürlich auch in allen anderen anerkannten Ausbildungsberufen außerhalb des Handwerks ist die für den jeweiligen Beruf erlassene Ausbildungsordnung zugrunde zu legen.

Ausbildungsordnungen sind vom Bundesminister für Wirtschaft erlassene Rechtsverordnungen. Nach § 25 HwO bzw. § 25 BBiG sollen sie die Grundlage bilden für eine geordnete und einheitliche Berufsausbildung und eine ständige Anpassung an die technische, wirtschaftliche und gesellschaftliche Entwicklung sicherstellen. Ein hoch gestecktes Ziel, das nur dann erreicht werden kann, wenn die Inhalte der Ausbildungsordnung in relativ kurzen Zeitabständen fortgeschrieben werden.

Fachliche Vorschriften

Für die wenigen Berufe, für die noch keine Ausbildungsordnung seit 1969 erlassen wurde, gelten die bis dahin bestehenden alten Regelungen weiter. Hierbei handelt es sich in den handwerklichen Berufen um „Fachliche Vorschriften“, die bis zum Erlass neuer Ausbildungsordnungen weiterhin ihre Gültigkeit behalten.

Grundbildung und Fachbildung

Die Ausbildungsordnung legt die Grundzüge einer geordneten und einheitlichen Berufsausbildung durch einen für alle Berufe gültigen Aufbau fest. Die Berufsbildung beginnt mit einer breit angelegten beruflichen Grundbildung, die ab dem 2. Lehrjahr übergeleitet wird in eine berufliche Fachbildung. Sie vermittelt die zur Ausübung einer qualifizierten beruflichen Tätigkeit notwendigen speziellen Fertigkeiten und Kenntnisse sowie die erforderliche Berufserfahrung.

Ausbildungsrahmenplan

Der zeitliche und einheitliche Ablauf der Ausbildung wird gesteuert durch die in den Ausbildungsordnungen vorgegebenen Ausbildungsrahmenpläne. So wird die Berufsbildung in den Betrieben unterschiedlichster Regionen, ob in Schleswig-Holstein, Westfalen, Sachsen, Thüringen oder Bayern inhaltlich gleich durchgeführt. Die Mobilität junger ausgebildeter Gesellen und Facharbeiter wird auf diese Weise in starkem Maße gefördert.

Die Ausbildungsordnungen legen nur Mindestanforderungen fest. Die Ausbildung in den Betrieben kann und soll möglichst über diese Mindestanforderungen hinausgehen.

Anpassung an die technische und wirtschaftliche Entwicklung

Berufe verändern sich, manche sterben aus und neue entstehen. Technologischer Fortschritt oder verändertes Kundenverhalten sind vielfach der Grund dafür. Entsprechend schnell können Inhalte einer Ausbildungsordnung veralten und überholt sein. Neue Werkstoffe, neue Verfahrenstechniken und die elektronische Datenverarbeitung verändern Berufsbilder und Arbeitsabläufe in den Betrieben. Auch werden immer wieder Ausbildungsordnungen für neue Berufe erlassen.

Anpassung

Eine ständige Anpassung der Ausbildungsinhalte ist zwar gefordert, es kommt aber auch darauf an, die Formulierung der Ausbildungsinhalte so zu gestalten, dass die beschriebenen Techniken und Verfahren eine Fortentwicklung zulassen.

2.2 Verfahren zur Erstellung von Ausbildungsordnungen

Rechtsverordnung

Die Regierung wird zum Erlass von Ausbildungsordnungen durch die §§ 25 Abs. 1 BBiG und HwO ermächtigt. Diese haben als Rechtsverordnung die gleiche Wirkung wie Gesetze. Zuständig für den Erlass ist der Bundesminister für Wirtschaft und Arbeit oder der sonst zuständige Fachminister. Das Einvernehmen mit dem Bundesminister für Bildung und Forschung ist jeweils herzustellen, ohne dass die Zustimmung des Bundesrates erforderlich ist (Konsensprinzip).

Die Inhalte einer Ausbildungsordnung werden aus den Anforderungen der Berufs- und Arbeitswelt abgeleitet. Sie sollen so gestaltet sein, dass sie den Anforderungen in den Betrieben gerecht werden. Sie müssen von den Arbeitgebern und ihren Organisationen akzeptiert werden sowie von den Auszubildenden, den Gewerkschaften und den an der Berufsbildung wesentlich beteiligten Berufsschulen.

Entsprechend kompliziert gestaltet sich das Verfahren der Abstimmung beim Entstehen einer Ausbildungsordnung bzw. bei seiner Fortschreibung. Die Initiativen dazu gehen entweder von den Fachverbänden und Spitzenorganisationen der Unternehmer, den Gewerkschaften oder den Kammern und ihren Spitzenorganisationen aus.

Deutschland ist ein föderativer Staat (Bundesstaat), in dem den einzelnen Ländern die Kulturhoheit und damit die Zuständigkeit für die Schulen, also auch für die Berufsschulen, zugestanden wird. Die in den Ausbildungsordnungen enthaltenen Ausbildungsrahmenpläne für die betriebliche Ausbildung müssen mit den Rahmenlehrplänen für die berufsbildenden Schulen abgestimmt werden.

Erarbeitung einer Ausbildungsordnung

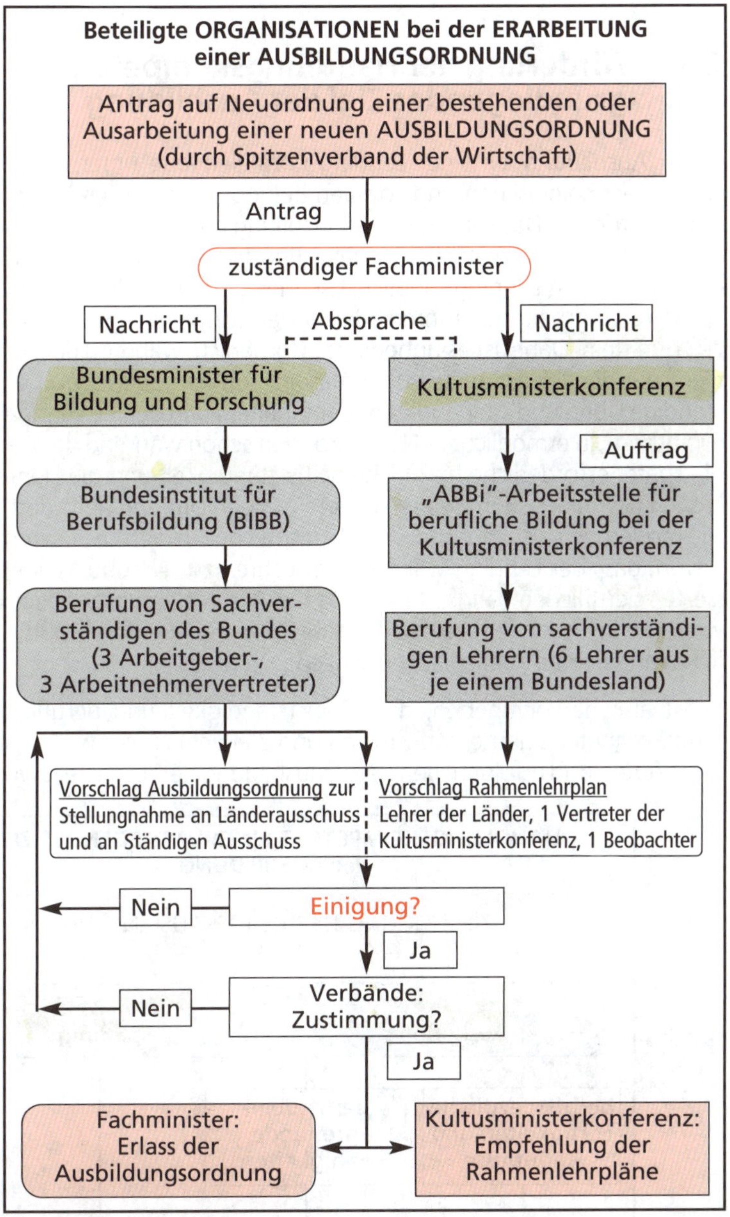

abgestimmte Lehrpläne

Das duale System funktioniert nur dann, wenn für die Lernortbereiche Betrieb und Schule inhaltlich und zeitlich aufeinander abgestimmte Lehrpläne vorliegen.

Der Länderausschuss beim Bundesinstitut für Berufsbildung (BIBB) hat hier seine wesentliche Aufgabe *(www.bibb.de)*. Die Übersicht auf → S. 75 stellt den Ablauf des Entstehens einer Ausbildungsordnung anschaulich dar.

2.3 Förderung der Handlungskompetenz als grundlegendes Ziel der Ausbildung

Lernen in der Betriebspraxis

In der Ausbildung lernt der Lehrling normalerweise unter den ökonomischen, technologischen und sozialen Bedingungen des jeweiligen Ausbildungsbetriebes. Das Lernen bei der Erfüllung produktiver Arbeitsaufgaben im Betrieb ist das Kernstück der dualen Berufsausbildung: Nur dadurch wird es möglich, den Lehrling möglichst schnell und ohne Unterbrechung vom Lernen zum Arbeiten zu führen oder, anders formuliert, ihm Berufsfähigkeit zu vermitteln. Dabei ist es unbedingt erforderlich, während der Ausbildung nicht nur die Berufsinhalte zu vermitteln, sondern auch schon das selbstständige Üben und Anwenden dieser Inhalte, eben den Erwerb der Berufserfahrung, zu ermöglichen. Nur so können schon während der Ausbildung die später erforderliche berufliche Selbstständigkeit und die Handlungsfähigkeit (Handlungskompetenz) in dem nötigen Umfang gefördert werden. Die modernen Ausbildungsordnungen sprechen in diesem Zusammenhang davon, dass der Lehrling während der Lehre „zur Ausübung einer qualifizierten beruflichen Tätigkeit im Sinne des Berufsbildungsgesetzes befähigt wird, die insbesondere selbstständiges Planen, Durchführen und Kontrollieren an seinem Arbeitsplatz einschließt".

Es ist also hervorzuheben, dass Selbstständigkeit und berufliche Handlungskompetenz heute unbestritten und zu Recht als die wichtigsten Ziele einer guten und erfolgreichen Berufsausbildung herausgestellt werden.

Handlungskompetenz

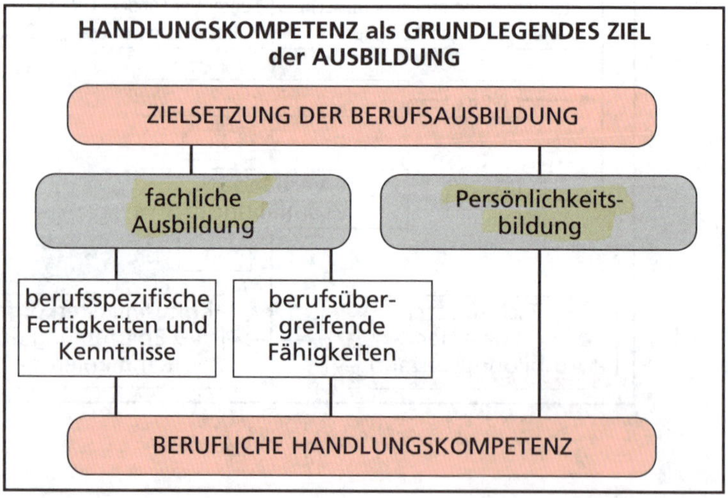

Berufliche Handlungskompetenz zeigt sich in der sicheren und selbstständigen Bewältigung berufsbezogener Aufgaben, und zwar auch der zukünftigen beruflichen Aufgaben, die vom raschen technischen und wirtschaftlichen Wandel in der Berufswelt bestimmt sind. Berufliche Handlungskompetenz umschließt im Wesentlichen drei Bereiche:

Bereiche der Handlungskompetenz

- Fachkompetenz: die Fähigkeit, Arbeitsaufgaben fachgerecht bearbeiten zu können,
- Sozialkompetenz: die Fähigkeit, mit anderen kommunikativ und kooperativ zusammenzuarbeiten und gesellschaftlich verantwortungsbewusst zu handeln,
- Selbstkompetenz: die Bereitschaft, seine eigenen Begabungen und somit seine Handlungsmöglichkeiten weiterzuentwickeln.

Die o. g. Kompetenzbereiche setzen immer Methodenkompetenz, die Fähigkeit, selbstständig Lösungswege zu finden, voraus. Sprachkompetenz (z. B. die Fähigkeit, sich auszudrücken) spielt ebenfalls eine wichtige Rolle.

Damit der angehende Geselle umfassend handlungsfähig wird und zukünftige (Arbeits)situationen bewältigen kann, sind ihm neben grundlegenden fachspezifischen Kenntnissen und Fähigkeiten berufsübergreifende Qualifikationen, so genannte Schlüsselqualifikationen, zu vermitteln. Neben den oben genannten gehören hierzu folgende Fähigkeiten:

Schlüsselqualifikationen

- Denken in Zusammenhängen,
- logisches Denken,
- Flexibilität und Kreativität,
- Urteils- und Entscheidungsfähigkeit,
- Eigeninitiative und Leistungsbereitschaft.

Schlüsselqualifikationen stellen keinen eigenen Lerngegenstand dar, sondern werden im Zusammenhang mit den beruflichen Fertigkeiten und Kenntnissen vermittelt. Dies setzt jedoch voraus, dass im Ausbildungsbetrieb Lernsituationen geschaffen werden, die selbstständiges Denken und Handeln des Lehrlings fördern.

2.4 Inhalt und Bestandteile der Ausbildungsordnung

Die Ausbildung in staatlich anerkannten Berufen findet auf der Grundlage einer Ausbildungsordnung statt. Das Berufsbildungsgesetz *(http://bundesrecht.juris.de/bundesrecht/bbig/)* schreibt in § 25 Abs. 2 vor, dass jede Ausbildungsordnung fünf Mindestbestandteile enthalten muss.

Ausbildungsberufsbezeichnung

Berufsbezeichnung

Die Bezeichnung des Ausbildungsberufs ist in der Ausbildungsordnung festgelegt. Die handwerklichen Ausbildungsberufe sind in der Anlage A der Handwerksordnung zusammengefasst (→ S. 66).

Mindestbestandteile

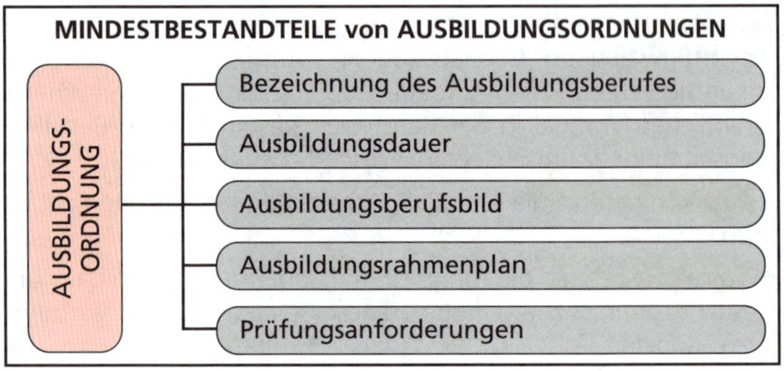

Ausbildungsdauer

Dauer der Lehrzeit

Die Ausbildungsdauer soll nach § 25 BBiG und § 25 HwO nicht weniger als 2 und nicht mehr als 3 Jahre betragen. Da es sich hier um eine sog. Sollvorschrift handelt, kann in besonderen Fällen vom Verordnungsgeber davon abgewichen werden. Dies ist in einigen Berufen geschehen. Hier beträgt die Ausbildungszeit dann 3½ Jahre.

Ausbildungsberufsbild

Mindestinhalte

Das Ausbildungsberufsbild ist eine Auflistung von Fertigkeiten und Kenntnissen, die Gegenstand der Ausbildung des betreffenden Berufes sein müssen. Es handelt sich um Mindestinhalte; sie beschreiben jeweils die Endqualifikation.

Ausbildungsrahmenplan

sachliche und zeitliche Gliederung

Der Ausbildungsrahmenplan ist eine Anleitung zur sachlichen und zeitlichen Gliederung der Fertigkeiten und Kenntnisse. Hierbei handelt es sich nur um die im Betrieb zu vermittelnden Fertigkeiten und Kenntnisse, nicht um die Kenntnisse, die die Berufsschule zu vermitteln hat. Diese sind wiederum in den Rahmenlehrplänen der Länder für die Berufsschulen vorgegeben.

Der Ausbildungsrahmenplan stellt die im Ausbildungsberufsbild festgelegten Fertigkeiten und Kenntnisse in einen sachlichen und zeitlichen Zusammenhang und dient als Orientierung für die Erstellung eines betrieblichen Ausbildungsplanes.

In den neueren Ausbildungsordnungen spielt, wie bereits erwähnt, die Vermittlung von Schlüsselqualifikationen eine wesentliche Rolle. Dort ist festgelegt, dass die Fertigkeiten und Kenntnisse so vermittelt werden sollen, dass vom Auszubildenden auch das selbstständige Planen, Durchführen und Kontrollieren seiner Arbeit am Arbeitsplatz erlernt wird.

Prüfungsanforderungen

Zwischenprüfung

Die Ausbildungsordnung legt fest, ob in dem jeweiligen Beruf eine oder zwei Zwischenprüfungen durchgeführt werden müssen. Inhalt und Umfang werden hierbei genau festgelegt.

Noch genauer als bei der Zwischenprüfung sind bei der Abschlussprüfung die Inhalte und der zeitliche Umfang festgelegt.

Abschluss-/ Gesellenprüfung

So regelt die Ausbildungsordnung die Anforderung an die Arbeitsprobe mit der Höchstdauer an Zeit, die dafür aufgewendet werden darf. Auch bestimmt sie, ob und in welcher Form ein Gesellenstück anzufertigen ist. Die Prüfungsfächer und die zu prüfenden Inhalte sowie der zeitliche Umfang werden beschrieben.

Ebenfalls wird festgelegt, ob und in welcher Form eine mündliche Prüfung durchzuführen ist und wie die Prüfungsleistungen zu gewichten sind.

Zusätzlich können in der Ausbildungsordnung geregelt sein:

- Berichtsheftführung,
- überbetriebliche Ausbildung,
- Kriterien für die Eignung der Ausbildungsstätte.

2.5 Ausbildungsordnungen für Monoberufe und gestufte Ausbildungsberufe

Monoberufe

Berufe mit einheitlichem Berufsbild werden „Monoberufe" genannt. Bei den Ausbildungsordnungen für Monoberufe werden diejenigen ohne Spezialisierung und die mit Spezialisierung unterschieden. Für die größte Zahl der Ausbildungsberufe gibt es Ausbildungsordnungen ohne Spezialisierung. Hier ist keinerlei Differenzierung bei den Inhalten des Berufsbildes oder im Ausbildungsplan vorgesehen.

Bei den Berufen, die eine Spezialisierung zulassen, erfolgt diese entweder in Form von Schwerpunkten oder in Form von Fachrichtungen.

Schwerpunkte

Das Berufsbild ist einheitlich, nur im Ausbildungsrahmenplan kommen die Schwerpunkte durch Unterscheidung zum Ausdruck. Die unterschiedlichen Ausbildungsinhalte dürfen nicht mehr als ein Drittel der Ausbildungszeit ausmachen. Im ersten Ausbildungsjahr dürfen keine Unterschiede gemacht werden. Bei den Prüfungen müssen die Schwerpunkte berücksichtigt werden.

Fachrichtungen

Stärker wirkt sich die Spezialisierung nach Fachrichtungen aus. Hier gibt es bedeutende Unterschiede in den Inhalten des Berufsbildes und im Ausbildungsrahmenplan. Jedoch sind sie nicht so bedeutend, dass daraus ein neuer und selbstständiger Beruf abzuleiten wäre.

Auch hier darf es im ersten Ausbildungsjahr keine Differenzierung geben, und in der Fachstufe (2. bis 4. Lehrjahr) dürfen die unterschiedlichen Ausbildungsinhalte nicht mehr als ein Drittel der Ausbildungszeit beanspruchen. Berufsbild und Ausbildungsrahmenplan sind jeweils so aufgebaut, dass zunächst für alle Fachrichtungen die gleichen Fertigkeiten und Kenntnisse vorgesehen und danach die besonderen Fertigkeiten und Kenntnisse der jeweiligen Fachrichtung aufgeführt sind. Beispiel: Ausbildungsberuf Fleischer.

Fachrichtungen:
- Schlachten oder
- Herstellen von Feinkost und Konserven oder
- Verkauf.

Deutlich wird dies auch anhand der neuen Ausbildungsordnung für Maler und Lackierer vom 3.7.2003. Der Ausübungsberuf nach der Anlage A der Handwerksordnung heißt Maler und Lackierer. Ihm sind folgende Ausbildungsberufe zugeordnet:

- Maler und Lackierer
- Fahrzeuglackierer
- Bauten- und Objektbeschichter (als 1. Stufe der Stufenausbildung)

Der Beruf des Maler und Lackierers besteht aus folgenden Fachrichtungen:

- Gestaltung und Instandhaltung
- Kirchenmalerei und Denkmalpflege
- Bauten- und Korrosionsschutz

Differenzierung bei Monoberufen

Differenzierung bei Monoberufen mit Spezialisierung			
Monoberufe	**Ausbildungs-berufsbild**		**Ausbildungs-rahmenplan**
Differenzierung nach Schwerpunkten	1. Lehrjahr 2. bis 4. Lehrjahr	nein nein	nein ja
Differenzierung nach Fachrichtungen	1. Lehrjahr 2. bis 4. Lehrjahr	nein ja	nein ja

Stufenausbildung

Als eine Sonderform der Ausbildung im dualen System ist die Stufenausbildung anzusehen. Kennzeichnend für diese Form der Ausbildung ist, dass sie in der Regel in zwei Stufen erfolgt, wobei die erste Stufe überwiegend 2 Jahre und die zweite Stufe 1 Jahr umfasst. Nach der ersten Stufe, die die Grundbildung und eine verkürzte Fachbildung vorsieht, kann eine erste Abschlussprüfung abgelegt werden. In der zweiten Stufe erfolgt die abschließende Spezialisierung; sie endet mit der Abschluss- oder Gesellenprüfung. Im Handwerk gehören sämtliche Berufe des Bauhauptgewerbes dazu (z. B. Maurer, Zimmerer).

Bitte bearbeiten Sie abschließend die folgenden Aufgaben:

1. Wie entsteht eine Ausbildungsordnung, und wer ist an der Erarbeitung beteiligt?

2. Welche Informationen sind einer Ausbildungsordnung zu entnehmen? Welche Differenzierungen sind in einem Beruf möglich?

3. Warum ist nach Ihrer Erfahrung der Erwerb beruflicher Handlungskompetenz notwendig? Was bedeutet dies für Ihre Meistervorbereitung bzw. die Ausbildung der Ausbilder?

3. Eignung der Ausbildungsstätte

Kompetenzen:

Der Lernende

- kann sachliche Kriterien zur Eignung der Ausbildungsstätte für eigene Ausbildungsplatzentscheidungen erläutern,
- kann Möglichkeiten zur Behebung fehlender betrieblicher Ausbildungsvoraussetzungen darstellen.

3.1 Eignungskriterien der Ausbildungsstätte

Eignung der Ausbildungsstätte

Neben der persönlichen und fachlichen Eignung des Ausbilders ist für die Ausbildung von Lehrlingen die Eignung der Ausbildungsstätte unabdingbar (→ Lernfeld 1: Allgemeine Grundlagen, Kap. 3.6). Lehrlinge dürfen nur eingestellt werden (§ 22 BBiG bzw. § 22 HwO), wenn

– die Ausbildungsstätte nach Art und Einrichtung für die Berufsausbildung geeignet ist,

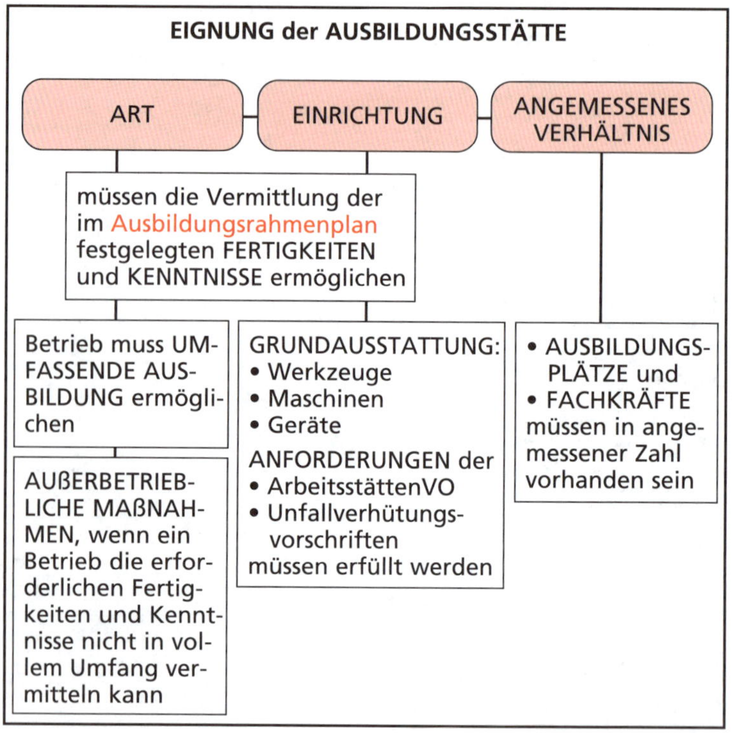

– die Zahl der Lehrlinge in einem angemessenen Verhältnis zur Zahl der Ausbildungsplätze oder zur Zahl der beschäftigten Fachkräfte steht, es sei denn, dass anderenfalls die Berufsausbildung nicht gefährdet wird.

§ 23 des Berufsbildungsgesetzes und § 23 der Handwerksordnung verpflichten die zuständigen Stellen (Kammern), die Eignung der Ausbildungsstätte festzustellen und zu überwachen. Für jeden Ausbildungsberuf, für den die Eintragung eines Ausbildungsverhältnisses beantragt wird, müssen der Ausbildungsstätte die einschlägig gültigen Ausbildungsordnungen bzw. Fachlichen Vorschriften vorliegen. Art und Umfang der Produktion oder der Dienstleistungen müssen gewährleisten, dass die Kenntnisse und Fertigkeiten entsprechend der Ausbildungsordnung vermittelt werden können.

Grundausstattung

Zu den erforderlichen Einrichtungen gehört eine Grundausstattung an Werkzeugen, Maschinen, Geräten, Wartungseinrichtungen etc. Die Einrichtungen müssen auf einem aktuellen technischen Stand sein. Das bedeutet aber nicht, dass die jeweils modernste Technik verlangt wird.

Für die berufliche Fachausbildung müssen in der Regel geeignete Ausbildungsplätze für die Lehrlinge vorhanden sein. Was das heißt, kann im Einzelfall durch die zuständige Stelle (Kammer) im Rahmen der Eignungsfeststellungen festgelegt werden.

Verhältnis Lehrlinge/ Fachkräfte

Als angemessenes Verhältnis der Zahl der Lehrlinge zur Zahl der Fachkräfte gilt in der Regel:

1 bis 2 Fachkräfte	– 1 Lehrling
3 bis 5 Fachkräfte	– 2 Lehrlinge
6 bis 8 Fachkräfte	– 3 Lehrlinge
je weitere 3 Fachkräfte	– 1 Lehrling

Ob gegebenenfalls bei Überschreitung eine Gefährdung vorliegt, wird durch die zuständige Stelle geprüft. Für die Entscheidung kann im Einzelfall u. a. maßgeblich sein, ob sich die Ausbildung in einer Werkstatt oder auf einer Baustelle vollzieht bzw. in welchem Umfang die vorhandenen Fachkräfte auch andere betriebliche Aufgaben zu erfüllen haben.

Erfolgt die Ausbildung in einer Gruppe, soll ein Ausbilder, der ausschließlich diese Funktion wahrnimmt, für höchstens 16 Lehrlinge verantwortlich sein. Bei gefahrenanfälligen Tätigkeiten muss diese Zahl unter Umständen verringert werden. Auch hier entscheidet im Einzelfall die zuständige Stelle.

3.2 Außer- und überbetriebliche Ausbildung

Gemäß § 22 BBiG und § 22 HwO gilt eine Ausbildungsstätte, in der die erforderlichen Kenntnisse und Fertigkeiten nicht in vollem Umfang vermittelt werden können, dennoch als geeignet, wenn dieser Mangel durch Ausbildungsmaßnahmen außerhalb der Ausbildungsstätte behoben wird.

Ausbildungsverbund

Solche Ausbildungsmaßnahmen außerhalb der Ausbildungsstätte können in einem Partnerbetrieb durchgeführt werden, der aufgrund seiner anders gearteten Produktion bzw. seines Tätigkeitsbereiches die Teile des Berufsbildes abdeckt, die der eigene Betrieb nicht abdecken kann. In einem solchen Fall spricht man von Ausbildungsverbund.

Die Dauer einer solchen vorgesehenen Ausbildungsmaßnahme sowie die genaue Adresse des Partnerbetriebes sind mit in den Ausbildungsvertrag aufzunehmen.

überbetriebliche Ausbildung

Im Handwerk ist die gebräuchlichste Form von außerbetrieblichen Maßnahmen die überbetriebliche Ausbildung. Überbetriebliche Ausbildungsstätten werden von den Handwerkskammern, Kreishandwerkerschaften, Innungen oder gemeinnützigen Trägerorganisationen unterhalten, oftmals auch im Verbund mit der Industrie.

Die Aufgaben der überbetrieblichen Lehrwerkstatt als Bestandteil des dualen Systems werden in → Lernfeld 1: Allgemeine Grundlagen, Kap. 2.2.2 näher erläutert.

Bitte bearbeiten Sie abschließend die folgenden Aufgaben:

1. Welche Kriterien muss Ihr Betrieb erfüllen, um als Ausbildungsstätte geeignet zu sein?

2. Sie stellen fest, dass bestimmte, in der Ausbildungsordnung festgelegte Ausbildungsinhalte nicht in Ihrem Betrieb vermittelt werden können. Was können Sie tun, um diesen Mangel zu beheben?

---

4. Erstellung eines betrieblichen Ausbildungsplans

Kompetenzen:

Der Lernende

- kann die pädagogische und rechtliche Notwendigkeit der Erstellung eines betrieblichen Ausbildungsplans begründen,
- kann einen betrieblichen Ausbildungsplan auf der Grundlage des Ausbildungsrahmenplanes unter Berücksichtigung der betrieblichen Situation (Auftragslage) und der Lernvoraussetzungen des Lehrlings erstellen,
- kann Planungsbedarf und Grenzen der Planbarkeit erläutern,
- kann Anforderungen und Kriterien bei der Erstellung eines betrieblichen Ausbildungsplans beschreiben.

4.1 Rechtliche und pädagogische Bedeutung der planmäßigen Berufsausbildung

Der Ausbildende ist nach § 6 des Berufsbildungsgesetzes verpflichtet, die Berufsausbildung „planmäßig, zeitlich und sachlich gegliedert so durchzuführen, dass das Ausbildungsziel in der vorgesehenen Ausbildungszeit erreicht werden kann". Grundlage einer geordneten und einheitlichen Berufsausbildung ist die jeweilige Ausbildungsordnung.

Bei der Beachtung bzw. Umsetzung der rechtlichen Vorgaben der Ausbildungsordnung und des Ausbildungsrahmenplans hat jeder Ausbildende einen gewissen Spielraum, in dem er kreativ und individuell seine Ausbildungseinheiten planen und gestalten kann. Eine vom Ausbildungsrahmenplan abweichende sachliche und zeitliche Gliederung ist zulässig, soweit betriebspraktische Besonderheiten die Abweichung notwendig machen (Flexibilitätsklausel in Ausbildungsordnungen). Grundlage hierfür ist eine exakte Analyse der vorgegebenen Ausbildungsinhalte und die Realisationsmöglichkeiten im jeweiligen Betrieb. Eine solche individuelle Gestaltung der Ausbildung ist insbesondere wichtig hinsichtlich des Umgangs mit Lernschwierigkeiten und der zu wählenden Methoden.

Notwendigkeit der Planung

Die Planung der betrieblichen Ausbildung ist erforderlich, um das Erreichen des Ausbildungsziels sicherzustellen. Dadurch kann die Vollständigkeit der Ausbildung gewährleistet werden, die Ausbildung wird übersichtlich und kann gesteuert werden.

Bei dieser Planung sind
- didaktische,
- organisatorische und
- rechtliche

Gesichtspunkte zu berücksichtigen.

didaktische Gesichtspunkte

Aus didaktischer Sicht geht es vor allem darum, Ausbildungsinhalte auszuwählen, die in besonderer Weise den Ausbildungszielen gerecht werden. (→ Lernfeld 4: Ausbildung am Arbeitsplatz, Kap. 1)

organisatorische Gesichtspunkte

Aus organisatorischer Sicht ist besonders die Zeitplanung zu erwähnen: Die für die Berufsausbildung zur Verfügung stehende Zeit ist auf 2–3,5 Jahre begrenzt, so dass schon aus diesem Grund eine Zeitaufteilung entsprechend den Lerninhalten und Lernorten erfolgen muss. Es gibt noch einen weiteren wesentlichen Grund für eine gute Zeitplanung in der Ausbildung: Die Forderung nach einer rationellen Berufsausbildung; nur anhand überlegter Zeitvorgaben kann das Ausbildungsziel in einer vertretbaren Zeitspanne überhaupt erreicht werden.

rechtliche Gesichtspunkte

Nach der Ausbildungsordnung hat der Ausbildende „unter Zugrundelegung des Ausbildungsrahmenplans für den Auszubildenden einen Ausbildungsplan zu erstellen" (Generalklausel in allen Ausbildungsordnungen). Die jeweilige Ausbildungsordnung ist die konkrete Planungsgrundlage. Angaben über die „Art, sachliche und zeitliche Gliederung sowie Ziele der Berufsausbildung, (. . .) für die ausgebildet werden soll", sind schriftlich im Ausbildungsvertrag niederzulegen (§ 4 BBiG).

Für eine geplante, d. h. systematische betriebliche Berufsausbildung sprechen also die verschiedensten Argumente. Gefordert sind: eine eindeutige Zielplanung, klare Stoffplanung und straffe Zeitplanung.

4.2 Kriterien für die Erstellung eines betrieblichen Ausbildungsplans

Wenn der Ausbildungsrahmenplan den konkreten Ausbildungsmöglichkeiten und Ausbildungsbedingungen im Betrieb entspricht und die Ausbildungsordnung nichts Gegenteiliges festlegt, kann er als betrieblicher Ausbildungsplan übernommen und der Ausbildung zugrunde gelegt werden, was aber – besonders in der handwerklichen Ausbildung – in den seltensten Fällen möglich ist.

Notwendigkeit des betrieblichen Ausbildungsplans

In vielen Fällen wird es daher notwendig sein, einen betrieblichen Ausbildungsplan selbst zu erstellen, und zwar aus folgenden Gründen:

- Die speziellen Gegebenheiten und Ausbildungsmöglichkeiten der einzelnen Betriebe sind sehr unterschiedlich, z. B. schon aufgrund des erreichten Grades der Spezialisierung und aufgrund von saisonalen Auftragslagen.

- Noch wichtiger ist aber eine Anpassung an die Fähigkeiten des Lehrlings, die zu erheblichen Unterschieden im Ablauf der betrieblichen Berufsausbildung führen kann. Erinnert sei nur an die aus der Vorbildung evtl. abzuleitenden Verkürzungen der Ausbildung (z. B. wegen Besuch des Berufsgrundbildungsjahres oder Abitur). Aber auch die individuellen Begabungen der Lehrlinge sind zu berücksichtigen.

Der betriebliche Ausbildungsplan passt den Ausbildungsrahmenplan den jeweiligen Besonderheiten des Lehrlings und des Betriebes an; er sollte gezielt die Situation des Lehrlings und die Betriebssituation berücksichtigen, ohne dabei die Inhalte der Ausbildungsordnung zu vernachlässigen oder zu verwässern.

Bei der Erstellung des betrieblichen Ausbildungsplanes ist Folgendes zu beachten:

Der Ausbildungsplan muss als notwendige Bestandteile alle im Ausbildungsrahmenplan aufgeführten Fertigkeiten und Kenntnisse enthalten. Lässt die technische oder personale Situation oder die Auftragslage des Ausbildungsbetriebes die geforderte Vermittlung verschiedener, im Ausbildungsberufsbild aufgeführter Fertigkeiten und Kenntnisse nicht zu, müssen für die entsprechenden Ausbildungsinhalte alternative Lernorte gefunden werden (→ Kap. 3.2).

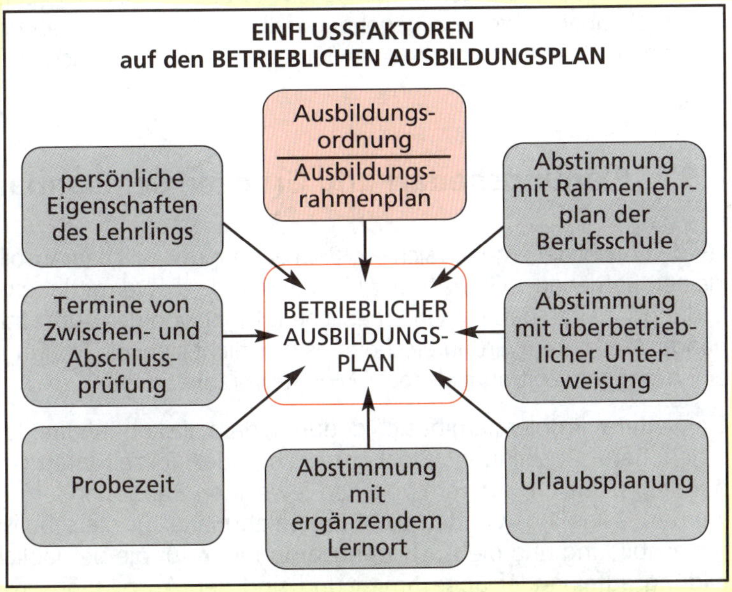

Einflussfaktoren

Die Abbildung zeigt, welche Faktoren bei der Erstellung des betrieblichen Ausbildungsplans eine Rolle spielen – auf der Grundlage der Ausbildungsordnung bzw. des Ausbildungsrahmenplans.

- Die Inhalte der Probezeit sind derart zu gestalten, dass vor Ablauf der Probezeit aussagekräftige Erkenntnisse über die Eignung des Lehrlings für den betreffenden Beruf vorliegen.

- Der betriebliche Ausbildungsplan ist auf die Anforderungen in der Zwischenprüfung und der Abschluss-/Gesellenprüfung abzustellen. Es muss also sichergestellt sein, dass z. B. bis zur Zwischenprüfung alle dort verlangten Kenntnisse und Fertigkeiten auch vermittelt worden sind.
- Die einzelnen Ausbildungsabschnitte sind bei besonderen Leistungen zu verkürzen; bei besonderen Schwächen können sie – unter Beachtung der vertraglichen Ausbildungszeit – verlängert werden.
- Die zeitliche Gliederung der Ausbildungsinhalte soll überschaubare Abschnitte vorsehen und den Urlaub des Lehrlings, Zeiten der überbetrieblichen Unterweisung sowie gegebenenfalls Phasen des Blockunterrichts der Berufsschule berücksichtigen.
- Die Ausbildungsinhalte sind derart anzuordnen, dass die betrieblichen und außerbetrieblichen Ausbildungsmaßnahmen sinnvoll ineinander greifen und aufeinander aufbauen.
- Die Lernorte und die Ausbildungsbeauftragten im Betrieb sind festzulegen und über die Ausbildungsinhalte zu informieren. Der Ausbilder muss die ordnungsgemäße Durchführung der Ausbildung – z. B. durch die Durchsicht des Ausbildungsnachweisheftes – regelmäßig überprüfen.
- Soweit möglich sollte eine konkrete Abstimmung mit der Berufsschule und der überbetrieblichen Unterweisung vorgenommen werden.
- Der Ausbilder muss den betrieblichen Ausbildungsplan von Zeit zu Zeit kritisch überprüfen und gegebenenfalls flexibel Aktualisierungen vornehmen, wenn persönliche oder betriebliche Gründe vorliegen.

4.3 Planungsbedarf und Grenzen der Planbarkeit

Planbarkeit

Für den Ausbilder ergeben sich – z. B. in der handwerklichen Ausbildung in kleinen Betrieben – Grenzen der Planbarkeit, da die Vermittlung von Ausbildungsinhalten natürlich in erheblichem Maße von der Auftragslage abhängt. Aus diesem Grund erscheint es hier nicht sinnvoll, Planungen über einen längeren Zeitraum als sechs Monate vorzunehmen.

Ein weiteres Problem ergibt sich dadurch, dass die Lehrinhalte der schulischen Berufsausbildung (Blockunterricht oder Teilzeitunterricht) nicht bundeseinheitlich, sondern von den jeweiligen Bundesländern geregelt werden. Allerdings werden die Rahmenlehrpläne für die schulische Berufsausbildung und die Ausbildungsordnungen für die betriebliche Ausbildung aufeinander abgestimmt und sind den Ausbildungsordnungen beigefügt.

Das Muster eines betrieblichen Ausbildungsplans für das Zweiradmechaniker-Handwerk gibt ein Planungsbeispiel für sechs Monate.

Planungsbeispiel

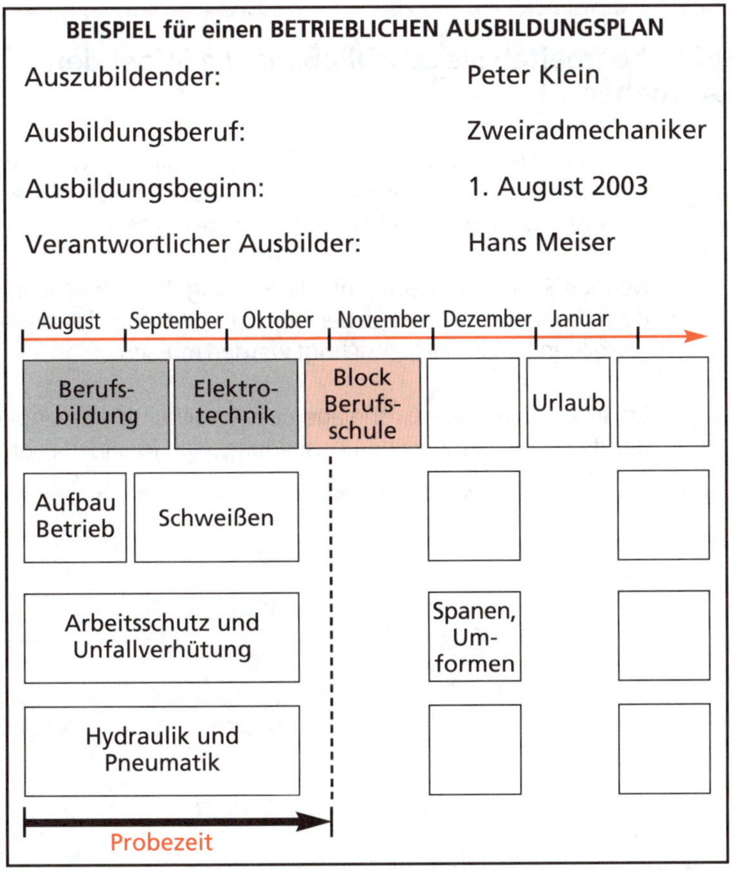

Ausbildungsplan für Peter Klein					
lfd. Nr.	Inhalt	Stunden	wer?	wo?	erledigt
1	Berufsbildung	10	Meier	Büro	
2	Aufbau Betrieb	10	Müller	Büro	
3	Arbeitsschutz und Unfallverhütung	25	Meier	Büro Werkstatt	
4	Hydraulik und Pneumatik	50	Müller	Werkstatt	
5	Elektrotechnik	30	Meier	Werkstatt	
6	Schweißen	40	Schulz	Schweiß-werkstatt	
7	Spanen/ Umformen	20	Müller	Werkstatt	

Bitte bearbeiten Sie abschließend die folgenden Aufgaben:

1. Schildern Sie, warum die betriebliche Ausbildung geplant werden muss und inwiefern der Planbarkeit – insbesondere in kleinen und mittelständischen Betrieben – Grenzen gesetzt sind.

2. Nennen Sie fünf Faktoren, die die Planung der betrieblichen Ausbildung beeinflussen und daher bei der Erstellung des betrieblichen Ausbildungsplans berücksichtigt werden müssen.

3. Erstellen Sie auf der Grundlage des Ausbildungsrahmenplans Ihres Berufes einen betrieblichen Ausbildungsplan für einen Lehrling.

5. Integration der Ausbildung in das betriebliche Führungssystem

Kompetenzen:

Der Lernende

- kann die Auswirkung von Führungssystem und Führungs-/Ausbildungsverhalten auf das Betriebsklima sowie auf die Zufriedenheit und das Arbeits-/Ausbildungsverhalten der Mitarbeiter/Lehrlinge beurteilen und bei Führungsentscheidungen beachten,
- kann betriebliche Führungs- bzw. Ausbildungsmittel bestimmen und anwenden.

5.1 Zusammenhang zwischen Führung und Ausbildung

5.1.1 Personalführung und Ausbildung

In einem Betrieb führen Personen in der Regel mit Hilfe von Maschinen bestimmte Arbeiten aus, die darauf gerichtet sind, das Betriebsziel zu erreichen. Damit das Betriebsziel erreicht wird, ist ein geordneter Arbeitsablauf notwendig. Um diesen zu sichern, müssen zunächst Regeln aufgestellt werden, die von allen Mitarbeitern zu beachten sind. Festgelegt werden beispielsweise Arbeits- bzw. Ausbildungszeiten, Ordnungsprinzipien in der Werkstatt oder die Abfolge von Arbeitsschritten bei der Bearbeitung von Kundenaufträgen. Des Weiteren muss die Arbeit der Menschen und der Maschinen koordiniert, d. h. organisiert und auf das Betriebsziel abgestimmt werden. Zusammengefasst sind damit die Grundelemente eines betrieblichen Führungssystems gekennzeichnet, das vom Betriebsinhaber mit Bezug auf die zu erreichenden Betriebsziele betriebsindividuell ausgestaltet wird.

Führungssystem

Für das „Funktionieren" des Betriebes als Ganzes ist entscheidend, dass jedes seiner Teile „funktioniert", d. h. sowohl Maschinen als auch Mitarbeiter. Jeder einzelne Mitarbeiter, der seine festgelegten Aufgaben erfüllt, ist also ein unverzichtbares Element eines Ganzen. Fällt eine Arbeitskraft z. B. wegen einer Krankheit aus, wird der gesamte Betriebsablauf gestört. Dasselbe gilt, wenn die Arbeit nicht optimal erledigt wird, weil z. B. zwischen Meister und Gesellen oder zwischen zwei Mitarbeitern gravierende Konflikte bestehen. Solche Konflikte stellen ein Führungsproblem dar.

Die Führungsaufgabe des Betriebsinhabers liegt also darin, dafür zu sorgen, dass die Elemente des Betriebes aufeinander abgestimmt und auf das Betriebsziel ausgerichtet sind.

Der Begriff „Personalführung" schränkt diesen umfassenden Führungsbegriff insoweit ein, als dass er die unmittelbare Zusammenarbeit des Vorgesetzten mit seinen Mitarbeitern ins Auge fasst. Im Vordergrund stehen dabei die unterschiedlichen Möglichkeiten der Einflussnahme des Vorgesetzten auf das Arbeits- bzw. Lernverhalten seiner Mitarbeiter.

„Ausbildung" kann in diesem Zusammenhang als eine spezielle Form der Personalführung bestimmt werden, da hier der Ausbilder als Vorgesetzter und der Lehrling als Mitarbeiter in spezifischer Form zusammenarbeiten. Hier geht es für den Ausbilder darum, mit Blick auf die festgelegten Ausbildungsziele das Lernverhalten des Auszubildenden durch Ausbildungsentscheidungen anzuregen.

Erkenntnisse und Strategien der Personalführung können folglich immer auch zur Beantwortung von Fragen der Gestaltung der Ausbildung herangezogen werden.

Übereinstimmung von Führungs- und Ausbildungssystem

Die Berufsausbildung wird insbesondere durch den Ausbildungsvertrag und die Ausbildungsordnung in einen rechtlichen und pädagogischen Rahmen gestellt, der dem Ausbilder als Vorgesetztem kein willkürliches Führungskonzept mehr zugesteht. Deshalb ist die Frage nach der Übereinstimmung von Führungs- und Ausbildungssystem vor dem Abschluss eines Ausbildungsverhältnisses vom Ausbilder zu prüfen, um mögliche Ausbildungs- bzw. Führungskonflikte bereits im Vorfeld auszuschließen.

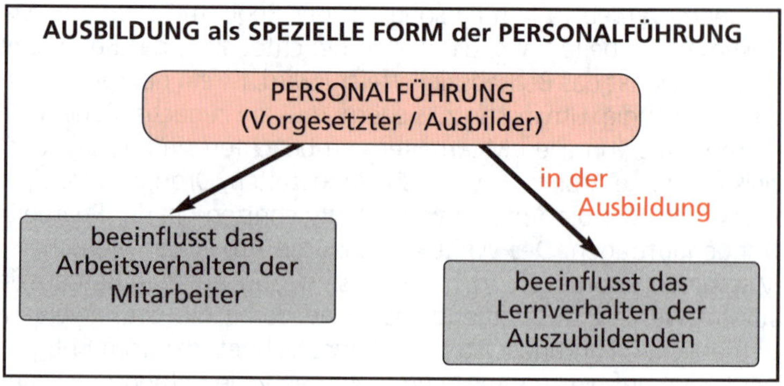

5.1.2 Betriebskultur und Ausbildung

Als Kultur bezeichnet man die Gesamtheit der geistigen, materiellen und sozialen Leistungen einer Gemeinschaft. Sie entsteht überall dort, wo Menschen zusammen sind, so auch in einem Betrieb.

Merkmale der Betriebskultur

Durch das Miteinander der Menschen bilden sich im Laufe der Zeit bestimmte Merkmale der Betriebskultur heraus, die für Betriebsangehörige und Außenstehende, wie z. B. Kunden, an folgenden materiellen und immateriellen Kulturbestandteilen erkennbar werden:

- Werte (z. B. Mitarbeiterzufriedenheit),
- Wissen (z. B. das Wissen um eine spezielle Technik der Holzbearbeitung),
- Symbole (z. B. das Firmenlogo auf der Arbeitsjacke oder auf dem Rechnungsbeleg),

- „Legenden" (z. B. besondere Mitarbeiterleistungen aus dem Gründungsjahr des Betriebes, die in einer bestimmten Geschichte festgehalten und vom Chef vor allem bei Neueinstellungen immer wieder erzählt wird),
- „Rituale" (z. B. die jährliche Feier der Betriebsgründung mit allen Mitarbeitern),
- „Helden" (z. B. Mitarbeiter, die sich um den Betrieb verdient gemacht haben).

Die Betriebskultur beeinflusst das Verhalten von Mitarbeitern und Lehrlingen, vermittelt Geborgenheit, schafft ein Gemeinschaftsgefühl, ist Grundlage für Richtlinien, nach denen gehandelt werden soll, setzt Grenzen und sorgt für Orientierung.

Betriebsklima

In der Betriebskultur drücken sich demnach bestimmte Werte und Grundhaltungen aus, denen sich jeder im Betrieb verpflichtet fühlt. Das gesamte Betriebsklima – und damit auch das Ausbildungsklima – wird durch die Betriebskultur beeinflusst. Ein gutes Betriebsklima ist geprägt durch

- gegenseitiges Vertrauen,
- hohe Leistungsbereitschaft,
- gute Arbeitsmoral,
- klare Kompetenzverteilung,
- transparente Informationsstrukturen,
- gute Zusammenarbeit der Mitarbeiter mit den Führungskräften,
- geringe Fehlzeiten und Fluktuation.

Diese Merkmale verkehren sich im Falle eines schlechten Betriebsklimas ins Gegenteil.

Auswirkungen der Betriebskultur

Damit ist die Betriebskultur auch aus betriebswirtschaftlicher Sicht betrachtet von großer Bedeutung. Sie beeinflusst wichtige Bereiche der Betriebsorganisation, beispielsweise die Betriebsstrategie, die Organisationsform, die Gestaltung der Arbeitsabläufe, die Personal- bzw. Mitarbeiterführung und das Entscheidungsverhalten der Mitarbeiter.

Betriebswirtschaftliche Entscheidungen können immer nur dann effizient sein im Hinblick auf das Erreichen bestimmter Betriebsziele, wenn sie mit den Grundhaltungen und Anschauungen der jeweiligen Betriebskultur vereinbar sind.

Entsprechend gilt auch für die Ausbildung von Lehrlingen, dass sich alle Entscheidungen des Ausbilders, die die Ausbildung betreffen, im Rahmen der jeweiligen Möglichkeiten und Grenzen der Betriebskultur bewegen müssen.

Die Betriebskultur beeinflusst hier beispielsweise die Entscheidungen darüber, wie der Lehrling in die Ausbildung eingeführt wird, wie Ausbildungskonflikte gelöst werden, welche Lehr- und Lernverfahren ausgewählt werden oder wie Ausbildungserfolgskontrollen gestaltet werden.

5.1.3 Berücksichtigung der Doppelrolle im Betrieb: Mitarbeiter/Lehrling und selbstbestimmendes Individuum

Doppelrolle im Betrieb

Bei jeder Führungs- bzw. Ausbildungsentscheidung ist zu berücksichtigen, dass die Mitarbeiter und Lehrlinge immer in zweifacher Hinsicht handeln, nämlich

- in ihrer betrieblichen Rolle (Lehrling, Geselle, Meister), d. h. unter Berücksichtigung der Verhaltenserwartungen, die der Betrieb an sie stellt und
- als selbstbestimmende Individuen.

Die Übereinstimmung zwischen der Rollenerwartung von Betriebsseite und dem individuellen Selbstbild ist von großer Bedeutung.

Beispiel: Der Auszubildende beginnt mit dem Selbstverständnis seine Lehre, dass er in erster Linie zum Lernen in den Betrieb kommt und nicht als „billige Arbeitskraft". Wenn der Ausbilder und andere an der Ausbildung beteiligte Personen dies auch so sehen, schlägt sich das in einer ordnungsgemäßen Ausbildung nieder.

Widersprechen sich aber die an die betriebliche Rolle gestellten Erwartungen und die persönlichen Prinzipien und Wertvorstellungen der Mitarbeiter bzw. der Auszubildenden, so kommt es zu Konflikten, die häufig Personal- bzw. Ausbildungsprobleme nach sich ziehen.

Personalführung und Ausbildung haben nun dafür zu sorgen, dass die betriebliche Rollenerwartung (→ Lernfeld 6: Ausbildung in der Gruppe, S. 247) und das jeweilige Selbstbild des Mitarbeiters bzw. des Auszubildenden miteinander in Einklang stehen.

In diesem Kapitel wurde der **Zusammenhang zwischen Führung und Ausbildung** erläutert und der Schluss gezogen: Ausbildung stellt eine spezielle Form der Personalführung dar.

In den folgenden Kapiteln wird diese Erkenntnis vorausgesetzt, so dass wegen der besseren Lesbarkeit Begriffsdoppelungen vermieden werden können. Wenn also z. B. von dem „Vorgesetzten" die Rede ist, dann ist auch der „Ausbilder" gemeint. Dasselbe gilt für Begriffspaare wie „Führungsstil" – „Ausbildungsstil", „Mitarbeiter" – „Auszubildender" etc.

5.2 Die Bedeutung von Menschenbild und Autorität für das Führungsverhalten

Führungsverhalten und Führungsstil sind nicht wie beispielsweise Kulturtechniken erlernbar, sondern drücken neben Fachkompetenz auch ganz persönliche Einstellungen des Vorgesetzten aus. Um diesen Aspekt zu konkretisieren, soll erläutert werden,

- welchen Einfluss das Menschenbild auf das Führungsverhalten einer Person hat,

– wie Autorität als Persönlichkeitsmerkmal eines Vorgesetzten entsteht und sich auf das Verhalten der Mitarbeiter auswirkt.

5.2.1 Menschenbild

Die Wahl des Führungsstils wird maßgeblich davon beeinflusst, mit welcher generellen Grundhaltung der Vorgesetzte seinen Mitarbeitern gegenübersteht. Diese Grundhaltung kann auch als „Menschenbild" bezeichnet werden.

Menschenbild

Das Menschenbild ist ein Bündel von bestimmten Grundannahmen über den Menschen; es kann eher optimistisch oder eher skeptisch angelegt sein. Aus dem Menschenbild resultiert die jeweilige Ausformung von Führungs-/Ausbildungsprinzipien oder -grundsätzen.

Beispiel: Unterstellt ein Ausbilder grundsätzlich allen Lehrlingen, dass sie keine Lust zum Lernen haben und nicht bereit sind, selbstständig und eigenverantwortlich am Ausbildungserfolg mitzuwirken, so wird er Ausbildungsbedingungen schaffen, die dem Auszubildenden möglichst wenig Freiheiten lassen. Er wird Kontrollmaßnahmen und Bestrafungssystemen einen hohen Stellenwert einräumen. Setzt der Ausbilder beim Lehrling jedoch Lernbereitschaft und Leistungswilligkeit voraus, so wird er dem Lehrling einen Freiraum geben, seine Begabungen und Fähigkeiten im Betrieb zu entfalten und selbst Verantwortung zu übernehmen. Er wird dem Lehrling die Möglichkeit einräumen, die Ausbildungsbedingungen mitzugestalten, und die gemeinsame Ausbildungserfolgskontrolle der Fremdkontrolle vorziehen.

Führungsstil

Da der Führungsstil stark vom Menschenbild des Vorgesetzten abhängt, ist der „richtige" Führungsstil zunächst einmal immer derjenige, der mit dem jeweiligen Menschenbild im Einklang steht.

Tendiert der Betriebsinhaber bzw. Ausbilder eher zu einem skeptisch geprägten Menschenbild, so wird er einen partnerschaftlichen Führungsstil niemals glaubwürdig vertreten können. Das bedeutet dann aber auch: Der Führungsstil kann nur verändert werden, wenn das Menschenbild in Frage gestellt und verändert wird (→ Kap. 5.3).

5.2.2 Autorität

Der Begriff der „Führung" beinhaltet, dass eine Person das Verhalten einer anderen Person beeinflusst. Prinzipiell kann jeder im Betrieb das Verhalten eines anderen beeinflussen; führen kann also nicht nur der Betriebsinhaber. Wer wen führt, hängt davon ab, wer eine Autorität für den anderen darstellt.

Autorität

Was bedeutet nun der Begriff „Autorität"? Hier dürfen insbesondere zwei Dinge nicht verwechselt werden: „Autorität haben" und „autoritär sein".

Jemand besitzt dann Autorität, wenn er aufgrund einer wie auch immer gearteten tatsächlich vorhandenen Überlegenheit das Verhalten anderer Personen beeinflussen kann. Autoritäre Menschen hingegen erheben die

Machtausübung zum Selbstzweck. Sie zwingen anderen Menschen ihre Ideale und Vorstellungen auf, räumen ihnen kein Mitspracherecht ein und erwarten blinden Gehorsam.

Arten von Autorität Es kommen verschiedene Arten von Autorität in Betracht:

Positionsautorität

Ein Mensch hat deshalb Autorität bei anderen Menschen, weil er eine bestimmte Position innehat, z. B. der Werkstattleiter im Handwerksbetrieb. Für die Lehrlingsausbildung gilt: Der Ausbilder muss in seiner Funktion als Lehrender im Betrieb für den Auszubildenden erkennbar sein. Seine Position muss sich von allen anderen Positionen abgrenzen lassen. Nur so kann er zu einer Bezugsperson für den Auszubildenden werden.

Fachliche Autorität

Hier gründet die Autorität einer Person in ihren Fachkenntnissen und Fertigkeiten, die von allen anderen anerkannt und respektiert werden, wie beispielsweise die Autorität eines Mitarbeiters im Betrieb, der Experte für die Lösung schwieriger technischer Kundenanfragen ist. Bezogen auf das Ausbildungsverhältnis heißt dies: Der Ausbilder hat die Aufgabe, den Auszubildenden an den jeweiligen Beruf heranzuführen. Die vollkommene Beherrschung der im jeweiligen Beruf geforderten Fertigkeiten ist daher ebenso unabdingbar wie die Fähigkeit, für neue, komplizierte Probleme Lösungen zu finden. Gerade das Vermögen, „für jeden Topf den passenden Deckel" zu finden, wird von Auszubildenden – gleich ob jugendlich oder erwachsen – anerkannt.

Persönliche Autorität

Jemand hat deshalb Autorität bei anderen, weil sie ihn als Persönlichkeit mit charakterlichen Stärken anerkennen. Persönliche Autorität kann auch der Lehrling besitzen, wenn er z. B. vielseitig interessiert ist, seine Aufgabe als Lehrling ernst nimmt, aber auch allen Mitarbeitern gerne hilfreich zur Seite steht.

Das Verhältnis des Ausbilders zu seinem Auszubildenden festigt sich gerade dann, wenn es dem Ausbilder gelingt, eine Vertrauensbasis zu schaffen. Dies setzt voraus, dass sich Auszubildender und Ausbilder gegenseitig als Persönlichkeit anerkennen. Insbesondere aufgrund seiner fachlichen und persönlichen Autorität ist vom Ausbilder gefordert, sich in allen Situationen seines Erziehungsauftrages bewusst zu sein.

5.3 Führungs- und Ausbildungsstile

Führen im Betrieb bedeutet – wie bereits erläutert – zum einen, die betrieblichen Abläufe durch Planung, Organisation, Durchführung und Kontrolle zu steuern. Zum anderen ist mit Führen eine personenorientierte Komponente angesprochen. Hier spielen die im Folgenden zu vertiefenden

Fragen zu Führungsstil und Motivstruktur der Mitarbeiter eine entscheidende Rolle.

Führen und Ausbilden im Betrieb haben gemeinsam, dass in beiden Fällen Menschen durch die Aktivitäten des Vorgesetzten veranlasst werden, sich auf ein bestimmtes Ziel hin zu bewegen. Die folgenden Aussagen zur Führung gelten daher ebenso für die Ausbildung.

Führungsstile

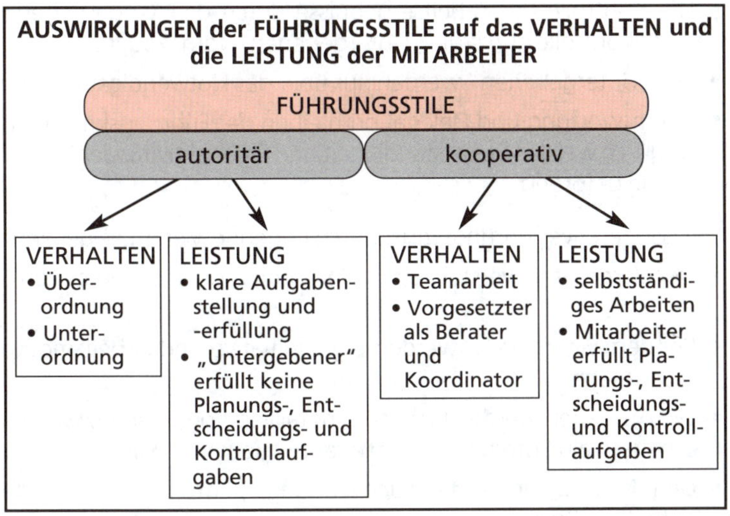

Führung

In Anlehnung an eine Definition des ehemaligen Präsidenten der Vereinigten Staaten, Eisenhower, kann man unter Führung die Fähigkeit verstehen, die Mitarbeiter dazu zu bringen, das zu tun,

- was man will,
- wann man es will,
- wie man es will,
- weil die Mitarbeiter es selber wollen.

Es findet also eine an bestimmten Zielen orientierte Beeinflussung des Verhaltens der Mitarbeiter in konkreten Arbeitssituationen im Betrieb statt. Arbeits- und Ausbildungssituationen sind insbesondere im Handwerk häufig identisch.

Die Art und Weise, wie diese Beeinflussung erfolgt, bezeichnet man als Führungsstil. Idealtypisch können unterschieden werden: der autoritäre oder autokratische Führungsstil und der kooperative oder demokratische Führungsstil.

autoritärer Führungsstil

Der autoritäre Führungsstil ist durch folgende Merkmale gekennzeichnet:

- Das Miteinander der Personen im Betrieb ist durch klare Über- und Unterordnungsverhältnisse bestimmt.
- Den „Untergebenen" wird grundsätzlich unterstellt, nur durch äußere Anreize motiviert bzw. angetrieben zu sein.

- Die von den „Untergebenen" zu erfüllenden Aufgaben werden sehr konkret und detailliert festgelegt.
- Der Vorgesetzte delegiert nur Ausführungsaufgaben und Ausführungsverantwortung, aber keine Planungs-, Entscheidungs- und Kontrollaufgaben.
- Der Vorgesetzte handelt in der Regel autonom und verzichtet auf Absprachen und Beratungen mit den „Untergebenen".
- Die Kontrolle der Arbeitsergebnisse durch den Vorgesetzten wird der Eigenkontrolle durch die „Untergebenen" vorgezogen.
- Die „Untergebenen" werden nur über das Notwendigste informiert.
- Verantwortung und Delegation bleiben der Führungskraft vorbehalten. Dadurch werden Selbstständigkeit und Eigenaktivität der Mitarbeiter nur wenig gefördert.

kooperativer Führungsstil

Der kooperative Führungsstil ist durch folgende Merkmale gekennzeichnet:

- Der Vorgesetzte versteht sich als Koordinator eines Teams von Mitarbeitern.
- Bei den Mitarbeitern werden Eigeninitiative und Arbeitsmotivation vorausgesetzt.
- Die Aufgaben werden nicht sehr detailliert vorgegeben, womit den Mitarbeitern ein Entscheidungsspielraum zuerkannt wird.
- Dem Mitarbeiter werden auch Planungs-, Entscheidungs- und Kontrollaufgaben übertragen.
- Der Vorgesetzte berät und bespricht sich mit den Mitarbeitern, denn er ist auf ihre Entscheidungsvorbereitung angewiesen.
- Die Kontrolle der Arbeitsergebnisse kann auch durch die Mitarbeiter erfolgen, sofern sie dazu in der Lage sind.
- Die Mitarbeiter müssen gut informiert sein, damit sie ihre Aufgaben jederzeit in den betrieblichen Zusammenhang stellen können.

Der kooperative Führungsstil berücksichtigt Mitarbeiter und Auszubildenden als Partner des Vorgesetzten. Demzufolge werden Arbeits- und Ausbildungsaufträge gemeinsam abgestimmt und erörtert. Der Rat bzw. die Meinung des Mitarbeiters hat bei der Planung ein Gewicht. Die Führungskraft legt Wert auf die Eigeninitiative des Mitarbeiters und fordert seine Mitverantwortung, seine Ideen bezüglich der Auftragserfüllung sowie sein kritisches Auge im Arbeits- und Ausbildungsprozess offensiv ein.

Fazit: Durch den kooperativen Führungsstil wird das Selbstvertrauen und das Verantwortungsbewusstsein in weitaus höherem Maße gefördert als durch einen autoritären Führungsstil.

Es wurde bereits festgestellt, dass es sich bei der Beschreibung der beiden Führungsstile um „idealtypische" Vorstellungen handelt. In den wenigsten Fällen werden diese Führungsmuster völlig identisch in der betrieblichen Praxis wiederzufinden sein. Meistens liegt der praktizierte Führungsstil zwischen diesen beiden Extremen. Dabei hängt der zum Tragen kommende Führungs- bzw. Ausbildungsstil maßgeblich vom Menschenbild (→ Kap. 5.2.1) des Vorgesetzten sowie von den Arbeits- und Lernvoraussetzungen der Mitarbeiter und Lehrlinge ab.

Laisser-faire-Stil

Neben den angesprochenen idealtypischen Führungsstilen wird in der Fachliteratur häufig der sog. Laisser-faire-Stil (Führen durch Gewährenlassen) als Führungsstil-Modell angeführt. Bei diesem Führungsstil ist ein direktes Beziehungsverhältnis zwischen Vorgesetztem und Mitarbeiter praktisch nicht mehr vorhanden, da keine Führung im eigentlichen Sinne des Wortes ausgeübt wird. Initiative und Verantwortung bezüglich Planung, Durchführung und Kontrolle von Aufgaben obliegen ausschließlich den Mitarbeitern selbst.

Führungsstilelemente

Fasst man wesentliche Elemente der Führungsstildiskussion zusammen, so lassen sich einige Führungsstilelemente herausstellen, die als besonders effizient gelten:

- Der Vorgesetzte bzw. der Ausbilder muss klare Ziele vorgeben. Er muss also sagen, was zu tun ist, und ggf. auch, wie etwas zu tun ist. Selbstständiges Arbeiten muss vor allem von Auszubildenden erst erlernt werden. Der Vorgesetzte hat – insbesondere in seiner Funktion als Ausbilder – hierfür die inhaltlichen und persönlichen Grundlagen zu legen.
- Damit Lehrlinge bzw. Mitarbeiter überdurchschnittliche Leistungen erbringen können, muss ihnen ein entsprechender Vertrauensvorschuss gewährt werden, der auf einer angemessenen Einschätzung der Leistungsfähigkeit des Lehrlings bzw. Mitarbeiters beruht. Sofern hervorragende Leistungen erbracht werden, müssen diese auch entsprechend materiell oder immateriell belohnt werden.
- Ebenfalls bedeutsam für besondere Leistungen bzw. Einsatzbereitschaft der Mitarbeiter ist die Art der Autorität, die der Vorgesetzte für seine Mitarbeiter darstellt. Eine rein formale Autorität aufgrund einer bestimmten Position im Betrieb reicht nicht aus.
- Bei wichtigen Entscheidungen hat es sich bewährt, wenn der Mitarbeiter bzw. der Lehrling, den die Entscheidung persönlich, sachlich und/oder fachlich betrifft, hinzugezogen wird. Ein „Über-die-Köpfe-hinweg-Entscheiden" führt auf Dauer zur Demotivation und zur Verschlechterung des Betriebsklimas sowie zur Verringerung der Leistungsbereitschaft bei den Mitarbeitern.
- Stets zu beachten ist die bereits im → Kap. 5.1 besprochene Doppelrolle des Mitarbeiters, an den auf der einen Seite betriebliche Erwartungen gestellt werden und der auf der anderen Seite ein selbstbestimmendes Individuum ist; es gilt, ihn als ganzheitlichen Menschen zu betrachten und zu behandeln.

Führungsvoraussetzungen

Die Wahl des Führungs- bzw. Ausbildungsstiles ist nicht nur vom jeweiligen Menschenbild der Führungskraft abhängig, sondern auch von den spezifischen Führungsvoraussetzungen im Betrieb. So müssen die eher kooperativ geführten Mitarbeiter natürlich auch in der Lage sein, die ihnen entgegengebrachten Freiheiten aufgrund ihrer Fachkenntnis sowie Belastbarkeit vernünftig zu nutzen. Können sie das nicht, sollte im Betrieb ein Lernprozess in diesem Sinne in Gang gesetzt werden. Die Mitarbeiter müssen lernen, selbstständig und eigenverantwortlich zu arbeiten, damit die Voraussetzungen für kooperative Führung da sind.

Beispiel: Der Auszubildende Rainer zeigt sich am Anfang der Ausbildung sehr unbeholfen. Er hat Angst davor, selbstständig an einer Aufgabe zu arbeiten und übernimmt lieber die Handreichungen für andere Mitarbeiter, denn da kann er nicht viel falsch machen. Der Ausbilder wird in dieser Situation erst einmal die Aufgaben sehr genau formulieren und konkretisieren müssen, da er dem Auszubildenden keinen großen Handlungsspielraum zumuten kann. Um dessen Ausbildungsbereitschaft nicht zu zerstören, muss er mit der Übertragung von eigenständigen Planungs-, Entscheidungs- und Kontrollaufgaben sehr vorsichtig sein und zunächst vorzugsweise Ausführungsaufgaben stellen. Nach und nach wird er den Auszubildenden zu selbstständigem Arbeiten hinführen und ihm dann auch größere Freiheiten lassen, immer weniger Zwischenkontrollen vornehmen und Vertrauen in die Fähigkeiten des Auszubildenden zeigen.

5.4 Einsatz und Gestaltung von Führungsmitteln in der Ausbildung

Als Führungsmittel in der Ausbildung können Maßnahmen verstanden werden, die der Vorgesetzte im Betrieb ergreift, um das Verhalten von Auszubildenden und Mitarbeitern in der gewünschten Weise zu beeinflussen. Zu den wichtigsten Führungsmitteln zählen die in der nachfolgenden Abbildung genannten:

wichtige Führungsmittel

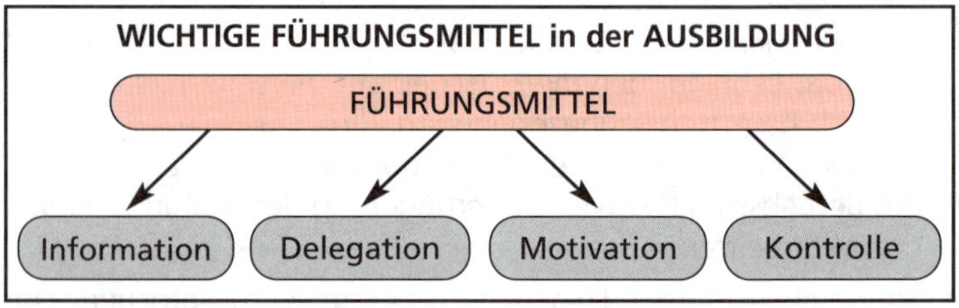

5.4.1 Information

Um den reibungslosen Ablauf der Arbeits- und Ausbildungsprozesse im Betrieb zu gewährleisten, sind Mitarbeiter und Auszubildende frühzeitig über die Sachverhalte zu informieren, die sie kennen müssen, um ihre Arbeits- bzw. Lernaufgaben zu erfüllen. Es kommt dabei auf das Geschick des Vorgesetzten an, sowohl Informationsdefizite als auch Informationsüberfrachtungen zu vermeiden. Ziel muss deshalb eine ausgewogene betriebliche Informationspolitik sein.

Sie sorgt dafür, dass
- Missverständnisse vermieden werden,
- die Zeit ökonomisch genutzt wird,
- Informationen zielgerichtet und rechtzeitig gesendet werden.

Eine anforderungsgerechte Informationspolitik trägt entscheidend dazu bei,
- die Leistungen der Mitarbeiter zu fördern,
- die Identifikation der Mitarbeiter mit dem Betrieb und seinen Aufgaben zu stärken,
- Vertrauen zu schaffen und zu stabilisieren.

5.4.2 Delegation

Voraussetzungen

Mitarbeiter und Auszubildende können Arbeits- und Lernaufträge nur dann wie vom Vorgesetzten gewünscht ausführen, wenn die Aufgaben klar umrissen und die Rahmenbedingungen, z. B. die zur Verfügung stehende Zeit, festgelegt sind. Der Grad der Konkretisierung der Aufgabenstellung sollte von der Person des Auftrags- bzw. Aufgabenempfängers abhängig gemacht werden. Je nach Kompetenz der Person sowie Größe und Schwierigkeitsgrad des Auftrages können bei der Bearbeitung Entscheidungsspielräume gelassen werden.

5.4.3 Motivation

Erfolgreiche Mitarbeiterführung beinhaltet immer auch, die Mitarbeiter zu motivieren. Unter Motivation wird der innere Antrieb eines Menschen, bestimmte Ziele zu verfolgen, verstanden (→ Lernfeld 5: Förderung des Lernprozesses, Kap. 3). Über die Führungs- oder Ausbildungsaktivitäten wird versucht, diesen inneren Antrieb beim Mitarbeiter zu erzeugen und zu erhalten.

Grundlegend ist davon auszugehen, dass der Mensch stets nach bestimmten Motiven handelt, also bestimmte Bedürfnisse befriedigen möchte. Je mehr diesen Bedürfnissen, den persönlichen Zielvorstellungen und Wünschen der Mitarbeiter und Auszubildenden entsprochen wird, desto größer ist ihre Einsatzbereitschaft, ihre Arbeits- und Lernfreude, d. h. ihre Motivation.

Förderung der Motivation

Als Maßnahmen zur Förderung der Motivation von Mitarbeitern und Lehrlingen – und damit auch zur Förderung der Berufs- und Ausbildungszufriedenheit – kommen daher beispielsweise die Folgenden in Frage:
- zufriedenstellende Arbeitsvertragsvereinbarungen treffen bzw. eine ordnungsgemäße Ausbildung gewährleisten,
- die Beziehungen unter den Kollegen positiv beeinflussen,
- gut ausgestattete Arbeits- und Lernplätze einrichten.

Faktoren wie diese, die die Arbeitsumgebung betreffen, können dann, wenn sie vom Mitarbeiter als negativ beurteilt werden, Unzufriedenheit

Zufriedenheit der Mitarbeiter

erzeugen. Vollste Zufriedenheit kann demgegenüber nur durch die positive Gestaltung von Faktoren erreicht werden, die sich auf die Arbeit bzw. die Lerngegenstände im engeren Sinne beziehen. Um Zufriedenheit zu erzeugen, sollte der Vorgesetzte daher u. a.

- dem Mitarbeiter Erfolgserlebnisse verschaffen,
- die Leistung des Mitarbeiters anerkennen,
- dem Mitarbeiter Verantwortung übertragen und seine Selbstständigkeit fördern.

Zu beachten ist, dass diese Maßnahmen nur dann wirksam werden können, wenn auch die Faktoren der Arbeitsumgebung positiv gestaltet sind.

Beispiel: Die Übertragung von mehr Verantwortung an einen Mitarbeiter ist in der Regel nur dann mit einem entsprechenden Motivationsschub verbunden, wenn damit keine Verschlechterung der Arbeitsbedingungen, wie z. B. mehr Zeitdruck, Überstunden, einhergeht.

Näheres zur Motivation von Auszubildenden in → Lernfeld 5: Förderung des Lernprozesses, Kap. 3.

5.4.4 Kontrolle

Funktionen der Kontrolle

Die Kontrolle der Arbeits- bzw. Ausbildungsergebnisse hat grundsätzlich zwei Funktionen: Zum einen dient sie der Information über das Erreichte. Zum anderen bietet sie die Gelegenheit, in einem gemeinsamen Gespräch zwischen Vorgesetztem und Mitarbeiter das Arbeits- bzw. Lernergebnis auszuwerten. Dabei können wichtige Hinweise für die weitere Zusammenarbeit gewonnen werden. Wie bei der Delegation können abhängig von der Kompetenz des Betreffenden sowie vom Umfang des Arbeits- bzw. Lernauftrags Kontrollformen gewählt werden, die sich zwischen den Extremformen Selbst- und Fremdkontrolle bewegen. Bei der Selbstkontrolle erfolgt die Begutachtung des Arbeitsergebnisses ausschließlich durch den Mitarbeiter, hingegen bei der Fremdkontrolle ausschließlich durch den Vorgesetzten.

Bitte bearbeiten Sie abschließend die folgenden Aufgaben:

1. Erläutern Sie die Bedeutung der Personalführung für ein Unternehmen, und schildern Sie den Zusammenhang zwischen Personalführung und Ausbildung.

2. Stellen Sie die Merkmale des autoritären Führungsstils denen des kooperativen Führungsstils gegenüber, und erklären Sie, wodurch der Führungsstil einer Person beeinflusst wird.

3. Welche Führungsstilelemente gelten als besonders effizient im Hinblick darauf, von seinen Mitarbeitern und Auszubildenden überdurchschnittliche Leistungen zu erlangen? Begründen Sie Ihre Position mit Hilfe berufs- und arbeitspädagogischer Argumente.

4. Welche Erfahrungen haben Sie mit dem Einsatz von Führungsmitteln in Ihrem Betrieb? Schildern und bewerten Sie ein eher positives und ein eher negatives Beispiel.

6. Zusammenarbeit mit Partnern im dualen System

Kompetenzen:

Der Lernende

- kann die Partner im dualen System nennen und die Notwendigkeit ihrer Zusammenarbeit begründen,
- kennt weitere Beteiligte in der Ausbildung und kann die Möglichkeiten ihrer Kooperation beurteilen.

6.1 Lernortkooperation

Heute reicht die Beschränkung des Betriebs auf die „Praxis" und der Berufsschule auf die „Theorie" nicht mehr aus. Eine erfolgreiche Ausbildung setzt die Zusammenarbeit der Partner im dualen System voraus. Die Zusammenarbeit ist deshalb nicht nur im Notfall geboten, sondern muss als eine selbstverständliche Grundlage für das Funktionieren des dualen Systems begriffen werden (→ Lernfeld 1, Allgemeine Grundlagen, Kap. 2.2.4).

gesetzliche Grundlage

Dabei ist die inhaltliche und zeitliche Abstimmung der Ausbildungsinhalte bereits vom Gesetzgeber auf Bundes- und Landesebene vorgegeben: durch die Erstellung von Ausbildungsordnungen und schulischen Rahmenlehrplänen. Auf dieser Grundlage müssen weitere konkrete Schritte der Zusammenarbeit unternommen werden.

Die Lernorte Betrieb und Berufsschule sowie die zur betrieblichen Ausbildung gehörende überbetriebliche Lehrwerkstatt sind sich in der generellen Zielsetzung einig:

Gemeinsam wollen sie dafür sorgen, dass die Auszubildenden ihre Abschlussprüfung bestehen und auf ihre spätere berufliche Tätigkeit gut vorbereitet sind.

Allerdings gibt es häufig unterschiedliche Vorstellungen über die Wege, die zum Ziel führen, d. h. darüber, welche organisatorischen und berufspädagogischen Konzepte am zweckmäßigsten sind. Der Erfolg der Berufsausbildung hängt jedoch ganz entscheidend davon ab, wie gut Betrieb, überbetriebliche Lehrwerkstatt und Berufsschule kooperieren.

Im Einzelnen handelt es sich um folgende Partner und ihre Aufgabenfelder:

Ausbildungsbetrieb, Ausbilder, Lehrling

Was die direkte Zusammenarbeit und Abstimmung vor Ort betrifft, so tragen alle Beteiligten und Mitwirkenden dafür Verantwortung – der Ausbilder selber als der direkt Verantwortliche nimmt bei der Verwirklichung des gemeinsamen Ziels eine Schlüsselstellung ein. Dies drückt die Abbildung auf der → S. 106 aus. Schließlich trägt der Ausbildungsbetrieb die rechtliche Verantwortung: er schließt mit dem Lehrling den Ausbildungsvertrag ab.

Zusammenarbeit von Ausbilder und Berufsschule

Berufsschule

Die Zusammenarbeit von Ausbilder und Berufsschule spielt eine zentrale Rolle. Vor allem sollte versucht werden, den betrieblichen Ausbildungsplan mit dem Lehrplan der Berufsschulklasse abzustimmen und zu diesem Zweck Kontakt mit der Berufsschule aufzunehmen. Ebenfalls sollte der Ausbilder regelmäßig die Leistungen des Auszubildenden verfolgen: Wie kommt er in der Fachtheorie voran? Gibt es Probleme? Folgende Möglichkeiten bieten sich zur Aufnahme oder Festigung des Kontakts an:

- gegenseitige Besuche und Informationsaustausch über die Lernprozesse am jeweils anderen Ausbildungsort,
- wechselseitige Unterrichtsbesuche und Betriebspraktika,
- gemeinsame Besprechungen am „runden Tisch" oder am „Tag der offenen Tür",
- Beteiligung an Schulkonferenzen und Innungsversammlungen,
- gemeinsame Förderung und Beratung der Lehrlinge bei Lernschwierigkeiten und Disziplinproblemen.

Zur Lösung von konkreten Problemen können Arbeitsgruppen gebildet werden, z. B.:

- zur Organisation der Ausbildungszeiten und Abstimmung der Ausbildungsinhalte (Betrieb, ÜBL, Berufsschule),
- zur gemeinsamen Mitwirkung in Prüfungsausschüssen, Gestaltung von Prüfungen und kritisch-konstruktive Analyse von Prüfungsergebnissen,
- zur (gemeinsamen) Weiterbildung im Hinblick auf neue Technologien und veränderte betriebliche Produktionsabläufe.

Zusammenarbeit des Ausbilders mit der überbetrieblichen Lehrwerkstatt

ÜBL

Die grundsätzlichen Aussagen zur Zusammenarbeit von Ausbilder und Berufsschule gelten ähnlich auch hier. Das bedeutet vor allem:

- inhaltliche und zeitliche Abstimmung der Ausbildungsinhalte,
- regelmäßiger Informationsaustausch,
- Einplanung der Termine der ÜBL.

6.2 Weitere Beteiligte und Mitwirkende in der Ausbildung

Im Hinblick auf eine erfolgreiche Ausbildung sollte die Zusammenarbeit nicht nur mit Berufsschule und überbetrieblicher Lehrwerkstatt gesucht werden. Der Ausbilder sollte auch zu anderen Beteiligten in der Ausbildung Kontakt halten. Das wird sich nicht zuletzt bei Konflikten positiv auswirken.

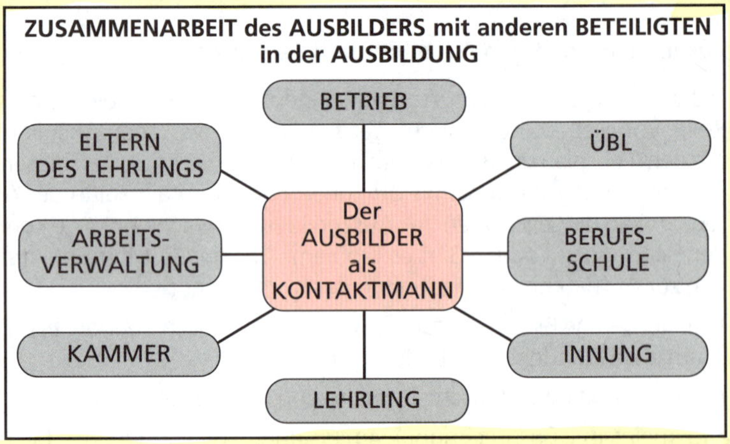

Kammer

Zusammenarbeit mit der Kammer als zuständiger Stelle

Für den Ausbildenden und Ausbilder ist die Kammer der wichtigste Ansprechpartner für folgende Aufgaben:

- Beschaffung von Ausbildungsvorschriften,
- Eintragung der Berufsausbildungsverträge,
- Anmeldung zu den Prüfungen,
- Beratung durch den Ausbildungsberater.

Innung

Zusammenarbeit mit der Innung

- Information über überbetriebliche Ausbildungsmaßnahmen,
- ggf. Anmeldung zu den Prüfungen,
- Anrufung des Ausschusses zur Schlichtung von Lehrlingsstreitigkeiten,
- Beratung durch den Lehrlingswart,
- gemeinsame Lehrlingswerbung.

Arbeitsverwaltung

Zusammenarbeit mit der Arbeitsverwaltung

- Meldung offener Ausbildungsstellen,
- Prüfung der Eignung von Ausbildungsbewerbern,
- Beratung über finanzielle Förderungsmöglichkeiten nach dem SGB III,
- Erfahrungsaustausch mit den Berufsberatern,
- gemeinsame berufskundliche Veranstaltungen.

Zusammenarbeit mit den Eltern des Lehrlings

Eltern

- Einbeziehung beim Vorstellungsgespräch,
- Präsentation des Betriebes,
- regelmäßige Kontakte, insbesondere bei Lernschwierigkeiten und Fehlverhalten des Lehrlings.

Wenn es um Fragen des Arbeitsschutzes geht, informieren und beraten die staatlichen Ämter für Arbeitsschutz bzw. die Gewerbeaufsichtsämter.

Falls ein **Betriebsrat** und eine Jugend- bzw. Auszubildendenvertretung vorhanden sind: Das Betriebsverfassungsgesetz legt fest, welche Mitwirkungsrechte in Bezug auf die Berufsausbildung bestehen (→ Lernfeld 1: Allgemeine Grundlagen, Kap. 3.4.3).

Bitte bearbeiten Sie abschließend die folgenden Aufgaben:

1. Erklären Sie die besondere Bedeutung der Zusammenarbeit zwischen Ausbilder und Berufsschule und nennen Sie einige Beispiele.

2. Erläutern Sie die Aufgaben von Kammern und Innungen in der Berufsbildung.

Lernfeld 3: Einstellung von Auszubildenden

1. Planung und Durchführung von Einstellungsverfahren

Kompetenzen:

Der Lernende

- kann die Agentur für Arbeit, allgemein bildende Schulen und Innungen als Informationsquellen bei der Lehrlingsakquisition beurteilen,
- kann die Einflüsse auf die Berufswahl junger Erwachsener beschreiben und bei der Darstellung des Ausbildungsplatzangebotes berücksichtigen,
- kennt die zur Anwerbung von Auszubildenden geeigneten Methoden und kann sie umsetzen,
- ist in der Lage, das Anforderungsprofil eines Lehrlings unter Berücksichtigung der betrieblichen Bedingungen und der Vorgaben der Ausbildungsordnung zu bestimmen,
- kennt Personalauswahlinstrumente und kann sie bedarfsgerecht einsetzen.

1.1 Möglichkeiten zur Anwerbung von Lehrlingen

Gewinnung von Nachwuchskräften

Die steigenden Anforderungen an die Betriebe lassen sich zukünftig nur bewältigen, wenn es gelingt, ausreichend Nachwuchskräfte zu gewinnen, die zunächst zu Fachkräften ausgebildet und darauf aufbauend zu Führungskräften fortgebildet werden können. Trotz wirtschaftlicher Schwierigkeiten sollten Betriebe im eigenen Interesse für Nachwuchs sorgen. Der demographische Wandel bzw. die sinkende Zahl der Schulabgänger könnte schnell zu einem spürbaren Fachkräftemangel führen. Der Ausbildende sollte die Wege, Instrumente und Methoden kennen, die Jugendliche zur Information über Ausbildungsberufe nutzen, um daraus Rückschlüsse für seine Aktivitäten zur Anwerbung von Lehrlingen zu ziehen.

1.1.1 Berufsberatung und Lehrstellenvermittlung der Agentur für Arbeit

Die Arbeitsverwaltung nimmt im Rahmen des dualen Systems auf Bundes-, Landes- und örtlicher Ebene wichtige Aufgaben im Vor- und Umfeld der Berufsausbildung wahr (→ Lernfeld 1: Allgemeine Grundlagen, S. 30).

Zur Information über Ausbildungsmöglichkeiten kann der Jugendliche ein persönliches Gespräch mit einem Berufsberater führen. Darüber hinaus halten die Berufsinformationszentren der Agenturen für Arbeit (BIZ) umfangreiches Informationsmaterial *(www.arbeitsagentur.de)* über alle Ausbildungsberufe bereit. Hat sich der Jugendliche bereits für einen Ausbildungsberuf entschieden, kann er auf eine elektronische Datensammlung von Ausbildungsplatzangeboten, den AusbildungsStellenInformations-Service (ASIS), zugreifen *(www.arbeitsamt.de/→ Button „asis")*. **Information**

Für Ausbildungsbetriebe ist die Agentur für Arbeit ein kompetenter Partner bei der Suche nach Lehrstellenbewerbern: Sie verfügt zumeist über ein gewisses Bewerberangebot und kann entsprechend den Wünschen des Ausbildungsbetriebes eine Vorauswahl treffen. Sofern es erforderlich ist, beauftragt die Agentur für Arbeit den ärztlichen Dienst, die gesundheitliche Eignung des Jugendlichen festzustellen; ggf. erfolgt auch eine psychologische Eignungsuntersuchung. **Vermittlung**

Neuerdings können Lehrstellensuchende ein Ausbildungsplatzgesuch im ArbeitgeberInformationsService (AIS) der Agentur für Arbeit einstellen lassen *(www.arbeitsamt. de/→ Button „ais")*. Diese Möglichkeit wird insbesondere dann empfohlen, wenn die Jugendlichen mobil sind und auch ein überregionales Angebot annehmen würden.

Gegen Ende der Bewerbungsfristen für das neue Ausbildungsjahr veranstalten die Agenturen für Arbeit oftmals gemeinsam mit Schulen, Berufsorganisationen und Betrieben sog. Lehrstellenbörsen oder Berufsmessen, auf denen sich die Jugendlichen über Ausbildungsmöglichkeiten informieren können. Ausbildungswillige Betriebe sollten hier vertreten sein. **Lehrstellenbörse**

1.1.2 Schülerpraktika und andere schulische Aktivitäten

Im Rahmen der Berufswahlorientierung sind Schülerpraktika in der Jahrgangsstufe 9 an den Haupt- und Realschulen obligatorisch; auch an Gymnasien wird Schülern zunehmend dieses Angebot unterbreitet. Bei dem Praktikum, beispielsweise in einem Handwerksbetrieb, im Einzelhandel, in Krankenhäusern, Kindergärten oder in der Verwaltung, erhalten die Schüler einen ersten Einblick in ein Berufsfeld ihrer Wahl. Betriebliche Ausbilder können sich ihrerseits Eindruck verschaffen, ob die Jugendlichen Interesse an beruflicher Tätigkeit zeigen. Dies ist eine Möglichkeit, um Ausbildungsabbrüchen vorzubeugen.

Viele Schulen bieten zum Thema Berufswahlorientierung Projektwochen im Rahmen des Unterrichts oder in freiwilligen Arbeitsgemeinschaften an. Tagespraktika in den Berufsbildungszentren der Kammern oder in Ausbildungsbetrieben lassen sich im Rahmen der Projektwochen ebenso realisieren wie Betriebsbesichtigungen in ausgewählten Firmen. **Projektwochen**

Ehemalige Schüler können in die Schule eingeladen werden, um über ihren beruflichen Werdegang zu berichten. Dabei sollten durchaus unterschiedliche Erfahrungen herausgestellt werden. So könnte berichtet werden:

- Eine Person ist vom erlernten Beruf begeistert und nun erfolgreich selbstständig.
- Eine andere Person hat festgestellt, dass der angestrebte Beruf nicht den Erwartungen entspricht, und sich beruflich umorientiert.

Vertreter der Agentur für Arbeit und der Kammern sind gern bereit, in den Schulen Auskünfte über die Berufschancen in unterschiedlichen Bereichen zu geben. Außerdem können Betriebsinhaber und Lehrlingswarte der Innungen die Schüler über bestimmte Berufe informieren und oftmals Hinweise auf freie Ausbildungsplätze geben. Auch dieser Weg der Anwerbung von Lehrlingen sollte von den Betrieben berücksichtigt werden. Darüber hinaus bieten viele Kammern auf ihren Internetseiten eine Praktikumsbörse an.

1.1.3 Praktika im Rahmen der Berufsausbildungsvorbereitung

Lernbeeinträchtigte oder sozial benachteiligte Personen, deren Entwicklungsstand eine erfolgreiche Ausbildung in einem anerkannten Ausbildungsberuf noch nicht erwarten lässt, können gemäß § 50 BBiG durch Maßnahmen der Berufsausbildungsvorbereitung gefördert werden. Das Angebot richtet sich an Jugendliche bzw. junge Erwachsene, die nicht mehr der schulpflichtig sind und noch keine Ausbildung absolviert haben. Die Maßnahmen dienen der Vermittlung von Grundlagen für den Erwerb beruflicher Handlungsfähigkeit. Berufsausbildungsvorbereitende Maßnahmen werden vorrangig von Bildungsträgern angeboten, können jedoch auch einzelbetrieblich durchgeführt werden. Die Durchführung der Berufsausbildungsvorbereitung in Betrieben wird durch die zuständige Stelle überwacht.

Die Vermittlung von Grundlagen für den Erwerb beruflicher Handlungsfähigkeit kann insbesondere durch inhaltlich und zeitlich abgegrenzte Lerneinheiten erfolgen, die aus den Inhalten anerkannter Ausbildungsberufe oder einer gleichwertigen Berufsausbildung entwickelt werden (Qualifizierungsbausteine). Die Qualifizierung orientiert sich an Tätigkeitsschwerpunkten aus der betrieblichen Praxis. Betriebe, die im Rahmen der Berufsausbildungsvorbereitung Praktika anbieten, haben die Möglichkeit, die berufliche Handlungsfähigkeit bzw. das Entwicklungspotenzial der Jugendlichen über einen längeren Zeitraum kennen zu lernen. Nach Abschluss der Maßnahme stellt der Anbieter der Berufsausbildungsvorbereitung dem Jugendlichen eine aussagekräftige Bescheinigung über die erworbenen Qualifikationen aus. Damit soll der Übergang in die Berufsausbildung erleichtert werden.

1.1.4 Weitere Möglichkeiten bei der Lehrlingssuche

Neben dem Kontakt zur Agentur für Arbeit sowie zu den Schulen in der näheren Umgebung bieten sich weitere Möglichkeiten, um Ausbildungsplatzsuchende auf den eigenen Betrieb aufmerksam zu machen.

Auch Öffentlichkeitsveranstaltungen der Berufsorganisationen sollten zur Präsentation des Betriebes genutzt werden.

Tag der offenen Tür

Ein „Tag der offenen Tür" gibt Betrieben die Gelegenheit, ihr Produktions- und Dienstleistungsangebot der Öffentlichkeit vorzustellen. Die Information über eine interessante, aussichtsreiche Berufstätigkeit kann mit dem Hinweis auf noch zu besetzende Ausbildungsplätze verbunden werden. Schüler und Eltern erhalten einen ersten Einblick in das berufliche Aufgabenfeld, lernen die betriebliche Atmosphäre kennen und können ggf. bereits einen Termin für ein Vorstellungsgespräch vereinbaren.

Lokale Tageszeitungen nutzen gern die Gelegenheit redaktionelle Artikel zu veröffentlichen, um etwas Neues aus den Betrieben oder interessante Berufsbilder vorzustellen.

Stellenanzeige

Im Regelfall suchen Betriebe neue Mitarbeiter über Anzeigen in Zeitungen. Das Stelleninserat sollte so gestaltet sein, dass es die Aufmerksamkeit der Leser weckt, und Aussagen zu folgenden Punkten enthalten:

Wir sind	Informationen über das Unternehmen
Wir suchen	Bezeichnung des Ausbildungsberufs
Wir erwarten	Darstellung des Anforderungsprofils
Wir bieten	Aussagen zu den Leistungen des Unternehmens
Wir bitten um	Angaben zu Art, Umfang und Frist der Bewerbung

Ausbildungsbetriebe können ihre Stellenanzeigen allerdings nicht nur in Zeitungen veröffentlichen, sondern auch auf elektronischen Datenträgern. Dies ist insbesondere deshalb sinnvoll, weil viele Jugendliche gerade auf neue Medien zugreifen, um sich über Berufsmöglichkeiten zu informieren. Einige Berufsorganisationen haben diesen Gedanken aufgegriffen und Berufsprofile und Betriebsadressen auf CD-ROM veröffentlicht. Ausbildungsbetriebe können dabei z. B. ihr Leistungsprofil beschreiben, Mitarbeiterzahlen nennen sowie die Ansprüche darstellen, die an einen Ausbildungsplatzbewerber gestellt werden.

Darüber hinaus bieten viele Kammern auf ihren Internetseiten eine Lehrstellenbörse an. Betriebe können aktuelle Lehrstellenangebote, Ausbildungsplatzinteressierte können ihre Lehrstellengesuche kostenfrei einstellen *(www. bildungsserver.de)*.

1.2 Berufswünsche und Berufswahl

Der Berufswunsch eines Menschen formt sich nicht erst im Jugendalter, sondern wird von Kindheit an geprägt. Doch während Kinder oftmals sehr konkrete Vorstellungen von ihrem „Traum-Beruf" haben, sind Jugendliche – in unserer immer komplexer werdenden Welt – häufig vollkommen ratlos in Hinblick auf ihre Berufswahl. Die breite Palette der Berufswahlmöglichkeiten wird vielfach gar nicht wahrgenommen.

Einflüsse auf die Berufswahl

Jugendliche lassen sich bei der Berufswahl in erster Linie von den Eltern beeinflussen. Häufig wählen die Eltern den Beruf aus, der ihnen „passend" erscheint, und orientieren sich weniger an Kriterien wie Eignung, Neigung und Chancen. Daher erscheint es notwendig, dass die Eltern – beispielsweise durch die Agenturen für Arbeit und Schulen – über den Berufswahlprozess und das Spektrum der Möglichkeiten informiert werden.

Darüber hinaus beeinflussen häufig auch Freunde und Bekannte die Berufswahl des Jugendlichen (→ Lernfeld 5: Förderung des Lernprozesses, Kap. 1.4). Die Orientierung an Vorbildern spielt eine große Rolle. Allerdings werden nicht immer realistische Vorbilder gewählt; zum Teil stammen sie aus den Medien, die damit ebenfalls zu einer bedeutenden Einflussgröße werden. Der Ausbildende sollte deshalb im Verlauf des Vorstellungsgesprächs genauestens erkunden, welche Vorstellungen der Jugendliche vom zukünftigen Ausbildungsberuf hat.

persönliche Ziele

Die Berufswahl richtet sich schließlich immer auch danach, welche Ziele der Einzelne verfolgt. Ein Beispiel: Nur wenige Schulabgänger – dies hat eine Umfrage ergeben – sind der Ansicht, dass eine betriebliche Ausbildung zu hohem Ansehen verhilft. Entsprechende Perspektiven werden eher mit dem Abitur und einem anschließenden Studium verknüpft. Diejenigen, für die der gesellschaftliche Status eine bedeutende Rolle spielt, werden also – sofern möglich – den Weg über Abitur und Studium in den Beruf wählen.

Wenngleich sich Jugendliche von einer betrieblichen Ausbildung auch nur selten die Aussicht auf besonders hohes Ansehen versprechen, so verknüpfen sie mit der Berufsausbildung doch andere Chancen, und zwar:

- Arbeitsplatzsicherheit,
- gute Aufstiegschancen,
- gute Verdienstmöglichkeiten,
- Verwirklichung eigener Neigungen und Interessen.

Wertorientierung

Jugendliche gehen heute mit hoch gesteckten Vorstellungen von Selbstverwirklichung, Kreativität und Sinnerfüllung in ihren Beruf. Betriebe sollten diese Wertorientierung der Jugendlichen berücksichtigen und ihnen die Chancen, die eine betriebliche Ausbildung in dieser Hinsicht bietet, aufzeigen.

1.3 Berufliche Anforderungen und Eignung des Lehrlings

Hat der Ausbildende erst einmal Lehrstellenbewerber gefunden, so bleibt noch die nicht leichte Entscheidung, welchen Bewerber er einstellt. Für diese Bewerberauswahl gilt die einfache Grundregel:

Die Eignung des Lehrlings und die Anforderungen des Ausbildungsberufes sollten sich möglichst weitgehend entsprechen.

Als Fachmann und Praktiker kennt der Lehrmeister die Anforderungen seines Berufes gut, d. h., er weiß, welche Anforderungen im Ausbildungsberuf gestellt werden an

- die geistigen Fähigkeiten,
- die körperlichen Fähigkeiten,
- die sozialen Fähigkeiten.

Die folgende Tabelle stellt Anforderungen an Lehrlinge in gewerblich-technischen Berufen denen in kaufmännischen Berufen gegenüber.

Anforderungen an Lehrlinge

Berufliche Anforderungen	
Anforderungen an Lehrlinge in gewerblich-technischen Berufen	**Anforderungen an Lehrlinge in kaufmännischen Berufen**
– ausreichende Deutschkenntnisse – manuelles Geschick – räumliches Vorstellungsvermögen – technisches Verständnis – mathematische Fähigkeiten – Systematik, Sorgfalt – Ausdauer, Belastbarkeit – Leistungsbereitschaft, Flexibilität – angemessene Umgangsformen – Teamfähigkeit – Verantwortungsbereitschaft	– gute Deutschkenntnisse, gutes Ausdrucksvermögen – Kommunikationsfähigkeit – logisches und analytisches Denkvermögen – Organisationstalent – mathematische Fähigkeiten – Systematik, Sorgfalt – Ausdauer, Belastbarkeit – Leistungsbereitschaft, Flexibilität – angemessene Umgangsformen – Teamfähigkeit – Verantwortungsbereitschaft

Beispiel: In einer Broschüre über das Tischlerhandwerk[1]) heißt es zu der Frage „Wer wird Tischlerin oder Tischler?" u. a.: „Wer Interesse am Umgang mit moderner Technik und Maschinen hat, wer ein gutes Vorstellungsvermögen besitzt und Freude am Umgang mit dem faszinierenden Werkstoff Holz hat, bringt gute Voraussetzungen mit, um den Tischlerberuf zu erlernen."

Schulabschluss

Im Hinblick auf das Anforderungsprofil des Auszubildenden ist der Schulabschluss von großer Bedeutung. Jugendliche mit Hauptschulabschluss haben nach wie vor gute Chancen auf einen Ausbildungsplatz im Handwerk. Gestiegene theoretische Anforderungen führen jedoch dazu, dass in

[1]) Tischler, Tischlerin: Berufsbeschreibung, Ausbildungsordnung, Rahmenlehrplan, Ausbildungsplan. Hrsg.: Deutscher Handwerkskammertag in Zusammenarbeit mit dem Bundesverband des holz- und kunststoffverarbeitenden Handwerks. Verlagsanstalt Handwerk, Düsseldorf 2000.

einzelnen Handwerksberufen – wie ohnehin z. B. in kaufmännischen Berufen – immer häufiger ein Realschulabschluss oder gar die Hochschulreife vorausgesetzt wird.

im Handwerk

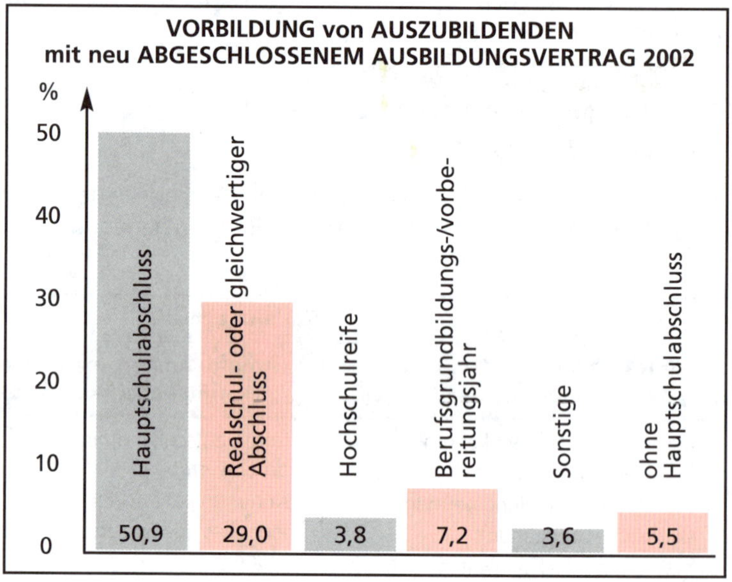

Quelle: Berufsbildungsbericht 2004. Bundesministerium für Bildung und Forschung, S. 507

Ist das Anforderungsprofil, das der künftige Lehrling erfüllen muss, festgelegt, muss es mit den Voraussetzungen der Lehrstellenbewerber verglichen werden. Entsprechende Verfahren zur Bewerberauswahl werden im Folgenden vorgestellt.

1.4 Verfahren zur Auswahl von Bewerbern

1.4.1 Bewertung von Bewerbungsunterlagen

Bewerbungsschreiben

Einen ersten Anhaltspunkt bei der Auswahl von Lehrstellenbewerbern liefern die Bewerbungsunterlagen: Anschreiben, Lebenslauf mit Foto und Zeugnisse. Ein Bewerbungsschreiben sollte ordentlich und fehlerfrei geschrieben sein. Da das Verfassen von Bewerbungsschreiben in den Schulen in standardisierter Form eingeübt wird, verdeutlichen die Anschreiben häufig nur bedingt persönliche Interessen.

Lebenslauf

Der Lebenslauf eines Schulabgängers ist in der Regel noch nicht sehr aussagekräftig. Hat ein Bewerber jedoch mehrmals die Schulen gewechselt, sollte nachgehakt werden.

Schulzeugnis

Aus Schulzeugnissen lassen sich ggf. Begabungsschwerpunkte ersehen. Insbesondere in technischen Berufen sind ausreichende Mathematikkenntnisse unabdingbare Voraussetzung dafür, dass das Ausbildungsziel erreicht werden kann. Bewerber für eine Ausbildung zum Bürokaufmann bzw. zur Bürokauffrau sollten sowohl in Mathematik als auch in Deutsch gute Noten haben. Zeugnisnoten sollten jedoch nicht überbewertet werden. Möglicherweise beruht z. B. eine schlechte Deutschnote auf Schwierigkeiten bei der Interpretation von literarischen Texten und lässt keinerlei Rückschluss auf Rechtschreibkenntnisse zu. Ob der Bewerber gut rechnen und schreiben kann, ist durch einfache Tests festzustellen.

1.4.2 Bewerbungsgespräche

Vorstellungsgespräch

Das wahrscheinlich geeignetste Mittel zur Bewerberauswahl ist das gut vorbereitete und in Ruhe geführte Vorstellungsgespräch: Es ermöglicht ein gegenseitiges Kennenlernen. Der Ausbildende wird schnell feststellen, ob sich der Jugendliche auf das Gespräch vorbereitet hat und daraus Rückschlüsse im Hinblick auf die Ernsthaftigkeit der Bewerbung ziehen.

Auch der Betriebsinhaber – zumal ein Jungunternehmer, der noch über wenig Erfahrung im Führen von Einstellungsgesprächen verfügt – sollte sich sorgfältig auf das Gespräch vorbereiten. Er sollte sich Gedanken über den Gesprächsablauf machen und überlegen, welche Fragen er dem Bewerber stellen möchte. Der Gesprächstermin sollte exakt festgelegt und genügend Zeit einkalkuliert werden.

Ablauf des Vorstellungsgesprächs

Im Vorstellungsgespräch selbst sollte der Ausbildende sich bemühen, eine entspannte Atmosphäre zu schaffen; dies hilft dem Bewerber, Aufregung abzubauen. Der Ablauf des Gesprächs könnte wie folgt aussehen:

- Begrüßung und einleitende Worte,
- Fragen stellen zum Bewerbungsschreiben sowie zur Berufs- und Betriebswahl, durch die Informationen über die Motivation des Jugendlichen gewonnen werden,
- Fragen stellen zu bevorzugten Schulfächern und Hobbys, die Hinweise auf die Eignung und Neigungen des Jugendlichen geben,
- Fragen stellen zum persönlichen und familiären Hintergrund des Bewerbers,
- Informationen geben über den Betrieb, den Ausbildungsplatz und seine Anforderungen,
- Fragen des Bewerbers beantworten,
- Abschluss des Gesprächs und Verabschiedung.

Der Ausbildende sollte sich bewusst sein, dass bestimmte Fragen nicht beantwortet werden müssen, wie z. B. die nach

- einer Mitgliedschaft in einer politischen Partei,
- der Religionszugehörigkeit,
- den finanziellen Verhältnissen,
- einer Vorstrafe, es sei denn die Art des Deliktes hätte etwas mit der zukünftigen Ausbildung zu tun,

- einer vorliegenden Schwangerschaft,
- Krankheiten, es sei denn, diese hätten unmittelbaren Einfluss auf die Eignung für die angestrebte Berufstätigkeit.

erster Eindruck Der erste persönliche Eindruck, der im Vorstellungsgespräch entsteht, ist oft nachhaltig und entscheidend. Gerade aus diesem Grund sollte sich der Ausbildende bemühen, sich so wenig wie möglich von Vorurteilen leiten zu lassen, die beispielsweise durch das äußere Erscheinungsbild des Bewerbers entstehen. Besonders in Betrieben mit Publikumsverkehr werden allerdings Erwartungen an Auftreten und Kleidung gestellt. Ein gewisses Maß an Sympathie zwischen Ausbilder und Lehrling sollte vorhanden sein, denn dies ist eine der Voraussetzungen für ein störungsfreies Lernen und Ausbilden.

1.4.3 Einstellungstests

Sofern der Bewerber während der Schulzeit ein Betriebspraktikum absolviert hat, lassen sich evtl. Aussagen über die praktische Begabung treffen. Darüber hinaus besteht die Möglichkeit, einzelne Fähigkeiten des Bewerbers durch sog. Einstellungstests näher zu bestimmen.

Einstellungstest Es gibt unterschiedliche Arten von Einstellungstests:

- Kenntnisprüfungen und Wissenstests ermöglichen es Bewerbern, die keine guten Schulnoten haben, zu zeigen, dass sie dennoch über die für den Beruf notwendigen Kenntnisse verfügen. Bei dieser Art von Tests können Rechenaufgaben gestellt sowie die Rechtschreibkenntnisse oder auch das Allgemeinwissen geprüft werden.
- Konzentrations- und Belastungstests sind angebracht, wenn man in dem Beruf häufig unter Zeitdruck arbeiten muss. Durch Konzentrationstests wird ermittelt, ob ein Bewerber viele einfache Aufgaben in kurzer Zeit möglichst fehlerfrei lösen kann.
- Persönlichkeitstests sollen dazu dienen, etwas über den Charakter des Menschen zu erfahren, z. B. ob jemand selbstsicher, aggressiv, interessiert, leistungsorientiert, gesellig oder vertrauensbereit ist. Persönlichkeitstests sollten nur von Experten durchgeführt und bewertet werden.

Rechtschreib- und Rechentests sowie Konzentrations- und Belastungstests sind relativ problemlos durchführbar. Hingegen sollten Persönlichkeitstests – mit Blick auf den Aufwand und die möglichen Probleme bei der Interpretation der Testergebnisse – nur eingesetzt werden, wenn die zu prüfenden Fähigkeiten von sehr großer Wichtigkeit für den Beruf sind.

2. Abschluss des Berufsausbildungsvertrags

Kompetenzen:

Der Lernende

- kann die wesentlichen Inhalte und den Rechtscharakter eines Berufsausbildungsvertrags darstellen,
- kann die Pflichten des Ausbildenden und des Lehrlings beschreiben,
- kann Möglichkeiten und Grenzen der Kündigung eines Ausbildungsverhältnisses bei der Anbahnung eines Kündigungsproblems beurteilen.

2.1 Rechtliche Grundlagen und Inhalte des Berufsausbildungsvertrags

Hat sich der Ausbildende mit dem Ausbildungsplatzbewerber auf ein Ausbildungsverhältnis geeinigt, ist bereits nach dieser mündlich getroffenen Vereinbarung ein Ausbildungsvertrag rechtswirksam abgeschlossen. Dies ergibt sich aus § 145 des Bürgerlichen Gesetzbuches. Die rechtliche Begründung des Berufsausbildungsverhältnisses ist im Berufsbildungsgesetz geregelt (*http://bundesrecht.juris.de/bundesrecht/bbig/*).

rechtliche Grundlagen

Wer einen anderen zur Berufsausbildung einstellt (Ausbildender), hat mit dem Auszubildenden einen Berufsausbildungsvertrag zu schließen, dessen wesentlicher Mindestinhalt unverzüglich – spätestens vor Beginn der Ausbildung – schriftlich niedergelegt werden muß (§ 3 Abs. 1, § 4 Abs. 1 BBiG). Vertragspartner sind der Ausbildende und der Auszubildende.

Der Berufsausbildungsvertrag ist eine freiwillige privatrechtliche Vereinbarung zwischen dem Ausbildenden und dem Lehrling. Die an sich bestehende Vertragsfreiheit wird jedoch durch eine Reihe zwingender und damit unabänderlicher Bestimmungen des Berufsbildungsgesetzes eingeschränkt. Vertragsregelungen, die gegen zwingendes Recht verstoßen, sind nichtig. Der Vertrag regelt die Rechtsbeziehungen zwischen den Partnern für die Dauer des Ausbildungsverhältnisses und legt damit die gegenseitigen Rechte und Pflichten fest.

privatrechtliche Vereinbarung

2.1.1 Formvorschriften

Für die Niederschrift des Ausbildungsvertrages stehen Vertragsformulare zur Verfügung, die der Betriebsinhaber bei der zuständigen Stelle oder über die Kreishandwerkerschaft erhält. Um nichts Wesentliches zu übersehen und keine Vereinbarungen zu treffen, die zu Beanstandungen führen, bedient man sich am besten dieser Formulare. In das Vertragsformular können

Vertragsformular

ergänzend z. B. Hinweise auf ebenfalls geltende Tarifverträge, Betriebs- oder Dienstvereinbarungen eingetragen werden.

Vertragsunterzeichnung

Der schriftlich niedergelegte Vertrag ist vom Ausbildenden, vom Auszubildenden und, sofern der Lehrling bei Vertragsabschluss noch nicht volljährig ist, von dessen gesetzlichem Vertreter zu unterzeichnen (BBiG § 4 Abs. 2).

Ausbildungsvertragsmuster

Angaben zum nachfolgenden

Berufsausbildungsvertrag

und Antrag auf Eintragung

Bitte nur die weißen Felder mit Schreibmaschine oder in Druckschrift ausfüllen!

Eingetragen unter Nr. ______ am

bei der Innung ______

Kreishandwerkerschaft

Handwerkskammer

i. A.

Tag | Monat | Jahr — Bearbeitungstag

Ausbildungsvertrags-Nr.

Zwischen dem Ausbildenden (Betrieb)

Genaue Betriebsanschrift mit Tel.-Nr.

Ausbildungsstätte, wenn vom Betriebssitz abweichend — PLZ — Ort

Straße, Haus-Nr.

u. der/dem Auszubildenden — männl. ☐ 1 — weibl. ☐ 2

Vor- und Familienname

Straße, Haus-Nr.

PLZ — Ort

Geburtsdatum — Staatsangehörigkeit — Schl

die Eltern ☐ 1 — nur Vater ☐ 2 — nur Mutter ☐ 3 — Vormund ☐ 4

Vorname, Familienname der/des Sorgeberechtigten

Straße, Haus-Nr.

PLZ — Ort

wird nachstehender Vertrag
zur Ausbildung im Ausbildungsberuf ______

(ggf. mit Fachrichtung/Schwerpunkt) ______
nach Maßgabe der Ausbildungsordnung geschlossen.

A Die **Ausbildungszeit** beträgt nach der Ausbildungsordnung ______ Monate. Diese verringert sich durch die Ausbildung/Vorbildung ______

um ______ Monate ______ Tage. Das Berufsausbildungsverhältnis

beginnt am — Tag | Monat | Jahr

und endet am — Tag | Monat | Jahr

B Die **Probezeit** beträgt 3 Monate (Seite 2 § 1 Nr. 2) [1])

C Die **Ausbildung** findet in der oben genannten Betriebs- bzw. Ausbildungsstätte und den damit für die Ausbildung üblicherweise zusammenhängenden sonstigen Arbeitsstellen statt.

Vom Betrieb bestellte/r verantwortliche/r Ausbilder/in:

______

D Die **Vergütung** richtet sich nach der tarifvertraglichen Regelung bzw. den jeweils empfohlenen Sätzen der Fachverbände (Seite 2 § 4 Nr. 1). Sie beträgt zur Zeit monatlich:

€ ______ brutto im 1. Ausbildungsjahr

€ ______ brutto im 2. Ausbildungsjahr

€ ______ brutto im 3. Ausbildungsjahr

€ ______ brutto im 4. Ausbildungsjahr

E Die regelmäßige **tägliche Ausbildungszeit** beträgt 8 Stunden. [2])

F Der Ausbildende gewährt der/dem Auszubildenden **Urlaub** nach den geltenden Bestimmungen (Seite 2 § 5 Nr. 2). Es besteht zur Zeit Anspruch auf:

______ Werk- ______ Arbeitstage im Jahre ______

______ Werk- ______ Arbeitstage im Jahre ______

______ Werk- ______ Arbeitstage im Jahre ______

______ Werk- ______ Arbeitstage im Jahre ______

______ Werk- ______ Arbeitstage im Jahre ______

G Hinweis auf anzuwendende **Tarifverträge** und Betriebsvereinbarungen (§ 4 (1) Satz 2 Ziffer 9 BBiG); **sonstige Vereinbarungen**:

______

______

Achtung

Unterschriften der Vertragsparteien einzeln auf jedem Blatt der blauen Formulare.

Dieses Blatt ist auf der Rückseite vom Ausbildenden (Betrieb) zu unterschreiben.

Dieser Vertrag ist unverzüglich zur Eintragung in das Verzeichnis der Berufsausbildungsverhältnisse über die zuständige Kreishandwerkerschaft/Innung der Handwerkskammer zuzuleiten; das gilt auch für Änderungen seines wesentlichen Inhalts und die Auflösung.

[1]) Die Probezeit muss mindestens einen Monat und darf höchstens drei Monate betragen.
[2]) Nach dem Jugendarbeitsschutzgesetz beträgt die höchstzulässige tägliche Arbeitszeit (Ausbildungszeit) bei noch nicht 18 Jahre alten Personen 8 Stunden. Im Übrigen sind die Vorschriften des Jugendarbeitsschutzgesetzes über die höchstzulässigen Wochenarbeitszeiten zu beachten. Soweit tarifliche Regelungen vereinbart sind, gelten diese.
Hinweis: Die sich aus dem Berufsausbildungsverhältnis ergebenden Daten werden bei der zuständigen Handwerkskammer und Innung gespeichert.

Verlagsanstalt Handwerk GmbH, Postfach 10 51 62, 40042 Düsseldorf, Best.-Nr. 4000 1/02.

Besitzt der Lehrling einen Vormund, bedarf der Vertragsabschluss der Genehmigung des Vormundschaftsgerichtes.

Der Ausbildende hat dem Auszubildenden und dessen gesetzlichem Vertreter eine Ausfertigung der unterzeichneten Vertragsniederschrift unverzüglich auszuhändigen (BBiG § 4 Abs. 3).

2.1.2 Mindestinhalte des Berufsausbildungsvertrags und entsprechende Vorschriften des JArbSchG

Mindestinhalte

Das Berufsbildungsgesetz legt in § 4 Abs. 1 die Mindestinhalte des Berufsausbildungsvertrags fest.

MINDESTINHALTE des AUSBILDUNGSVERTRAGS

- Ausbildungsberuf
- Sachliche und zeitliche Gliederung der Ausbildung
- Beginn und Dauer der Ausbildung
- Ergänzende Ausbildungsmaßnahmen
- Regelmäßige tägliche Ausbildungszeit
- Dauer der Probezeit
- Zahlung und Höhe der Ausbildungsvergütung
- Dauer des Urlaubs
- Kündigungsvoraussetzungen
- Hinweis auf Tarifverträge

-- --
Unterschrift des Ausbildenden Unterschrift des Auszubildenden

Den inhaltlichen Rahmen dafür steckt im Wesentlichen das Jugendarbeitsschutzgesetz ab *(http://bundesrecht.juris.de/bundesrecht/jarbschg/)*. Aus diesem Grund stellen die folgenden Erläuterungen beides im Zusammenhang dar:

- die **Mindestinhalte** nach § 4 Abs. 1 BBiG und
- die gesetzlichen Vorschriften des JArbSchG.

Berufsbezeichnung/Ausbildungsberuf

Ausbildungsberuf

Im Vertrag ist zunächst die genaue Bezeichnung des Ausbildungsberufes, ggf. mit der Angabe von Fachrichtung oder Schwerpunkt, zu nennen. Nach den Veränderungen innerhalb der Anlage A zur Handwerksordnung – Bündelung von Gewerben „in einer Hand" – muss zwischen Ausübungs- und Ausbildungsberuf unterschieden werden. Einem Handwerk (z. B. Maurer und Betonbauer) können mehrere Ausbildungsberufe (Maurer, Beton- und Stahlbetonbauer, Feuerungs- und Schornsteinbauer) zugeordnet sein.

In den zulassungspflichtigen Handwerken (Anlage A) darf ausbilden, wer die Meisterprüfung in dem Handwerk oder in einem mit diesem verwandten Handwerk bestanden hat, in dem ausgebildet werden soll. Beispiel: Sofern die Eignung der Ausbildungsstätte vorliegt, kann ein Metallbauer auch Lehrlinge im Feinwerkmechaniker- und im Landmaschinenmechanikerhandwerk ausbilden.

Sachliche und zeitliche Gliederung der Ausbildung

Das Berufsbildungsgesetz schreibt vor, dass der Berufsausbildungsvertrag eine sachliche und zeitliche Gliederung der Ausbildung enthalten muss.

Anleitung im Ausbildungsrahmenplan

Jede Ausbildungsordnung enthält einen Ausbildungsrahmenplan, der eine Anleitung zur sachlichen und zeitlichen Gliederung der Fertigkeiten und Kenntnisse bietet. Auf dieser Grundlage hat der Ausbildende vor Beginn der Ausbildung einen betrieblichen Ausbildungsplan zu erstellen (→ Lernfeld 2: Planung der Ausbildung, Kap. 4). Dazu können Musterausbildungspläne der Fachverbände eine Hilfe sein.

Beginn und Dauer der Ausbildung

Die Daten des Ausbildungsbeginns und des -endes sind festzulegen. Hieraus ergibt sich die Ausbildungsdauer.

unterschiedliche Regelausbildungszeit

Sie ist in der Ausbildungsordnung für jeden Beruf als Regelausbildungszeit bestimmt. Sie beträgt für die meisten der anerkannten Ausbildungsberufe drei Jahre, für einige inzwischen jedoch 3,5 Jahre, z. B. Anlagenmechaniker für Sanitär-, Heizungs- und Klimatechniker, Elektroniker, Kraftfahrzeugmechatroniker und Goldschmiede. Daneben gibt es einige wenige Ausbildungsberufe, für die eine zweijährige Ausbildungsdauer vorgeschrieben ist, z. B. für Ausbaufacharbeiter, Bauten- und Objektbeschichter, Metallschleifer und Verkäufer. In Einzelfällen schreiben Ausbildungsordnungen auch eine Ausbildungsdauer von 1,5 Jahren (Maschinenzusammensetzer) bzw. 2,5 Jahren (Mathematisch-technischer Assistent) vor.

Verkürzung und Verlängerung der Ausbildungszeit

Die Regelausbildungszeit ist so bemessen, dass ein Lehrling mit durchschnittlicher Begabung und Schulbildung in dieser Zeitspanne sein Ausbildungsziel erreichen kann. Die zuständige Stelle hat die Ausbildungszeit entsprechend § 29 BBiG auf Antrag zu kürzen, wenn zu erwarten ist, dass der Lehrling das Ausbildungsziel in der gekürzten Zeit erreicht. Eine Verkürzung der Ausbildungszeit kann bei Abschluss des Vertrages, aber auch während der Ausbildung, beantragt werden.

Gründe für Verkürzung

Gründe für eine Ausbildungszeitverkürzung bei Vertragsabschluss sind:

- die nachgewiesene höhere Schulbildung (Fachschulreife, Fachhochschulreife etc.),
- der erfolgreiche Besuch eines Berufsgrundbildungsjahres oder einer Berufsfachschule, wenn das Berufsfeld dem Ausbildungsberuf entspricht,
- eine abgeschlossene Berufsausbildung in einem anderen Beruf; etc.

Der Berufsausbildungsvertrag, in dem die vereinbarte kürzere Ausbildungszeit eingetragen ist, gilt zugleich als Antrag an die Kammer auf Verkürzung.

Antrag auf Verkürzung

Während der Ausbildungszeit kann der Antrag auf Ausbildungszeitverkürzung von beiden Vertragspartnern oder von einer der Parteien gestellt werden. In diesem Fall hängt die Entscheidung der Kammer von den bisherigen Leistungen des Lehrlings (Zwischenprüfung, Berufsschulzeugnisse) ab.

Verlängerung

Gemäß § 29 Abs. 3 BBiG kann die zuständige Stelle in Ausnahmefällen die Ausbildungszeit verlängern, wenn die Verlängerung erforderlich ist, um das Ausbildungsziel zu erreichen. Nur der Auszubildende kann während der Ausbildungszeit bei der Kammer den Antrag auf Verlängerung der Ausbildungszeit stellen. Als Grund kommt in Frage, dass ein Lehrling das Ausbildungsziel nicht in der vorgesehenen Zeit erreichen wird, z. B. wenn er längere Zeit erkrankt war und dadurch wesentliche Ausbildungsinhalte nicht vermittelt werden konnten. Aufgrund des Antrags müssen die Beteiligten gehört werden; danach entscheidet die Kammer über den Antrag.

Antrag auf Verlängerung

In den Berufsausbildungsvertrag müssen vorgesehene Ausbildungsmaßnahmen außerhalb der Ausbildungsstätte aufgenommen werden. Dies betrifft die überbetriebliche Unterweisung (→ Lernfeld 1: Allgemeine Grundlagen, Kap. 2.2.2) oder auch eine ergänzende Ausbildung in einem Partnerbetrieb (→ Lernfeld 2: Planung der Ausbildung, Kap. 3.2).

Je nach Gewerk sollte der Lehrling bereits bei Vertragsabschluss über seine zukünftige Berufsschule, evtl. Blockunterricht in sog. Landes- bzw. Bundesfachklassen, informiert werden.

Hat ein Betrieb mehrere Filialen oder einzelne Betriebszweige an verschiedenen Standorten, sollte auch der geplante Einsatz des Lehrlings an diesen Standorten im Vertrag festgehalten werden.

Regelmäßige tägliche Arbeitszeit

In den Ausbildungsvertrag ist die regelmäßige tägliche Arbeitszeit einzutragen.

Bestimmungen des Jugendarbeitsschutzgesetzes zur Arbeitszeit:

Jugendliche dürfen täglich nicht mehr als acht Stunden und wöchentlich nicht mehr als 40 Stunden beschäftigt werden. Wenn in Verbindung mit Feiertagen an Werktagen nicht gearbeitet wird, damit die Beschäftigten eine längere zusammenhängende Freizeit haben, dürfen die Jugendlichen auch ausnahmsweise 8,5 Stunden täglich arbeiten. Wird an einzelnen Werktagen die Arbeitszeit auf weniger als acht Stunden verkürzt, können Jugendliche an den übrigen Werktagen derselben Woche ebenfalls 8,5 Stunden beschäftigt werden.

Arbeitszeit

Ruhepausen

Spätestens nach einer ununterbrochenen Beschäftigung von 4,5 Stunden müssen den Jugendlichen im Voraus feststehende Ruhepausen von angemessener Dauer gewährt werden (§ 11 JArbSchG). Diese betragen

- bei mehr als 4,5 und bis zu sechs Stunden Arbeitszeit insgesamt mindestens 30 Minuten,
- bei mehr als sechs und bis zu acht Stunden Arbeitszeit insgesamt mindestens 60 Minuten.

Als Ruhepause gilt nur eine Arbeitsunterbrechung von mindestens 15 Minuten. Bei der Berechnung der Arbeitszeit zählen die Pausen nicht mit. Ruhepausen müssen frühestens eine Stunde nach Beginn und spätestens eine Stunde vor dem Ende der Arbeitszeit gewährt werden.

Sind im Betrieb regelmäßig mindestens drei Jugendliche beschäftigt, hat der Arbeitgeber Beginn und Ende der täglichen Arbeits- und Pausenzeiten per Aushang bekannt zu machen (§ 48 JArbSchG).

Schichtzeit

Bei der Beschäftigung Jugendlicher darf die Schichtzeit (Arbeitszeit plus Pausenzeiten) grundsätzlich zehn Stunden, auf Bau- und Montagestellen elf Stunden, nicht überschreiten (§ 12 JArbSchG).

Nach Beendigung der täglichen Arbeitszeit dürfen Jugendliche nicht vor Ablauf einer ununterbrochenen Freizeit von 12 Stunden erneut beschäftigt werden (§ 13 JArbSchG).

Jugendliche dürfen grundsätzlich nur in der Zeit von 6 bis 20 Uhr beschäftigt werden. Betriebsbezogen lässt das Jugendarbeitsschutzgesetz allerdings zahlreiche Ausnahmen zu (§ 14 JArbSchG).

Jugendliche dürfen nur an fünf Tagen in der Woche – in der Regel montags bis freitags – beschäftigt werden (§ 15 JArbSchG). Bezüglich der Samstags- und Sonntagsruhe gibt es durch Tarifvertrag oder Rechtsverordnung festgelegte, betriebsbezogene Ausnahmeregelungen (§ 16 JArbSchG).

Dauer der Probezeit

Dauer der Probezeit

Im Ausbildungsvertrag ist die Probezeit festzulegen, mit der das Ausbildungsverhältnis beginnt (§ 13 BBiG). Sie muss mindestens einen Monat und darf höchstens drei Monate betragen. Es empfiehlt sich in der Regel, die höchstzulässige Dauer von drei Monaten zu wählen (→ Kap. 4.2).

Zahlung und Höhe der Vergütung

Der Berufsausbildungsvertrag muss Angaben über die Höhe der Vergütung enthalten.

Vergütung

Der Ausbildende hat dem Lehrling eine angemessene Vergütung zu zahlen, die mit fortschreitender Ausbildungszeit, mindestens jährlich, ansteigt (§ 10 BBiG). Für die Angemessenheit der Vergütung sind zum Teil tarifliche Regelungen, zum Teil Richtsätze der zuständigen Fachorganisationen maßgebend. Die Vergütung bemisst sich nach Monaten und ist spätestens am letzten Arbeitstag des laufenden Kalendermonats auszuzahlen. Eine über die vereinbarte regelmäßige tägliche Ausbildungszeit hinausgehende Beschäftigung ist besonders zu vergüten. Sachleistungen (z. B. Kost und Wohnung) können in Höhe der gesetzlichen Sachbezugswerte angerechnet werden, jedoch nicht über 75 % der Bruttovergütung hinaus.

Dem Auszubildenden ist gemäß § 12 BBiG die Vergütung auch zu zahlen

- für Zeiten der Freistellung (Berufsschule, überbetriebliche Unterweisung, Prüfung),
- bis zur Dauer von sechs Wochen, wenn er sich für die Berufsausbildung bereithält, diese aber ausfällt, oder wenn er unverschuldet verhindert ist, seine Pflichten aus dem Berufsausbildungsverhältnis zu erfüllen.

Wenn der Auszubildende wegen einer unverschuldeten Krankheit oder einer Maßnahme der medizinischen Vorsorge bzw. Rehabilitation an der Berufsausbildung nicht teilnehmen kann, findet das Entgeltfortzahlungsgesetz Anwendung.

Dauer des Urlaubs

Bestimmungen des Jugendarbeitsschutzgesetzes zum Erholungsurlaub:

Urlaubsanspruch

Der Arbeitgeber hat Jugendlichen für jedes Kalenderjahr – entsprechend der Anzahl der Beschäftigungsmonate – einen bezahlten Erholungsurlaub zu gewähren (§19 JArbSchG); für Berufsschüler sollte er in die Zeit der Berufsschulferien gelegt werden.

Der jährliche Urlaubsanspruch beträgt

- mindestens 30 Werktage, wenn der Jugendliche zu Beginn des Kalenderjahres noch nicht 16 Jahre alt ist,
- mindestens 27 Werktage, wenn der Jugendliche zu Beginn des Kalenderjahres noch nicht 17 Jahre alt ist,
- mindestens 25 Werktage, wenn der Jugendliche zu Beginn des Kalenderjahres noch nicht 18 Jahre alt ist.

Sind Tarifverträge anzuwenden, die höhere Urlaubsansprüche vorsehen, so ist der höhere Urlaubsanspruch zu gewähren.

Kündigungsvoraussetzungen

Kündigungsvoraussetzungen

Schließlich ist im Ausbildungsvertrag festzulegen, unter welchen Voraussetzungen der Berufsausbildungsvertrag gekündigt werden kann. (Das Thema „Kündigung" wird im → Kap. 2.3.1 besprochen.)

Hinweis auf Tarifverträge

Der Berufsausbildungsvertrag muss in allgemeiner Form gehaltene Hinweise auf die Tarifverträge und Betriebsvereinbarungen enthalten, die auf das Berufsausbildungsverhältnis anzuwenden sind.

2.1.3 Nichtige Vereinbarungen

Im Berufsausbildungsvertrag dürfen keine Vereinbarungen getroffen werden, die mit dem Sinn und Zweck einer Berufsausbildung in Widerspruch stehen oder zuungunsten des Lehrlings von den Vorschriften des Berufsbildungsgesetzes abweichen (§ 5 BBiG).

Beispiele

Folgende Vereinbarungen sind daher nichtig:

- Vereinbarungen, die den Lehrling für die Zeit nach Beendigung des Ausbildungsverhältnisses in seiner beruflichen Tätigkeit beschränken; so darf z. B. eine Weiterbeschäftigung nach Ablauf des Ausbildungsvertrages erst innerhalb der letzten sechs Monate der Ausbildung vereinbart werden;
- eine Verpflichtung des Lehrlings, dem Ausbildenden eine Entschädigung für die Ausbildung zu zahlen;
- Vereinbarungen über Vertragsstrafen oder den Ausschluss bzw. die Beschränkung von Schadenersatzansprüchen;
- die Festsetzung der Höhe eines Schadenersatzes in Pauschbeträgen.

2.2 Pflichten des Ausbildenden und des Auszubildenden

Durch den Abschluss des Berufsausbildungsvertrages entstehen für beide Vertragspartner Pflichten, die auf der Gegenseite entsprechende Rechte bzw. Ansprüche begründen.

Hauptpflichten

Was sind die Hauptpflichten des Ausbildenden und des Auszubildenden?

- Der Ausbildende hat hauptsächlich eine **Ausbildungspflicht**: die zielgerichtete, planmäßige Ausbildung der Fertigkeiten und Kenntnisse, die nach der Ausbildungsordnung in der vorgesehenen Zeit zum Erreichen des Ausbildungsziels notwendig sind.
- Der Auszubildende hat im Wesentlichen eine **Lernpflicht**. Er muss die ihm im Rahmen der Berufsausbildung aufgetragenen Verrichtungen sorgfältig ausführen.

Die folgende Übersicht listet die konkreten Pflichten[1]) zusammenhängend auf.

Pflichten des Ausbildenden und des Auszubildenden

PFLICHTEN BEIDER VERTRAGSPARTNER

PFLICHTEN des AUSBILDENDEN	PFLICHTEN des AUSZUBILDENDEN
• selber ausbilden oder einen Ausbilder beauftragen, der dem Lehrling bekannt gegeben wird • dem Lehrling vor Beginn der Ausbildung kostenlos die Ausbildungsordnung aushändigen • Ausbildungsmittel kostenlos zur Verfügung stellen • den Auszubildenden zum Besuch der Berufsschule und zu Maßnahmen außerhalb der Ausbildungsstätte anhalten und freistellen • Berichtshefte kostenlos aushändigen und ihre ordnungsgemäße Führung kontrollieren • dem Lehrling nur ausbildungsbezogene Aufgaben übertragen, die seinen körperlichen Kräften angemessen sind • für die charakterliche Förderung des Auszubildenden sorgen, körperliche und sittliche Gefährdung vermeiden • von einem jugendlichen Lehrling Bescheinigungen über ärztliche Untersuchungen (§§ 32, 33 JArbSchG) vorlegen lassen • unverzüglich nach Abschluss des Berufsausbildungsvertrags: Eintragung in das Verzeichnis der Berufsausbildungsverhältnisse beantragen und die geforderten Unterlagen beifügen • den Auszubildenden für die Zwischen- und Abschlussprüfung freistellen	• am Berufsschulunterricht, an überbetrieblichen Ausbildungsmaßnahmen und an Prüfungen teilnehmen • die Weisungen des Ausbildenden, des Ausbilders und weisungsbefugter Personen befolgen • die Betriebsordnung beachten • Werkzeug, Maschinen und Einrichtungen pfleglich behandeln • Stillschweigen über Betriebs- und Geschäftsgeheimnisse bewahren • Berichtsheft führen und dem Ausbilder vorlegen • bei Fernbleiben von der Ausbildung den Ausbildenden benachrichtigen und gemäß § 5 Entgeltfortzahlungsgesetz eine Bescheinigung über die Arbeitsunfähigkeit vorlegen • soweit für den Auszubildenden das Jugendarbeitsschutzgesetz gilt, sich ärztlich untersuchen lassen und dem Ausbildenden die Bescheinigungen vorlegen (§§ 32, 33)

[1]) Die Pflichten des Ausbildenden und des Auszubildenden wurden in Anlehnung an das Formular des Berufsausbildungsvertrags (→ S. 118) zusammengestellt.

Bestimmungen des Jugendarbeitsschutzgesetzes zur ärztlichen Untersuchung:

Erstuntersuchung

Das Jugendarbeitsschutzgesetz schreibt für Lehrlinge unter 18 Jahren eine Erstuntersuchung vor. Die ärztliche Untersuchung darf nicht länger als 14 Monate zurückliegen und muss vor Ablauf des ersten Ausbildungsjahres wiederholt werden. Legt der Auszubildende nach Ablauf von 14 Monaten nach Beginn der Ausbildung die Bescheinigung über die Nachuntersuchung nicht vor, darf er nicht weiterbeschäftigt werden.

Zweck der Nachuntersuchung ist es zu prüfen, ob sich beim Auszubildenden z. B. berufsbedingte Allergien entwickelt haben, die eine weitere Arbeit in dem Beruf ausschließen. (Weitere Pflichten → S. 41 ff.)

2.3 Möglichkeiten des Vorgehens in Problemsituationen

Während der Ausbildung kann es zu Konflikten zwischen den Ausbildungsvertragspartnern kommen. Im Interesse der Ausbildung sollten sich beide Parteien bemühen, diese Konflikte zu lösen. Aus pädagogischer Sicht ist hierbei jedoch in besonderem Maße der Ausbildende gefordert. Sind die Schwierigkeiten zwischen dem Ausbildenden und dem Lehrling unüberwindbar, bleibt oft als Ausweg nur noch die Kündigung. Im Folgenden sollen das Kündigungsrecht und die Regelungen bei Streitigkeiten zwischen den Ausbildungsvertragspartnern erläutert werden.

2.3.1 Kündigung des Ausbildungsverhältnisses

während der Probezeit

Während der Probezeit kann das Berufsausbildungsverhältnis jederzeit von beiden Vertragspartnern ohne Einhaltung einer Kündigungsfrist und ohne Angabe von Gründen gekündigt werden.

nach der Probezeit

Die Kündigungsmöglichkeiten nach der Probezeit sind eingeschränkt. Nach der Probezeit können sowohl der Ausbildende als auch der Lehrling nur unter Angabe eines wichtigen Grundes, der nicht länger als zwei Wochen bekannt sein darf, fristlos kündigen.

Als wichtige Kündigungsgründe für den Ausbildenden gelten beispielsweise

- häufige Unpünktlichkeit
- fortgesetztes unentschuldigtes Fernbleiben von der Ausbildungsstätte bzw. Berufsschule
- wiederholte Diebstahldelikte

des Lehrlings.

Wichtige Gründe für eine Kündigung aus der Sicht des Lehrlings sind z. B.

- Fehlverhalten des Ausbildenden (häufiges Anbrüllen, Tätlichkeiten),
- mangelhafte Qualität der Ausbildung,

- Ausbilder überträgt Lehrling ständig ausbildungsfremde Tätigkeiten,
- Nichtzahlung der Vergütung.

In jedem Fall muss vor einer Kündigung wiederholt abgemahnt werden.

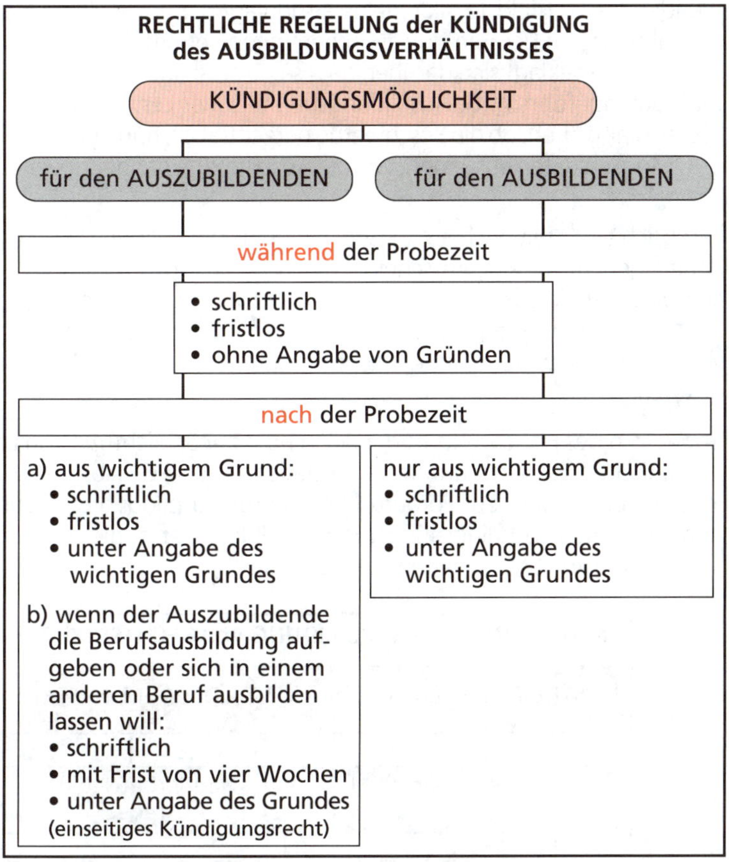

Eine Kündigung ist gerechtfertigt, wenn unter Abwägung aller Umstände des Einzelfalles eine Fortsetzung des Ausbildungsverhältnisses nicht zumutbar ist.

Der Lehrling hat unter Einhaltung einer Vier-Wochen-Frist ein zusätzliches Kündigungsrecht, wenn er die Berufsausbildung aufgeben oder einen anderen Beruf erlernen will.

Die Kündigung eines Ausbildungsverhältnisses muss grundsätzlich schriftlich erfolgen; eine mündliche Kündigung wäre ungültig.

Vor jeder Kündigung ist der Betriebsrat (soweit vorhanden) zu hören. Der Arbeitgeber hat ihm die Gründe für die Kündigung mitzuteilen (§ 102 Betriebsverfassungsgesetz).

2.3.2 Verhalten bei Streitigkeiten zwischen Ausbildendem und Lehrling

Ausbildungsberater und Lehrlingswart

Kommt es zu Streitigkeiten zwischen dem Ausbildenden und dem Lehrling, und gelingt es ihnen nicht, diese Konflikte[1]) selbst oder über den Betriebsrat zu lösen, so sollte sich der Ausbildende oder der Auszubildende zunächst an die Ausbildungsberater der Kammer oder den Lehrlingswart der Innung wenden (→ Lernfeld 1: Allgemeine Grundlagen, Kap. 5). Diese können die Konfliktparteien beraten und zwischen ihnen vermitteln. Beispiel: Ein Auszubildender beklagt sich darüber, dass seine Ausbildung nicht ordnungsgemäß durchgeführt wird. Ausbildungsberater oder Lehrlingswart können in diesem Fall prüfen, ob die Beschwerde berechtigt ist, und dem Ausbildenden ggf. Möglichkeiten aufzeigen, wie die Ausbildungsmängel zu beheben sind.

Ausschuss zur Schlichtung von Lehrlingsstreitigkeiten

Lässt sich ein Streit auch auf diesem Wege nicht beilegen, so ist an sich das Arbeitsgericht für eine Entscheidung zuständig. Soweit jedoch bei der zuständigen Stelle ein Ausschuss zur Schlichtung von Lehrlingsstreitigkeiten besteht, kann die Klage vor dem Arbeitsgericht erst dann erhoben werden, wenn der Ausschuss in dieser Sache verhandelt hat (§ 111 Arbeitsgerichtsgesetz).

Im Bereich des Handwerks ist der Ausschuss zur Schlichtung von Lehrlingsstreitigkeiten bei den Innungen angesiedelt. Nach § 67 Abs. 2 HwO ist jede Innung verpflichtet, zur Förderung der Berufsausbildung der Lehrlinge einen Ausschuss (Lehrlingsausschuss) zu bilden, der zugleich auch für die Schlichtung von Streitigkeiten zuständig ist.

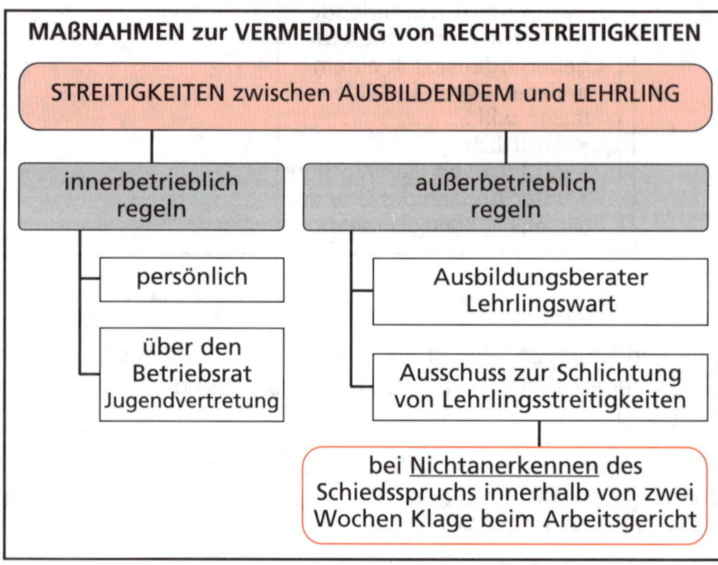

[1]) Auf das Thema Konfliktlösung als pädagogische Aufgabe und Vermeidung von Rechtsstreitigkeiten wird in folgenden Kapiteln eingegangen: → Lernfeld 5: Förderung des Lernprozesses, Kap. 5; Lernfeld 6: Ausbildung in der Gruppe, Kap. 3.

Nach den Verfahrensordnungen der Handwerkskammer unterliegen der Entscheidung des Ausschusses in der Regel Streitigkeiten

- aus dem Ausbildungsverhältnis,
- über das Bestehen oder Nichtbestehen eines Ausbildungsverhältnisses,
- aus unerlaubten Handlungen, die mit dem Ausbildungsverhältnis in Zusammenhang stehen.

Klage beim Arbeitsgericht

Wird ein von dem Ausschuss gefällter Spruch nicht innerhalb einer Woche von beiden Parteien anerkannt, so kann binnen zwei Wochen nach ergangenem Spruch Klage beim zuständigen Arbeitsgericht erhoben werden. Aus Vergleichen, die vor dem Ausschuss geschlossen wurden, oder aus Sprüchen des Ausschusses, die von beiden Seiten anerkannt wurden, findet die Zwangsvollstreckung statt (§ 111 Arbeitsgerichtsgesetz).

Bitte bearbeiten Sie abschließend die folgenden Aufgaben:

1. Welche Maßnahmen zur Anwerbung von Lehrlingen halten Sie in Ihrem Berufszweig für sinnvoll?
2. Skizzieren Sie das Anforderungsprofil Ihres Berufes.
3. Für ein Berufsausbildungsverhältnis ist ein Berufsausbildungsvertrag abzuschließen. Welche wesentlichen Inhalte sind in die Niederschrift mindestens aufzunehmen?
4. Die Vertragspartner übernehmen mit Abschluss des Berufsausbildungsvertrages bestimmte Pflichten. Stellen Sie die Pflichten des Ausbildenden denen des Auszubildenden gegenüber.

3. Eintragung und Anmeldung eines neuen Berufsausbildungsverhältnisses

Kompetenzen:

Der Lernende

- kennt das Verzeichnis der Berufsausbildungsverhältnisse und kann die Voraussetzungen für die Eintragung erläutern,
- kann darstellen, welche Anmeldungen der Ausbildende bei der Einstellung von Lehrlingen vornehmen muss und welche Kooperationspartner in der Berufsausbildung entsprechend zu informieren sind.

allgemeine Vorschriften für Arbeitsvertrag

Nach § 3 Abs. 2 BBiG sind die für einen Arbeitsvertrag geltenden Rechtsvorschriften und Rechtsgrundsätze auch für Berufsausbildungsverträge anzuwenden, soweit sie nicht im Widerspruch zum Ausbildungszweck stehen. Demzufolge muss der Arbeitgeber den Lehrling innerhalb von zwei Wochen nach Beginn der Ausbildung bei der Krankenkasse anmelden.

3.1 Eintragung in das Verzeichnis der Berufsausbildungsverhältnisse

Antrag auf Eintragung

Der Ausbildende muss den Berufsausbildungsvertrag unverzüglich nach Abschluss – spätestens im ersten Monat der Ausbildung – bei der zuständigen Stelle (Kammer) einreichen und die Eintragung in das Verzeichnis der Berufsausbildungsverhältnisse beantragen. (Ein Vordruck des Antrags ist oftmals Bestandteil von Formularsätzen des Berufsausbildungsvertrags: → S. 131.)

Dabei müssen nach §§ 32 und 33 BBiG (§§ 29 und 30 HwO) folgende Voraussetzungen erfüllt sein:

- Der Berufsausbildungsvertrag muss den gesetzlichen Anforderungen und den Anforderungen der Ausbildungsordnung entsprechen.
- Die persönliche und fachliche Eignung sowie die Eignung der Ausbildungsstätte für das Einstellen und Ausbilden müssen vorliegen.
- Die Bescheinigung über die Erstuntersuchung – nach § 32 Abs. 1 des JArbSchG – muss vorgelegt werden (wenn der Auszubildende jünger als 18 Jahre alt ist).

Lehrlingsrolle

Im Handwerk reicht der Betriebsinhaber den Antrag auf Eintragung in die Lehrlingsrolle im Allgemeinen bei der Kreishandwerkerschaft oder der Innung ein, die ihn nach einer Vorabprüfung an die Handwerkskammer weiterleitet.

Muster: Antrag auf Eintragung

ANTRAG **auf Eintragung in das Verzeichnis der Berufsausbildungsverhältnisse (§ 30 HwO; § 33 BBiG)**

Mit Vorlage von drei (bei einem Mündel vier) Ausfertigungen dieses abgeschlossenen Vertrages wird die Eintragung in das Verzeichnis der Berufsausbildungsverhältnisse der Handwerkskammer beantragt.

Hierzu werden folgende Angaben gemacht: (Bitte **nur** die weißen Felder mit Schreibmaschine oder in Druckschrift ausfüllen)

An die Handwerkskammer ____
über
KREISHANDWERKERSCHAFT/INNUNG

Gründe für eine Verkürzung der Ausbildungszeit (Zutreffendes bitte ankreuzen)
Zeugnisse bzw. Unterlagen bitte beifügen!

- 1 Abschluss der allgemein bildenden Schule
- 2 Berufsgrund-/Berufsfachschule
- 3 Alter
- 4 vorausgegangene Ausbildung/Tätigkeit

Vorausgegangene Ausbildung/Tätigkeit (Angabe zu Nr. 4)
von: ____ bis: ____
bei: ____
als: ____

Eintritt ins ☐ Ausbildungsjahr

☐ 1 **Ausbildung im elterlichen Betrieb:** (wenn ja: X)

Kost und Wohnung beim Ausbildenden: (wenn ja: X)

- 1 Kost beim Ausbildenden
- 2 Kost und Wohnung beim Ausbildenden

Ausbildungsverhältnis: (Zutreffendes ankreuzen)

- 1 Auszubildende/r
- 4 Umschüler/in
- 7 Praktikant/in

Ärztliche Untersuchung gem. Jugendarbeitsschutzgesetz: (Zutreffendes ankreuzen)

- 1 Bescheinigung über Erstuntersuchung ist beigefügt.
- 2 Bescheinigung über Nachuntersuchung ist beigefügt.

Die angekreuzte Bescheinigung lag vor und wurde wieder ausgehändigt/zurückgeschickt.
Kreishandwerkerschaft/Innung i.A. ____

Bei welcher Berufsschule angemeldet?
Name: ____
Ort: ____

Zuletzt besuchte Schule (Zutreffendes ankreuzen)

- 11 Sonderschule für Lernbehinderte
- 12 Andere Sonderschulen
- 13 Hauptschule
- 14 Realschule
- 15 Gymnasium, Kolleg zur Erlangung der Hochschulreife
- 16 Hochschule
- 17 Gesamtschule
- 21 Berufsvorbereitungsjahr
- 22 Berufsgrundschuljahr **(Zeugnis beifügen)**
- 23 Berufsfachschule **(Zeugnis beifügen)**
- 24 Fachoberschule

Schulabschluss

- 1 ohne Hauptschulabschluss
- 2 Hauptschulabschluss (einschl. Hauptsch. Kl. 10, Typ A)
- 3 Fachoberschulreife
- 4 Hochschul-, Fachhochschulreife
- 5 Fachhochschul-/Hochschulabschluss

Abgangsklasse

Der/Die Auszubildende wohnt im Arbeitsamtsbezirk: ____ Schl.

Betriebsdaten

Jahr | Anzahl — Gesamtzahl der Beschäftigten einschließlich Inhaber und Auszubildende

Anzahl — davon sind Fachkräfte im Ausbildungsberuf (einschließlich Meister)

Anzahl — Zahl der vor diesem Vertragsabschluss bereits bestehenden Ausbildungsverhältnisse im Ausbildungsberuf

Bildet der/die Betriebsinhaber/in (Ausbildende/r) selbst aus? (wenn ja, ankreuzen)

☐ 1

Wenn nein, alle folgenden Felder ausfüllen.

Vom Betrieb bestellte/r verantwortliche/r Ausbilder/in
Name, Vorname — Berechtigung siehe unten

Achtung: Falls der/die Ausbilder/in neu benannt wird, bitte Belege über die Ausbildungsberechtigung und die Beschäftigung beifügen.

☐ 1 männl. ☐ 2 weibl. **Geschlecht** (ankreuzen)

Tag | Mon. | Jahr **Geburtstag**

Ausbildungsberechtigung (Zutreffendes ankreuzen)

- 1 Meisterprüfung als ____
- 2 Ingenieur (§ 22,1 HwO)
- 3 Sonstige gleichgestellte Prüfung
- 4 Zuerkennung der fachlichen Eignung durch Reg. Präs.
- 6 Übergangsregelung (§ 120 HwO)

Abschlussprüfung als (z. B. Bürokaufmann/-frau) ____

und

- 7 Befreiung nach Ausbilder-Eignungsverordnung
- 8 Ausbilder-Eignungsprüfung
- 9 Übergangsregelung nach der Ausbilder-Eignungsverordnung

Die Richtigkeit und Vollständigkeit der Angaben wird bestätigt.
Die Ausbildungsordnung wird der/dem Auszubildenden vor Beginn der Berufsausbildung ausgehändigt.

Ort, Datum

Unterschrift des/der Ausbildenden (Betrieb)

Dem Antrag auf Eintragung in das Verzeichnis der Berufsausbildungsverhältnisse sind mindestens zwei Ausfertigungen des Ausbildungsvertrages sowie der betriebliche Ausbildungsplan in Form einer sachlichen und zeitlichen Gliederung der Berufsausbildung beizufügen. Eine vorausgegangene allgemeine und berufliche Ausbildung des Lehrlings und die Bestellung von Ausbildern sind anzuzeigen. Die im Antrag vermerkten Daten werden zu statistischen Zwecken z. B. dem Landesamt für Datenverarbeitung und Statistik weitergegeben.

Hat die Kammer die Ordnungsmäßigkeit des Berufsausbildungsvertrages geprüft, versieht sie alle Ausfertigungen mit einem Eintragungsvermerk und lässt sie, ergänzt um einen Lehrlingsausweis, an den Betrieb zurückgehen. Nach Rückempfang hat der Ausbildende dem Lehrling und dessen gesetzlichem Vertreter eine Ausfertigung des Vertrages unverzüglich auszuhändigen.

3.2 Anmeldung bei der Berufsschule und zur überbetrieblichen Ausbildung

Anmeldung durch Ausbildenden

Der Ausbildende muss den Lehrling bei der Berufsschule anmelden und für die Teilnahme am Berufsschulunterricht freistellen.

Folgende Vorschriften des Jugendarbeitsschutzgesetzes sind in Bezug auf den Berufsschulunterricht zu beachten:

- Jugendliche dürfen nicht beschäftigt werden an einem Berufsschultag mit mehr als fünf Unterrichtsstunden zu je 45 Minuten; allerdings nur einmal in der Woche.
- Sind in der Woche zwei Berufsschultage mit einer Unterrichtszeit von mehr als fünf Unterrichtsstunden vorgesehen, kann der Jugendliche an einem Tag nach der Berufsschule im Ausbildungsbetrieb beschäftigt werden.

Volljährige Berufsschüler dürfen grundsätzlich im Anschluss an den Berufsschulunterricht im Ausbildungsbetrieb beschäftigt werden. Um jedoch eine Überlastung des Lehrlings zu vermeiden, sollte der Ausbildende überlegen, auf diese Zusatzleistung zu verzichten.

In der Regel leiten die Berufsschulen den Bildungszentren, die die überbetriebliche Unterweisung durchführen, Klassenlisten zu. Anhand dieser Listen erstellen die Bildungszentren ihre Jahresplanung. Im Interesse eines reibungslosen Berufsschulunterrichts wird möglichst klassenweise zur überbetrieblichen Lehrlingsunterweisung eingeladen. Eine Teilnahme des Lehrlings an den überbetrieblichen Lehrgängen ist verbindlich, sofern ein entsprechender Vollversammlungsbeschluss der Kammer dies vorsieht (→ Lernfeld 1: Allgemeine Grundlagen, Kap. 2.2.2).

4. Einführung und Probezeit

Kompetenzen:

Der Lernende

- kann geeignete Möglichkeiten der Gestaltung des ersten Ausbildungstages erläutern,
- kann die Bedeutung der Probezeit für den Verlauf einer erfolgreichen Ausbildung beurteilen und bei der Planung und Durchführung des ersten Ausbildungsabschnitts berücksichtigen.

4.1 Einführung des Lehrlings in den Betrieb

Die Gestaltung der ersten Tage und Wochen in der Ausbildung ist von großer Bedeutung für den Ausbildungserfolg. Die für den Lehrling bis dahin unbekannte Berufswelt setzt ihn einer Fülle von neuen Informationen, Eindrücken, Erlebnissen und Anforderungen aus, die er ohne verständnisvolle Hilfe kaum verarbeiten kann.

Die in der Schule erlernten Verhaltensweisen greifen nicht mehr – der junge Erwachsene muss seine Rolle im Umgang und in der Zusammenarbeit mit den Kollegen finden und entwickeln. Neben Kooperationsbereitschaft wird von ihm künftig erwartet, dass er selbstständig und verantwortungsbewusst handelt, Eigeninitiative und Kritikfähigkeit entwickelt (Schlüsselqualifikationen). Um die betriebliche Integration zu erleichtern, sollte der Ausbilder in der Anfangsphase besonderen Wert auf die Vermittlung von Sozialkompetenz legen.

Gerade am Anfang bedarf es einer persönlichen Betreuung. Es erleichtert das „Zurechtfinden" sehr, wenn der Lehrling in diesen Tagen eine Bezugsperson hat, an die er sich wenden kann und die ihn auch von sich aus darauf hinweist, dass Anfangsschwierigkeiten ganz normal sind. **Bezugsperson**

Die Rolle eines Paten kann durchaus ein Lehrling aus dem 2. oder 3. Lehrjahr übernehmen. Der Ausbilder kann sich dadurch zeitlich etwas entlasten. Für den Paten kann die Aufgabe eine besondere Herausforderung sein. Er erkennt eigene Lernfortschritte und lernt gleichsam seine Arbeit und „seine" Firma zu präsentieren.

Mitarbeiter Am Einführungstag sollte der Lehrling allen Mitarbeitern vorgestellt werden. Ist dies aufgrund der Betriebsgröße oder -struktur nicht möglich, empfiehlt es sich, ihn zunächst mit den unmittelbaren Kollegen in der Werkstatt und im Büro bekannt zu machen. Alle übrigen Mitarbeiter lernt der Lehrling spätestens dann kennen, wenn er die einzelnen Betriebsabteilungen gemäß dem betrieblichen Ausbildungsplan durchläuft.

Arbeitsplatz Je nach Beruf wird der Lehrling einen festen, eigenen Arbeitsplatz haben; dies kann sowohl ein Schreibtisch für den angehenden Bürokaufmann als auch ein bestimmter Platz an der Werkbank für den angehenden Tischler sein. Bei Ausbildungsbeginn sollte die Grundeinrichtung dieses Arbeitsplatzes vorhanden sein; die Ausstattung mit Werkzeug und Materialien können Ausbilder und Lehrling dann gemeinsam vornehmen. Der Lehrling erfährt dabei auch, wo und wie er sich Verbrauchsmaterialien zukünftig besorgen kann.

Betriebsbesichtigung Im Rahmen einer Betriebsbesichtigung erhält der Lehrling erste Informationen über die Betriebsordnung, den Aufbau und die Organisation des Betriebs sowie das Produktions- und Dienstleistungsangebot und wird mit allen zur Arbeitsstätte gehörenden Einrichtungen vertraut gemacht. Ebenfalls ist über die Arbeitszeit und Pausenregelung zu informieren.

Ankleide- und Waschräume sowie Toiletten sollen laut Arbeitsstättenverordnung ausreichend vorhanden sein. Für Männer und Frauen müssen getrennte Toilettenräume zur Verfügung stehen. Ausnahmeregelung (ein abschließbarer Toilettenraum) gilt bei weniger als fünf Beschäftigten.

Unfall- und Gefahrenschutz Gegenüber Jugendlichen hat der Arbeitgeber gemäß § 29 JArbSchG eine besondere Fürsorgepflicht. Da es ihnen an Erfahrung und häufig auch an Sicherheitsbewusstsein mangelt, sind Jugendliche einem erhöhten Unfallrisiko ausgesetzt. Daher sind sie in besonderem Maße auf Unfall- und Gesundheitsgefahren hinzuweisen und im Gefahrenschutz zu unterweisen.

Bereits bei der Betriebsbesichtigung am Einführungstag muss der Ausbilder den Lehrling auf mögliche Gefahrenquellen aufmerksam machen.

Die Durchführung der vorgeschriebenen vollständigen Gefahrenunterweisungen sollten vom Lehrling durch Unterschrift bestätigt werden. Gefahrenunterweisungen sind regelmäßig, mindestens halbjährlich, zu wiederholen.

Der Lehrling sollte von Anfang an lernen, betriebsbedingte Umweltbelastungen zu vermeiden. Der Ausbilder sollte u. a. darauf achten, dass Energie und Material wirtschaftlich und umweltschonend genutzt und Abfallstoffe umweltschonend entsorgt werden.

4.2 Rechtliche Grundlagen und Gestaltung der Probezeit

Zweck der Probezeit Wie bereits in → Kap. 2.1.2 erwähnt, empfiehlt es sich, eine dreimonatige Probezeit zu vereinbaren. Die Probezeit bietet als praktische Eignungskontrolle beiden Vertragspartnern die Möglichkeit festzustellen, ob die Entscheidung für das Ausbildungsverhältnis richtig war.

Der Ausbildende hat während der Probezeit die Gelegenheit, besonders sorgfältig zu prüfen, ob der Lehrling die notwendigen Voraussetzungen für den Beruf und den Betrieb erfüllt. Der Lehrling sollte versuchen herauszufinden, ob der Beruf seinen Vorstellungen entspricht und ob der Ausbildungsbetrieb eine geordnete Ausbildung durchführen kann. Eine Befragung von Ausbildungsabsolventen ergab, dass sich lediglich vier von zehn Berufsanfängern, wenn sie nochmals wählen könnten, erneut für genau diesen Beruf entscheiden würden.

Gestaltung der Probezeit

Zu Beginn der Ausbildung sollte der Ausbildende ausführlich mit dem Lehrling über das Ziel der Ausbildung, den Ausbildungsvertrag und die sich daraus ergebenden Rechte und Pflichten unterhalten. Die Ausbildungsinhalte sollten in groben Zügen vorgestellt werden. Da der Lehrling über das Produktions- und Dienstleistungsangebot des Ausbildungsbetriebs bereits bei der Einführung in den Betrieb informiert wurde, bietet sich die Erläuterung des betrieblichen Ausbildungsplanes in Abgrenzung zum Ausbildungsrahmenplan an. Der Lehrling sollte erfahren, welche Ausbildungsinhalte ergänzend in der überbetrieblichen Unterweisung bzw. in der Berufsschule vermittelt werden.

In der Probezeit sollte der Ausbilder vor allem solche Lerninhalte behandeln, die besonders berufstypisch sind und in denen berufsspezifische Fähigkeiten angesprochen werden. Das sind beispielsweise bei einem Lehrling im Maler- und Lackiererhandwerk die manuelle Geschicklichkeit, das rasche Auffassungsvermögen und vor allem das Farbempfinden. Wichtig ist auch, dass der Lehrling schon in dieser Zeit an berufstypischen Lernorten lernt und mit berufserfahrenen und zuverlässigen Fachkräften zusammenarbeitet. Dies erleichtert die Entscheidung über die Eignung des Lehrlings für den Beruf und die Eignung des Berufs für den Lehrling.

Motivation des Lehrlings

Wesentlich für den Ausbildungs- bzw. Lernprozess ist die Motivation des Lehrlings; nur wenn er beim Lernen positive Erfahrungen machen kann, wird er bereit sein, mit dem Lernen zu beginnen und dabei auch durchzuhalten (→ Lernfeld 5: Förderung des Lernprozesses, Kap. 3). Erste, nicht zu schwierige berufstypische Arbeitsaufgaben, die den Lehrling dennoch fordern und anspornen, verschaffen wichtige Erfolgserlebnisse.

Zur Förderung der Motivation und zur Erleichterung des Einstiegs in die Berufsausbildung sollte der Ausbilder sich darüber hinaus bemühen,

- Verkrampfungen zu lösen,
- Unsicherheit zu nehmen,
- Lösungszuversicht zu vermitteln und
- den Lerngegenstand interessant zu präsentieren.

Diese Hilfestellungen eignen sich, das beständige Lernen und eine positive Einstellung des Lehrlings gegenüber der Ausbildung, dem Beruf und dem Betrieb zu fördern. Damit dienen sie zugleich dazu, die Gefahr eines Ausbildungsabbruchs zu mindern.

Beurteilungsbogen

Während der Probezeit sollte der Ausbildende seine Eindrücke in einem Beurteilungsbogen festhalten, in dem u. a. folgende Beobachtungskriterien aufgeführt sein können:

- Interesse und Eigeninitiative,
- Auffassungsgabe,
- Kenntnisse und Fertigkeiten,
- Fähigkeiten im Bereich Arbeitsplanung,
- Kommunikationsverhalten und Kritikfähigkeit,
- Kundenorientierung,
- Belastbarkeit.

Vor Ende der Probezeit sollte der Ausbildende mit dem Lehrling ein Beurteilungsgespräch führen und das Ergebnis schriftlich festhalten. Dabei sollte der Lehrling seine Leistung und sein Verhalten zunächst selbst einschätzen, bevor die bisherigen Lernergebnisse vom Ausbilder beurteilt werden. Regelmäßige Leistungsbeurteilungen geben beiden Vertragspartnern verlässliche Rückmeldung über die erzielten Lernerfolge (zu den Fragen der Lernerfolgskontrolle: → Lernfeld 4: Ausbildung am Arbeitsplatz, Kap. 4).

Kommt der Ausbilder zu dem Resultat, dass der Lehrling aufgrund fehlender Fähigkeiten nicht für den Beruf geeignet ist, sollte er dies im Gespräch mitteilen und dem Auszubildenden die Wahl eines anderen Ausbildungsberufes – ggf. mit entsprechenden konkreten Vorschlägen – empfehlen bzw. selber das Ausbildungsverhältnis kündigen.

Bitte bearbeiten Sie abschließend die folgenden Aufgaben:

1. Das Berufsbildungsgesetz schreibt vor, dass die zuständige Stelle ein Verzeichnis der Berufsausbildungsverhältnisse einzurichten und zu führen hat. Welche Funktion bzw. Aufgabe ist für die zuständige Stelle damit verbunden?

2. Wie ist die Probezeit pädagogisch sinnvoll zu gestalten?

Lernfeld 4: Ausbildung am Arbeitsplatz[1)]

1. Didaktische Prinzipien und betriebliche Ausbildungsmethoden

Kompetenzen:

Der Lernende

- ist in der Lage, Grundsätze des Lehrens und Unterweisens darzustellen und bei der Ausbildung zu berücksichtigen,
- kann den Zusammenhang zwischen Lehren und Lernen erläutern,
- ist in der Lage didaktische Gesichtspunkte und Prinzipien zu erläutern,
- kann zwischen dem darbietenden, entwickelnden und aufgebenden Lehrverfahren unterscheiden,
- kann die Sozialformen beschreiben, in denen sich das Lehren und Lernen in der betrieblichen Berufsausbildung vollzieht,
- ist in der Lage, Organisationsformen von Lehr-/Lernarrangements in der betrieblichen Ausbildungspraxis umzusetzen.

Die Kernaufgabe der Lehrtätigkeit des Ausbilders ist es, dafür zu sorgen, dass der Lehrling die für den Ausbildungsberuf festgelegten Fertigkeiten und Kenntnisse erwirbt (§ 6 BBiG). Seine Lehraktivität ist dann erfolgreich, wenn bei dem Lehrling ein entsprechender Lernprozess stattfindet. (Gute Materialien unter: *www.grundig-akademie.de/→ Projekte → Materialien zur Ausbilderqualifizierung.*)

Lehren kann das Lernen nie ersetzen; Lehren kann Lernen lediglich fördern. Die Aufgabe des Ausbilders besteht also darin, zielorientierte Lernprozesse in Gang zu setzen sowie zu gewährleisten, dass Lernprozesse optimal verlaufen und die jeweiligen Lernziele erreicht werden.

Lehren als Lernhilfe

Lehren heißt also: Hilfestellung beim Lernen geben. Jede Lehraktivität hat den Charakter einer Lernhilfe, einer Lernunterstützung. Der Ausbilder kann sich deshalb nicht darauf beschränken, einen Ausbildungsinhalt einfach nur

---

[1)] Teile dieses Lernfeldes beruhen auf den Arbeitsergebnissen von Herrn Prof. Dr. Wolfgang Stratenwerth und dem von ihm verfassten Kapitel „Planung und Durchführung der Ausbildung" der 34. Auflage dieses Lehrbuchs.

darzubieten. Mit einer Darbietung allein kann man in der Regel noch kein Lernen bewirken. Um sich einen Lerninhalt anzueignen, muss sich der Lehrling vielmehr aktiv mit diesem Lerninhalt auseinander setzen können.

Lerndreieck

Er muss einen Lernprozess durchlaufen. Im so genannten Lerndreieck werden die wechselseitigen Beziehungen zwischen dem Ausbilder, dem Lerninhalt und dem Lehrling dargestellt:

Wie das Lehren und Unterweisen im Einzelfall vor sich gehen soll, hängt von den konkreten Bedingungen der Lernsituation, den individuellen Voraussetzungen des Lehrlings und der Art des Lernziels ab. Es gibt deshalb kein allgemeines Rezept für richtiges Lehren und Unterweisen (Interessante Hinweise auch unter: *www.shm-netzwerk.de/→ Artikel/Dokumente)*.

Es gibt aber eine Reihe von didaktischen Gesichtspunkten und didaktischen Prinzipien (Grundsätze des Lehrens), die der Ausbilder bei seiner Lehrtätigkeit berücksichtigen sollte. So wird ein Lernprozess oft leichter und motivierender in Gang gesetzt, wenn der Ausbilder bei der Vermittlung der

didaktische Gesichtspunkte

Lerninhalte die folgenden Regeln, die sogenannten didaktischen Gesichtspunkte, beachtet:

„Grundsätze d. Lernens"

- vom **B**ekannten zum Unbekannten,
- vom **A**llgemeinen zum Speziellen,
- vom **L**eichten zum Schwierigen,
- vom **K**onkreten zum Abstrakten,
- vom **E**infachen zum Zusammengesetzten,
- vom **N**ahen zum Entfernten.

Die Berücksichtigung dieser Gesichtspunkte bei der Planung des Ausbildungsganges kann das Lernen wesentlich erleichtern. (Dieses Thema wird in → Lernfeld 5: Förderung des Lernprozesses, Kap. 2.2, vertieft.) Allerdings sind die didaktischen Gesichtspunkte nur als generelle Richtlinien anzusehen; es gibt in der Planung und Durchführung der Ausbildung auch Gründe, von diesen Regeln abzuweichen. So kann man mit der Erteilung eines Lernauftrages durchaus beim Unbekannten oder Speziellen ansetzen, um dann zum Bekannten oder Allgemeinen zu kommen.

1.1 Didaktische Prinzipien

Die didaktischen Prinzipien beschreiben Grundsätze des Lehrens; sie sind – im Gegensatz zu den (allgemeineren) didaktischen Gesichtspunkten – verbindlich, d. h. sie sollten jederzeit und grundsätzlich beachtet werden.

didaktische Prinzipien als Grundsätze des Lehrens

Im Folgenden sollen fünf didaktische Grundsätze vorgestellt werden, die in der betrieblichen Ausbildung am Arbeitsplatz besondere Bedeutung haben:

- Orientierung an Lernzielen,
- Förderung der Aktivität des Lernenden,
- Fasslichkeit des Lernstoffs,
- Individualisierung und Differenzierung,
- Lernerfolgssicherung.

1.1.1 Zielklarheit

Der Ausbilder muss sich darüber klar sein, was er mit seiner jeweiligen Lehrtätigkeit eigentlich bezwecken will. Wer kein eindeutiges Ziel vor Augen hat, kann auch keine klare Linie bei seinen Ausbildungsmaßnahmen verfolgen. Zielklarheit ist die Voraussetzung dafür, dass der Ausbilder die ausgewählten Teilziele sorgfältig aufeinander aufbauen, zielgerichtet unterweisen und eine klare Linie verfolgen kann.

Die Berücksichtigung der folgenden W-Fragen hilft dem Ausbilder, seine Ausbildungsmaßnahmen zielorientiert zu planen und durchzuführen:

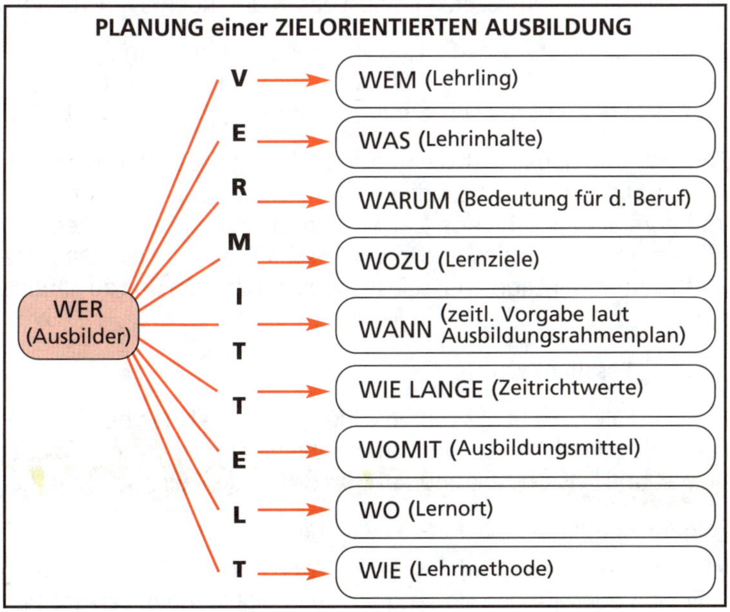

lernzielorientiertes Lehren

Die Lehrtätigkeit ist zielorientiert, wenn der Ausbilder alle seine Maßnahmen, Methoden und Mittel auf die jeweils angestrebten Lernziele abstimmt (→ Lernfeld 5: Förderung des Lernprozesses, Kap. 2.3).

Beispiel: Wenn es in einer Einführungsübung darauf ankommt, dem Auszubildenden das Gefühl für den optimalen Auflagedruck beim Feilen zu vermitteln, dann soll der Ausbilder sich ganz auf dieses Lernziel konzentrieren und den Lernenden nicht mit Anforderungen konfrontieren, die in eine andere Richtung gehen, z. B. Rundfeilen nach Maß.

lernzielorientiertes Lernen

Lehren und Lernen können, wie oben dargelegt, nicht isoliert betrachtet werden; vielmehr sind es miteinander verschränkte und sich wechselseitig beeinflussende Prozesse. Daher gilt das Prinzip der Zielklarheit nicht nur für die Lehrtätigkeit des Ausbilders: Auch der Lernprozess muss zielorientiert verlaufen. Das bedeutet, dass auch der Lehrling das Lernziel, das erreicht werden soll, kennen und genau wissen muss, was der Ausbilder von ihm erwartet. Nur wenn der Lehrling über Ziel und Zweck der jeweiligen Ausbildungsmaßnahme exakt informiert ist, kann er aktiv und zielgerichtet dazu beitragen, das Lernziel zu erreichen.

1.1.2 Aktivitätsförderung

Jede Lehrtätigkeit des Ausbilders ist auf eine entsprechende Lernaktivität des Lehrlings angewiesen. Wenn der Lernende nicht mitmacht, d. h. keine eigenen Anstrengungen unternimmt, um sich das angebotene Wissen und Können anzueignen, ist der Lehr-/Lernerfolg gleich null.

Lernen kann nur stattfinden, wenn man sich selbst aktiv mit dem jeweiligen Lerninhalt auseinander setzt. Verstehen und einprägen kann man sich einen Lerninhalt nur, wenn man selbst handelt, selbst beobachtet, selbst versucht, einen Lerninhalt umzusetzen, selbst etwas durchdenkt, anwendet und übt.

Deshalb muss der Ausbilder Lernsituationen schaffen, in denen der Lehrling ausreichend Gelegenheit erhält, aktiv zu werden – nur so kann ein wirklicher, d. h. dauerhafter Lernerfolg eintreten.

Förderung der Selbstständigkeit

Zugleich wird damit auch die Selbstständigkeit des Lehrlings gefördert. Dass der Ausbilder die Selbstständigkeit des Lehrlings fördert, liegt aber nicht nur im Interesse des Lehrlings, der erfolgreich lernen will. Es liegt ebenso im Interesse des Betriebes und der Wirtschaft, denn diese benötigen Fachkräfte, die in der Lage sind, selbstständig zu denken und zu handeln.

1.1.3 Fasslichkeit

In vielen Fällen bleibt das Lehren wirkungslos, weil man bei der Auswahl des Lernziels oder der Ausbildungsmethode nicht die individuelle Leistungsfähigkeit und Leistungsbereitschaft des Lernenden berücksichtigt hat.

Folgende Regeln sind daher zu beachten:

- Keine Überforderung, z. B. im Hinblick auf den Schwierigkeitsgrad des Neuen oder auf den Umfang des zu bewältigenden Lernstoffs: Überforderung führt zu Misserfolgen und veranlasst den Lernenden sehr oft dazu, Leistungsansprüchen künftig aus dem Wege zu gehen.

- Keine Unterforderung: Ständige Unterforderung macht Arbeiten und Lernen langweilig, führt zu Enttäuschungen und untergräbt die Motivation.
- Am wirksamsten ist es, eine Anforderung zu stellen, die einerseits groß genug ist, um den Lernenden herauszufordern und zu einer Leistung anzuregen, die aber andererseits nicht so groß ist, dass der geforderte Lernschritt nicht vollzogen werden kann.

angemessene Mehrforderung

1.1.4 Individualisierung und Differenzierung

Die Forderung nach Individualisierung bedeutet, dass der Ausbilder seine Ausbildungsmaßnahmen schon bei der Planung, aber vor allem bei der Durchführung von Ausbildungseinheiten auf den einzelnen Lehrling abstellt, d. h. die Lernvoraussetzungen berücksichtigt (→ Lernfeld 5: Förderung des Lernprozesses, Kap. 1). So muss er u. a. das Alter, den Bildungs- und Lernstand, die individuelle Lernfähigkeit und Lernbereitschaft, Lerneigenheiten, das praktische Geschick und das Auffassungsvermögen des Lehrlings beachten und berücksichtigen. Durch Einsatz unterschiedlicher Ausbildungsmaßnahmen oder durch unterschiedliches methodisches Vorgehen sollen die Fähigkeiten, Begabungen und Neigungen des Auszubildenden gefördert werden bzw. seine Schwächen ausgeglichen werden. Durch eine gezielte individuelle Förderung können auch unterschiedlich begabte Auszubildende auf den gleichen bzw. zumindest auf einen vergleichbaren Lern- und Leistungsstand gebracht werden.

individuelle Förderung

Differenzierung bedeutet, dass Ausbildungsmaßnahmen an dem Ausbildungs-, Leistungs- und Begabungsstand der einzelnen Lehrlinge in einer Gruppe orientiert sind, um möglichst jedem Lehrling in der Gruppe Erfolgserlebnisse zu verschaffen. So können in ein und derselben Gruppe beispielsweise mehrere Aufgaben verteilt werden, die sich in Umfang, Anspruch oder sogar methodischer Vorgehensweise unterscheiden. Auf diese Weise kann ermöglicht werden, dass weder die Leistungsstärkeren unterfordert noch die Leistungsschwächeren überfordert werden, sondern möglichst alle eine Aufgabe gestellt bekommen, die sie angemessen mehr fordert.

unterschiedliche Lernangebote

1.1.5 Erfolgssicherung

Viele Lehrer und Ausbilder machen immer wieder den Fehler, dass sie sich mit Augenblickserfolgen zufrieden geben. Sie sehen z. B., dass der Auszubildende nach Abschluss einer Unterweisung das neu erworbene Wissen oder Können reproduzieren kann, und lassen es dabei bewenden. Dabei hat jeder als Schüler oder Lehrling erfahren, wie schnell Gelerntes wieder vergessen wird.

Nicht der unmittelbar sichtbare Lernerfolg ist also entscheidend, sondern das, was an Lernbesitz bleibt und dauerhaft zur Verfügung steht. Von einem

dauerhafter Lernerfolg

wirklichen Ausbildungserfolg kann man deshalb nur sprechen, wenn das Gelernte auch in der Zukunft noch abgerufen werden kann.

Damit Gelerntes im Gedächtnis haften bleibt, muss der Ausbilder bei der Planung und der Durchführung der Ausbildung sicherstellen, dass Gelerntes laufend wiederholt und geübt wird (Intervalltraining). Außerdem sollte dem Lehrling Gelegenheit gegeben werden, Gelerntes in möglichst vielen praktischen Situationen anzuwenden (Lerntransfer), denn so prägt es sich am nachhaltigsten ein. Eine unmittelbare Einbindung in den Produktionsprozess lässt den Sinn des Lernens erkennen und erhöht somit die Lernmotivation (→ Lernfeld 5: Förderung des Lernprozesses, Kap. 2–4).

1.2 Grundlegende Lehrverfahren (Aktionsformen)

Ausbilder wie Lehrling müssen, wie oben aufgezeigt, beide im Lehr-/Lernprozess aktiv werden. Dabei kann der Grad der Aktivität des Ausbilders einerseits und des Lehrlings andererseits unterschiedlich hoch sein, je nachdem auf welche Weise ein Lerninhalt vermittelt wird. Die Art der Lehrtätigkeit bezeichnet man auch als **Aktionsformen:** Vormachen, Vorführen, Zeigen, Erklären, Fragen etc.

Es können drei Grundtypen von Lehrverfahren unterschieden werden:

darbietendes Lehrverfahren

- Der Ausbilder kann dem Auszubildenden den neuen Lerninhalt darbieten. Bei dem darbietenden Lehrverfahren liegt die Aktivität überwiegend beim Ausbilder; der Lehrling hört zu und beobachtet.

  Beispiele: Der Ausbilder

  - führt eine Maschine vor und erläutert Funktion und Arbeitsweise,
  - macht Aufbau und Funktionsweise eines Gerätes anhand eines Schaubildes oder eines Lehrfilmes klar,
  - hält einen Kurzvortrag über die Unfallgefahren am Arbeitsplatz.

  Nach der Darbietung durch den Ausbilder muss der Lehrling aber unbedingt Gelegenheit erhalten, sich selbst mit dem Lerninhalt auseinander zu setzen.

entwickelndes Lehrverfahren

- Der Ausbilder kann etwas Neues aber auch – unter mehr oder weniger großer Lenkung – Schritt für Schritt gemeinsam mit dem Lehrling entwickeln. Bei dem entwickelnden oder erarbeitenden Lehrverfahren sind Ausbilder und Lehrling mehr oder minder gleich aktiv.

  Beispiele: Der Ausbilder

  - lenkt den Lehrling durch gezielte, aufeinander aufbauende Fragen in eine bestimmte Richtung, um ein Thema oder eine Aufgabe zu erarbeiten,
  - fordert den Lehrling zu Stellungnahmen, Bewertungen, einzelnen Arbeitshandlungen etc. auf,
  - gibt Impulse (hält z. B. ein Werkzeug hoch und veranlasst dadurch den Lehrling zu Reaktionen).

- Als dritte Alternative kann der Ausbilder dem Lehrling aber auch die Aufgabe stellen, sich das neue Wissen oder Können weitgehend selbstständig zu erarbeiten. Bei dem aufgebenden Lehrverfahren liegt die Aktivität im Wesentlichen beim Lehrling.

  aufgebendes Lehrverfahren

  Die Ausbilderaktivität konzentriert sich hier hauptsächlich auf die erste Phase des Lernprozesses. Es wird z. B. ein Thema vorgegeben und erläutert. Ggf. erhält der Lehrling Lernmittel und Informationsmaterial, anhand dessen er sich den Lerninhalt erarbeiten kann. Nach Erteilung und Erläuterung des Lernauftrages zieht sich der Ausbilder zurück und lässt den Lernenden dann weitgehend alleine seine Lernaktivitäten entfalten. Natürlich steht der Ausbilder aber jederzeit zur Verfügung, um Lernunterstützungen zu geben, und er greift ein, wenn dies wegen unüberwindbarer Lernschwierigkeiten erforderlich wird. Zum Schluss bespricht der Ausbilder das erreichte Lernergebnis mit dem Lehrling.

Einsatzfelder für die drei Lehrverfahren

Alle drei Lehrverfahren haben in der Ausbildungspraxis ihre Berechtigung. Welches Verfahren im konkreten Einzelfall vorzuziehen ist, hängt vom jeweiligen Lernziel, dem Lernstand und den Lernfähigkeiten des Lehrlings sowie den äußeren Rahmenbedingungen (z. B. Zeitrahmen) ab. Oft werden die drei Verfahren in der Praxis auch gar nicht in Reinform eingesetzt, sondern miteinander kombiniert oder lösen einander fließend ab.

Das darbietende Verfahren wird in den Fällen die geeignete Methode sein, in denen es um die Erstvermittlung neuen Stoffes geht und der Lehrling noch nicht über Vorkenntnisse und Fähigkeiten verfügt, um das Neue im Gespräch zu entwickeln oder gar selbstständig erarbeiten zu lassen.

Wenn der Auszubildende sich bereits selbstständig etwas erarbeiten kann, können die beiden letzten Verfahren angewandt werden. Sicherlich wird das entwickelnde Lehrverfahren häufiger angewandt als das aufgebende Lehrverfahren, da die eigenständige Erarbeitung von Wissen und Können besonders zeitintensiv ist. In der betrieblichen Ausbildung, die zumeist im Rahmen der Erledigung von Arbeitsaufträgen stattfindet, kann das aufgebende Lehrverfahren nur von Zeit zu Zeit eingesetzt werden.

Einsatzfelder für das entwickelnde und für das aufgebende Lehrverfahren liegen im Wesentlichen in den letzten Phasen von Lernprozessen, in denen es darum geht, vorhandenes Wissen und Können zu vertiefen und auf andere Aufgaben zu übertragen (Lerntransfer). Wegen der hohen Eigenaktivität des Lehrlings sind die Lernergebnisse besonders nachhaltig. Auch wirken beide Lehrverfahren in der Regel sehr motivierend, da man den Lehrling stärker beteiligt und ihm hier mehr zutraut als im Rahmen des darbietenden Lehrverfahrens.

1.3 Sozialformen

Sozialformen des Lehrens und Lernens beschreiben das Verhältnis der am Lernprozess beteiligten Personen: Ausbilder – Lehrling, Lehrling – Lehrling, Lehrling – Lerngruppe, also bestimmte Gruppenkonstellationen.

Je nach Lehrverfahren, das der Ausbilder anwendet, ergeben sich entweder Sozialformen, die vom Ausbilder gelenkt und dominiert werden, oder aber Sozialformen, in denen die Lehrlinge maßgeblich den Verlauf des Lernprozesses beeinflussen. Man spricht auch von ausbilderzentrierten und lernerzentrierten Sozialformen.

Sozialformen des Lehrens und Lernens

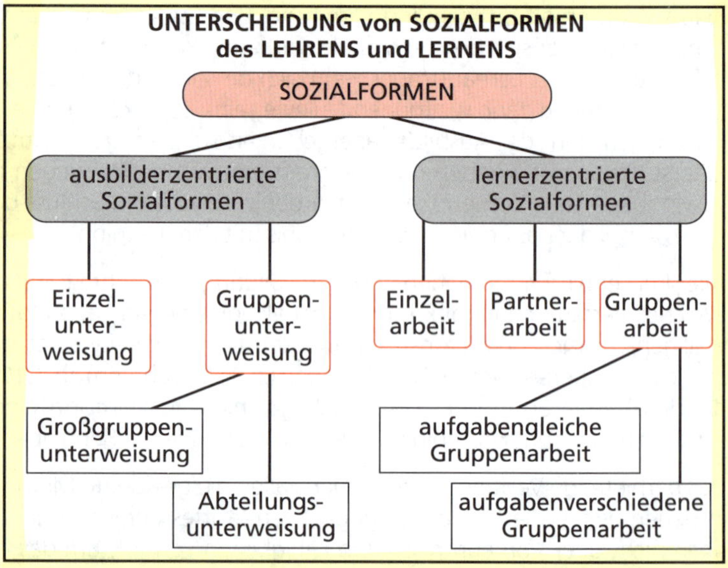

Die Entscheidung für eines der Lehrverfahren und damit für eine der Sozialformen hängt von der Struktur des Lerninhaltes, den Vorkenntnissen der Lehrlinge und den gegebenen Rahmenbedingungen, insbesondere von der zur Verfügung stehenden Zeit, ab.

Ausbilderzentrierte Sozialformen

Wenn der Ausbilder bestimmte Sachverhalte darstellen will, eine neue Arbeitstätigkeit vorführt oder über Unfallgefahren und Unfallverhütungsmaßnahmen informieren muss, bietet sich die Anwendung des darbietenden Lehrverfahrens an. Man spricht dann von einer **Unterweisung**. Der Verlauf der Unterweisung wird im Normalfall vom Ausbilder kontrolliert und bestimmt; diese Sozialform ist also ausbilderzentriert.

Einzel- und Gruppenunterweisung

Wendet sich der Ausbilder mit seinen Lernhilfen an nur einen einzigen Lehrling, so spricht man von einer Einzelunterweisung. Werden gleichzeitig mehrere Auszubildende unterwiesen, wird dies als Gruppenunterweisung bezeichnet.

Frontalunterweisung

Je größer eine Gruppe von Auszubildenden ist, desto stärker ist die Tendenz zur Frontalunterweisung. Bei der Frontalunterweisung steht die Lehrlingsgruppe dem Ausbilder gegenüber. Alle Aktivitäten liegen zunächst beim Ausbilder. Je mehr Lehrlinge zu unterweisen sind, umso weniger werden diese den Verlauf der Unterweisung mit beeinflussen können.

Eine für die überbetriebliche Ausbildungsstätte oder die Lehrwerkstatt typische Form der Frontalunterweisung ist die Abteilungsunterweisung. Sie liegt vor, wenn die Gesamtgruppe der Auszubildenden in mehrere Kleingruppen aufgeteilt ist und der gleiche Ausbilder die einzelnen Gruppen nacheinander unterweist, während die übrigen Gruppen mit Übungsarbeiten beschäftigt werden.

Lernerzentrierte Sozialformen

Bei den lernerzentrierten Sozialformen unterscheidet man Einzelarbeit und kooperative Arbeitsformen.

Einzelarbeit

Bei der Einzelarbeit bekommt ein einzelner Lehrling eine Aufgabe (Lernauftrag), die er im Wesentlichen allein ausführen muss (aufgebendes Lehrverfahren). Einzellernen setzt voraus, dass der Lehrling entweder das notwendige Wissen und Können besitzt, um den Lernabschnitt allein zu bewältigen, oder dass erforderliche Lernhilfen in Form von Medien und anderen Materialien gegeben werden.

Partnerarbeit

In der Zweiergruppe erarbeitet oder vertieft der Lehrling einen Lerninhalt zusammen mit einem Ausbilder oder Gesellen oder mit einem anderen Lehrling. Eine Form der Partnerarbeit liegt auch vor, wenn ein fortgeschrittener Lernender gebeten wird, einen schwächeren zu unterstützen und eine Aufgabe gemeinsam mit ihm zu erarbeiten. Je nach Eignung, Fähigkeit des Lehrlings, Thematik, zur Verfügung stehender Zeit usw. kann Partnerarbeit stärker lerner- oder stärker ausbilderzentriert gestaltet werden.

Gruppenarbeit

In überbetrieblichen Ausbildungsstätten und in größeren Ausbildungsbetrieben können auch Lerngruppen gebildet werden (→ Lernfeld 6: Ausbildung in der Gruppe). Erfahrungsgemäß sollten solche Gruppen nicht mehr als 4 bis 5 Lehrlinge umfassen, damit sie arbeitsfähig bleiben. Sofern die Lehrlingsgruppe, die ein Ausbilder betreut, größer ist, sollte er Teilgruppen formieren. Gruppenarbeit kann man grundsätzlich in zwei Formen organisieren:

- Aufgabengleiche Gruppenarbeit: Alle Teilgruppen bearbeiten das gleiche Thema. Beispiel: Jede Gruppe führt an einem Blech von gleicher Stärke eine bestimmte Anzahl von Messungen mit der Schraublehre durch und bestimmt den Mittelwert. Anschließend werden die Mittelwerte der einzelnen Gruppen miteinander verglichen.
- Aufgabenverschiedene Gruppenarbeit: Jede Teilgruppe bearbeitet einen anderen Teilaspekt eines umfassenden Arbeits- und Lernauftrages, den die Gesamtgruppe erhalten hat. Beispiel: Bei Messinstrumentübungen arbeitet jede Gruppe mit einem anderen Messinstrument. Aus den Erfahrungen der einzelnen Gruppen werden anschließend die Vor- und Nachteile der verwendeten Messinstrumente erarbeitet und miteinander verglichen.

Hinweise zum Einsatz der ausbilder- und lernerzentrierten Sozialformen

Bei den Sozialformen des Lehrens und Lernens gilt ähnlich wie bei den Lehrverfahren, dass sie in der Praxis nicht strikt getrennt werden. Denn der

Ausbildungsbetrieb oder die Lehrwerkstatt ist immer ein soziales Gefüge mit vielfältigen Beziehungen der Lernenden, Ausbilder und Mitarbeiter untereinander. So können beispielsweise aus einer Gruppenunterweisung heraus bei Bedarf spontan Einzel-, Partner- oder Teilgruppenarbeiten organisiert werden.

Zeitaufwand

Die ausbilderzentrierten Sozialformen in Einzel- und Gruppenunterweisungen, insbesondere in Form von Frontalunterweisungen, sind mit besonders wenig Zeitaufwand verbunden. Ohne Umwege wird das inhaltliche Ziel angesteuert und demonstriert oder vorgetragen, wie etwas gemacht wird bzw. wie sich etwas verhält.

Demgegenüber sind lernerzentrierte Sozialformen relativ zeitaufwendig. Die Lehrlinge werden auch mit den entsprechenden Lernvoraussetzungen in aller Regel mehr Zeit für die Erarbeitung von Lerninhalten benötigen, als wenn der Ausbilder sie unterweist. Doch werden Selbstständigkeit und Teamarbeit heute groß geschrieben und müssen deshalb auch rechtzeitig gefördert werden. Selbstständigkeit wird in der Einzelarbeit besonders trainiert.

Die Partner- und Gruppenarbeit entspricht in besonderem Maße dem Alltag des Lehrlings in Klein- und Mittelbetrieben. Hier wird der Lehrling überwiegend einer normalen Arbeitsgruppe zugeordnet und lernt im Rahmen seiner Mitwirkung an produktiven Arbeitsaufgaben. Das bedeutet aber, dass er sich teamfähig verhalten muss bzw. dass seine Kooperationsfähigkeit und -bereitschaft gefördert werden sollte.

Empfehlung

Aus solchen Gründen sollten die lernerzentrierten Sozialformen als Ergänzung zu den rationelleren ausbilderzentrierten Sozialformen immer wieder eingesetzt werden.

1.4 Organisationsformen des Lehrens und Lernens im Betrieb

Auswahlkriterien

Um dem Lehrling berufliche Handlungsfähigkeit zu vermitteln, muss der Ausbilder zielgerichtet Ausbildungsmethoden auswählen, die die Eigenaktivität des Lernenden fördern und den Erwerb von Schlüsselqualifikationen ermöglichen.

Allerdings können nicht alle Lerninhalte gleichermaßen effizient und sinnvoll im Rahmen des auftragsorientierten Lehrens und Lernens vermittelt werden. Die Vermittlung von Basiskenntnissen und -fertigkeiten, sehr anspruchsvollen Tätigkeiten und solchen, mit denen besondere Gefahren oder Kosten verbunden sind, verlangt ein äußerst systematisches Vorgehen. Sie sollte nicht unter Zeitdruck geschehen, wie er im Rahmen der Bearbeitung von Arbeitsaufträgen besteht.

Grundformen

Für kleinere und mittlere Ausbildungsbetriebe wie auch für das Handwerk haben als organisierte Formen von Lehr-/Lernarrangements (Organisationsformen) vor allem die planmäßige Arbeitsunterweisung, das Lehrgespräch und der Lern- bzw. Arbeitsauftrag besondere Bedeutung.

Sonderformen

Neben diesen Grundformen organisierten Lehrens und Lernens gibt es noch eine Reihe von Sonderformen, die vor allem in überbetrieblichen Ausbildungsstätten, Berufsschulen oder Lehrwerkstätten eingesetzt werden können. Zu diesen Sonderformen zählen z. B.: Fachvortrag, Fallmethode, Projektausbildung, Leittextmethode, Rollenspiel und Computer-based Training (CBT).

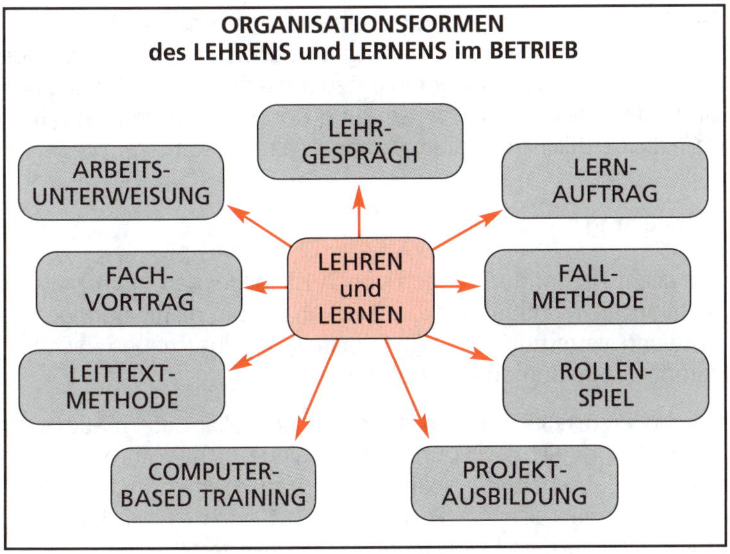

Im Folgenden soll ein allgemeiner Überblick über diese Organisationsformen gegeben werden. Die drei wichtigsten Ausbildungsmethoden werden im → Kapitel 2 „Organisation des Lernens am Arbeitsplatz" detaillierter behandelt.

Arbeitsunterweisung

Vermittlung von Fertigkeiten

Die Arbeitsunterweisung dient vor allem der Vermittlung von Fertigkeiten, z. B. Feilen, Sägen etc., sie fördert also die psychomotorische Handlungskompetenz. Natürlich werden parallel auch die erforderlichen Kenntnisse, z. B. über Material oder Arbeitsmittel, vermittelt.

Bei der Arbeitsunterweisung wird die zu vermittelnde Tätigkeit vom Ausbilder vorgemacht und erklärt, danach vom Lehrling versuchsweise nachgemacht und durch Wiederholungen eingeübt.

Lehrgespräch

Vermittlung von Kenntnissen

In einem Lehrgespräch werden Kenntnisse vermittelt bzw. neues Wissen erarbeitet, also kognitive Lernziele verfolgt (→ Lernfeld 5: Förderung des Lernprozesses, Kap. 2.3). Behandelt werden Lerninhalte, die besonders grundlegend und wichtig sind. In Ausbildungsberufen mit hohem Theorieanteil werden Lehrgespräche häufiger durchgeführt als in Berufen, in denen manuelle Arbeiten überwiegen.

Wenngleich das Lehrgespräch vom Ausbilder gelenkt wird, lässt es sich nicht so klar vorplanen und vorstrukturieren, wie das für eine Arbeitsunterweisung oft möglich oder sogar notwendig ist.

Lernauftrag

Problemlösungen selbstständig erarbeiten

Bei einem Lernauftrag soll der Lehrling für ein genau definiertes Problem oder eine exakt beschriebene Aufgabe selbstständig Lösungswege planen, durchführen und kontrollieren. Dazu muss der Auszubildende bereits über ein bestimmtes Maß an Wissen und Können verfügen. Lernaufträge fördern die berufliche Handlungskompetenz in besonderer Weise.

Fachvortrag

Vermittlung wichtiger Lerninhalte

Vor allem größeren Gruppen von Auszubildenden kann man mit einem Fachvortrag wichtige fachliche Lerninhalte mit relativ geringem zeitlichen Aufwand vermitteln (Beispiel: Vorstellung einer neuen Technologie, die demnächst im Betrieb eingeführt wird).

Um sicherzustellen, dass das Ziel der schnellen Informationsvermittlung tatsächlich erreicht wird und die Lehrlinge nicht während des Vortrages vorzeitig „abschalten", sollte ein Vortrag sorgfältig vorbereitet werden. Zunächst sollte sich der Ausbilder selbst noch einmal Klarheit über das Thema und die damit verbundenen Lernziele verschaffen.

Im Anschluss an die Stoffsammlung, in der die Aussageschwerpunkte festgehalten werden, wird der Vortrag gegliedert in Einleitung (Hinführung zum Thema), Hauptteil (Auseinandersetzung mit dem Thema) und Schluss (Zusammenfassung der Ergebnisse, Anregen zur Diskussion).

Um die Verständlichkeit eines Vortrags zu gewährleisten, sollten folgende Regeln beachtet werden:

- einfache kurze Sätze bilden, Fachausdrücke erklären,
- übersichtliche Gliederung schaffen,
- sich auf das Wesentliche beschränken,
- Kernaussagen durch Medieneinsatz veranschaulichen,
- sich um eine klare Aussprache bemühen,
- angemessene Mimik und Gestik einsetzen.

Kurzreferate

Um die selbstständige Auseinandersetzung mit Lerninhalten zu fördern, können Lehrlinge auch gebeten werden, Kurzreferate zu halten. Der Ausbilder sollte den betreffenden Lehrling allerdings bei der Vorbereitung, insbesondere bei der Stoffsammlung und der Gliederung, unterstützen; dies ist auch unter dem Aspekt wichtig, dass die meisten Jugendlichen erfahrungsgemäß Hemmungen haben, vor einer größeren Gruppe zu reden.

Fallmethode

Bei der Fallmethode trainieren die Auszubildenden anhand realer Fallbeispiele, selbstständig Informationen einzuholen, Rahmenbedingungen zu analysieren und Entscheidungen zu treffen. Dabei sollen sie insbesondere lernen, komplizierte fachliche, wirtschaftliche und soziale Zusammenhänge zu durchschauen.

Bearbeitung und Lösung eines realen Falles

Dazu wird den Lehrlingen ein konkreter Problemfall aus der Arbeitspraxis vorgegeben. In Einzelarbeit oder auch in der Gruppe wird das Fallmaterial studiert; dann werden Lösungsvorschläge erarbeitet, die anschließend diskutiert und bewertet werden. Je nach Komplexität des Falles kann die Bearbeitung einige Stunden oder auch Wochen dauern.

Folgende unterschiedlichen didaktischen Absichten können mit dem Einsatz der Fallmethode im Einzelnen verfolgt werden:

didaktische Absichten

- Training der Fähigkeit, selbstständig Informationen zu beschaffen und zu verarbeiten: Die Lehrlinge erhalten nur wenige Informationen über einen Problemfall. Alle weiteren Informationen, die zur Beurteilung des Falles und zur Lösung des Problems benötigt werden, müssen sie durch Befragungen, Erkundungen, Sichtung von Fachliteratur, Internet-Recherche o. Ä. selbst einholen.
- Förderung des analytischen Denkens und der Fähigkeit, richtige Entscheidungen zu treffen. Die Lehrlinge erhalten das gesamte Informationsmaterial, das zur Fallbearbeitung benötigt wird. Ihre Aufgabe besteht darin, die vorgegebenen Informationen zu analysieren und verborgene Probleme zu erkennen.
- Förderung eines angemessenen Gruppenverhaltens: Wenn ein Praxisfall von einer Lerngruppe bearbeitet wird, müssen sich die einzelnen Mitglieder der Gruppe natürlich auch teamfähig verhalten. Sie müssen also die Bereitschaft und Fähigkeit zur Zusammenarbeit zeigen bzw. entwickeln, sich ggf. einmal selbst zurücknehmen, sich mit den übrigen Mitgliedern solidarisch verhalten, ihre Vorstellungen und Entscheidungen in der Gruppe verständlich und überzeugend vortragen und verteidigen usw.

Es ist natürlich nicht einfach, einen Problemfall aus dem eigenen Erfahrungsbereich der Auszubildenden so aufzubereiten, dass er sich für die betriebliche Ausbildung eignet. Deshalb wird nur ein fachlich und pädagogisch erfahrener Ausbilder daran gehen, diese in der Vorbereitung und Durchführung recht zeitaufwendige Ausbildungsmethode anzuwenden.

Projektausbildung

In der Projektausbildung findet das Lernen im Rahmen einer komplexen Projektarbeit statt. Wissen und Können sollen dabei im Rahmen der Planung und Durchführung eines praxisnahen Vorhabens (Projekt) erworben werden. Die Projektausbildung findet häufig in Gruppenarbeit statt.

komplexe Projektarbeit

Dazu wird ein mehr oder minder umfangreicher Arbeitsauftrag vorgegeben, der von den Lehrlingen zu planen und durchzuführen ist. Das Vorhaben kann fachspezifisch (etwa die Fertigung eines Einbauschrankes) oder auch fächerübergreifend (etwa die Gründung und/oder Führung einer Übungsfirma) sein. Entsprechend kann ein Projekt auf einige Tage oder Wochen bis hin zu mehreren Monaten oder auch Ausbildungsjahren angelegt sein. Näheres zum Thema Projektausbildung in → Lernfeld 6: Ausbildung in der Gruppe, Kap. 2.6.

Leittext-Methode

Als Leittexte werden Ausbildungsunterlagen bezeichnet, mit denen ein gesamter Arbeits- oder Lernprozess inhaltlich und zeitlich so strukturiert wird, dass der Lehrling oder eine Lehrlingsgruppe sich die entsprechenden Kenntnisse selbstständig aneignen und die Probleme eigenständig bearbeiten kann. Die Leittext-Methode ist eine Organisationsform, die das Selbstlernen und die Selbstunterweisung der Auszubildenden ermöglicht. Der Einsatz von Leittexten fördert in hohem Maße die Handlungskompetenz der Lehrlinge, also die Fähigkeit, selbstständig zu planen, durchzuführen und zu kontrollieren.

Selbstlernen/ Selbstunterweisung

Elemente des Leittextes

Ein Leittext beinhaltet im Allgemeinen folgende Elemente:

- Aufgabenstellung,
- Lernziele,
- Ablaufdiagramm,
- Leitfragen/Leithinweise zur Informationssammlung und -verarbeitung sowie zur Planung und Durchführung der Arbeit,
- Werkzeug- und Werkstoffliste,
- Informationsquellen (z. B. Fachbücher, Nachschlagewerke, Zeichnungen, Arbeitspläne usw.) und Leitsätze (Merkblätter),
- Kontroll- und Übungshilfen.

Leitfragen

Besondere Bedeutung haben dabei die Leitfragen und Leithinweise. Diese helfen dem Lehrling, sich selbstständig über eine berufspraktische Aufgabenstellung zu informieren und die Informationen zu verarbeiten. Mit ihrer Hilfe plant er den Ablauf der notwendigen Arbeitsschritte, entscheidet sich für ein bestimmtes methodisches Vorgehen, führt die Arbeit aus und kontrolliert sie.

Phasen der Leittext-Methode

Das Vorgehen bei der Leittext-Methode entspricht dem in der realen Arbeitswelt. Folgende Phasen sind zu unterscheiden:

1. Informieren,
2. Planen,
3. Entscheiden,
4. Ausführen,
5. Kontrollieren (durch den Lehrling) und
6. Bewerten (durch den Ausbilder).

Vor allem in der industriellen Ausbildung in Großbetrieben hat sich die Leittext-Methode stark durchgesetzt. Das hat es mit sich gebracht, dass erprobte Leittexte auf dem Markt erhältlich sind, z. B. vom Bundesinstitut für Berufsbildung (BIBB). Wenn der Ausbilder Leittexte nicht selbst erstellen muss, könnte diese Ausbildungsmethode evtl. auch in Klein- und Mittelbetrieben eingesetzt werden. Allerdings ist sie in jedem Fall mit einem relativ hohen Aufwand verbunden.

Rollenspiel

Förderung der Sozialkompetenz

Rollenspiele dienen dazu, die Sozialkompetenz und die kommunikativen Fähigkeiten der Auszubildenden zu fördern, also beispielsweise die Konfliktlösungsfähigkeit und das Einfühlungsvermögen.

Die Lehrlinge sollen sich dazu in eine bestimmte Rolle, z. B. die eines Kunden oder des Chefs, hineinversetzen und diese in einer vorgegebenen Rahmensituation durchspielen (→ Lernfeld 6: Ausbildung in der Gruppe, Kap. 2.5).

Typische Themen für ein Rollenspiel sind Konfliktgespräche, Reklamationsgespräche oder auch „Führungsgespräche" und andere Problemsituationen aus dem betrieblichen Alltag. Rollenspiele können mit wenig Aufwand und spontan organisiert werden. Der Ausbilder muss allerdings darauf achten, dass keine Situation entsteht, in der sich ein Lehrling unter Druck gesetzt oder persönlich verletzt fühlt.

Computer-based Training

Computer-based Training (CBT), d. h. Lernen mit dem Computer, findet immer mehr Anwendung in allen Bereichen des Lehrens und Lernens. Computer-unterstütztes Lernen weist eine Reihe von Vorteilen auf, z. B.:

Vorteile

- Der Lernende kann den Zeitpunkt, die Dauer, die Intensität, das Tempo und z. T. auch die jeweiligen Schwerpunkte des Lernens selbst bestimmen. Der Grad der Selbstbestimmung, aber auch der Selbstverantwortlichkeit im Lernen wird erhöht.
- Die Verbindung von Text, Ton und Bild in multimedialer Software wirkt insbesondere für Jugendliche sehr motivierend und ermöglicht es in besonderer Weise, Sachverhalte, schematische Abläufe, komplexe Strukturen usw. zu veranschaulichen.
- Lernsoftware gibt Lehrern und Ausbildern alternative Möglichkeiten an die Hand, neue Inhalte zu vermitteln und Lernerfolge zu überprüfen. So ermöglichen es sogenannte interaktive Programme z. B., Sachverhalte schrittweise darzustellen, dazu Aufgaben zu stellen, Dialoge zu führen, Antworten zu überprüfen und zu kommentieren.

Insbesondere zur Vermittlung, Übung und Vertiefung von theoretischen Sachverhalten gibt es mittlerweile ein ständig wachsendes Angebot ansprechender Software, mit der effizient gelernt werden kann.

Im Rahmen der Darstellung von praxisnahen Problemsituationen kann auch das Entscheidungsvermögen trainiert werden (Verhaltenssimulationen). Hier ist das Angebot dagegen noch weit geringer, da die Programmierung von Simulationen sehr aufwendig und damit teuer ist. Das gilt umso mehr, je spezieller die Anwendungen sind.

Lehr- und Lernsoftware wird in der individuellen wie auch in der firmeninternen Aus- und Weiterbildung immer mehr an Bedeutung gewinnen. Die Lernberatung durch einen Ausbilder oder Lehrer kann allerdings durch den Einsatz von CBT nicht ersetzt werden.

Bitte bearbeiten Sie abschließend die folgenden Aufgaben:

1. Begründen Sie, warum es für das Lernen in der Ausbildung wichtig ist, didaktische Prinzipien zu beachten.

2. Stellen Sie die Vor- und Nachteile der verschiedenen Sozialformen des Lehrens und Lernens heraus.

2. Organisation des Lernens am Arbeitsplatz

Kompetenzen:

Der Lernende

- kann das Methodenkonzept des auftragsorientierten Lernens beschreiben,
- ist in der Lage, für die jeweilige Situation geeignete Ausbildungsmethoden innerhalb und außerhalb der produktiven Arbeitsaufgaben anzuwenden.

2.1 Überblick über das Methodenkonzept des auftragsorientierten Lernens

Ein Methodenkonzept der betrieblichen Ausbildung beschreibt, wie man im gesamten Ausbildungsablauf methodisch vorgehen kann, um die Ausbildungsziele zu erreichen. Je nach Zielsetzung, organisatorischen Bedingungen im Betrieb und Voraussetzungen des Lehrlings können dabei unterschiedliche Methoden im Vordergrund stehen.

In Großbetrieben erfolgt die Ausbildung zu einem beachtlichen Teil in Lehrwerkstätten. Dort werden heute neben der Arbeitsunterweisung verstärkt Methoden und Sozialformen eingesetzt, die das selbstständige Arbeiten und die Zusammenarbeit der Lehrlinge fördern, wie die Leittext-Methode, Ausbildung in der Gruppe und die Projektausbildung. Demgegenüber lernen Auszubildende in Klein- und Mittelbetrieben (vor allem des Handwerks) überwiegend im Rahmen konkreter Arbeitsaufträge. Das ist eigentlich nichts Neues. Und dennoch werden die Lernchancen, die damit verbunden sind, oft gar nicht richtig genutzt, weil die Lehrlinge nicht optimal in Arbeiten eingebunden werden. Es kommt also wesentlich darauf an, wie Lehrlinge in Arbeitsaufträgen mitarbeiten können.

Lernen in Arbeitsaufträgen

Dabei muss beachtet werden, dass am Anfang der Ausbildung bestimmte Grundlagen gelegt werden müssen. So wird beispielsweise ein Tischlermeister seinem Lehrling sicherlich zuerst Grundfertigkeiten im Sägen und Hobeln durch eine Unterweisung beibringen, bevor er ihn entsprechende Arbeitsaufträge ausführen lässt.

Das Methodenkonzept des auftragsorientierten Lernens umfasst die wesentlichen betrieblichen Ausbildungsmethoden, die besonders in Klein- und Mittelbetrieben eine Rolle spielen: das Lehren/Lernen in Arbeitsaufträgen, die Arbeitsunterweisung, das Lehrgespräch und den Lernauftrag. Es beschreibt, in welchen Situationen die jeweiligen Methoden besonders erfolgversprechend sind und vor allem, wie sie gestaltet werden können.

Ausbildungsmethoden

2.1.1 Bedeutung des Methodenkonzepts des auftragsorientierten Lernens

Fördern von Handlungskompetenz

In → Lernfeld 2 wurde bereits darauf hingewiesen, dass es grundlegendes Ziel der Ausbildung ist, die berufliche Handlungskompetenz der Auszubildenden zu fördern. Sie sollen vor allem lernen, Arbeitsaufgaben selbstständig zu planen, durchzuführen und zu kontrollieren. Auf diese Weise sollen sie bis zum Ende der Ausbildung darauf vorbereitet werden, mit den oft schnellen Veränderungen im betrieblichen Alltag zurechtzukommen. Im Rahmen des Methodenkonzepts des auftragsorientierten Lernens soll die Ausbildung soweit wie möglich in konkreten Arbeitsaufträgen erfolgen. Weitere Ausbildungsmethoden sollen bei Bedarf ergänzend eingesetzt werden.

Das auftragsorientierte Lernen ist eine Methode, die darauf ausgerichtet ist, die Selbstständigkeit des Lehrlings zu fördern. Charakteristisch für das auftragsorientierte Lernen ist die Verzahnung von Lernen und produktiver Mitarbeit. Der Lehrling ist in den Prozess der betrieblichen Leistungserstellung einbezogen. Sein Lernen vollzieht sich in engem Zusammenhang mit der Produktion und mit den Arbeitsaufgaben des Betriebes.

Entscheidend für den Lernerfolg des Lehrlings ist, dass er möglichst früh anfängt, sein Handeln und Lernen zumindest teilweise selbst zu organisieren und zu steuern.

Wenn der Lehrling beispielsweise von Ausbildungsbeginn an lernt, wie Material und Werkzeuge für einen Auftrag zusammengestellt werden, kann er diese Aufgabe schon relativ bald zumindest für einige Aufträge selbstständig übernehmen. Es liegt sicherlich im Eigeninteresse des Ausbilders, den Lehrling dabei zu unterstützen, denn mit einem Mitarbeiter, der eigenständig vorgeht und mitdenkt, kann er viel erfolgreicher arbeiten.

Lernchancen

Im auftragsorientierten Lernen liegt ein beachtliches Lernpotenzial:

- Ein vollständiger Handlungsablauf von der Planung über die Durchführung bis zur Kontrolle wird miterlebt oder bei kleineren Aufträgen sogar selbst durchgeführt. Zusammenhänge werden so anschaulich und besser verständlich.
- Das Lernen erfolgt ganzheitlich (mit Kopf, Herz und Hand) und damit besonders intensiv. Durch solche unmittelbaren Lernerfahrungen wird das Lernen erfolgreicher und die Motivation gestärkt.
- Man lernt, sich auf schnell wechselnde Arbeitssituationen einzustellen und mit Belastungen fertig zu werden.
- Persönliche Beziehungen zwischen dem Lehrling, seinen Kollegen und dem Ausbilder werden aufgebaut. Der Lehrling lernt dabei neue, betrieblich erforderliche Umgangsformen und verbessert so seine Sozialkompetenz.

Dieses Lernpotenzial wird dann richtig genutzt, wenn der Lehrling, seinen Fähigkeiten und Voraussetzungen entsprechend, so in Aufträge eingebunden wird, dass er zunehmend selbstständiger arbeiten kann.

2.1.2 Struktur der auftragsorientierten Ausbildung

In Klein- und Mittelbetrieben kann die Ausbildung nicht wie in einem Großbetrieb, mit seinem festliegenden Produktionsprogramm, ganz detailliert im Voraus geplant werden. Der Ausbilder entscheidet häufig in unmittelbarem Zusammenhang mit der Auftragssituation und der Arbeitsorganisation über den Einsatz des Lehrlings.

Das folgende Strukturbild der auftragsorientierten Ausbildungsorganisation macht deutlich, welche Strategien der Ausbildungsplanung und -steuerung dabei im Vordergrund stehen.

Ausbildungsorganisation

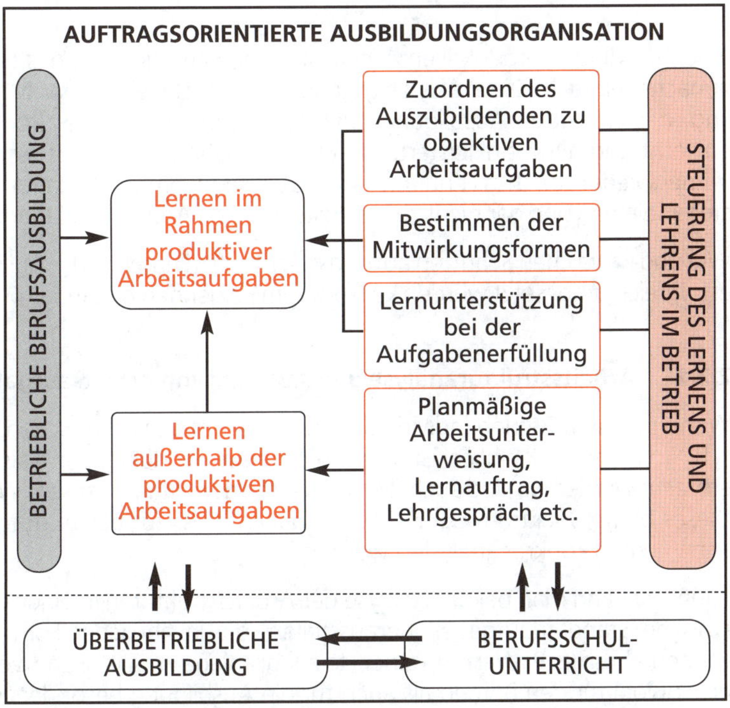

Quelle: nach Stratenwerth – Leitgedanken zur auftragsorientierten Lernorganisation in Ausbildungsbetrieben des Handwerks, 1992

Die Übersicht lässt erkennen, dass die wesentlichen beruflichen Fertigkeiten, Fähigkeiten und Kenntnisse in betrieblichen Arbeitsaufgaben vermittelt und erlernt werden sollen. Dies ist normalerweise nicht bei allen Fertigkeiten und Kenntnissen möglich, sei es, weil dazu keine entsprechenden Aufträge im Betrieb anfallen, weil das Erlernen mit besonderen Gefahren verbunden ist (z. B. beim Umgang mit gefährlichen Maschinen oder Werkstoffen) oder weil die Zusammenhänge in Arbeitsaufgaben zu komplex sind. Hier wird es erforderlich, jeweils geeignete andere Methoden einzusetzen.

Wenn die Ausbildung stark von der Auftragssituation des Betriebes abhängt, ist es wichtig, dass der Ausbilder anhand des betrieblichen Ausbildungsplanes bzw. des Ausbildungsrahmenplanes in bestimmten Zeitabschnitten kontrol-

Abbau von Defiziten

liert, ob sich der Lehrling die dort aufgeführten Fertigkeiten und Kenntnisse aneignen konnte. Festgestellte Ausbildungsdefizite müssen durch betriebliche Zusatzunterweisungen und Übungen sowie ggf. durch ergänzende Ausbildungsmaßnahmen in überbetrieblichen Unterweisungsstätten ausgeglichen werden. Dabei sollte die Entscheidung für das Lehren/Lernen außerhalb der realen Arbeitsaufgaben nach der Devise erfolgen: So oft wie nötig, so selten wie möglich.

2.2 Ausbilden in produktiven Arbeitsaufgaben

Schwachstellen

Einen Lehrling in produktiven Arbeitsaufgaben auszubilden, das erscheint zunächst einfach. Die Praxis zeigt jedoch Schwachstellen. Der Malerlehrling, der im dritten Ausbildungsjahr immer noch vorrangig alte Tapeten entfernt und neue einkleistert, ist keine Ausnahme. Das heißt, es kommt immer wieder vor, dass Lehrlinge auf relativ niedrigem Qualifikationsniveau stehenbleiben und gar nicht zum selbstständigen Arbeiten gelangen.

Wie und in welchen Schritten auftragsorientiertes Lernen in der Ausbildung erfolgreich umgesetzt werden kann, soll im Folgenden behandelt werden.

2.2.1 Arbeitsstrukturanalyse und Auswahl von Arbeitsaufgaben

Wenn in einem Betrieb individuelle Kundenaufträge vorherrschen, wie es z. B. im Handwerk üblich ist, wenn komplexe Produkte und Leistungen erbracht werden, so sind auch die Tätigkeiten der Mitarbeiter sehr vielfältig. Dieses breite Spektrum der Arbeitsaufgaben muss für das auftragsorientierte Lernen konkret analysiert werden.

Analyse der betrieblichen Aufgaben

Zunächst kann man bei der Analyse der Arbeitsstrukturen in einem Betrieb typische Standardaufgaben herausstellen, die in ähnlicher Form immer wiederkehren (z. B. Wartung einer Heizungsanlage im SHK-Handwerk) und die sowohl für den Betrieb als auch für die Ausbildung besonders wichtig sind.

Dann können im Hinblick auf den Bezug zum Kundenauftrag folgende Grundtypen von Arbeitsaufgaben unterschieden werden:

- Arbeitsaufgaben, die einen gesamten Kundenauftrag abdecken (z. B. Anfertigung und Einbau eines Wandschrankes),
- Teilaufgaben eines komplexen Kundenauftrages (z. B. Zusammenstellen von Material und Werkzeugen für einen Auftrag) und
- auftragsübergreifende Arbeitsaufgaben (z. B. Lagerarbeiten, Aufräumarbeiten, Verwaltungsarbeiten).

Bei der Zuordnung des Lehrlings zu den Arbeitsaufgaben sollten die folgenden Gesichtspunkte beachtet werden:

Es sollten vor allem solche Arbeitsaufgaben ausgewählt werden, die üblicherweise vom Gesellen ausgeführt werden. Diese liegen in erster Linie unmittelbar im Fertigungs- oder Dienstleistungsbereich und sind geeignet, dem Lehrling die im Ausbildungsberufsbild aufgeführten technisch-fachlichen Fertigkeiten und Kenntnisse zu vermitteln.

übergreifende Aufgaben

Darüber hinaus sollten jedoch auch Aufgaben ausgewählt werden, die geeignet sind, dem Auszubildenden betriebswirtschaftliche, arbeitsorganisatorische, gestalterische und ökologische Zusammenhänge zu vermitteln. Außerdem sollte dem Lehrling die Möglichkeit gegeben werden, im Bereich der Lager- und Materialverwaltung, der Arbeitsplanung, der Produktgestaltung und des Kundendienstes mitzuwirken.

Bei der Auswahl der Arbeitsaufgaben sollte besonders beachtet werden, dass der Lehrling lernen muss, wie man eine Arbeit planen und kontrollieren kann. Unter diesem Aspekt sind in ausreichendem Maße Arbeitsaufgaben zu berücksichtigen, die vom Lehrling ein überlegtes, zielgerichtetes und kontrolliertes Handeln verlangen.

Wichtig ist es, dass der Lehrling das breite Spektrum der betrieblichen Aufgaben kennenlernt. Vor allem soll er nicht auf solche Aufgaben festgelegt werden, die er beispielsweise besonders gut beherrscht oder die von anderen Mitarbeitern nicht gerne übernommen werden (z. B. alte Tapeten abkratzen).

Standardaufgaben

Im Mittelpunkt der Ausbildung stehen natürlich die berufstypischen Standardaufgaben. Die sichere Bewältigung dieser Aufgaben setzt viel Übung und Erfahrung voraus. Daher ist dafür zu sorgen, dass der Auszubildende genügend Gelegenheit erhält, diese Aufgaben mehrfach möglichst selbstständig durchzuführen.

Problemaufgaben

Jedoch sollte der Lehrling auch an schwierige Aufgaben herangeführt werden. Wenn er mitunter eine Situation miterlebt, bei der qualifizierte Arbeitskollegen oder der Meister um Lösungen ringen und dabei strategisch vorgehen müssen, wirkt dies für den Lehrling besonders motivierend. Solche Situationen sind eine Herausforderung und wesentlich für das Erlernen von Problemlösungsstrategien.

Für Klein- und Mittelbetriebe ist es typisch, dass Gesellen einen wichtigen Beitrag in der Ausbildung leisten. Sie betreuen den Lehrling im Alltag und arbeiten in der Regel eng mit ihm zusammen. Ob ein Geselle diese Aufgabe gerne oder eher unwillig übernimmt, hängt stark davon ab, welche Bedeutung der Ausbildung im Betrieb beigemessen wird. Daher muss der Meister den Gesellen bewusst machen, dass nur eine gute Ausbildung dem Betrieb nützt, und er muss sie entsprechend auf die Ausbildungsaufgabe vorbereiten. Zumindest muss er einem Gesellen in der konkreten Situation angeben, wie er den Lehrling in die Arbeiten einbeziehen soll und wie er ihn dabei unterstützen kann. Dazu ist eine klare Zuordnung des Lehrlings zu dem jeweiligen Gesellen erforderlich.

2.2.2 Bestimmung von Mitwirkungsformen und Lernhilfen

Nach der Auswahl von Arbeitsaufgaben muss in einem zweiten Schritt entschieden werden, wie und in welchem Umfang der Auszubildende dabei mitwirken soll. In der Praxis gibt es eine Vielzahl an Möglichkeiten, bei Arbeitsaufträgen mitzuarbeiten. Im Hinblick auf die grundlegende Aktivität des Lernenden werden im Wesentlichen fünf aufeinander aufbauende Mitwirkungsformen unterschieden:

Mitwirkungsformen

1. Zuschauen, Zuhören, Beobachten, Fragen

Der Lehrling wird einem qualifizierten Mitarbeiter zugeordnet. Er erhält die Aufgabe, diesem bei seiner Arbeit zuzuschauen und möglichst viele Eindrücke zu sammeln oder bestimmte Sachverhalte aufmerksam zu beobachten.

Beispiel: Der Friseurlehrling soll genau darauf achten, wie der Geselle beim Haarefärben die Strähnen einwickelt, und später beschreiben, was er beobachtet hat.

2. Hilfeleistungen/Handreichungen

Der Lehrling wird zu einzelnen Handreichungen herangezogen, die in einem sinnvollen Zusammenhang mit einem Arbeitsauftrag stehen.

Beispiel: Anreichen von Werkzeug und Material.

3. Nebenarbeiten und Vorarbeiten

Dem Auszubildenden wird eine eng begrenzte Teilaufgabe zur selbstständigen Erledigung übertragen.

Beispiel: Material für einen Auftrag zusammenstellen.

4. Partnerarbeit

Der Lehrling arbeitet „Hand in Hand" mit den Arbeitskollegen zusammen. Dabei werden ihm von dem Ausbilder oder einem Gesellen Arbeits- und Lernhilfen gegeben.

Beispiel: Gemeinsamer Einbau einer Heizungsanlage.

5. Selbstständige Alleinarbeit

Der Lehrling erhält eine komplexe Aufgabenstellung zur selbstständigen Abwicklung, wobei Hilfestellungen nur in dem im Betriebsalltag üblichen Rahmen gegeben werden.

Beispiel: Durchführung eines Kundenauftrages zum Verlegen von zwei Steckdosen nach Plan.

Bei den Hilfeleistungen (Handreichungen), den Neben- und Vorarbeiten und bei der Partnerarbeit nimmt der Auszubildende mehr oder weniger bewusst das ganze Umfeld der Arbeitsaufgabe und die Arbeitstätigkeit der anderen Mitarbeiter wahr. Die dabei gewonnenen Informationen kann er dann in den nachfolgenden Arbeits- und Lernphasen nutzen.

Der Ausbilder sollte unterschiedliche Mitwirkungsformen bewusst und planmäßig einsetzen, um die Leistungsanforderungen dem jeweiligen Ausbildungs- und Lernstand anzupassen. Sie können beim mehrmaligen Durchlaufen der gleichen oder ähnlicher Arbeitsaufgaben schrittweise bis zum angestrebten Leistungsniveau gesteigert werden.

Mitwirkungsformen

Mitwirkungsformen bei einer sich wiederholenden Standardaufgabe						
Durchgänge in der gleichen Arbeitsaufgabe / Mitwirkungsformen	1. Durchgang	2. Durchgang	3. Durchgang	4. Durchgang	5. Durchgang	6. Durchgang
5. Selbstständige Alleinarbeit					X	X
4. Partnerarbeit				X		
3. Neben- und Vorarbeiten			X			
2. Hilfeleistungen (Handreichungen u. a.)		X				
1. Zuschauen, Zuhören, Beobachten, Fragen	X					

Quelle: Stratenwerth, W.: Leitgedanken zur auftragsorientierten Lernorganisation in Ausbildungsbetrieben des Handwerks, in: Auftragsorientiertes Lernen im Handwerk, hrsg. vom Bundesinstitut für Berufsbildung, Berlin 1992, Seite 76.

Die Entscheidung über die Mitwirkung des Auszubildenden hängt zum einen von der Komplexität und Schwierigkeit der Arbeitsaufgabe ab. Zum anderen spielen die bisherigen Erfahrungen und Voraussetzungen des Lehrlings eine wichtige Rolle. So ist es zum Beispiel denkbar, dass der Lehrling bei einfachen Aufgaben einzelne Mitwirkungsstufen überspringen kann und der Ausbilder ihm schon nach wenigen Durchgängen die selbstständige Durchführung derartiger Arbeiten übertragen kann. Dagegen wird er bei komplexen Problemaufgaben (z. B. Fehlersuche in einer defekten technischen Anlage) die höchste Stufe der selbstständigen Alleinarbeit wohl erst nach langer Mitarbeit erreichen.

Lernhilfen

Damit der Lehrling die ihm übertragenen Arbeitsaufgaben fachgemäß erfüllen kann und dabei auch lernt, müssen angemessene Lernunterstützungen gegeben sein. In der Regel sind zu Beginn Hinweise zur Aufgabenstellung, später dann Lernhilfen bei der Aufgabenerfüllung erforderlich.

Hinweise zur Aufgabenstellung

Der Auszubildende muss zunächst wissen, wie er bei der Durchführung eines Arbeitsauftrages mitwirken soll und welche konkrete Aufgabe er zu leisten hat. Dabei kann es notwendig sein, ihm auch den Zusammenhang zwischen seiner Teilaufgabe und der gesamten Arbeitsaufgabe bzw. dem Kundenauftrag klar zu machen.

Spielraum lassen

Allerdings dürfen die Arbeitsanweisungen nicht zu detailliert vorgegeben werden, da dies den Denk- und Verhaltensspielraum des Lehrlings einschränkt und seine Lernchancen verringert. Ein solches Vorgehen birgt außerdem die Gefahr, dass der Lehrling zum bequemen und gedankenlosen „Abarbeiten" von Vorgaben verleitet wird. Eher offene Aufgabenstellungen fördern das Erlernen flexibler Verhaltensweisen durch den Auszubildenden.

Einerseits müssen Lehrlinge in der Lage sein, eine Arbeit nach Plan auszuführen. Andererseits müssen sie im Verlauf ihrer Ausbildung aber auch lernen, mit Aufgabenstellungen umzugehen, die nur wenige oder knappe Informationen enthalten. Sich die fehlenden Informationen zu besorgen – auch das will gelernt sein! Der hierzu erforderliche Lernprozess ist langwierig, bleibt aber niemandem erspart. Daher sollte man dem Lehrling ausreichend Gelegenheit geben, mit knappen Arbeitsanweisungen zurechtzukommen und dabei eigenständig Erfahrungen zu sammeln.

Verständnis prüfen

Wenn ein Lehrling zum ersten Mal einen Auftrag selbstständig übernimmt, muss sich der Ausbilder vergewissern, dass der Lehrling die Aufgabe verstanden hat und in der Lage ist, sie weitgehend eigenständig, d. h. ohne ständiges Eingreifen durch den Ausbilder, zu bewältigen. Wenn der Ausbilder feststellt, dass der Lehrling mit der gestellten Aufgabe nicht richtig klar kommt, sollte er die fehlende Information jedoch nicht unmittelbar und vollständig vorgeben. Günstiger ist es zu versuchen, das Verständnis des Lehrlings durch gezielte Impulse in einem kurzen Gespräch zu fördern.

Hinweise zu Lernhilfen bei der Aufgabenerfüllung

Der Ausbilder sollte den Lehrling vor allem bei den ersten Versuchen der selbstständigen Auftragsabwicklung „im Auge" behalten und seine Arbeit an kritischen Punkten kontrollieren. Er sollte aber nur dann eingreifen, wenn er sieht, dass der Lehrling nicht mehr weiterkommt, im Begriff ist, schwerwiegende Fehler zu machen oder in eine völlig falsche Richtung geht.

Wesentlich bei den Lernhilfen ist das gezielte und fallweise „auf die Sprünge helfen". Langatmige Erläuterungen und Vorweg-Erklärungen sollten möglichst vermieden werden.

2.3 Ergänzendes Ausbilden außerhalb der produktiven Arbeitsaufgaben

Oft setzt die Mitarbeit in konkreten Arbeitssituationen voraus, dass der Lehrling bestimmte Grundfertigkeiten bereits beherrscht (z. B. Sägen, Schleifen, Schweißen) oder die Funktion eines bestimmten Arbeitsgerätes schon kennt. Auch Arbeiten mit direktem Kundenkontakt, z. B. das Haareschneiden im Friseurhandwerk, kann der Lehrling nur nach entsprechender Vorbereitung oder Erprobung selbstständig durchführen.

Neben dem Lernen in Arbeitsaufträgen sind daher weitere Ausbildungsmethoden erforderlich, um die gesetzten Ausbildungsziele zu erreichen. Dafür eignen sich in kleinen und mittleren Betrieben besonders Arbeitsunterweisungen, Lehrgespräche und Lernaufträge. Auch beim Einsatz dieser Methoden ist darauf zu achten, dass die individuellen Voraussetzungen der Lehrlinge berücksichtigt und die Eigenaktivität sowie die Selbstständigkeit der Lehrlinge gefördert werden.

2.3.1 Arbeitsunterweisungen

Grundform des Lehrens und Lernens

Die Arbeitsunterweisung ist eine typische Grundform des organisierten Lehrens und Lernens in der betrieblichen Ausbildung. Durch sie erlernt der Lehrling bestimmte Fertigkeiten systematisch. Die Arbeitsunterweisung wird in der Regel am Arbeitsplatz durchgeführt und orientiert sich an Tätigkeiten aus der betrieblichen Praxis.

Vier-Stufen-Methode

Die meisten Ausbilder gehen dabei nach der Vier-Stufen-Methode vor: Die zu erlernende Tätigkeit wird vorgemacht und erklärt. Dann versucht der Lehrling, sie nachzumachen, wobei Fehler vom Ausbilder korrigiert werden. Durch Wiederholungen gewinnt der Auszubildende die notwendige Sicherheit in der Arbeitsdurchführung.

Die Vier-Stufen-Methode besteht also aus folgenden Schritten:

1. Den Auszubildenden vorbereiten und motivieren
2. Vormachen und Erklären
3. Ausführungsversuche machen lassen
4. Üben und Festigen

Diese Methode ist sehr zeitökonomisch, um Fertigkeiten zu vermitteln. Sie hat aber den Nachteil, dass sie nur wenig dazu beiträgt, die heute in den Ausbildungsordnungen geforderte selbstständige Arbeitsweise der Lehrlinge zu fördern. Das heißt, der Lehrling kann Arbeiten zwar genau nach Anweisung durchführen, er wird jedoch nicht befähigt, eigenständig Problemlösungen zu erarbeiten.

Erarbeitende Unterweisungsmethode

erarbeitende Unterweisungsmethode

In den letzten Jahren haben sich stärker erarbeitende Unterweisungsformen durchgesetzt. Dabei wird davon ausgegangen, dass der Lehrling in der täglichen Mitarbeit bereits eine Reihe von Beobachtungen und Erfahrungen macht, die in der Unterweisung aufgearbeitet werden können. Beispiel: Ein Lehrling, der einem Gesellen beim Nachschleifen eines Außengewindes häufiger zugesehen hat, ist normalerweise in der Lage, bei der Unterweisung zu beschreiben, wie man dabei vorgehen kann. Außerdem kann er sehr wahrscheinlich einige Arbeitsschritte selbstständig ausprobieren.

Beide Methoden gehen von aufeinander aufbauenden Schritten der Arbeitsunterweisung aus. Hierbei werden die Phasen des Lernprozesses berücksichtigt (→ Lernfeld 5: Förderung des Lernprozesses, Kap. 2.2).

1. Vorbereitungsphase
2. Erarbeitungsphase
3. Kontrollphase
4. Übungsphase

Innerhalb dieser vier Schritte werden die Unterschiede hin zu einer mehr selbstständigen Arbeitsweise des Auszubildenden deutlich.

Das Prinzip „Vormachen – Nachmachen" hat jedoch immer dann seine Berechtigung, wenn bei gefährlichen Arbeiten aus Sicherheitsgründen eine ganz bestimmte Vorgehensweise zwingend erforderlich ist.

In der folgenden Übersicht werden die traditionelle Vier-Stufen-Methode und die erarbeitende Unterweisungsmethode einander gegenübergestellt, um die Weiterentwicklung aufzuzeigen.

Gegenüberstellung beider Methoden

Gegenüberstellung der Vier-Stufen-Methode und der erarbeitenden Methode	
Vier-Stufen-Methode der Unterweisung	**Erarbeitende Unterweisungsmethode**
1. Den Auszubildenden vorbereiten und motivieren – Lernvoraussetzungen (u. a. Vorkenntnisse und Erfahrungen) feststellen – Interesse wecken und motivieren – Auf Ziele und Aufgaben hinweisen – Mit dem Arbeitsplatz bekannt machen und über Maßnahmen zur Unfallverhütung informieren	**1. Vorbereitungsphase** – Tätigkeit angeben und in den Ausbildungszusammenhang stellen (was ist vorher erarbeitet worden, was folgt danach) – Bedeutung für den Beruf bzw. für den Betrieb erfragen, ggf. Hinweise auf konkrete Aufträge geben – Vorkenntnisse und Vorerfahrungen feststellen (z. B. Beobachtungen in konkreten Arbeitssituationen), ggf. Ausbildungsnachweis nach dafür bedeutsamen Tätigkeiten durchsehen – Auf Unfallgefahren hinweisen bzw. gemeinsam mit dem Auszubildenden ermitteln

Fortsetzung

Vier-Stufen-Methode der Unterweisung	Erarbeitende Unterweisungsmethode
2. Vormachen und Erklären – Der Auszubildende soll in gleicher Richtung wie der Ausbilder stehen – Gesamtvorgang im Zusammenhang und im Originaltempo vormachen – Komplizierte Arbeitsvorgänge in Einzelschritte aufteilen und nacheinander vormachen – Wiederholtes Vormachen mit deutlichem Absetzen der einzelnen Arbeitsschritte und in langsamem Tempo – Bei der Erklärung der Arbeitsschritte die Kernpunkte herausstellen – Dem Auszubildenden die Möglichkeit geben, Fragen zu stellen	**2. Erarbeitungsphase** – Den Auszubildenden für die Arbeitsdurchführung richtig positionieren – Fragen an den Auszubildenden zur Vorgehensweise stellen und Begründungen angeben lassen (Wie kann man vorgehen? Warum gerade so?); dabei konkrete Maßnahmen zur Unfallverhütung gemeinsam erarbeiten – Den Auszubildenden einzelne Arbeitsschritte selbst ausprobieren lassen – Wichtig: Bei gefährlichen Tätigkeiten genaue Anweisungen geben oder einzelne Schritte vormachen – Falls erforderlich, Korrekturhinweise geben, aber den Auszubildenden selbst arbeiten lassen
3. Ausführungsversuche machen lassen – Den Auszubildenden zu eigenen Versuchen ermuntern – Den Auszubildenden bei seinen ersten Versuchen nicht gleich durch Kritik und Korrektur unterbrechen, um ihn nicht zu entmutigen – Auf grobe Fehler hinweisen – Nicht zu schnell arbeiten lassen; Arbeitsgenauigkeit geht vor Schnelligkeit – Den Auszubildenden mit eigenen Worten erklären lassen, warum und wie er etwas macht	**3. Kontrollphase** – Den Auszubildenden seine Arbeit selbst beurteilen lassen; dazu ggf. Beurteilungskriterien gemeinsam erarbeiten oder zum Teil vorgeben – Wesentliche Kernpunkte der Arbeit durch den Auszubildenden zusammenfassen lassen – Ggf. weitere Fragen zum Verständnis der Zusammenhänge stellen
4. Üben und Festigen – Ausreichend Gelegenheit zum Üben geben – Übungsfortschritte kontrollieren und anerkennen – Darauf achten, dass sich beim Üben keine Fehler einschleichen – Übungsbedingungen variieren – Allmähliches Anpassen an die echten Arbeitsbedingungen (z. B. Schnelligkeit)	**4. Übungsphase** – Nach Abschluss der Unterweisung dem Auszubildenden konkrete Übungsaufgaben stellen; dabei sollten die Übungsbedingungen variiert werden – Übungsergebnisse besprechen und darauf achten, dass sich keine Fehler verfestigen – Dem Auszubildenden Gelegenheit geben, das Erlernte in ersten Aufträgen anzuwenden

2.3.2 Lehrgespräche

Beim Lehrgespräch geht es für den Lehrling grundlegend darum, Wissen und Erkenntnisse zu gewinnen. Dadurch unterscheidet es sich sowohl von der Arbeitsunterweisung als auch von anderen Gesprächsformen wie dem Konfliktgespräch.

Ziele von Lehrgesprächen

Je nach der spezifischen Zielsetzung können Lehrgespräche auf folgende Schwerpunkte ausgerichtet sein:

- **Erarbeiten von Erkenntnissen**
  Der Ausbilder gibt dem Lehrling klar strukturierte Informationen zu einem Thema. Er vermittelt ihm anhand geeigneter Medien wie Schaubildern oder Funktionsmodellen schwer verständliche Zusammenhänge.
  Beispiel: Aufbau und Funktionsweise einer komplizierten Maschine.

- **Lösen von Problemen**
  Der Ausbilder bespricht mit dem Lehrling, wie man in Problemsituationen vorgehen kann, um zu einer Lösung zu kommen. Ziel ist dabei zum einen, die konkrete Lösung für eine Aufgabe zu finden, zum anderen, generelle Problemlösungsstrategien zu vermitteln.
  Beispiel: Fehlersuche, Bearbeitung einer Kundenreklamation.

- **Aufarbeiten von Erfahrungen**
  Hier geht es darum, Eindrücke und Erlebnisse aus dem Arbeits- und Ausbildungsalltag zu überdenken.
  Beispiel: Der Ausbilder geht mit dem Lehrling die Angaben im Ausbildungsnachweis vom letzten Monat durch und bespricht mit ihm die dabei gemachten konkreten Erfahrungen.

- **Beratung bei Lernproblemen**
  Es sollen Fragen zu Lernschwierigkeiten besprochen und dem Lehrling dabei Anregungen zu sinnvollen Lernstrategien gegeben werden.
  Beispiel: Der Ausbilder sucht gemeinsam mit dem Lehrling nach Möglichkeiten, wie er aktuelle Schwierigkeiten in der Berufsschule bewältigen kann.

Hinweise zur Durchführung von Lehrgesprächen

Planung von Lehrgesprächen

Wie oft Lehrgespräche stattfinden und wie lange sie dauern, hängt von mehreren Faktoren ab, beispielsweise vom Ausbildungsberuf, aber auch von den Lernvoraussetzungen des Lehrlings. So wird sich beispielsweise in Ausbildungsberufen, die stark mit moderner Technologie zu tun haben, ein höherer Bedarf an Lehrgesprächen ergeben als in anderen.

Lehrgespräche sollten auf jeden Fall geplant und vorbereitet werden (Lehrgesprächsskizze → S. 173). Wichtig ist, dass Lehrgespräche regelmäßig durchgeführt werden. Vor allem sollte der Lehrling nicht zu hören bekommen: „Wenn ich einmal Zeit habe, werde ich alles noch näher erklären".

Lehrgespräche sollten möglichst in besonderen, vom Arbeitsplatz bzw. von der Produktionswerkstatt getrennten Räumen durchgeführt werden, um Störungen zu vermeiden.

Damit ein Lehrgespräch zum gewünschten Erfolg führt, ist es notwendig, das Gesprächsziel festzulegen. Der Ausbilder sollte an aktuelle Situationen oder Fragen des Lehrlings anknüpfen und den Gesprächsablauf klar strukturieren. Am Ende sollte eine Zusammenfassung der Ergebnisse, ggf. durch den Lehrling, erfolgen.

Die Gesprächsführung liegt beim Ausbilder. Dabei hängt der Grad der Gesprächslenkung sowohl vom Ausbildungsstand als auch von den Fähigkeiten des Lehrlings ab. Generell sollte der Ausbilder darauf achten, dass er keine langen Vorträge hält, sondern ein echter Gedankenaustausch entsteht. Der Lehrling sollte zu eigenen Überlegungen und Schlussfolgerungen angeregt werden. Soweit es möglich ist, sollte der Lehrling bald Gelegenheit erhalten, das Gelernte in der Praxis zu erproben.

2.3.3 Lernaufträge

selbstständig lernen

Ein Lernauftrag dient dazu, dass der Lehrling selbstständig bestimmte Erkenntnisse oder Erfahrungen gewinnt. Das heißt, die eigenständige Lernleistung steht im Vordergrund. Darin unterscheidet er sich vom Arbeitsauftrag, bei dem es um das Erbringen einer Arbeitsleistung geht.

Lernaufträge setzen meist schon ein bestimmtes Maß an Lernerfahrung und Vorwissen beim Lehrling voraus. Daher eignet sich diese Ausbildungsmethode besonders zur Anwendung, Festigung und Vertiefung des Gelernten. Hierbei ist der Lehrling gefordert, auf seinen Kenntnissen und Erfahrungen aufzubauen und selbstständig nach weiterführenden Lösungen zu suchen. Darüber hinaus eignen sich Lernaufträge besonders für Aufgaben der Informationsbeschaffung. Entsprechend den unterschiedlichen Zielsetzungen werden im Wesentlichen zwei Formen von Lernaufträgen unterschieden: Anwendungs- und Erkundungsaufträge.

Anwendungsauftrag

Bei Anwendungsaufträgen geht es darum, vorhandenes Wissen und erworbene Fähigkeiten auf neue, oft komplexere Situationen zu übertragen. Derartige Lernaufträge erfolgen sinnvollerweise im Anschluss an Arbeitsunterweisungen oder Lehrgespräche.

Beispiel: Die Auszubildende für den Beruf der Fleischereifachverkäuferin hat in einem Lehrgespräch von ihrem Chef erfahren, welche Gesichtspunkte bei der Dekoration eines Schaufensters zu beachten sind. Er gibt ihr dann den Lernauftrag, nach diesen Gesichtspunkten einen Entwurf für eine Schaufensterdekoration zum Thema „Karneval" zu erstellen. Die Auszubildende erarbeitet eigenständig einen Dekorationsentwurf und bespricht ihn mit dem Chef. Dann arbeitet sie Korrekturvorschläge ein. Zu Beginn der Karnevalszeit erhält sie den Arbeitsauftrag, das Schaufenster nach ihrem Entwurf zu dekorieren.

Erkundungsauftrag

Erkundungsaufträge sind darauf ausgerichtet, Informationen zu sammeln, Beobachtungen durchzuführen und Erfahrungen zu machen. Oft sind sie Anwendungsaufträgen vorgeschaltet.

Beispiel: Die Auszubildende für den Beruf der Fleischereifachverkäuferin soll für den oben skizzierten Anwendungsauftrag vorher Anregungen sammeln.

Dazu stellt der Chef ihr die Aufgabe, sich vorab die Schaufenstergestaltung von anderen Fleischerfachgeschäften in der Nähe anzusehen und zu skizzieren. Sie soll dabei besonders auf die Anordnung der ausgestellten Waren, deren Beschriftung sowie auf die dekorativen Elemente achten.

Zu beachten ist, dass Lernaufträge zwar in engem Bezug zu betrieblichen Aufgaben stehen, ihr Hauptzweck jedoch das Lernen und nicht die Produktionsleistung ist.

Auswahl von Lernaufträgen

Die Nähe zur betrieblichen Leistung ist für den Lehrling meist interessant und motivierend. Bei der Auswahl und Gestaltung von Lernaufträgen sollte der Ausbilder daher besonders Lernaufträge einbeziehen, die dem Lehrling helfen, künftige Arbeitsaufträge besser zu bewältigen.

In jedem Fall muss der Ausbilder den Lernauftrag sorgfältig auf die individuellen Fähigkeiten des Lehrlings abstimmen, damit dieser zum einen nicht überfordert und durch Misserfolg demotiviert wird, zum anderen aber auch nicht unterfordert wird und dadurch die Freude an der Arbeit verliert.

Hinweise zur Durchführung von Lernaufträgen

Beim Lernauftrag spielt der Ausbilder, im Gegensatz beispielsweise zum Lehrgespräch, eher eine passive Rolle: Er formuliert die Aufgabenstellung, legt die Rahmenbedingungen fest und gibt ggf. Hinweise zum methodischen Vorgehen. Wichtig dabei ist, dass Lernaufträge hinsichtlich des Ziels und des Inhalts klar formuliert sind. Komplizierte Aufträge sollten schriftlich fixiert sein.

Die Auszubildenden müssen die Möglichkeit haben, sich beim Ausbilder oder anderen Fachkräften Rat und Informationen zu holen. Das Lernergebnis muss kontrolliert und mit den Auszubildenden durchgesprochen werden. Dabei sollte der Bezug zu konkreten Arbeiten herausgestellt werden. Kleinere Fehler sollte der Auszubildende nach der Besprechung selber beheben; bei größeren Problemen ist zu überlegen, ob sie im Rahmen eines weiteren Lernauftrages oder statt dessen besser im Rahmen eines Lehrgespräches beseitigt werden.

2.4 Erstellung schriftlicher Entwürfe für die Ausbildertätigkeit

Vor allem zu Beginn der Ausbildertätigkeit sollte das jeweils gewählte methodische Vorgehen sorgfältig geplant und vorbereitet werden. Das gilt insbesondere für Arbeitsunterweisungen und Lehrgespräche. Die schriftliche Darstellung wichtiger Unterweisungseinheiten, das Anfertigen von Entwürfen für Lehrgespräche oder auch das Sammeln interessanter Lernaufträge, z. B. in einer Kartei, sind sicherlich zunächst mit Arbeit verbunden. Sie erleichtern jedoch die künftige Ausbildertätigkeit enorm, da immer wieder auf diese Unterlagen zurückgegriffen werden kann.

2.4.1 Arbeitsaufgabenanalyse/Arbeitszergliederung

Ein wichtiges Hilfsmittel zur Vorbereitung einer Arbeitsunterweisung ist die Analyse der Arbeitsaufgabe, auch Arbeitszergliederung genannt. Durch diese Analyse wird der Gesamtvorgang einer Arbeit in überschaubare Arbeitsschritte zerlegt.

Struktur der Arbeitszergliederung

Eine Arbeitszergliederung sollte folgende Angaben enthalten:

- In der ersten Spalte (was?) werden die einzelnen Teilschritte des Gesamtvorgangs angegeben. Ein wichtiges Kriterium für die Abgrenzung von Teilschritten ist, dass nach jedem der Schritte eine Arbeitsunterbrechung möglich sein soll.
- In der zweiten Spalte (wie?) werden die einzelnen Arbeitsschritte näher beschrieben. Dabei werden Kernpunkte der Arbeit herausgestellt, aber auch wichtige Hinweise auf Gefahrenquellen oder besondere Kniffe gegeben.
- In der dritten Spalte (warum?) wird erklärt, warum der jeweilige Arbeitsschritt wie beschrieben auszuführen ist und was ggf. passiert, wenn von dieser Vorgehensweise abgewichen wird. Es kann hier aber auch darauf aufmerksam gemacht werden, dass es für die Durchführung eines Arbeitsschrittes mehrere Möglichkeiten gibt.

Beispiel für eine Arbeitszergliederung

Arbeitsvorgang: Hartlöten zweier passend gefeilter Metallstücke

Arbeitsmittel: Lötstation (Spannvorrichtung), Metallstücke (z. B. Neusilber), Lötpinzette, Lot, Flussmittel, Pinsel, Wasser/Säure, Lötgerät, Streichhölzer, Poliermittel, ggf. Feile und Schmirgelpapier

Beispiel

Arbeitszergliederung: Hartlöten zweier passend gefeilter Metallstücke		
Teilvorgänge (Was geschieht?)	**Kernpunkte (Wie geschieht es?)**	**Begründung (Warum geschieht es so?)**
1. Vorbereiten der Lötfläche	Passend gefeilte Metallstücke werden durch Ultraschall gereinigt.	Damit keine Verunreinigungen eingebrannt werden
2. Einspannen und Justieren der Metallstücke, Zugeben des Flussmittels und des Lotes	Möglichkeit (1): Gleichzeitig mit dem Einspannen in die Spannvorrichtung wird das Lot dosiert zwischen die zu lötenden Teile gegeben und das Lötgebiet großflächig mit Flussmittel abgedeckt.	Damit das Lot gut zwischen den beiden Metallstücken fließen kann und eine saubere, haltbare Lötstelle entsteht

Fortsetzung

Teilvorgänge (Was geschieht?)	Kernpunkte (Wie geschieht es?)	Begründung (Warum geschieht es so?)
	Möglichkeit (2): Beide Haltestangen der Lötstation werden so gegeneinander justiert, dass die zu lötenden Flächen plan aufeinander liegen. Die Flächen werden mit Flussmittel abgedeckt. Zugabe des Lotes erfolgt während des dritten Arbeitsschrittes, wenn die Löttemperatur erreicht ist.	Je nach Werkstück und individueller Arbeitsweise kann der Vorgang unterschiedlich erfolgen.
3. Vorwärmen und Erhitzen der Lötstelle	Das Lötgebiet wird aus gewisser Entfernung (mit weicher Flamme) vorgewärmt, bis das Flussmittel kristallisiert ist. Ggf. muss Flussmittel nachgegeben werden, wenn es an einer Stelle weggeht. Dann wird die Lötstelle gezielt erhitzt, bis das Lot geflossen ist.	Vorwärmen ist notwendig, um einen gleichmäßigen Schutzüberzug zu erzielen und Oxydation zu vermeiden.
4. Lösen aus der Spannvorrichtung, abschrecken und reinigen	Das Werkstück wird mit einer Lötpinzette gefasst und rasch in eine kalte Flüssigkeit (Wasser oder Abbrennsäure) getaucht und anschließend in ein Ultraschallbad gelegt.	Um die ursprüngliche Metallhärte zurückzugewinnen und um Flussmittelreste zu entfernen
5. Festigkeitsprobe, Beurteilung der Lötstelle	Das Lötstück wird belastet, und es wird geprüft, ob der Lotfluss gleichmäßig und der Lotspalt nicht zu breit ist sowie ob die Justierung stimmt.	Um die Güte festzustellen und ggf. zu entscheiden, ob der Vorgang wiederholt werden muss
6. Nachbearbeiten	Die Lötstelle wird je nach Bedarf gefeilt, geschmirgelt und poliert.	Die Lötstelle sollte möglichst wenig sichtbar sein.

Funktionen der Arbeitszergliederung

Die Arbeitszergliederung hat folgende Funktionen:

- Die Arbeitszergliederung enthält alle Angaben zum Ablauf einer Arbeitstätigkeit. Damit ist sie die Grundlage für die Planung der Unterweisung.
- Durch die Arbeitszergliederung können schneller kritische Stellen im Lernprozess erkannt werden. Zu den erwarteten Lernschwierigkeiten können schon im Voraus entsprechende Lernhilfen geplant werden.
- Das Zerlegen einer Arbeitstätigkeit in einzelne Schritte macht dem Ausbilder wieder Einzelheiten bewusst, über die er sich aufgrund der Routine normalerweise keine Gedanken mehr macht. Er kann sich dadurch besser

in die Situation eines Anfängers versetzen und läuft nicht so leicht Gefahr, den Lehrling zu überfordern.

- Eine schriftlich ausgearbeitete Arbeitszergliederung kann auch zur Einarbeitung neuer Mitarbeiter genutzt werden. Nicht vergessen sollte man die Möglichkeit, dass sich ein Auszubildender bei einfacheren Tätigkeiten die Ausführung anhand einer Arbeitszergliederung selbstständig aneignen kann.

2.4.2 Unterweisungsentwurf am Beispiel des Tischlerhandwerks

Planung einer Unterweisung

Es bietet sich an, in Ausbilder- bzw. Meistervorbereitungslehrgängen die schriftliche Planung einer Unterweisungseinheit einzuüben. Der Unterweisungsentwurf ist nicht nur ein gutes Hilfsmittel für den Ausbildungsalltag; er ist häufig auch Grundlage für die Durchführung der praktischen Prüfung. Bestandteil der Ausbildereignungsprüfung und Meisterprüfung zum Teil IV ist eine praktische Prüfung, in der eine ausgewählte Ausbildungseinheit vom Prüfungsteilnehmer zu präsentieren oder praktisch durchzuführen ist.

Bei der Erstellung eines Unterweisungsentwurfes sollten Angaben gemacht werden

- zu der Tätigkeit, die vermittelt werden soll, und zu deren Einordnung in den Ausbildungsrahmenplan,
- zum vorgesehenen Lernort,
- zu den verwendeten Materialien, Werkzeugen, Maschinen und ggf. weiteren Ausbildungsmitteln,
- zum Zeitbedarf für die Durchführung (in der Prüfung ca. 15 Minuten),
- zu den Lernzielen und den damit angestrebten Kompetenzen,
- zur Unterweisungsmethode und zum Unterweisungsablauf (zu den einzelnen Stufen der Unterweisung, zu einzelnen Schritten der Arbeitstätigkeit entsprechend der Arbeitszergliederung und zu Hinweisen für die Lernunterstützung).

Das folgende Beispiel für einen Unterweisungsentwurf soll die einzelnen Punkte verdeutlichen. Dabei wird die erarbeitende Unterweisungsmethode angewandt (→ Kap. 2.3.1.).

Unterweisungsentwurf aus dem Tischlerhandwerk

Unterweisungsentwurf aus dem Tischlerhandwerk **Thema: Beizen einer furnierten Spanplatte** Vermittlung laut Ausbildungsrahmenplan im 2. Lehrjahr	
Lernort	Tischlerwerkstatt
Ausbildungs-mittel	1 Paar Arbeitsblöcke, 1 furnierte Spanplatte, Beize, Gummihandschuhe, Beizschüssel, Lappen Pinsel
Zeitbedarf	15 Minuten
Methode	Erarbeitende Unterweisungsmethode
Lernziele	Der Lehrling soll selbstständig eine furnierte Fläche unter Berücksichtigung der Sicherheitsvorschriften beizen können. Das Unterweisungsziel ist vorrangig auf Fachkompetenz und Methodenkompetenz gerichtet
Lernziel-bereiche	Teilziele: Der Lehrling
Kognitive Lernziele	– kann beschreiben, wie er die Arbeit eigenständig durchführt, – kann die Holzrichtungen erklären, – kann erklären, welche Sicherheitsvorschriften er zu beachten hat, – kann angeben, welche Werkzeuge benutzt werden und ihre Handhabung beschreiben, – kann seine Arbeit eigenständig bewerten,
Psychomotori-sche Lernziele	– kann die Werkzeuge sachgemäß handhaben, – kann selbstständig die Beize auftragen, verteilen und abziehen,
Affektive Lernziele	– ist bereit, sorgfältig zu arbeiten, – ist bereit, die Sicherheitsvorschriften zu beachten.

Vorbereitungsphase

1. Vorbereitungsphase	
Lerninhalte	**Methodische Hinweise**
Vorstellen des Themas	Hinweis, dass Beizen von grundlegender Bedeutung für den Beruf ist und laut Ausbildungsplan im 2. Lehrjahr vermittelt werden muss.
Interesse wecken	Darauf eingehen, dass Kundenwünsche nach individueller Möbelgestaltung oft eine Veränderung des Holztons erfordern. Das kann durch Beizen erfolgen. Ggf. an entsprechende Kundenaufträge in der letzten Zeit erinnern.
Ziel angeben	Kurz das Ziel der Unterweisung beschreiben und dabei dem Lehrling klar machen, wie wichtig selbstständiges Arbeiten ist, und dass daher von ihm eigenständige Lösungsversuche erwartet werden.
Vorkenntnisse ermitteln	Sich beim Lehrling erkundigen, ob er bei der Durchführung einer derartigen Arbeit bereits zugesehen oder mitgewirkt hat. Ihn fragen, was er sich unter Beizen vorstellt. Ggf. den Begriff klären. Kurz über die Vorbereitung der Holzplatte und die erforderlichen Werkzeuge sprechen (welche notwendig sind und warum).

Sicherheitsvorschriften erarbeiten	Mit dem Lehrling die Sicherheitsbestimmungen auf dem Beizkanister durchsehen (Impulse geben: Er soll angeben, was ihm auffällt). Bedeutung erfragen. Die wichtigsten Sicherheitsvorschriften herausstellen: Fenster öffnen, nicht rauchen, Handschuhe tragen.

Erarbeitungsphase

2. Erarbeitungsphase

Einstieg und methodische Vorüberlegungen

Der Lehrling wird während der Erarbeitungsphase durch Impulse und Fragen geleitet. Zuerst soll er beschreiben, wie er diese Arbeit durchführen würde. Vor der eigentlichen Durchführung soll der Lehrling die Arbeitsschritte einmal ohne Beize ausprobieren. Dabei sollen die folgenden Punkte herausgearbeitet werden:

- Die Pinselhaltung: Der Lehrling soll den Pinsel einmal wie einen Schläger und einmal wie einen Bleistift halten, um den Unterschied zu spüren. Es ist wichtig, den Pinsel wie einen Stift in die Hand zu nehmen, um beim Beizen das feine Gefühl in den Fingerspitzen zu nutzen.
- Die Beachtung der Maserung des Holzes: Beim Auftragen der Beize mit dem Pinsel in Richtung der Maserung nachlaufen, beim Verteilen der Beize gegen die Maserung. Dabei soll der Lehrling vorher die Maserrichtung bzw. die Holzrichtung bestimmen, um zu erkennen, ob er diese Begriffe verstanden hat. Außerdem soll der Lehrling dabei erfahren, wie er den Pinsel auf der Fläche aufzusetzen hat.

Die Erarbeitung der Tätigkeit erfolgt auf der Grundlage der Arbeitszergliederung. Alle Arbeitsschritte werden vom Lehrling selbst durchgeführt. Dabei soll er jeweils selbst beschreiben, wie er vorgeht, und dies begründen. Wenn der Lehrling mit einem Arbeitsschritt nicht zurechtkommt, wird er zunächst durch geeignete Impulse unterstützt. Nur wenn es nicht anders geht, sollte ein Teilschritt vorgemacht werden.

Wichtig ist der Hinweis, dass es bei der Erarbeitung auf eine sorgfältige Ausführung der Arbeit ankommt und nicht auf Schnelligkeit. Allerdings sollte dabei die Zeit für das Einziehen der Beize beachtet werden.

Zu Beginn der Arbeit werden die oben genannten Sicherheitsvorschriften angewandt.

Arbeitsdurchführung

Arbeitsdurchführung

Teilvorgänge (Was geschieht?)	Ausführungshinweise (Wie geschieht es?)	Begründung (Warum geschieht es so?)	Methodische Hinweise
1. Beize umfüllen	Beize aus dem Beizkanister in die Beizschüssel geben	Damit man mit dem Pinsel an die Beize kommt; um Verunreinigung bei größeren Kanistern zu vermeiden	Frage an den Lehrling, warum man die Beize nicht in den Kanister zurückfüllen soll

Arbeitsdurchführung (Fortsetzung)

Teilvorgänge (Was geschieht?)	Ausführungshinweise (Wie geschieht es?)	Begründung (Warum geschieht es so?)	Methodische Hinweise
2. Kanten beizen	Mit dem Pinsel die Beize so auftragen, dass die ganze Pinselbreite aufliegt	Damit man die Beize im Pinsel voll ausnutzt	Den Lehrling erklären lassen, wie er den Pinsel halten muss
3. Beize auftragen	Mit dem Pinsel in Richtung der Maserung	Um die Beize gleichmäßig aufzutragen	Lehrling soll die Richtung angeben und die Frage beantworten, wie der Pinsel auf der Fläche aufkommen muss (von innen nach außen)
4. Beize verteilen	Mit dem Pinsel quer zur Maserung	Um die Beize gut zu verteilen	Lehrling soll wieder die Richtung angeben
5. Beize einwirken lassen	Nach Zeitangaben für die Beizprobe	Damit die Beize tiefer eindringen kann	Lehrling auffordern, auf der Beizprobe nachzuschauen, ob er Hinweise für die Einwirkzeit findet
6. Ballen formen	Die äußeren Kanten des Lappens werden ins Innere gelegt	Damit der Lappen eine glatte Stofffläche ergibt und nicht fusselt	Den Lehrling erklären lassen, wie er einen Ballen formen kann
7. Fläche und Kanten abziehen	Mit dem Ballen	Damit die überschüssige Beize entfernt wird, ein gleichmäßiger Farbton entsteht und keine Lecknasen auf den Kanten zurückbleiben	Der Lehrling wird gefragt, wie er vorher den Pinsel auf der Fläche aufgesetzt hat. Das soll er nun mit dem Ballen ausführen. Dabei soll er auf Lecknasen achten.
8. Beize auf der Fläche erneut abziehen	Mit dem Ballen	Damit die Querstreifen, die an den Kanten entstanden sind, entfernt werden	Der Lehrling soll selbstständig versuchen, alle Querstreifen zu sehen und zu entfernen.

Kontrollphase

Kontrollphase	
Lerninhalte	**Methodische Hinweise**
Sichtkontrolle, optischer Eindruck der gebeizten Fläche	Der Lehrling soll angeben, wie er seine Arbeit beurteilt. Er soll erklären, was er gut und was er noch nicht so gut gemacht hat, bzw. was er verbessern könnte.
Kontrolle des Farbtons anhand der Beizprobe	Der Lehrling wird aufgefordert, die gebeizte Fläche mit der Beizprobe zu vergleichen und zu beurteilen, ob der Farbton stimmt.
Kontrolle des Gelernten	Der Lehrling soll die wesentlichen Arbeitsschritte nochmals kurz zusammenfassen; ggf. nachfragen, welche Sicherheitsvorschriften zu beachten sind, welche Gefäße nicht benutzt werden dürfen und was beim Vergleich mit der Beizprobe zu beachten ist.
Feedback durch den Ausbilder	Hinweise geben, was bei der Arbeit positiv oder negativ aufgefallen ist; den Lehrling zum weiteren Üben motivieren.
Übungsphase	
Dem Lehrling sollen nach und nach weitere Aufgaben gegeben werden, um die Technik des Beizens zu vertiefen, z. B. Beizen einer stehenden Fläche. Besonderheiten von Übungsaufgaben sollten zu Beginn der Übungsphasen kurz gemeinsam erarbeitet werden.	

Übungsphase

2.4.3 Lehrgesprächsskizze

In einer Lehrgesprächsskizze werden wichtige Aspekte für die Planung und Durchführung des Lehrgespräches schriftlich festgehalten. Sie ist eine Gedächtnisstütze für den Ausbilder und hilft ihm, nichts Wesentliches zu vergessen.

notwendige Bestandteile

Ähnlich wie der Unterweisungsentwurf sollte auch die Lehrgesprächsskizze die folgenden Angaben enthalten:

- Gesprächsthema,
- Einordnung in den Ausbildungsrahmenplan,
- vorgesehener Lernort,
- verwendete Ausbildungsmittel (z. B. eine technische Zeichnung, ein Schaltplan oder ein Ausschussteil, an dem Fehler verdeutlicht werden können),
- geplante Zeit,
- Lernziele und die damit angestrebten Kompetenzen,
- Gesprächsablauf mit kurzen Notizen zur Einführung (Bedeutung des Themas, Voraussetzungen des Auszubildenden), zur gemeinsamen Erarbeitung (Hinweise zu den Gesprächsschwerpunkten und Impulse zur Lernunterstützung) sowie zum Gesprächsabschluss (Zusammenfassung wesentlicher Ergebnisse).

2.4.4 Präsentation einer Ausbildungseinheit

In der praktischen Prüfung ist anstelle der Durchführung einer Unterweisung auch die Präsentation einer Ausbildungseinheit möglich. Ziel dieser Präsentation ist es, dass der Prüfungsteilnehmer überzeugend darstellt, wie er eine Ausbildungseinheit plant, durchführt und kontrolliert. Was die Auswahl der Ausbildungseinheit betrifft, so hat er bei der Präsentation wesentlich mehr Möglichkeiten als bei der Durchführung einer Unterweisung. Er kann beispielsweise auch komplexe Ausbildungseinheiten aus höheren Ausbildungsjahren sowie besondere methodische Formen wie die Projektausbildung oder die Anwendung der Leittext-Methode präsentieren.

Präsentationsentwurf

Zur Vorbereitung auf die Präsentation ist es in aller Regel hilfreich – und wird von den Prüfungsausschüssen häufig auch verlangt – einen schriftlichen Entwurf zu erstellen. Er sollte klar gegliedert sein, z. B. in eine Einführung mit den Zielen der Präsentation, die Darstellung der Ausbildungseinheit und ggf. einer kurzen Zusammenfassung.

Präsentationsinhalte

In der Präsentation sollte zu Beginn das Thema der Ausbildungseinheit vorgestellt und die Auswahl begründet werden. Zentraler Punkt der Präsentation ist die ausführliche Darstellung der Planung und Realisierung der Ausbildungseinheit. Ähnlich wie bei der Unterweisung sind hierbei die folgenden Aspekte relevant:

- die Vorbereitung der Ausbildungseinheit (Voraussetzungen des Lehrlings, Planung der Arbeitsmittel und des Arbeitsplatzes, Formulierung der Lernziele),
- die Durchführung der Ausbildungseinheit mit der Beschreibung der ausgewählten Methoden, der erforderlichen Medien, der Ablaufgestaltung und der gewählten Ausbildungserfolgskontrolle,
- die Ergebnissicherung mit den Hinweisen auf vorgesehene Übungs- und Vertiefungsmöglichkeiten.

Präsentationstechniken

Von besonderer Bedeutung für die Beurteilung der Präsentation sind oft die eingesetzten Präsentationstechniken. Im Vordergrund steht dabei die Vortragstechnik, d. h. es kommt darauf an, dass sich der Prüfungsteilnehmer verständlich ausdrücken kann, dass er klar und deutlich spricht, gut betont und seine Körpersprache dem Vortrag angepasst ist.

Präsentationsmedien

Hilfreich ist auch die Unterstützung des Vortrages durch geeignete Präsentationsmedien, z. B.:

- Tafelbild,
- Overhead-Folien,
- Powerpoint-Folien,
- Aufzeichnung auf dem Flip-Chart,
- Fotos,
- Dias.

Außerdem sollten die für die Ausbildungseinheit vorgesehenen Arbeitsmittel wie etwa Geräte oder Aufgabenblätter usw. vorgestellt werden.

Wichtig ist auch, dass der Prüfungsteilnehmer auf die Einhaltung des zeitlichen Rahmens für die Präsentation achtet.

Damit die Lehrgangsteilnehmer Erfahrung in der Präsentationstechnik gewinnen, ist es sinnvoll, bereits während der Vorbereitungslehrgänge Präsentationen durchführen zu lassen.

Bitte bearbeiten Sie abschließend die folgenden Aufgaben:

1. Beschreiben Sie, welche Möglichkeiten das Methodenkonzept des auftragsorientierten Lernens bietet, um Lehren und Lernen im Betrieb zu gestalten.

2. Wie können Sie den Lehrling in die Auftragsbearbeitung einbeziehen, so dass er lernt, Tätigkeiten zunehmend selbstständig zu planen, durchzuführen und zu kontrollieren?

3. Stellen Sie an Beispielen dar, in welchen Ausbildungssituationen Sie eher eine Arbeitsunterweisung, ein Lehrgespräch oder einen Lernauftrag einsetzen würden, und begründen Sie Ihre Auswahl.

4. Wählen Sie aus Ihrer Ausbildungsordnung eine geeignete Ausbildungseinheit für eine Arbeitsunterweisung aus, und erstellen Sie dazu eine Arbeitszergliederung. Beschreiben Sie kurz, wie Sie bei der Arbeitsunterweisung vorgehen, damit der Lehrling möglichst eigenständig lernen kann.

3. Auswahl von Ausbildungsmitteln für die Gestaltung von Lehr-/Lernarrangements

Kompetenzen:

Der Lernende

- kann unterschiedliche Ausbildungsmittel, die das Lehren und Lernen im Betrieb ergänzen und unterstützen, erläutern,
- ist in der Lage, Gründe für den Einsatz von Ausbildungsmitteln darzulegen,
- kann Situationen beschreiben, in denen Ausbildungsmittel eine sinnvolle und wichtige Unterstützung des Unterweisens und des Lernens darstellen.

3.1 Überblick über Ausbildungsmittel und ihre Funktionen

Ausbildungsmittel im Betrieb

Ausbildungsmittel unterstützen den Lernenden bei seiner Aufgabe, einen Lerninhalt zu erfassen, sich die entsprechenden Fertigkeiten und Kenntnisse einzuprägen, sie zu wiederholen und zu vertiefen. Den Ausbilder unterstützen sie bei der Vermittlung von Fertigkeiten und Kenntnissen.

Als Ausbildungsmittel werden alle materiellen Hilfsmittel bezeichnet, die der Ausbilder einsetzen kann, um das Lehren und Lernen zu unterstützen.

Die Abbildung auf → S. 179 gibt einen Überblick über die wichtigsten Ausbildungsmittel.

Der Erfolg der Ausbildung hängt wesentlich davon ab, ob die Kommunikation zwischen Ausbilder und Lehrling gelingt (→ Lernfeld 6: Ausbildung in der Gruppe, Kap. 1.2). Ausbildungsmittel sind dabei „zusätzliche Vermittler", durch die Informationen zwischen Ausbilder und Lehrling ausgetauscht werden. Sie transportieren Informationen über Lerninhalte. (Interessante Hinweise und Materialien für Ausbilder unter: *www.grundig-akademie.de/→ Projekte*.)

Es ist wissenschaftlich nachgewiesen, dass es einen Zusammenhang zwischen der Art der Informationsaufnahme und dem Erfolg des Lernens und Einprägens gibt (→ Lernfeld 5: Förderung des Lernprozesses, Kap. 2.4). Jeder Mensch lernt anders, jeder Mensch ist ein individueller Lerntyp. Der eine lernt besonders gut durch Lesen, ein anderer durch Hören, ein dritter durch Beobachten, ein vierter durch Hören und Beobachten, ein weiterer dadurch, dass er den Inhalt selbst erklärt, und noch ein anderer durch unmittelbare praktische Umsetzung. Der Lern- und Behaltenserfolg dieser Lerntypen wird also dadurch bestimmt, über welche Sinnesorgane (Wahrnehmungskanäle) ein Lerninhalt aufgenommen wird.

Unterscheidung nach Sinnesorganen

Ausbildungsmedien transportieren Informationen über unterschiedliche Sinneskanäle; d. h. sie nehmen unterschiedliche Sinnesorgane in Anspruch. Je nachdem, welches Sinnesorgan jeweils angesprochen wird, unterscheidet man zwischen folgenden Medien:

- visuelle Medien

Visuelle Medien werden mit dem Gesichtssinn, also mit den Augen, wahrgenommen. Beispiele: Lehrbuchtext, Tafelzeichnung.

- auditive (akustische) Medien

Auditive Medien werden mit dem Gehörsinn wahrgenommen. Beispiel: Tonkassettenwiedergabe.

- audiovisuelle Medien

Audiovisuelle Medien werden zugleich durch Sehen und Hören wahrgenommen. Beispiele: Tonbildschau, Tonfilm, Fernsehen, Videos.

- multisensuelle Medien

Multisensuelle Medien beanspruchen neben dem Gesichts- oder Gehörsinn noch weitere Sinnesorgane, z. B. den Geruchs- oder Tastsinn. Beispiele: Ein Werkzeug wird nicht nur visuell wahrgenommen, sondern auch mit dem Tastsinn erfühlt. Bestimmte Stoffe teilen sich durch ihren Geruch mit.

CBT, Multimedia und Online-Lernen

Computer-based Training

Mit den neuen Kommunikations- und Informationstechnologien erlangt Computer-based Training (CBT) zunehmende Bedeutung. Beim computergestützten Lernen steuert Lernsoftware, z. B. in Form von interaktiven Multimedia-Programmen, den Lernprozess.

Interaktiv nennt man Lernsoftware, wenn sie in Dialogform aufgebaut ist, also beispielsweise Antworten erfragt und überprüft und Rückmeldungen bei falschen Lösungen gibt.

Multimedia

Unter Multimedia versteht man die Verbindung von Bild, Film, Text und Ton. Durch die Möglichkeit ansprechender visueller oder audiovisueller Gestaltung wirken Multimedia-Lernprogramme oft sehr attraktiv. Gerade bei jungen Menschen, die mit dem Computer aufgewachsen sind, stoßen multimedial unterstützte Lernangebote auf sehr gute Resonanz. Multimediale Lernprogramme werden auf CD-ROM oder über Internet angeboten. Beim Lernen über Internet spricht man auch von Online-Lernen oder Telelearning.

Online-Lernen

Kritisiert wird am PC-gestützten Lernen oft, dass es die sozialen Aspekte des Lernens vernachlässigt und die individuelle Kommunikation mit einem Lehrenden nicht ersetzen kann. Diesbezüglich hat sich die Einsicht durchgesetzt, dass auch das Selbstlernen am PC durch Lehrer begleitet und unterstützt werden sollte. Gute Online-Qualifizierungsangebote verschiedener Bildungsanbieter sehen daher die Lernbegleitung „online" durch sog. Telecoaches vor. Es gibt auch die Möglichkeit, regelmäßig zwischen Fernlernphasen und Präsenzlernphasen („normalem" Unterricht) zu wechseln.

Die besonderen Vorteile eines PC-gestützten Lernens bestehen darin, dass der Lernende über den Ort, die Zeit, das Lerntempo oder auch die Reihenfolge, in der er Lerninhalte bearbeitet, selbst entscheiden kann. So unterstützt PC-gestütztes Lernen auch den Aufbau von Handlungskompetenz.

Wenn Lernsoftware gut gestaltet und attraktiv ist, so werden Lernprozesse didaktisch sinnvoll unterstützt. Viele Sachverhalte und Problemsituationen können auf diese Weise hervorragend simuliert werden. Insbesondere zum Üben, Wiederholen und Festigen und zur Vertiefung von Lernstoff kann Lernsoftware eine sehr hilfreiche Unterstützung darstellen.

Ausbildungsmittel und ihre unterschiedlichen Lernwege

Die verschiedenen Ausbildungsmittel und -medien eröffnen unterschiedliche Lernwege. Wenn ein neuer Lerninhalt vermittelt werden soll, muss man sich aber nicht für einen und gegen die anderen Lernwege entscheiden. Vielmehr ist es im Allgemeinen empfehlenswert, verschiedene Wege zu nutzen und damit verschiedene Gedächtnisarten zu aktivieren, um ein und denselben Stoff zu erlernen. Es gilt hier die Erfahrung:

Je mehr Sinnesorgane gleichzeitig angesprochen werden, desto höher ist der Lern- und Behaltenserfolg.

Didaktisch-methodische Funktionen von Ausbildungsmitteln

Ein großer Teil der Ausbildungsmittel dient der Veranschaulichung von Dingen oder Sachverhalten. Sie können als Repräsentationsmedien bezeichnet und nach dem Grad ihrer Realitätsnähe geordnet werden. Unter diesem Aspekt stehen an erster Stelle die originalen Objekte. In der auftragsorientierten Ausbildung in Klein- und Mittelbetrieben, vor allem im Handwerk, sind die im Betrieb vorhandenen Maschinen, Werkzeuge, Musterexemplare von Produkten usw. sicherlich die wichtigsten Ausbildungsmittel.

originale Gegenstände

Zu den originalen Gegenständen des Ausbildungsbetriebes, die sehr lerneffizient eingesetzt werden können, zählen auch sehr einfache Mittel, wie z. B.:

- fehlerhafte Materialien und Arbeitsprodukte, die als Demonstrationsobjekte verwendet werden,
- einfach konstruierte Geräte und Maschinen, die als Anschauungsobjekte benutzt werden,
- gelungene Lehrlingsarbeiten, die für längere Zeit ausgestellt werden.

Der direkte Umgang und die direkten Erfahrungen des Lernenden mit den realen Gegenständen können durch kein Modell und keine grafische Darstellung ersetzt werden.

Modelle und Nachbildungen

Doch auch Modelle und Nachbildungen sind sehr realitätsnah. Sie können eine wertvolle Ergänzung der unmittelbaren Erfahrungen sein. Nachbildungen werden z. B. eingesetzt, um nicht Wahrnehmbares (Verdecktes,

Unsichtbares) oder schlecht Wahrnehmbares (zu klein oder zu groß, zu schnell oder zu langsam) wahrnehmbar zu machen. Beispiele: Schnittmodell, Großmodell eines Spiralbohrers.

Abbildungen

Weniger realitätsnah (weil nur zweidimensional) sind Abbildungen. Sie sind aber oft in besonderer Weise geeignet, das Wesentliche an einem Objekt oder Vorgang zu verdeutlichen, z. B. durch farbige Markierung oder durch Weglassen unwichtiger Einzelheiten. Beispiele: Skizzen, Schaubilder, schematische oder technische Zeichnungen ebenso wie Trickfilme. Mit Hilfe von Fotos, etwa von Meisterstücken oder von neuen oder besonderen Produkten, und mit Hilfe von Filmen können vergleichsweise unaufwendig Dinge oder Sachverhalte präsentiert werden, die im Betrieb oder in der Nähe des Betriebes nicht verfügbar sind.

Überblick über Ausbildungsmittel

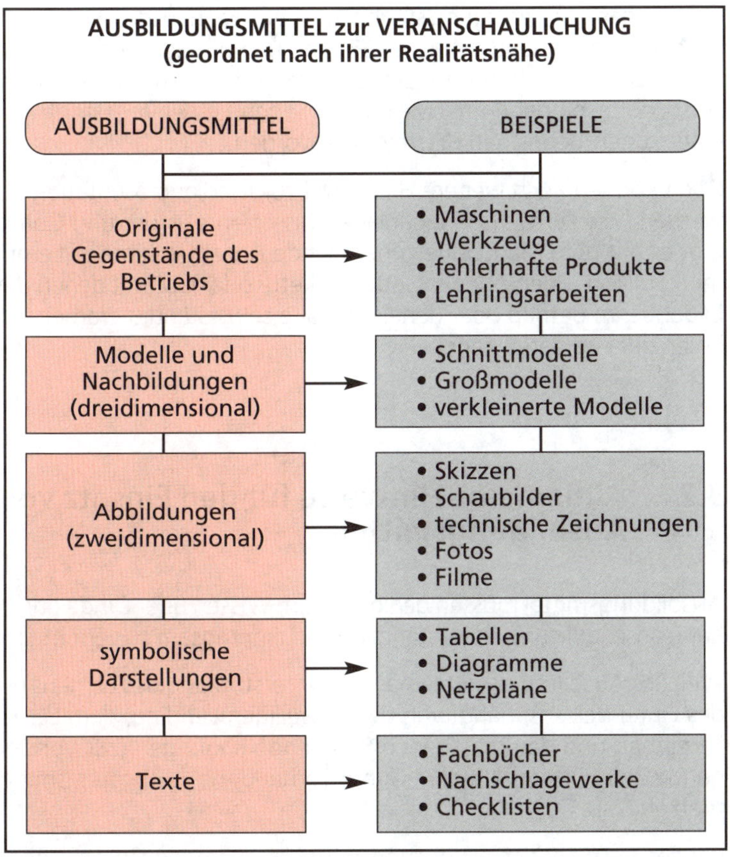

symbolische Darstellungen

Die größte Entfernung zur Realität weisen symbolische Darstellungen auf. Sie ermöglichen es in besonderer Weise, eine Vielzahl von Einzelinformationen zusammenzufassen und damit übersichtlicher zu machen (Beispiel: Tabellen, Flussdiagramme, Netzpläne) oder auch abstrakte gedankliche Vorstellungen und Zusammenhänge zu veranschaulichen (Beispiel: Schemata über begriffliche Zusammenhänge, Netzwerke).

Texte Texte aus Lehr- oder Fachbüchern, Nachschlagewerke, Checklisten, Merk- und Übungsblätter oder auch Leittexte entlasten den Ausbilder von der routinemäßigen mündlichen Stoffdarstellung und ermöglichen es dem Auszubildenden auch, sich Lerninhalte selbstständig anzueignen oder Themen alleine zu vertiefen. Schriftliche Informationen können intensiv durchgearbeitet, aufbewahrt und nach Bedarf abgerufen sowie relativ kostengünstig reproduziert werden.

Unterlagen für die Planung und Durchführung der Ausbildung wie Ausbildungsrahmenpläne, selbst erstellte Unterweisungsentwürfe, Arbeitszergliederungen etc. dienen nicht zur Veranschaulichung von Sachverhalten; dennoch zählen sie im weiteren Sinn zu den Ausbildungsmitteln.

Tafel/Flipchart Das Gleiche gilt für Hilfsmittel zur Medienpräsentation. Für planmäßige Arbeitsunterweisungen und Lehrgespräche sollte eine einfache Tafel oder ein Flipchart zur Verfügung stehen, um neue Fachausdrücke und Merksätze anschreiben, anhand einfacher Skizzen komplizierte Zusammenhänge erklären oder eine Rechenoperation durchführen zu können. In größeren Ausbildungsbetrieben mit vielen Lehrlingen ist der Tageslichtprojektor zu einem unentbehrlichen Hilfsmittel geworden.

Doch können auch weitere Hilfsmittel zur Medienpräsentation eingesetzt werden, wie Fernseh-/Videoanlage, Kassettenrekorder und Computer. So gibt es auf dem Markt eine zunehmende Anzahl von guten Lernprogrammen auf Ton- oder Videokassette, Diskette oder CD, mit denen der Auszubildende im Betrieb oder daheim Inhalte selbstständig erarbeiten, wiederholen oder vertiefen kann.

3.2 Allgemeine Hinweise für den Einsatz von Ausbildungsmitteln

Ausbildungsmittel müssen geeignet sein, Wissen über Dinge oder Sachverhalte anschaulich, klar, verständlich und einprägsam zu vermitteln.

Einsatzhinweise Welches Ausbildungsmittel man zur Unterstützung des Lernens nutzt oder des Unterweisens, hängt von dem jeweiligen Lehrling, dem Lernziel, dem Lerninhalt und den gegebenen Rahmenbedingungen (zur Verfügung stehende Zeit, Ort der Unterweisung, vorhandene Ausbildungsmittel im Betrieb etc.) ab.

Bei der Auswahl der Ausbildungsmittel ist zu überlegen, welches Medium dem Lerngegenstand und dem Erreichen des Lernzieles am ehesten gerecht wird. Darüber hinaus sollten das Lernniveau, aber auch die Interessen der Zielgruppe berücksichtigt werden: Eine zu komplizierte Darstellung könnte den Lernwiderstand des Lehrlings gegenüber einem Lerngegenstand erhöhen und somit das Gegenteil von dem bewirken, was an sich erreicht werden soll. Dagegen können Ausbildungsmittel, die als attraktiv empfunden werden, das Lerninteresse und damit den Lernerfolg deutlich steigern.

Richtig und gekonnt eingesetzt helfen Ausbildungsmittel,
- das Interesse zu wecken,
- die Aufmerksamkeit zu lenken,
- die Aufnahme von Informationen zu erleichtern,
- die Einprägung in das Gedächtnis zu unterstützen und zu verbessern,
- das Lernen abwechslungsreicher zu gestalten,
- den Lernerfolg zu überprüfen

und so die Effektivität der Ausbildung zu steigern.

Auskünfte über die auf dem Markt erhältlichen Ausbildungsmittel (Lehrgangsunterlagen, Modelle, Videobänder, Arbeitstransparente, Projekte, Leittexte, Lernprogramme, Lernsoftware) eines Ausbildungsberufes oder eines Berufsfeldes sind bei den größeren Fachverbänden oder beim Bundesinstitut für Berufsbildung (Bonn, Berlin) zu erhalten, das einen Medienkatalog für die berufliche Bildung zur Verfügung stellt *(www.bibb.de/711.htm)*.

Medienkatalog

Für ein steil wachsendes Angebot an multimedialen Lernprogrammen sorgt auch die Zentralstelle für die Weiterbildung im Handwerk (ZWH). Zusammen mit 35 Handwerkskammern und Bildungszentren des Handwerks bietet die ZWH Online-Qualifizierungen im EDV-Bereich, im Bereich der Meistervorbereitung, sowie Sprachkurse und besondere Lernangebote für Berufsrückkehrer im Rahmen einer virtuellen Online-Akademie. Ausgebildete Telecoaches begleiten und unterstützen die Teilnehmer der Lehrgänge an der Online-Akademie beim Online-Lernen daheim, in den Selbstlernzentren der Bildungszentren des Handwerks oder auch am Arbeitsplatz *(www.zwh.de)*.

Bitte bearbeiten Sie abschießend die folgenden Aufgaben:

1. Nennen Sie einige Ausbildungsmittel, die Sie als sinnvolle Unterstützung bei einer Unterweisung in Ihrem Beruf einsetzen können!

2. Welche Funktionen und welche Vorteile hat der Einsatz von Ausbildungsmitteln?

3. Nennen und begründen Sie anhand von Beispielen einige wichtige Kriterien, nach denen Ausbildungsmittel zur Unterstützung des Lehrens und Lernens ausgewählt werden!

4. Was versteht man unter interaktiven Multimedia-Programmen?

5. Welche besonderen Vorteile bieten Online-Qualifizierungen?

4. Ausbildungserfolgskontrollen

Kompetenzen:

Der Lernende

- kann Methoden der Ausbildungserfolgskontrolle erläutern,
- ist in der Lage, innerbetriebliche Ausbildungserfolgskontrollen durchzuführen,
- kann Ausbildungsnachweise/Berichtshefte als Hilfsmittel der Ausbildungserfolgskontrolle aufzeigen,
- kann außerbetriebliche Ausbildungserfolgskontrollen beschreiben.

4.1 Begriff, Arten und Funktionen von Ausbildungserfolgskontrollen

Grundlegendes Ziel der Ausbildung ist die Vermittlung beruflicher Handlungskompetenz. Das heißt, der Lehrling soll fähig werden, berufliche Situationen fachgerecht und persönlich kompetent zu bewältigen. Der Weg zu diesem Ziel ist lang, und es ist erforderlich, immer wieder festzustellen inwieweit gesteckte Teilziele erreicht worden sind. Dazu dienen Ausbildungserfolgskontrollen. Was darunter zu verstehen ist und welche Anforderungen bei der Durchführung beachtet werden sollen, wird im Folgenden behandelt.

Soll-Ist-Vergleiche

Ausbildungserfolgskontrollen sind Soll-Ist-Vergleiche. Es wird jeweils der aktuelle Lern- und Leistungsstand festgestellt und in der Regel mit dem angestrebten Ausbildungsziel verglichen. Damit lässt sich beurteilen, wie gut die aktuellen Lernergebnisse und Leistungen des Lehrlings sind, wie er in der Ausbildung vorankommt und wo ggf. noch Schwachstellen zu beseitigen sind.

Die Ausbildung im dualen System erfolgt an unterschiedlichen Lernorten. Daher ist im Hinblick auf die Zuständigkeit für die Durchführung zu unterscheiden zwischen innerbetrieblichen und außerbetrieblichen Ausbildungserfolgskontrollen.

Erfolgskontrollen im Ausbildungsablauf

Folgende **Arten von Kontrollen** bzw. Lernstandsfeststellungen sind im Ausbildungsablauf von besonderer Bedeutung: Vor der Einstellung eines Lehrlings sowie während der Probezeit kommt es für den Betrieb darauf an, die Eignung des Lehrlings, aber auch seine Neigung für den Ausbildungsberuf durch geeignete Verfahren festzustellen. Während der Ausbildung soll dann möglichst kontinuierlich der Lern- und Leistungsstand des Lehrlings überprüft werden. Die in der Ausbildungsordnung vorgegebenen

Zwischenprüfungen sollen zu bestimmten Zeitpunkten ein Bild über den erreichten Ausbildungsstand geben. Ziel der Ausbildung ist jedoch nicht nur die Vermittlung von Fertigkeiten und Kenntnissen, sondern auch die Förderung von Persönlichkeitseigenschaften wie Sorgfalt, Belastbarkeit, Problemlösungsfähigkeit, Kooperationsbereitschaft. Regelmäßige Verhaltensbeurteilungen sind daher erforderlich, um Verhaltensänderungen bewusst zu machen. Durch die Abschluss-/Gesellenprüfung am Ende der Ausbildung soll schließlich festgestellt werden, ob die Ausbildungsziele insgesamt erreicht worden sind.

Die oben dargestellten Arten von Ausbildungserfolgskontrollen erfüllen wichtige, zum Teil unterschiedliche **Funktionen:**

Rückmeldung

- Rückmelde-/Steuerungsfunktion: Vor allem die innerbetrieblichen Lernerfolgskontrollen zeigen sowohl dem Lehrling als auch dem Ausbilder, ob die bisherige Ausbildungsplanung und die entsprechenden Ausbildungsmaßnahmen Erfolg hatten. Lernprobleme und Fehler geben Anhaltspunkte dazu, wo Korrekturen und evtl. ein anderes methodisches Vorgehen erforderlich sind. Zwischenprüfungen machen deutlich, ob die in dem Ausbildungsjahr vorgesehenen Fertigkeiten und Kenntnisse beherrscht werden oder wo es notwendig ist, die Ausbildung zu intensivieren. Abschlussprüfungen zeigen den nach der Ausbildung erreichten Leistungsstand auf.

Motivierung

- Motivierungsfunktion: Nichts motiviert mehr als der Erfolg. Es ist daher sehr wichtig, Lernfortschritte herauszustellen. Durch Erfolgserlebnisse angespornt, sind Lehrlinge meist eher bereit, Lernanstrengungen zu verstärken und sich auf die Arbeit zu konzentrieren. Misserfolge sind oft ein Zeichen dafür, dass die Ziele zu weit gesteckt und die Aufgaben zu schwierig waren. Hier wird es meist notwendig, kleinere Etappenziele anzusteuern, um Erfolge zu erreichen.

  Wichtig ist es vor allem, häufige Misserfolgserlebnisse zu vermeiden, da sie den Auszubildenden entmutigen und das notwendige Selbstvertrauen beeinträchtigen können.

Feststellung der Eignung

- Funktion der Eignungsfeststellung: Bei der Auswahl von Lehrstellenbewerbern werden deren Fähigkeits- und Begabungsprofile mit den Anforderungen des Berufes verglichen. Dadurch soll ermittelt werden, inwieweit der jeweilige Bewerber für den Beruf geeignet erscheint. Oft gelingt es jedoch erst im Verlauf der Probezeit, durch entsprechende Aufgabenstellungen die Eignung des Lehrlings klarer zu beurteilen und zu erkennen, ob er den beruflichen Anforderungen voraussichtlich gewachsen ist.

Berechtigung

- Berechtigungsfunktion: Die Abschlussprüfung und das Prüfungszeugnis sind mit bestimmten Berechtigungen verbunden. So hat der Lehrling nach bestandener Abschlussprüfung Anspruch auf die Gesellen-/Facharbeitervergütung. Außerdem ist die abgeschlossene Ausbildung in der Regel die Voraussetzung für eine Reihe von Aufstiegsbildungsmaßnahmen, vor allem für die Weiterbildung zum Meister.

Prognose

- Prognosefunktion: Sowohl betriebliche Ausbildungserfolgskontrollen als auch die Abschlussprüfung lassen erkennen, welche besonderen Fähigkeiten und Leistungen vom Lehrling künftig erwartet werden können. Sie geben daher Anhaltspunkte, welcher Arbeitsplatz oder welche Stelle im Betrieb für die Weiterbeschäftigung des Lehrlings nach Ausbildungsabschluss am ehesten in Frage kommt.

Die nachfolgende Übersicht gibt einen zusammenfassenden Überblick über die wesentlichen Bereiche und Merkmale von Ausbildungserfolgskontrollen.

Ausbildungserfolgskontrollen

Unterscheidungsmerkmale der Ausbildungserfolgskontrollen		
Merkmale	**Bereiche**	
	innerbetriebliche Ausbildungserfolgskontrollen	**außerbetriebliche Ausbildungserfolgskontrollen**
Arten	– Feststellung der Eignung des Auszubildenden für den Beruf (bei der Einstellung und während der Probezeit) – Lern-/Leistungserfolgskontrolle während der Ausbildung – Verhaltensbeurteilung zur Ermittlung berufsnotwendiger Verhaltensmerkmale	– Zwischenprüfung – Abschluss-/Gesellenprüfung
Funktionen	– Rückmelde-/Steuerungsfunktion – Motivierungsfunktion – Eignungsfeststellungsfunktion	– Rückmelde-/Steuerungsfunktion – Motivierungsfunktion – Berechtigungsfunktion – Prognosefunktion
Verfahren	– Beobachtung – mündliche Erfolgskontrolle – schriftliche Erfolgskontrolle – Fertigkeitsprüfung/Übungsarbeit/Arbeitsprobe	– schriftliche Prüfung – mündliche Prüfung – Arbeitsprobe/Gesellenstück

4.2 Allgemeine Anforderungen an Ausbildungserfolgskontrollen

Bei der Durchführung von Ausbildungserfolgskontrollen ist es notwendig, die folgenden Anforderungen zu beachten, damit sie ihren Zweck erfüllen.

Objektivität

- Die Forderung nach Objektivität bedeutet, dass verschiedene Prüfer die gleiche Leistung auch gleich beurteilen bzw. dass ein Ausbilder die Lehrlinge, die gleiche Leistungen zeigen, gleich bewertet und keinen bevorzugt oder benachteiligt. Dazu ist es vor allem notwendig, klare Vorgaben über die zu prüfende Leistung zu machen und eindeutige Bewertungs- und Beurteilungskriterien festzulegen.

- Die Forderung nach Transparenz besagt, dass Schwerpunkte und Ablauf der Lernerfolgskontrollen ebenso wie die Bewertungskriterien offengelegt werden sollen, um beim Lernenden Prüfungsängste abzubauen. Vor allem bei innerbetrieblichen Erfolgskontrollen und bei der Verhaltensbeurteilung ist es wichtig, die Ergebnisse der Überprüfung mit dem Lehrling durchzusprechen, damit dieser seine Fehler erkennen und sie korrigieren kann. **Transparenz**
- Bei der Forderung nach Gültigkeit (Validität) geht es darum, geeignete Verfahren zur Überprüfung von bestimmten Kompetenzen auszuwählen. Beispiel: Wenn ein Optikermeister feststellen will, ob sein Lehrling die Randschleifmaschine richtig handhaben kann, dann genügt es nicht, wenn er sich Funktion und Bedienung der Maschine erklären lässt. Er muss ihn schon schleifen lassen. **Gültigkeit**

Die folgende Übersicht gibt Anhaltspunkte darüber, welche Verfahren sich zur Überprüfung verschiedener Kompetenzen eignen (→ Lernfeld 2: Planung der Ausbildung, Kap. 2.3).

Eignung von Kontrollverfahren für verschiedene Kompetenzbereiche	
Beispiele für Kompetenzbereiche	**Geeignete Verfahren zur Erfolgskontrolle**
Fachkompetenz: – für den Beruf wichtige Zusammenhänge verstehen – berufsnotwendige Fertigkeiten beherrschen – schnell und genau Arbeiten	– schriftliche oder mündliche Kontrollfragen – Erstellen von Übungsarbeiten bzw. Arbeitsproben – Beobachtung bei der Durchführung von Arbeiten
Methodenkompetenz: – Probleme selbstständig lösen, Problemlösestrategien anwenden	– Bearbeitung von komplexen theoretischen oder praktischen Aufgaben, die alle Schritte von der Planung bis zur Selbstkontrolle enthalten
Sozialkompetenz: – kontaktfähig sein, gut mit Mitarbeitern und Kunden umgehen	– Beobachten des Verhaltens in Arbeitsgruppen bzw. beim Kunden
Sprachkompetenz: – sich gut und verständlich ausdrücken	– schriftliche Bearbeitung von Themen (Briefe schreiben), Beobachtung in Gesprächssituationen

4.3 Durchführung innerbetrieblicher Ausbildungserfolgskontrollen

Erfolgskontrollen müssen den Ausbildungsprozess laufend begleiten und daher bereits bei der Ausbildungsplanung bedacht werden. Die am häufigsten eingesetzten Formen der innerbetrieblichen Erfolgskontrolle sind sicherlich die Beobachtung des Auszubildenden im Lernprozess und bei der Durchführung von Aufträgen sowie mündliche Kontrollfragen. Sie sind in der Regel Bestandteil der Arbeitsunterweisung, z. B. wenn der Ausbilder sich vom Lehrling den Arbeitsablauf erklären lässt und dann beobachtet, ob der Auszubildende die Tätigkeiten richtig ausführt.

Eine direkte Rückmeldung, ob die Ausführung korrekt ist oder nicht, ist besonders wichtig, da sich einmal gemachte Fehler sonst leicht verfestigen und später oft nur schwer korrigiert werden können.

Darüber hinaus können auch Übungsarbeiten und schriftliche Tests zur Ausbildungserfolgskontrolle dienen. Für die Überprüfung des Arbeits- und Leistungsverhaltens ist eine Verhaltensbeurteilung erforderlich. Auf diese drei Verfahren soll nun näher eingegangen werden.

4.3.1 Übungsarbeiten

Arbeitsproben

Übungsarbeiten oder Arbeitsproben dienen dazu, erlernte Fertigkeiten und die Arbeitsweise des Lehrlings zu überprüfen. Sie sollten nach allen wichtigen Ausbildungseinheiten angesetzt werden. Gerade Übungsarbeiten sind dazu geeignet, die in den Ausbildungsordnungen geforderte Handlungskompetenz zu überprüfen. Dazu sollte die jeweilige Aufgabenstellung möglichst offen sein, damit der Auszubildende auch zeigen kann, dass er Arbeiten selbstständig planen, durchführen und kontrollieren kann. Insbesondere die Fähigkeit, Arbeiten selbst zu beurteilen und Fehler zu korrigieren, sollte dabei trainiert werden, da diese Fähigkeit für eine sichere Bewältigung künftiger Arbeitssituationen immer wichtiger wird.

möglichst konkrete Beurteilung

Die Beurteilung von Arbeitsablauf und Arbeitsergebnissen soll möglichst konkret erfolgen, damit der Lehrling klar erkennen kann, wo seine Stärken und Schwächen liegen und wo er sich ggf. noch verbessern muss. Dazu sind geeignete Beurteilungskriterien erforderlich wie Beherrschung von Bewegungsabläufen, Koordination der Einzeltätigkeiten, Maßhaltigkeit, Genauigkeit der Ausführung, Materialverbrauch oder Bearbeitungszeit. Zu Beginn der betrieblichen Ausbildung sollten diese Kriterien zunächst gemeinsam mit dem Lehrling festgelegt werden. Im Verlauf der Ausbildung sollte der Auszubildende jedoch lernen, die Kriterien zunehmend selbstständig zu erarbeiten.

4.3.2 Schriftliche Ausarbeitungen

Schriftliche Erfolgskontrollen sind in Klein- und Mittelbetrieben eher selten. Sie können dennoch sinnvoll sein, wenn z. B. mehrere Lehrlinge gleichzeitig beurteilt werden, da schriftliche Tests in der Regel eine objektivere Beurteilung der Leistungen ermöglichen. Die Formulierung schriftlicher Kontrollfragen bietet auch den Vorteil, dass sie für künftige Ausbildungsgänge immer wieder eingesetzt werden können und so zur Rationalisierung der Ausbildung beitragen. Das gilt vor allem für solche Fragen, die auf die Überprüfung zentraler Ausbildungsinhalte zielen und für Prüfungen relevant sind. Die Beantwortung von schriftlichen Fragen ist für den Lehrling eine gute Vorbereitung für die Zwischen- und Abschlussprüfungen. Bei der Aufgabenauswahl sollte darauf geachtet werden, welche Aufgabenformen in den jeweiligen Prüfungen vorrangig auftreten, um den Übungseffekt zu verbessern.

Es lassen sich zwei grundlegende Formen von schriftlichen Tests unterscheiden:

freie Aufgaben

- Freie Aufgaben, bei denen Fragen oder Themen mit eigenen Worten dargestellt werden. Vorzüge sind darin zu sehen, dass die Fragen leichter zu stellen sind und auch Planungsaspekte sowie die Ausdrucksweise des Lehrlings mit überprüft werden können. Ein Problem ist die oft zeitaufwendige Auswertung und Beurteilung der Antworten.

programmierte Tests

- Programmierte Tests (gebundene Form der Aufgabenbeantwortung), bei denen die Antwortmöglichkeiten bereits mehr oder weniger vorgegeben sind. Es werden unterschieden: Ergänzungsaufgaben, Zuordnungsaufgaben, Umordnungsaufgaben und Auswahlantwortaufgaben.

4.3.3 Verhaltensbeurteilung und Beurteilungsgespräch

Beurteilung am Ende der Probezeit

Die Verhaltensbeurteilung soll ein Bild über das Gesamtverhalten des Auszubildenden ergeben. Sie soll regelmäßig durchgeführt werden, um dem Lehrling Anhaltspunkte über Stärken und Schwächen sowie Hilfen für eine Weiterentwicklung zu liefern. Wichtig ist die Verhaltensbeurteilung vor allem zum Ende der Probezeit, um festzustellen, ob der Lehrling für die weitere Ausbildung geeignet ist, sowie nach wichtigen Ausbildungsabschnitten. Nach Beendigung der Ausbildung ist sie eine der Grundlagen für die Erstellung eines qualifizierten Zeugnisses oder für eine Entscheidung zur Übernahme.

Es sollen anhand klar beschriebener Merkmale und vorher festgelegter Kriterien möglichst viele verschiedene Informationen zu den Leistungen und zum Verhalten des Lehrlings erfasst werden. Werden der Beurteilung des Lehrlings nur zufällige Beobachtungen oder Hinweise von anderen Mitarbeitern zugrunde gelegt, so besteht die Gefahr, dass nicht seine tatsächlichen Fähigkeiten und Leistungen, sondern positiv oder negativ auffällige Verhaltensweisen in die Beurteilung einfließen und das Bild verzerren. Es kommt also auf eine kontinuierliche Beobachtung über einen längeren Zeitraum an.

Beurteilungsbogen

Damit die gewonnenen Informationen nicht verloren gehen, ist es ratsam, Beobachtungsergebnisse schriftlich festzuhalten. Für die Zusammenfassung der Beobachtungsergebnisse eignet sich ein Beurteilungsbogen. Er enthält in der Regel Merkmale aus verschiedenen Bereichen, z. B.:

- allgemeines Arbeitsverhalten/Arbeitsstil (Sorgfalt, Genauigkeit, Ordnungssinn, Ausdauer, Konzentration, Belastbarkeit, Umstellung auf neue Situationen, Stressbewältigung etc.),

- theoretische Fähigkeiten (Auffassungsgabe, Verstehen von Aufträgen, Denken in Zusammenhängen, Raumvorstellung, sprachlicher Ausdruck, rechnerische Fähigkeiten, Kreativität etc.),
- praktische Fähigkeiten (Sicherheit im Umgang mit Maschinen und Geräten, Koordination von Einzeltätigkeiten, Beherrschung von Bewegungsabläufen bzw. komplexen Fertigkeiten, Geschicklichkeit etc.),
- Sozialverhalten (Kooperationsbereitschaft, Verantwortungsgefühl, Umgangsformen, Hilfsbereitschaft, Kontaktfähigkeit, Teamfähigkeit, Auftreten etc.).

Es hängt von den jeweiligen beruflichen Anforderungen ab, welche Merkmale in einen Beurteilungsbogen aufgenommen werden sollen. Wichtig ist, dass er sich auf die bedeutsamen Bereiche beschränkt. Ein zu umfangreicher Beurteilungsbogen verstellt eher den Blick für das Wesentliche, als dass er weiterhilft.

Beurteilungsskala

Die einzelnen Merkmale werden gewöhnlich mit einer Beurteilungsskala versehen, um das Eintragen zu erleichtern. Sie ist in der Regel fünfstufig und enthält die Werte: (5) sehr gut, (4) überdurchschnittlich, (3) durchschnittlich, (2) unterdurchschnittlich und (1) sehr schlecht. In dieser Skala wird dann das über einen längeren Zeitraum beobachtete konkrete Verhalten des Lehrlings eingetragen.

Auf der Grundlage des Beurteilungsbogens muss die Beurteilung mit dem Lehrling besprochen werden. Dieses Gespräch sollte gut vorbereitet werden und ohne Zeitdruck und äußere Störungen erfolgen.

Dazu sollte ein geeigneter Gesprächstermin mit dem Lehrling abgestimmt und eine vertraute Gesprächsumgebung gewählt werden. Wichtig ist eine Vertrauensbasis, die ein offenes Gespräch möglich macht. Das Beurteilungsgespräch lässt sich in die folgenden vier Phasen gliedern:

Ablauf eines Beurteilungsgesprächs

vier Phasen

1. Phase – Gesprächseröffnung: Es sollte ein positiver Einstieg gewählt, und Hemmungen sollten abgebaut werden (z. B. den Lehrling fragen, wie ihm seine Arbeit gefällt, was verbessert werden könnte). Die Zielsetzung des Gesprächs soll klar herausgestellt werden.

2. Phase – Verhaltensdarstellung und Stellungnahme: Der Ausbilder sollte anhand der gewählten Verhaltensmerkmale die gemachten Beobachtungen möglichst klar strukturiert darstellen. Der Lehrling sollte dann Gelegenheit erhalten, dazu Stellung zu nehmen, um beispielsweise Ursachen für bestimmte Verhaltensweisen aufzuzeigen oder um ggf. Fehleinschätzungen richtig zu stellen.

3. Phase – Konsequenzen und Ergebnisse: Dem Lehrling sollen positive bzw. negative Folgen seiner bisherigen Verhaltensweisen für die Arbeit deutlich gemacht werden. Bei Fehlverhalten sollen Wege zur Verbesserung aufgezeigt werden. Als Gesprächsergebnis soll festgehalten werden, welche Verhaltensregeln der Lehrling künftig beachten soll.

4. Phase – Gesprächsabschluss: Der Ausbilder sollte dem Lehrling deutlich machen, dass ihm viel an einer weiteren Zusammenarbeit liegt, wobei die Gesprächsergebnisse beachtet werden müssen.

Grundsätzlich ist darauf zu achten, dass Beurteilungen nicht dazu da sind, den Lehrling einzuschüchtern oder zu demoralisieren. Sie sollen ihm vielmehr helfen, gute Leistungen und Schwachstellen zu erkennen und daraus Konsequenzen zu ziehen.

4.4 Leistungsfeststellung und Beurteilung

Leistungsfeststellung und Beurteilung sind die beiden grundlegenden Teile einer Ausbildungserfolgskontrolle. Zuerst muss eine Leistung oder ein Verhalten anhand von bestimmten Kriterien festgestellt werden. Beispiel: Ermittelt werden kann, wieviele richtige Antworten der Lehrling gegeben, ob er vorgegebene Toleranzwerte eingehalten oder wie häufig er Arbeitsschutzkleidung getragen oder vergessen hat. Im zweiten Schritt erfolgt dann die Beurteilung der ermittelten Werte anhand der im Folgenden beschriebenen Beurteilungsmaßstäbe.

4.4.1 Beurteilungsmaßstäbe

Der Beurteilung einer Leistung können drei Beurteilungsmaßstäbe zugrunde gelegt werden:

subjektorientiert

- der Lehrling selbst (subjektorientierte Beurteilung)

Hierbei wird die ermittelte Leistung eines Lehrlings mit seinen bisherigen Leistungen verglichen. Es geht darum, seine persönlichen Lernfortschritte aufzuzeigen.

normorientiert

- die Lerngruppe (normorientierte Beurteilung)

Die Leistung des Lehrlings wird mit den Leistungen der anderen Lehrlinge verglichen. Dazu wird eine Rangfolge der Leistungen aufgestellt. In der Ausbildung in Klein- und Mittelbetrieben ist diese Beurteilungsform wegen der kleinen Lehrlingsgruppen unbedeutend.

lernzielorientiert

- das Lernziel (lernziel- oder kriterienorientierte Beurteilung)

Hier erfolgt der Vergleich der Einzelleistung mit dem angestrebten Lernziel oder einem anderen objektiven Kriterium (Beispiel: Rekorde in der Leichtathletik). Um zu beurteilen, wie weit der Lehrling gekommen ist, ist es oft erforderlich, das Lernziel oder die zu bewältigende Aufgabe in Teilschritte zu gliedern.

Ergebnis-dokumentation

Um Beurteilungsergebnisse festzuhalten, gibt es folgende zwei Möglichkeiten:

- verbale Beurteilung

Die Leistung oder das Verhalten wird in Worten oder in Form eines Gutachtens beschrieben (Beispiel: Der Auszubildende ist sehr belastbar, er beherrscht die für das erste Ausbildungsjahr geplanten Fertigkeiten sicher, er ist korrekt im Umgang mit den Kollegen, er hat sich in seinen praktischen Leistungen stark verbessert.).

- numerische Beurteilung

Die Leistung oder das Verhalten wird in Punkten bzw. Prozenten oder Noten ausgedrückt (Beispiel: 85 Punkte bzw. 85 % der erreichbaren Antworten bzw. Note 2). Zur Umrechnung von Punkten in Noten gibt es verschiedene Umrechnungsskalen.

4.4.2 Beurteilungsfehler

subjektive Beurteilungsfehler

Es kommt immer wieder vor, dass dem Ausbilder bei der Beurteilung des Lehrlings – meist unbewusst – subjektive Beurteilungsfehler unterlaufen. Ein objektives Urteil wird dadurch verhindert. Subjektive Beurteilungsfehler sind meist die Folge bestimmter Gefühle, Interessen oder sogar Vorurteile des Ausbilders. Er muss sich diese Fehler bewusst machen, damit er sie möglichst vermeidet. Häufig treten folgende Fehler auf:

- Mildefehler: Aus Nachsicht mit dem Lehrling, aber auch, um Unbequemlichkeiten bei der Rechtfertigung schlechter Beurteilungen zu vermeiden, neigen manche Ausbilder dazu, Leistungen und Verhalten des Lehrlings zu milde zu beurteilen.
- Überstrahlungsfehler: Der Ausbilder lässt sich bei seiner Beurteilung vom positiven oder negativen Gesamteindruck, den er vom Lehrling hat, leiten. Das heißt, bei einem insgesamt guten Lehrling übersieht er leichter Fehler und beurteilt eine an sich schlechte Leistung besser, während er beim insgesamt schlechten Lehrling auch gute Leistungen schlechter beurteilt.
- Fehler der Zentraltendenz: Unsicherheit in der Beurteilung, ungenaue Beurteilungskriterien oder mangelnde Entscheidungsfähigkeit können dazu führen, dass ein Ausbilder zu mittleren Noten oder Beurteilungen tendiert. Dadurch werden Auszubildende mit besonders guten Leistungen schlechter und die mit schlechten Leistungen besser beurteilt.
- Logikfehler: Anstatt alle Leistungen und Verhaltensmerkmale gründlich zu beobachten und auszuwerten, schließt der Ausbilder von bestimmten Merkmalen auf andere. Das heißt, er geht beispielsweise davon aus, dass ein Lehrling, der bestimmte theoretische Zusammenhänge verstanden hat, auch in der praktischen Arbeit gut ist.
- Korrekturfehler: Derartige Beurteilungsfehler entstehen, wenn ein Ausbilder – oft aus Unsicherheit – frühere Beurteilungen mit einbezieht. Die aktuelle Leistung wird dadurch nach oben oder nach unten korrigiert.
- Kontrastfehler: Wenn Ausbilder ihre eigenen Leistungen als Maßstab für die Beurteilung eines Lehrlings zugrunde legen, dann besteht die Gefahr, dass sie die Leistungen des Auszubildenden schlechter beurteilen, als sie tatsächlich sind.

4.5 Ausbildungsnachweis/Berichtsheft als Hilfsmittel der Ausbildungserfolgskontrollen

Je nach den Vorgaben der Ausbildungsordnung sind Berichtshefte in unterschiedlicher Form zu führen. In älteren Ausbildungsordnungen wird in der Regel das Anfertigen von wöchentlichen Sachberichten verlangt. Neuere Ausbildungsordnungen schreiben das Berichtsheft in Form des Ausbildungsnachweises vor.

Sachberichte

Sachberichte können gute Anhaltspunkte darüber geben, ob wichtige Ausbildungsinhalte vom Lehrling richtig verstanden wurden. Sie sollten zu grundlegenden Ausbildungseinheiten angefertigt werden. Diese Kontrollfunktion ist jedoch nur dann gegeben, wenn die Lehrlinge diese Berichte selbst anfertigen und nicht abschreiben. Überdies muss der Ausbilder die Berichte regelmäßig durchsehen und sie mit dem Auszubildenden besprechen (Muster → S. 192).

Ausbildungsnachweis

Demgegenüber vermitteln die Ausbildungsnachweise einen detaillierten Überblick über den Ablauf der Ausbildung und die ausgeführten Tätigkeiten oder absolvierte Schulungen. Normalerweise werden in die Formblätter für jeden Wochentag die einzelnen Tätigkeiten mit der Angabe der aufgewendeten Zeit eingetragen. Ausbildungsnachweise erfüllen ihre Funktion als Steuerungsinstrument nur dann, wenn diese Eintragungen korrekt erfolgen und der Ausbilder sie auch regelmäßig durchsieht, damit Mängel frühzeitig beseitigt werden können (Muster → S. 193).

4.6 Außerbetriebliche Lernerfolgskontrollen

Wesentliche außerbetriebliche Ausbildungserfolgskontrollen sind Zwischenprüfungen und Gesellen- bzw. Abschlussprüfungen. Zuständig für die Durchführung sind die Kammern, die im Bereich des Handwerks häufig die jeweilige Innung damit beauftragen. Wesentliche Gesichtspunkte wie Zeitumfang, Verfahren oder die Inhalte dieser Prüfungen sind in der Ausbildungsordnung geregelt.

Näheres zur Durchführung dieser Prüfungen enthält das → Lernfeld 7: Abschluss der Ausbildung. An dieser Stelle soll es nur um die Auswertung von Zwischenprüfungen sowie um die Lernerfolgskontrollen der Berufsschule gehen.

4.6.1 Auswertung von Zwischenprüfungen und Lernerfolgskontrollen der Berufsschule

Zwischenprüfung

In der Regel ist während der Ausbildung eine Zwischenprüfung durchzuführen. Für einige Ausbildungsberufe schreibt die Ausbildungsordnung allerdings zwei Zwischenprüfungen vor. Durch eine schriftliche Prüfung und mehrere Arbeitsproben sollen die Fertigkeiten und Kenntnisse überprüft werden, die entsprechend dem Ausbildungsrahmenplan bis zum Prü-

wöchentliche Nachweisführung

Berichtsheft Musterseite

Arbeit

Wochen vom bis

Unterschrift des gesetzlichen Vertreters
(Vater, Mutter oder Vormund)

Unterschrift des Meisters

Best.-Nr. 4301
Verlagsanstalt Handwerk GmbH, Postfach 10 51 62, 40042 Düsseldorf

Ausbildungsnachweis Musterseite

Name ______________________

Vorname ______________________

Ausbildungsnachweis Nr. ____________ Woche vom ________ bis ________ Jahr ________ Ausbildungsjahr ________

Tag	Ausgeführte Arbeiten, Unterricht, Unterweisungen usw.	Einzel-stunden	Gesamt-stunden	Ausbild.-Abt.
Montag				
Dienstag				
Mittwoch				
Donnerstag				
Freitag				
Samstag				
	Gesamtstunden			

Besondere Bemerkungen

Auszubildender	Ausbildender bzw. Ausbilder

Für die Richtigkeit

Datum ______ Unterschrift des Auszubildenden ______	Datum ______ Unterschrift des Ausbildenden bzw. Ausbilders ______

Best.-Nr. 4304/1
Verlagsanstalt Handwerk GmbH, Postfach 10 51 62, 40042 Düsseldorf

tägliche Nachweisführung

fungszeitpunkt zu vermitteln sind. Durch die Zwischenprüfung soll ermittelt werden, ob der Lehrling den vorgesehenen Ausbildungsstand erreicht hat oder ob Korrekturen in der Ausbildung erforderlich sind. Der Ausbilder sollte die Ergebnisse der Prüfung mit dem Lehrling besprechen und dabei ggf. klären, wie erkennbare Defizite aufgearbeitet werden können. Neben der Rückmeldung über den Lernerfolg ergibt sich aus der Zwischenprüfung für den Auszubildenden auch ein gewisser Trainingseffekt für die Abschlussprüfung.

Die Bedeutung der Zwischenprüfung kann sich künftig ändern. In zehn neugeordneten Handwerksberufen (von Metallbauer/in bis Zweiradmechaniker/in) wird seit 2003 die gestreckte Abschlussprüfung erprobt. Das heißt, anstelle der Zwischenprüfung wird ein erster Teil der Gesellen-/Abschlussprüfung durchgeführt, der mit 20 bis 40 % in das Gesamtergebnis der Gesellen- bzw. Abschlussprüfung eingeht. Damit wird eine intensive Vorbereitung auf diesen Prüfungsteil noch wichtiger als bisher sein.

Berufsschulzeugnis

Ebenfalls aufschlussreich sind die Zeugnisse der Berufsschule. Sie geben insbesondere Hinweise auf Stärken und Schwächen des Lehrlings in den theoretischen Fächern. Vor allem, wenn Lernprobleme erkennbar sind, sollte sich der Ausbilder mit dem Berufsschullehrer in Verbindung setzen, um die Ursachen der Probleme herauszufinden. Er sollte dann gemeinsam mit dem Lehrling Lernstrategien entwickeln, mit deren Hilfe Lernprobleme behoben werden können.

Bitte bearbeiten Sie abschließend die folgenden Aufgaben:

1. Beschreiben Sie anhand konkreter Beispiele, nach welchen Kriterien die verschiedenen Ausbildungsmittel zur Unterstützung des Lehrens und Lernens ausgewählt werden.

2. Begründen Sie, warum Ausbildungserfolgskontrollen notwendig sind. Nennen und erläutern Sie die wesentlichen Arten von Ausbildungserfolgskontrollen, und geben Sie dabei jeweils an, zu welchen Anlässen sie sinnvollerweise eingesetzt werden können.

Lernfeld 5: Förderung des Lernprozesses[1])

1. Entwicklungsstand und Lebenssituation des Auszubildenden als Lernvoraussetzungen

Kompetenzen:

Der Lernende

- kann Entwicklungserscheinungen im Jugendalter erläutern und in seinem Handeln als Ausbilder berücksichtigen,
- kann den Einfluss von wichtigen Bezugspersonen und der gesamten Lebenssituation auf Jugendliche darstellen und bei der Förderung des Lernprozesses berücksichtigen,
- kann die Lernvoraussetzungen bei Auszubildenden überprüfen und die Bedeutung der Prüfung begründen,
- kann Merkmale von besonderen Personengruppen in der Berufs- und Arbeitswelt erläutern und beurteilen.

1.1 Notwendigkeit einer entwicklungsgemäßen Berufsausbildung

Für die Förderung des Lernprozesses sind Kenntnisse über die Entwicklungs- und Lebenssituation der Auszubildenden für den Ausbilder von besonderer Bedeutung. Das heutige Bild vom Lehrling stimmt mit dem traditionellen Bild nicht mehr überein. Heute hat es ein Ausbilder noch mehr als früher mit Menschen zu tun, die unterschiedliche Lernvoraussetzungen mitbringen. Mögliche Ursachen dafür sind:

unterschiedliche Lernvoraussetzungen

- Beginn der Ausbildung direkt nach Erfüllung der 10-jährigen Vollzeitschulpflicht im Alter von 16 Jahren,
- individuelle Schullaufbahn in der vorberuflichen Bildung und beruflichen Grundbildung (Lehrgänge, Berufsgrundschuljahr, Berufsfachschule etc.),
- Gründe wie Ausbildungsabbruch, Umschulung, Behinderung.

---

[1]) Teile dieses Lernfeldes beruhen auf den Arbeitsergebnissen von Herrn Prof. Dr. Wolfgang Stratenwerth und dem von ihm verfassten Kapitel „Planung und Durchführung der Ausbildung" der 34. Auflage dieses Lehrbuchs.

Der Ausbilder kann somit für Jugendliche, junge Erwachsene und Erwachsene verantwortlich sein. Dies erfordert ein entsprechendes Vorgehen im Ausbildungsprozess, das zusätzlich durch weitere Besonderheiten beeinflusst werden kann: Geschlecht, kulturelle Unterschiede, Lernschwierigkeiten, Verhaltensauffälligkeiten etc. Dies führt zur zentralen Feststellung:

Es gibt nicht **den** Auszubildenden!
Es gibt kein genormtes Verhalten für den Ausbilder!

erfolgreicher Ausbilder

Ein erfolgreicher Ausbilder ist daher der,

- der sich auf die unterschiedlichsten Auszubildenden individuell einstellt,
- der die Besonderheiten von bestimmten Altersgruppen kennt,
- der mit erwachsenen Auszubildenden anders umgeht als mit Jugendlichen,
- der berücksichtigt, mit welchen besonderen Schwierigkeiten sich unter Umständen weibliche Auszubildende in Männerberufen auseinandersetzen müssen,
- der weiß, womit ausländische Jugendliche, die aus einem anderen kulturellen Umfeld kommen, konfrontiert werden,
- der mit Lernschwierigkeiten seines Lehrlings umgehen kann.

Einerseits werden wertvolle Erfahrungen im Bereich der Förderung des Lernprozesses durch jahrelange Praxis aufgebaut; andererseits ist vieles davon in das moderne pädagogische Fachwissen eingeflossen. Diese grundlegenden Erkenntnisse kann der zukünftige Ausbilder sich aneignen, ohne selber jahrelange Erfahrungen machen zu müssen.

Dieses Kapitel wird die wesentlichen Erkenntnisse, wie das Lernen gefördert werden kann, zusammenfassend darstellen.

1.2 Einfluss von Vererbung und Umwelt auf die Entwicklung

Bei der Entwicklung des Jugendlichen geht es um Veränderungen im körperlichen, geistig-seelischen und sozialen Bereich. Die beobachtbaren Veränderungen beim Jugendlichen werden durch Reifung und Lernvorgänge hervorgerufen.

Reifung

Reifung beschreibt die Veränderung des Menschen bezüglich

- seiner äußeren Erscheinung,
- seines Verhaltens,
- seiner Leistungsfähigkeit,
- seiner Intelligenz,
- seiner Persönlichkeit.

Die durch Reifung bedingten Veränderungen sind in der Erbmasse des Menschen angelegt; man sagt auch: Sie sind genetisch programmiert. Reifung meint Vorgänge, die im Verlauf der Entwicklungsphasen automatisch eintreten.

Entwicklungstheorien

Es gibt verschiedene wissenschaftliche Theorien über die Entwicklung des Menschen, die Konsequenzen für die Ausbildung haben. In der sog. Vererbungstheorie (Nativismus-Theorie) wird der wissenschaftliche Ansatz vertreten, dass die Vererbung einen Anteil von 80 % bei der Entwicklung des Menschen ausmacht; der Anteil der Erziehungs- und Lerneinflüsse liegt somit nur bei 20 %. Im Gegensatz hierzu sieht die sog. Milieutheorie den Anteil der Erziehungs- und Lerneinflüsse bei 80 %.

Neuere Forschungsergebnisse gehen davon aus, dass es eine Wechselwirkung zwischen der genetischen Vorprogrammierung und den Einflüssen der Umwelt gibt, die die Entwicklung des Jugendlichen begründet: Alles, was einem Menschen als ererbte Grundlage mitgegeben ist, wird durch die Lernumwelt aktiviert (Interaktionstheorie). Ein Mindestmaß an genetischer Prägung wie auch eine entsprechende Lernumwelt müssen vorhanden sein, damit sich eine bestimmte Fähigkeit überhaupt herausbilden kann.

Eine positive Lernumwelt kann also die ererbten Grundlagen ausbauen und fördern, während eine negative Lernumwelt diese Anlagen verkümmern lässt.

Vererbung und Umwelt

Neben diesem grundlegenden Zusammenhang von Vererbung und Umwelt wird weiter davon ausgegangen, dass die einzelnen Fähigkeiten eines Menschen in unterschiedlicher Weise von Vererbung oder Lernen abhängig sind: Körperliche Vorgänge werden stärker von der Vererbung geprägt als psychische und geistige Eigenschaften bzw. Fähigkeiten wie Intelligenz und Sprachvermögen. Diese unterliegen stärker dem Einfluss der Umwelt.

Lernen durch Erfahrung

Wenn wir vom Einfluss der Umwelt auf den Lernprozess sprechen, ist damit das gemeint, was man landläufig als Erfahrung bezeichnet. Erfahrungen macht der Mensch in jedem Lebensalter: Er lebt in einer Umwelt, nimmt diese wahr und verarbeitet sie innerlich. Durch Erfahrungen lernt der Mensch, unabhängig davon, ob sie gut oder schlecht sind (→ Kap. 2.1).

Aber nicht jeder Mensch macht die gleichen Erfahrungen. Die Lernmöglichkeiten eines Menschen hängen sehr stark von seinem Umfeld ab. Wichtige Einflussgrößen sind:

- gesamtgesellschaftliche Faktoren (Wirtschaftslage, politisches System, Bildungssystem etc.),
- die Verhältnisse, in denen die Familie des Lehrlings lebt, und die Anforderungen, die an die Familienmitglieder gestellt werden,
- die Qualität des Bildungsangebotes ab dem Elementarbereich (beginnend mit Kindergarten und Grundschule),
- die Zusammensetzung und Größe des Freundeskreises und seine vorrangigen Interessen.

Warum ist das Wissen um den Einfluss von Vererbung und Umwelt auf die Persönlichkeitsentwicklung so wichtig für den Ausbilder und seine Förderung des Lernprozesses?

Der Auszubildende wird sowohl durch seine ererbten Grundlagen als auch durch die in seiner Umwelt gemachten Lernerfahrungen geprägt. Der Ausbilder ist hierbei ein wichtiger Faktor. Je mehr Möglichkeiten im Lernprozess geboten werden, desto besser kann sich der Jugendliche entwickeln.

Abbau von Defiziten

In diesem Zusammenhang ist eine weitere Schlussfolgerung wichtig: Defizite in der gesamten Entwicklung können immer dann verringert oder behoben werden, wenn sie aufgrund von fehlenden oder falschen Lernmöglichkeiten entstanden sind.

Einflussmöglichkeiten des Ausbilders

Der erfolgreiche Ausbilder erkennt bei seinen Lehrlingen sowohl Entwicklungsprobleme als auch Entwicklungschancen und weiß, welche geeigneten Maßnahmen er zur Förderung des Lernprozesses einsetzen muss. Dabei bezieht sich die Förderung auf die unterschiedlichen Bereiche der menschlichen Fähigkeiten, ist also nicht nur auf das Fachliche im engen Sinne begrenzt. Der Ausbilder kann

- wichtige Qualifikationen und Kompetenzen fördern,
- die Sprachentwicklung fördern,
- im Ausbildungsprozess den Aufbau der Muskulatur beeinflussen und den Auszubildenden dadurch körperlich stärken,
- Einfluss auf Meinungen und Einstellungen nehmen,
- geistige Fähigkeiten fördern und verändern.

Ein Ausbilder wird umso mehr Erfolg haben, je besser er seine Einflussmöglichkeiten zur Förderung des Lernprozesses nutzt. Dabei baut er auf den bei seinen Auszubildenden vorhandenen Begabungen und bereits erworbenen Fähigkeiten auf.

1.3 Entwicklungserscheinungen im Jugendalter

Abgrenzung der Lebensphase des Jugendalters

Berufswahl, Berufsvorbereitung und Berufsausbildung sind wichtige Schritte im Jugendalter. Jedoch ist bereits eine altersmäßige Abgrenzung der verschiedenen Lebensphasen sehr schwierig. In § 2 des Bürgerlichen Gesetzbuches ist der Jugendliche gar nicht ausdrücklich erwähnt: Hier wird nur auf die Volljährigkeit des Menschen hingewiesen, die mit der Vollendung des 18. Lebensjahres eintritt. Auch gibt es Unterschiede in Bezug auf gesetzliche und pädagogische Fragestellungen; z. B. definiert das Jugendarbeitsschutzgesetz den Jugendlichen folgendermaßen: „wer 15, aber noch nicht 18 Jahre alt ist" (§ 2 Abs. 2 JArbSchG).

Die heutige Generation der Auszubildenden ist im Durchschnitt 18 Jahre alt. Aus diesem Grunde treten im Vergleich zu früher Probleme, die mit der Pubertät zusammenhängen, kaum noch auf. Trotzdem muss der Ausbilder darüber Bescheid wissen, da die Entwicklungssituation von Jugendlichen eine bedeutende Rolle bei den Lernvoraussetzungen spielt – auch nach dem Ende der Pubertät!

1.3.1 Pubertät und Adoleszenz

Pubertät

Ursprünglich wurde mit dem Begriff Pubertät die Entwicklung der Geschlechtsreife bezeichnet. Heute meint man damit nicht nur den körperlichen Reifungsprozess, sondern gleichzeitig die geistige (kognitive), soziale und seelisch-moralische Entwicklung. Die Pubertät verläuft in drei Phasen: Vorpubertät, Pubertät im engeren Sinne und Adoleszenz.

Wie in nachfolgender Abbildung erkennbar, gibt es zwischen der Entwicklung von Mädchen und Jungen relativ große zeitliche Unterschiede: Mädchen sind früher entwickelt als Jungen.

Entwicklungsphasen

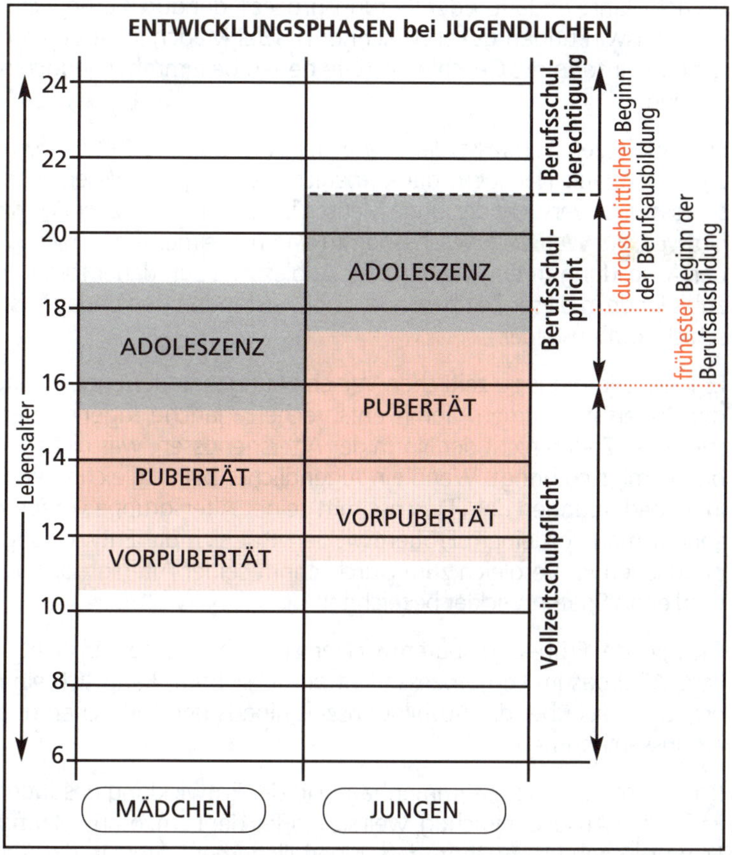

Die körperliche Entwicklung im Jugendalter ist gekennzeichnet durch zwei Vorgänge, die auf hormonelle Ursachen zurückzuführen sind. Es handelt sich um das körperliche Wachstum und die geschlechtliche Reifung.

körperliche Entwicklung

In der Zeit von 10,5 bis 16 Jahren bei Jungen und 7,5 bis 10,5 Jahren bei Mädchen setzt die Wachstumsbeschleunigung ein. Sie erreicht ein Maximum nach einem Jahr und ist bei Jungen im Alter von ca. 17 Jahren abgeschlossen. Kopf, Hände und Füße sind zuerst ausgewachsen, dann folgen Arme und Beine, zum Schluss der Rumpf. Das Längen- und Breitenwachstum verläuft nicht gleichmäßig und ist zudem noch durch Entwicklungsschübe gekennzeichnet. Deshalb kommt es zu unkoordinierten Bewegungen. Diese Koordinationsstörungen resultieren daraus, dass in dieser Phase Körperfunktionen nicht mehr automatisch ablaufen. Bei jüngeren Auszubildenden lassen sich ungeschickte und unbeholfene Handlungsabläufe beobachten. Parallel zum Wachstum der inneren Organe baut sich die Muskelmasse auf.

Geschlechtsreifung

Unter Geschlechtsreifung versteht man die Entwicklung der primären Geschlechtsorgane (Gebärmutter, Penis, Hoden) und der sekundären Geschlechtsorgane (Brust, Hüften, Körperbehaarung, Kehlkopf/Stimmbruch). Die Geschlechtsreife ist kein einmaliges Ereignis, sondern ein fünf bis acht Jahre andauernder Reifungsprozess, der durch erhebliche psychische Auswirkungen gekennzeichnet ist. Bei Mädchen ist durch die erste Monatsblutung die Geschlechtsreife genau bestimmbar, jedoch nicht bei Jungen.

Adoleszenz

Die Adoleszenz umfasst die Phase der Nachpubertät, etwa vom 17. bis 21. Lebensjahr. Nachdem die körperliche Reifung im Wesentlichen abgeschlossen ist, versucht der junge Mensch in der Adoleszenz sein Verhältnis zur Umwelt, zur Welt der Erwachsenen zu klären. Die meisten Schwierigkeiten in der Ausbildung treten während der Adoleszenz auf, daher fordert der Auszubildende in dieser Zeit besonders viel Verständnis und pädagogisches Geschick vom Ausbilder.

Früh- und Spätentwickler

Es kann allerdings zu zeitlichen Verschiebungen in der Entwicklungsphase der Pubertät kommen. Somit entsprechen manche Jugendlichen zu bestimmten Zeiten nicht der Norm der Altersgenossen, was nicht selten Probleme mit sich bringt. Wenn ein Jugendlicher bei vergleichbaren Entwicklungsbedingungen dem Durchschnitt seiner Altersgruppe voraus ist, dann spricht man von einem Frühentwickler. Hat sich die Entwicklung des Jugendlichen im Vergleich zum Durchschnitt seiner Altersgruppe verzögert, wird er als Spätentwickler bezeichnet.

Die Zahl der Früh- und Spätentwickler ist erfahrungsgemäß nicht unerheblich. Wird das im Lernprozess nicht berücksichtigt, kann sich ein Problem ergeben, das über die Ausbildungszeit hinaus den Menschen negativ beeinflussen könnte.

Lernvoraussetzungen

Das Wissen um die Zusammenhänge in der Entwicklung des Jugendlichen ist für den Ausbilder wichtig, weil sie ein Teil der Lernvoraussetzungen sind: Es wurde bereits erwähnt, dass Jugendliche bei Eintritt in die Ausbildung biologisch erwachsen sind. Trotzdem muss der Ausbilder wissen, dass sich der Entwicklungsprozess über einen längeren Zeitraum erstreckt und bei jedem Jugendlichen anders verläuft. Bei Abweichungen von der Norm muss der Ausbilder mit Auswirkungen auf Wohlbefinden und Verhalten des Auszubildenden rechnen.

Darüber hinaus muss dem Ausbilder klar sein, dass Muskelmasse nicht Muskelkraft bedeutet. Für die Bewältigung der Arbeitsaufgaben in vielen Berufen, in denen körperliche Arbeit eine wichtige Rolle spielt, müssen die Muskeln erst trainiert werden.

Außerdem: Vom Äußeren auf das Innere zu schließen, könnte ein schwerer Fehler des Ausbilders sein. Der erwachsen wirkende Jugendliche kommt mit den Veränderungen seines Körpers nicht auf Anhieb zurecht. Das gilt vor allem für Jungen, deren körperliche Entwicklung bei Eintritt in die Ausbildung mit 16 Jahren noch nicht abgeschlossen ist. Solch ein Jugendlicher zeigt deshalb nicht selten Verhaltensunsicherheiten, die er durch ein cooles Auftreten überspielt.

Störungen

Das körperliche Wachstum ist oft auch mit sogenannten Koordinationsstörungen verbunden. Beispiel: Im Tischlerhandwerk beobachtet der Ausbilder, dass ein neuer Lehrling sich sehr ungeschickt und unbeholfen verhält. Wenn der Ausbilder weiß, dass ungeschicktes Vorgehen bei dem Erwerb von Fertigkeiten meist entwicklungsbedingt und nicht von Dauer ist, kann er seinem Lehrling besser helfen, mehr handwerkliches Geschick zu erwerben.

1.3.2 Entwicklung des Denkens

Der Mensch denkt nicht lebenslang in denselben Mustern. Auch die Denkfähigkeit durchläuft eine Entwicklung. Allerdings verstehen wir normalerweise unter „Denken" nicht immer dasselbe: Wenn von einer Person behauptet wird, sie sei klug oder intelligent, so verbinden viele Leute sehr unterschiedliche Vorstellungen mit diesem Ausspruch.

Denkfähigkeit

- Einer meint: „Der weiß sehr viel über seine Spezialgebiete. Er ist ein richtiger Experte."
- Ein Zweiter sagt: „Der hat eine gute Allgemeinbildung."
- Ein Dritter meint: „Der kommt bei neuen Problemen ungeheuer schnell auf eine eigene gute Lösung."
- Ein Vierter führt aus: „Intelligenz ist mit logischem Denken verbunden."
- Ein Fünfter merkt an: „Der kann gut Verbindungen zwischen Einzeltatsachen herstellen, er kann gut kombinieren!"

In den ersten beiden Beispielen wird festgestellt, wie viele und welche Inhalte eine Person abgespeichert hat (Wissen). In den letzten drei Beispielen geht es um die Art und Weise des Denkens. Jugendliche und Erwachsene, die eine Ausbildung beginnen, haben, was die Inhalte des jeweiligen Ausbildungsberufes angeht, noch sehr wenig zu bieten. Einige Auszubildende bringen zwar Vorkenntnisse über den Beruf mit, aber im Wesentlichen werden die beruflichen Kenntnisse erst im Zuge der Ausbildung aufgebaut.

Bezogen auf die Art und Weise des Denkens bringen Jugendliche und Erwachsene allerdings einiges in die Ausbildung mit. Die Art des Denkens verändert sich von der Kindheit bis in das Erwachsenenalter hinein stufenweise. Zwei Fähigkeiten können wir unterscheiden:

logisches und abstraktes Denken

- die Fähigkeit, logisch zu denken und
- die Fähigkeit, abstrakt zu denken.

Kinder unter sieben Jahren können noch nicht im klassischen Sinne logisch denken. Sie haben eine eigene Logik. Beispiel: Wird einem Kind ein hohes schlankes und ein niedriges bauchiges Glas mit gleichem Flüssigkeitsinhalt gezeigt, so wird das Kind mit hoher Wahrscheinlichkeit das hohe schlanke Glas als das Glas mit dem größeren Flüssigkeitsinhalt bezeichnen. Sowohl Erklärungen als auch Umschüttungsversuche werden kaum das Meinungsbild verändern. Dies ändert sich nach dem 7. Lebensjahr.

Die Fähigkeit, abstrakt zu denken, bedeutet, unabhängig von konkreten Gegenständen denken zu können. Die abstrakte Denkfähigkeit entwickelt sich über drei Stufen:

1. Gegenständliches Denken (Lebensalter 2 bis 7 Jahre)
   Es kann nur über Dinge nachgedacht werden, die im Augenblick tatsächlich vorhanden sind.
2. Vorstellungsmäßiges Denken (Lebensalter 7 bis 12 Jahre)
   Gegenstände und Personen, die man tatsächlich gesehen und erfahren hat, werden in die Vorstellung aufgenommen. Sie müssen im Augenblick nicht vorhanden sein, man kann trotzdem über sie nachdenken.
3. Abstraktes Denken (Lebensalter ab 12 Jahre)
   Es kann über etwas nachgedacht werden, das nicht konkret vorhanden bzw. „unvorstellbar" ist (Beispiele: Atome, Universum, Lichtgeschwindigkeit, Sitte, Moral).

selbstständiges Problemlösen

Die bisherigen Ausführungen zeigen, dass ein Jugendlicher, der eine Ausbildung beginnt, bereits logisch und abstrakt denken kann. Er hat somit die Fähigkeit zum selbstständigen Problemlösen. Es gibt jedoch zwei Einschränkungen:

- Auszubildende bringen im Regelfall zwar die Fähigkeit zum Problemlösen mit, haben sie aber bisher auf andere Sachverhalte und nicht auf die Kenntnisse und Fertigkeiten des Ausbildungsberufes angewandt. Das bedeutet, dass es dem Auszubildenden zu Beginn der Ausbildung leichter fällt, am konkreten Gegenstand – auf der Baustelle/in der Werkstatt – insbesondere durch „Selbertun" zu lernen. Hat er aber erst einmal einige berufliche Grundregeln erlernt, so wird er sehr bald in der Lage sein, weitere berufliche Aufgabenstellungen lösen zu können.
- Die Fähigkeit, abstrakt zu denken, ist nicht nur vom Lebensalter, sondern auch von der Erziehung und dem sozialen Umfeld abhängig. Wer in einem Umfeld groß geworden ist, das abstraktes Denken nicht einfordert oder fördert, wird damit auch als Erwachsener Schwierigkeiten haben. Solche Defizite sind erfahrungsgemäß nur durch besondere pädagogische und lernpsychologische Maßnahmen des Ausbilders behebbar.

  Beispiel: Die Buchführung als Teil des Rechnungswesens ist ein hochabstraktes Denksystem. Um die abstrakten Buchungsvorgänge zu begreifen, müssen diese mit alltäglichen Vorgängen im Betrieb in Verbindung gebracht werden können. „Einkauf von Material" bedeutet für den Betrieb, dass der Materialbestand im Lager zunimmt und der Kassenbestand abnimmt. Diese konkrete Vorstellung muss in das abstrakte Kontensystem übertragen werden und kann schließlich verkürzt als Buchungssatz – Rohstoffe an Kasse – gebucht werden, was eine weitere Abstraktionsleistung darstellt.

1.3.3 Bildung einer eigenen Meinung

Die Entwicklung hin zur eigenen Meinung kann über drei Stufen beschrieben werden.

Stufen der Meinungsbildung

1. Stufe: Fehlen von eigenen Regeln

Das kleine Kind kann noch keine eigene Meinung vertreten. Es richtet sein Handeln danach aus, was belohnt bzw. bestraft wird. Es hat somit keine allgemeingültige Richtschnur für sein Handeln. Es wird die Dinge, die von der Mutter bestraft werden, bei ihr nicht tun, sie aber beim Vater testen, der darüber vielleicht noch lacht.

2. Stufe: Orientierung an Personen

Mit frühestens 12 bis 14 Jahren richten Kinder/Jugendliche ihre Meinung und ihr Handeln nach dem aus, was besonders wichtige Personen oder Gruppen als gut oder schlecht festlegen. Nicht selten kommt es vor, dass sogar wegen der starren Festhaltung an einer sich zu eigen gemachten Meinung Strafen in Kauf genommen werden. Wer nun aber die wichtige regelsetzende Person oder Gruppe ist, kann nicht eindeutig gesagt werden. Im Jugendalter ändert sich der Einfluss: Waren zu Anfang die Eltern die wichtigen Personen, so sind mit 14 Jahren bereits die Anforderungen und Regeln des Freundeskreises bedeutungsvoller. Man kleidet und verhält sich nach den Regeln der Freunde, auch wenn die Eltern dies gar nicht gutheißen.

3. Stufe: Herausbildung der eigenen Meinung

Mit der Entwicklungsphase Adoleszens kann davon ausgegangen werden, dass der Jugendliche beginnt, nicht mehr blind den Regeln und Geboten des Freundeskreises zu folgen, sondern statt dessen eigene Verhaltensregeln aufstellt. Hier zeigt sich dann häufig, dass plötzlich Regeln von Bezugspersonen (Eltern, Lehrer, Ausbilder) doch wieder etwas gelten, nachdem noch ein Jahr vorher genau entgegengesetzt gehandelt wurde. Aber die wieder in den Vordergrund gerückten Regeln werden selbst gewählt bzw. selbst begründet und deshalb als richtig befunden.

viele Standpunkte und Anforderungen

Zur Herausbildung einer eigenen Meinung und eigener Verhaltensregeln gelangen Jugendliche und Erwachsene nur, wenn sie möglichst viele verschiedene Standpunkte kennenlernen und damit irgendwann gezwungen werden, zwischen diesen Standpunkten eine Entscheidung zu treffen. Wird also zu Anfang die Sicherheit der elterlichen Regeln gegen die Sicherheit der Regeln aus dem Freundeskreis einfach eingetauscht, so wird der Jugendliche nach und nach die angebliche Sicherheit verlieren und sich eine eigene Meinung bilden müssen, wenn verschiedene Anforderungen von seiten der Schule, der Ausbildung, des Partners oder anderer neuer Freunde an ihn herangetragen werden. In diesem vielfältigen Geflecht von Anforderungen kann sich der Jugendliche letztlich nur bewegen, wenn er nach und nach zu einer eigenen Meinung kommt und diese auch vertreten kann. Solange er noch keine eigene Meinung zu den vielfältigen Problemfeldern entwickelt hat, wird er diese Zeitspanne als bedrohlich empfinden.

Schlussfolgerungen

Festzuhalten bleibt: Die Zeit der Entwicklung einer eigenen Meinung und Moral ist für Jugendliche eine Zeit großer Unsicherheit und emotionaler Belastung. Um den Ausbildungserfolg zu sichern, muss der Ausbilder folgende Punkte berücksichtigen:

- Bei Jugendlichen liegen noch keine eigenen tradierten Handlungsmuster vor.
- Der Meinungsbildungsprozess lässt sich steuern und durch entsprechende Angebote beeinflussen.
- Neben dem Bildungsauftrag wird der Erziehungsauftrag deutlich.
- Bei der Meinungsbildung darf der Jugendliche nicht unter Zwang stehen, nur die freiwillig gebildete Meinung führt zu einer evtl. erwünschten Verhaltensänderung.

1.4 Einflüsse auf das Verhalten von Auszubildenden

Einfluss des Umfeldes

Der Entwicklungsprozess und die Entfaltung der Persönlichkeit werden durch das von außen einwirkende Umfeld in erheblichem Maße beeinflusst, wie wir bereits erläutert haben. Allerdings nehmen verschiedene Personen das gleiche Umfeld unterschiedlich wahr; sie verhalten sich auch bei gleichem Umfeld nicht gleich. Eigene Bedürfnisse, Interessen, Neigungen, Erlebnisse und Erfahrungen sind Einflussgrößen des Prozesses.

Die Abbildung → S. 205 zeigt einige wichtige Einflussbereiche bzw. Faktoren, die die Lernvoraussetzungen und das Verhalten von jugendlichen Auszubildenden bestimmen:

Persönlicher Bereich

Einfluss des Elternhauses

Forschungsergebnisse zeigen auf, dass Kinder aus intakten Familien seltener zu den Ausbildungsabbrechern zählen, bessere Prüfungsergebnisse erzielen und sich im Beruf besser bewähren als Auszubildende, die aus gestörten Familienverhältnissen kommen. Zwar sollte man diese Feststellung nicht verallgemeinern, sicher ist aber, dass die individuelle Lebenssituation viele Verhaltensweisen bestimmt. Weiter ist unbestritten, dass die wirtschaftliche und soziale Situation der Eltern nicht ohne Einfluss auf das Lern- und Leistungsverhalten des Kindes bleibt.

Bei der Vermittlung von Fertigkeiten und Kenntnissen wird der Ausbilder oft mit Lern- und Verhaltensstörungen konfrontiert, die ihre Ursachen im Elternhaus haben. Auf die Persönlichkeitsentwicklung kann durch den Ausbilder entscheidend Einfluss genommen werden. Wenn nötig, sollte der Ausbilder mit den Eltern des (minderjährigen) Lehrlings Kontakt aufnehmen.

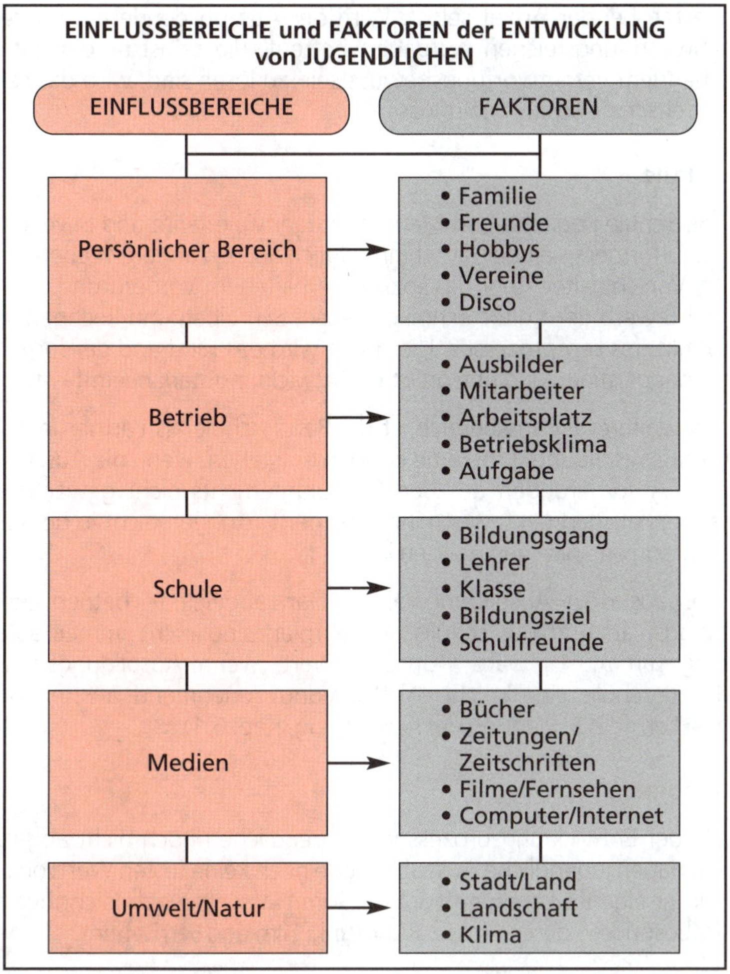

Betrieb

Betriebsklima

Der Betrieb ist für das Verhalten und die Entwicklung des Jugendlichen von besonderer Bedeutung. Hier werden Handlungskompetenzen und Schlüsselqualifikationen erworben. Ein wesentlicher Faktor ist das Betriebsklima. Oft wird hierbei vergessen, dass das tägliche miteinander Arbeiten, das gemeinsame Verfolgen wirtschaftlicher Ziele, der Umgang mit Kunden etc. das Betriebsklima prägen. Ein kooperativer Führungsstil der Vorgesetzten, eine gute betriebliche Organisation, positive persönliche Beziehungen fördern das Wohlbefinden der Menschen am Arbeitsplatz – in der Folge steigt die Leistungsbereitschaft, der Krankenstand sinkt.

Der Ausbilder kann hieran einen wesentlichen Anteil haben, wenn er als Vorbild wirkt. Für einen positiven Einfluss ist eine gute Vertrauensbasis unerlässlich. Im Ausbildungsprozess lernt der Lehrling sich in eine Organisation einzuordnen und sich in der Gruppe zu bewähren. Auch der praktische Sinn und Zweck von Arbeitstugenden wie Disziplin lernt man am besten bei der Arbeit selbst. Wird der Auszubildende mit interessanten, abwechslungsreichen Aufgaben betreut, die selbstständig mit entsprechendem Verantwortungsbewusstsein zu lösen sind, wird das seine Lernbereitschaft positiv beeinflussen.

Schule

Die Schule begleitet den Menschen über viele Jahre und in verschiedenen Schulformen; sie beeinflusst ihn folglich auch in anderen Lebensbereichen. Im Vorschulalter steht das soziale Verhalten im Vordergrund. Später steht der Erwerb der Kulturtechniken Lesen, Schreiben und Rechnen im Mittelpunkt des Lernprozesses. Hierdurch wird das Kind und der Jugendliche in seiner geistigen und persönlichen Entwicklung stark beeinflusst.

Berufsschule

Ein weiterer Einflussbereich ist die Berufsschule als Partner in der dualen Berufsausbildung. Probleme können entstehen, wenn die Auszubildenden den Anforderungen des Berufsschulunterrichts nicht gewachsen sind – anders ausgedrückt, wenn ihren Lernerwartungen nicht in dem erhofften Umfang entsprochen werden kann.

Der aus dem Ausbildungsrahmenplan abgeleitete betriebliche Ausbildungsplan und der schulische Lehrplan sind nicht immer aufeinander abgestimmt. Es wäre wünschenswert, wenn Ausbildungsbetrieb und Berufsschule eine solche Abstimmung zunehmend anstreben würden (→ Lernfeld 2: Planung der Ausbildung, Kap. 6.1).

Medien

Da der Entwicklungsprozess von Jugendlichen noch nicht abgeschlossen ist, haben jugendliche Auszubildende noch keine festen Wertvorstellungen für ihr eigenes Leben entwickelt. Somit lassen sie sich leicht beeinflussen, insbesondere durch Presse, Rundfunk, Film und Fernsehen.

Jugendliche als Medienkonsumenten

Ein amerikanischer Wissenschaftler hat einmal gesagt, dass Familien heute aus Vater, Mutter, den Kindern und dem Fernsehapparat bestehen. Dies verdeutlicht das Ausmaß, in dem Medien heutzutage Erziehungsfaktor und ganz „natürlicher" Bestandteil des Lebens sind. Gerade Jugendliche sind intensive Medienkonsumenten, wobei Musik den größten Stellenwert hat. Dies wird häufig skeptisch beobachtet. „Der sitzt nur vor dem Computer!", „Der hat nur seine Disco und seine Musik im Kopf!" – das ist häufig von Ausbildern und Lehrern zu hören.

Auf der anderen Seite wachsen Kinder und Jugendliche heute mit Computer und Internet auf, was eine wichtige Lernvoraussetzung und gute Grundlage für den Erwerb von Medienkompetenz ist (Informationen über die Nutzung von Medien in der Ausbildung → Lernfeld 4: Ausbildung am Arbeitsplatz, Kap. 3).

Umwelt und Natur

Auf den ersten Blick ist der Einfluss von Umwelt und Natur auf den Jugendlichen oft nicht zu erkennen. Die in der Abbildung auf → S. 205 angegebenen Einflussfaktoren wie das Aufwachsen in der Stadt oder auf dem Land, umweltbedingte gesundheitliche Faktoren u. Ä. können dafür Beispiele sein.

1.5 Prüfung der Lernvoraussetzungen

Trotz relativ guter Vorbereitung des Ausbilders kann es dazu kommen, dass es ihm nicht gelingt, dem Lehrling eine bestimmte Fertigkeit zu vermitteln. Am nächsten Tag hat er das meiste wieder vergessen. Die Ursache ist vielfach darin zu finden, dass der Ausbilder es versäumt hat, die Lernvoraussetzungen seines Auszubildenden zu überprüfen. Lernen kann nur erfolgreich sein, wenn die notwendigen Lernvoraussetzungen vorhanden sind.

In den vorigen Kapiteln wurden allgemeine Merkmale der Entwicklungs- und Lebenssituation der Auszubildenden herausgearbeitet, die insgesamt die Lernvoraussetzungen prägen. Dies soll nun weiter konkretisiert werden.

allgemeine Lernvoraussetzungen

Im Ausbildungsprozess wird zwischen den allgemeinen und den spezifischen Lernvoraussetzungen unterschieden. Zu den allgemeinen Lernvoraussetzungen gehören:

- Lernbereitschaft (Motivation),
- Abstaktionsfähigkeit,
- Kommunikationsfähigkeit,
- Übertragungsfähigkeit.

Die **Lernbereitschaft** ist eine unbedingte Voraussetzung zum Lernen. Darauf wird in → Kap. 3: „Motivation als Motor zur Förderung des Lernprozesses" näher eingegangen.

Abstraktionsfähigkeit bedeutet nicht einfach Auswendiglernen von Begriffen, Definitionen oder Formeln, sondern die Fähigkeit, diese aus der Wirklichkeit „herauszulösen", d. h., zu abstrahieren (→ Kap. 1.3.2). Für die Ausübung eines Berufes ist es erforderlich, aus vorliegenden komplexen Zusammenhängen (z. B. den elektrischen Leitungen eines Hauses) Formeln bzw. Darstellungen ableiten zu können. So ist z. B. eine technische Zeichnung, die eine Installation nachzeichnet, die Abstraktion für eine konkrete Problemerkennung und -lösung.

Kommunikationsfähigkeit ist eine wesentliche Voraussetzung für erfolgreiches Lernen, denn Ausbildung erfolgt in erster Linie über direkte Kommunikation (Erläuterung der kommunikativen Grundzusammenhänge → Lernfeld 6: Ausbildung in der Gruppe, Kap. 1.2).

Unter **Übertragungsfähigkeit** versteht man, vorhandenes Wissen und Erfahrungen in einer neuen Handlungssituation anzuwenden (Transfer). Durch den Erwerb von Transferfähigkeit ist der Auszubildende zunehmend in der Lage, sich auf schnell ändernde bzw. künftige Situationen einzustellen.

spezifische Lernvoraussetzungen

Auch die spezifischen (d. h. persönlichen) Lernvoraussetzungen des Lehrlings müssen vom Ausbilder beachtet werden, um den Ausbildungserfolg sicherzustellen. Die Vorgaben des Ausbildungsrahmenplans sollten mit den bereits vorhandenen Fähigkeiten des Lehrlings verglichen werden.

Folgende Fragen sind konkret zu beantworten:

- Was kann der Lehrling schon?
- Was soll der Lehrling neu lernen?

1.6 Besondere Personengruppen in der Ausbildung

Die Statistiken der letzten Jahre weisen aus, dass im Handwerk z. B. ca. drei Viertel der Auszubildenden von Haupt- und Realschule kommen. Ein Viertel der ausbildungswilligen Jugendlichen stellt zusätzliche Anforderungen an den Ausbilder. Die folgenden Informationen über besondere Personengruppen sollen einen Überblick geben und so auch bei diesen Jugendlichen zum Ausbildungserfolg beitragen. Natürlich kann dieses Thema hier nicht erschöpfend behandelt werden. (Es wird in → Kap. 5 weiter auf Lernschwierigkeiten und in → Kap. 6 auf die Förderung von leistungsstarken Auszubildenden eingegangen.)

1.6.1 Lernbeeinträchtigte Auszubildende

Lernbeeinträchtigte Auszubildende können aus allen Schulformen der Sekundarstufe I und II kommen, nicht nur aus „Sonderschulen". Was ist unter Lernbeeinträchtigung zu verstehen?

Bereiche möglicher Lernbeeinträchtigung

Lernbeeinträchtigung bedeutet oft eine verminderte Konzentrationsfähigkeit und eine schwach entwickelte Fähigkeit, abstrakt zu denken. Es kann Schwierigkeiten bereiten, Wesentliches von Unwesentlichem zu unterscheiden.

Neue Ausbildungsinhalte werden nur mit Hilfe geeigneter Ausbildungsmittel aufgenommen, komplizierte Zusammenhänge sind kaum vorstellbar, eigenständige Übertragung (Transfer) des Gelernten auf neue Aufgaben/Situationen ist fast ausgeschlossen. Dazu kommt eine oft eingeschränkte Wahrnehmungsleistung und ein schwaches Gedächtnis.

1.6.2 Behinderte Auszubildende

Zu dieser Personengruppe gehören Auszubildende, bei denen infolge schwerwiegender Beeinträchtigungen eine Ausbildung – meist unter Einbeziehung einer sonderpädagogischen Betreuung – und eine anschließende Beschäftigung nur unter erschwerten Bedingungen möglich ist. Sowohl das BBiG als auch die HwO gehen auf die besondere persönliche Situation des Auszubildenden durch vielfältige gesetzliche Vorgaben ein.

Oft liegt bei behinderten Menschen eine Mehrfachbehinderung vor, auf die sich der Ausbilder einzustellen hat. Zwischen folgenden Behinderungsarten, die in der Ausbildung eine Rolle spielen können, wird unterschieden:

Behinderungsarten

- Körperbehinderung,
- Lernbehinderung,
- Sehbehinderung,
- Sprachbehinderung,
- Schwerhörigkeit,
- Erziehungsschwierigkeit.

Für die Ausbildung behinderter Menschen müssen die jeweils notwendigen Voraussetzungen geschaffen werden, damit der Ausbilder individuell auf die Behinderung eingehen kann. Die Bandbreite der Möglichkeiten reicht von der besonderen Ausstattung des Ausbildungsbetriebes, über Stütz- und Fördermaßnahmen, den Einsatz adäquater Lernhilfen bis hin zur finanziellen Förderung durch Bund und Land.

(Weitere Informationen auch unter: *www.aaonline.dkf.de/bb/p079.htm.*)

1.6.3 Ausländische Jugendliche

Der steigende Anteil an ausländischen Auszubildenden verlangt vom Ausbilder entsprechende Qualifikationen, um auch diese Zielgruppe zum Ausbildungserfolg zu führen.

Bezogen auf ihre Leistungen haben Untersuchungen gezeigt, dass ausländische Jugendliche im Vergleich mit deutschen Jugendlichen gleiche Voraussetzungen mitbringen.

Da sie von Kind auf daran gewöhnt sind, in zwei Kulturen gleichzeitig zu leben, passen sie sich häufig leichter in das betriebliche Gefüge ein und haben eine höhere Toleranz gegenüber widersprüchlichen Anforderungen. Auf eines muss der Ausbilder allerdings achten, um schulische Schwierigkeiten frühzeitig aus dem Weg zu räumen: Trotz eines erfolgreichen Schulbesuchs in Deutschland und trotz guter umgangssprachlicher Leistungen sind sie in der Fachtheorie häufig sprachlich überfordert. Dies gilt es, frühzeitig zu erkennen. Wissenswert ist für den Ausbilder zusätzlich, dass ausländische Jugendliche ebenfalls Anrecht auf ausbildungsbegleitende Hilfen haben, unabhängig davon, welchen Schulabschluss sie haben.

Sprachschwierigkeiten

Bitte bearbeiten Sie abschließend die folgenden Aufgaben:

1. Bitte begründen Sie, warum eine entwicklungsgemäße Ausbildung notwendig ist.

2. Erklären Sie, welche Rolle einerseits die Erbanlagen, andererseits Umwelteinflüsse bei der Entwicklung des Menschen spielen, und erläutern Sie den Zusammenhang zwischen dem Entwicklungsstand und den Lernvoraussetzungen des Einzelnen.

3. Wie kann der Ausbildende den Lehrling bei der Entwicklung einer eigenen Meinung bzw. Moral unterstützen?

2. Lern- und Arbeitstechniken

Kompetenzen:

Der Lernende

- kann die Bedeutung des lebenslangen Lernens erläutern,
- kann Lernen als Grundform des menschlichen Handelns beschreiben,
- kann die unterschiedlichen Ausprägungen und Abläufe des Lernens bei der Gestaltung von Lernsituationen berücksichtigen,
- ist in der Lage, die verschiedenen Stufen bzw. Phasen eines Lernprozesses darzustellen,
- kann die lernpsychologischen Grundlagen von Behalten und Vergessen aufzeigen,
- ist in der Lage, Techniken zur Unterstützung des Lernens anzuwenden.

lebenslanges Lernen

Der heutige Auszubildende lernt in einer Zeit, da das Thema „lebenslanges Lernen" aus der Arbeitswelt und der Ausbildung nicht mehr wegzudenken ist. Technologische Veränderungen wie der Einsatz moderner Kommunikationsmittel, vollautomatische Steuerungen, aber auch moderne Organisationsformen wie die Gruppenarbeit haben nachhaltige Wirkungen hervorgerufen. Bestimmte Fertigkeiten und Fähigkeiten sowie das Fachwissen im erlernten Beruf veralten sehr schnell. Die sog. Halbwertzeit des Wissens wird immer kürzer. Deshalb reicht Auswendiglernen immer weniger aus. Der Lehrling muss es lernen, bestimmte Kenntnisse von einer Aufgabe auf eine andere zu übertragen (Transfer). Entsprechend wächst die Bedeutung des Erwerbs von Handlungskompetenzen in der Ausbildung und darüber hinaus. Die Bereitschaft und Fähigkeit zum lebenslangen Lernen gehört dazu (→ Lernfeld 2: Planung der Ausbildung, Kap. 2.3).

Jeder Lernvorgang vollzieht sich in einer Lernsituation. Für die Berufsausbildung bedeutet das, dass der Auszubildende sich mit den ihm gestellten Lernaufgaben aktiv auseinandersetzen muss, um das Lernziel zu erreichen. Wichtige wissenschaftliche Erkenntnisse über den Lernprozess können dem Ausbilder helfen, den Lehrling beim erfolgreichen Lernen zu unterstützen.

2.1 Lernen als Grundform des menschlichen Handelns

Begriff des Lernens

Das Wort Lernen wird in der Umgangssprache für sehr unterschiedliche Handlungsabläufe gebraucht. Man versteht darunter einerseits den Erwerb von Wissen (Inhalten) und Fähigkeiten wie Sprechen, Lesen, Rechnen etc. Es werden aber auch Fertigkeiten gelernt, wie sie z. B. für die Ausübung eines Handwerks, die Bedienung von Geräten (Tastatur) oder zum Autofahren notwendig sind (motorisches Lernen). Oft wird der Vorgang des Übens und Auswendiglernens mit Lernen gleichgesetzt. Der lernpsychologische Begriff ist jedoch viel umfassender. Ein Kind „lernt" z. B. im Laufe seiner Entwicklung Vorlieben und Abneigungen, Handlungs- und Entscheidungsstrategien, Rollenverhalten, Einfühlungsvermögen, Aggressionen und Ängste, moralische Normen, also Verhaltensmuster, die in Zusammenhang mit seiner kulturellen Umgebung stehen.

Lernen ist eine Grundform des menschlichen Handelns und ein lebenslanger Prozess, der aus unzähligen Einzelprozessen besteht.

Durch Lernen erwirbt der Mensch die zur Bewältigung seiner Lebensaufgaben erforderlichen Kenntnisse und Fertigkeiten sowie Fähigkeiten, Einstellungen und Interessen.

Lernen ist auf Subjektveränderung (Selbstveränderung) ausgerichtet und unterscheidet sich deshalb vom Arbeiten, dessen Zweck die Veränderung von Objekten ist. Lernen befähigt uns also zu einem bestimmten Verhalten in einer aktuellen Situation.

Verhaltensänderungen durch Lernen

Jedoch sind Lernergebnisse nicht direkt wahrnehmbar. Deshalb können auch die durch Lernen bewirkten Veränderungen nur aus dem konkreten Verhalten des Lernenden erschlossen werden. So ist einem Lehrling nicht anzusehen, ob er einen bestimmten Arbeitsgang verstanden hat. Erst wenn der Ausbilder beobachtet, wie der Lehrling in der Praxis diesen Schritt selbstständig ausführt, kann er daraus auf den Lernerfolg schließen.

Beispiel: Ein Lehrling bläst mit dem Mund die Feilspäne weg. Der Ausbilder weist ihn anschließend auf die Gefahren dieser Methode hin. In einem späteren Ausbildungsabschnitt entfernt der Lehrling die Späne ohne Aufforderung mit einem Handbesen. Die Verhaltensänderung lässt den Schluss zu, dass der Lehrling gelernt hat.

Nicht jede Verhaltensänderung ist jedoch durch Lernen verursacht, wie wir wissen (z. B. Reifungsvorgänge, Müdigkeit).

Von Lernen kann nur dann gesprochen werden, wenn die Lernergebnisse dauerhaft angeeignet worden sind, d. h. gedächtnismäßig gespeichert und in der Zukunft abrufbar sind. Beispiel: Ein Lehrling erhält eine Arbeitsanweisung und beachtet sie zunächst. Schon kurze Zeit später denkt er nicht mehr daran, was ihm der Ausbilder gesagt hat. Der Lehrling hat nicht gelernt.

2.1.1 Grundformen des Lernens

Beim Lernen lassen sich drei Grundformen voneinander unterscheiden:

- Lernen durch Erfahrung,
- Lernen durch Nachdenken,
- Lernen durch Zuhören und Lesen.

Lernen durch Erfahrung

Beim Lernen durch Erfahrung macht der Mensch durch handelnden Umgang mit den Gegenständen seiner natürlichen und gesellschaftlichen Umwelt direkte Erfahrungen und verarbeitet diese dann zu Wissen und Können.

Ein wichtiger Sonderfall dieser Lernform ist das Lernen durch bewusstes und planmäßiges Probieren. Der Lernende schafft sich eine Orientierungsgrundlage für sein Handeln und überprüft, ob sie mit der Realität übereinstimmt. Die Aneignung von Wissen und Können durch aktiven Eingriff in die Umwelt ist eine der wichtigsten Lernformen.

Zur Grundform des Erfahrungslernens gehört auch Lernen durch Beobachtung des Verhaltens anderer Personen sowie dessen Auswirkungen und Folgen. Die auf diese Weise gewonnenen Informationen werden anschließend dem eigenen Handeln zugrunde gelegt.

Lernen durch Nachdenken

Während bei der ersten Grundform das Lernen auf Wahrnehmungen der unmittelbaren Umwelt basiert, erfolgt der Wissenserwerb beim Lernen durch Nachdenken über Vorstellungs- und Denkprozesse, die unabhängig von der Wahrnehmung der aktuellen äußeren Welt gesteuert werden.

Lernen durch Zuhören oder Lesen

Beim Lernen durch Zuhören und Lesen werden Informationen aus sprachlichen Mitteilungen gewonnen. Diese Lernform bezieht sich auf Texte, Tabellen, Formeln, Zeichnungen etc. In diesem Fall greift der Mensch auf Erfahrungen und Denkergebnisse anderer zurück, die mündlich oder schriftlich mitgeteilt werden.

In der konkreten Lernsituation sind die hier theoretisch unterschiedenen Grundformen des Lernens allerdings miteinander verknüpft.

2.1.2 Lernarten

Entscheidung für eine Lernart

Für den Ausbilder kann es nützlich sein, sich die verschiedenen Arten des Lernens zu verdeutlichen. Dadurch wird es ihm erleichtert zu entscheiden, welche Lernart in einer bestimmten Lernsituation am günstigsten ist, und zwar unter der Fragestellung: Wie organisiere ich den Lernprozess optimal?

- Aktives Lernen verlangt innere und äußere Beteiligung des Lernenden, z. B. Mitreden und Mitschreiben im Unterricht; es erhöht die Behaltensquote und verbessert das Lernklima. Passives Lernen basiert auf Zuhören und Aufnehmen.
- Theoretisches Lernen baut auf theoretischen Überlegungen auf, d. h., der Wissenserwerb vollzieht sich über Vorstellungs- und Denkprozesse. Beim praktischen Lernen macht der Mensch direkte Erfahrungen.
- Beim selbstgesteuerten Lernen wählt der Lernende selber die Lernaufgaben, Hilfsmittel und Methoden zur Aufgabenbearbeitung aus und kontrolliert das Lernergebnis. Trifft eine „fremde" Person (der Ausbilder) diese Auswahl, bezeichnet man das Lernen als fremdgesteuert.
- Individuelles Lernen findet im persönlichen Bereich, soziales Lernen in der Gemeinschaft statt (Ausbilden der Sozialkompetenzen).

Unterscheidung von Lernarten

Lernarten lassen sich auch unter dem Gesichtspunkt der charakteristischen Lernleistung unterscheiden:

- Einfaches Assoziationslernen

Es wird eine einzelne Reiz-Reaktions-Verbindung (Assoziation) aufgenommen und gespeichert. Man lernt, auf einen Reiz mit einer bestimmten, diesem Reiz zugeordneten Reaktion zu reagieren. Beispiel: Ein Gefahrensignal ruft im Betrieb die Reaktion bei dem verantwortlichen Mitarbeiter hervor, eine bestimmte Kontrolle durchzuführen. Der Schwerpunkt der Lernleistung liegt darin, sich die jeweilige Reiz-Reaktions-Verbindung einzuprägen und im gegebenen Moment abzurufen und umzusetzen.

- Kettenlernen

Bei dieser Lernart geht es darum, einzelne, in sich bereits beherrschte Reiz-Reaktions-Verbindungen miteinander zu einer geschlossenen Handlungskette zu verbinden. Beispiel: Die Bedienung eines Computers.

- Unterscheidungslernen

Es geht darum, schwer voneinander zu unterscheidende Merkmale von Objekten oder Prozessen zu identifizieren und daraus notwendige Schlussfolgerungen abzuleiten, d. h., es wird eine entsprechende Urteilsfähigkeit verlangt. Beispiel: Ein Metallbauer beobachtet beim Härten eines Meißels den Wechsel der Anlassfarben und weiß genau, bei welchem Farbton der Anlassvorgang beendet werden muss.

- Begriffslernen

Bei diesem Lerntyp geht es darum, das Gemeinsame bei einer Gruppe an sich unterschiedlicher Objekte zu erkennen und zu unterscheiden. Beispiel: Gliedermaßstab, Messschieber, Messuhr, Messlatte, Rollbandmaß sind Maßverkörperungen von unterschiedlichem Aussehen und unterschiedlicher Handhabung für unterschiedliche Messzwecke. Insgesamt fallen sie unter den Begriff „Messwerkzeuge".

- Regellernen

Eine Regel (Prinzip, Gesetz) ist eine Aussage nach der Form: wenn A, dann B, wobei A und B als Begriffe gelten. Regeln erhält man durch Verknüpfung von zwei oder mehreren Begriffen. Um eine Regel zu verstehen, müssen zunächst die Begriffe erlernt worden sein, die in der Regel miteinander verknüpft sind. Eine einfache Regel ist z. B. die Aussage: Glas ist härter als Holz. Ein Beispiel für eine abstrakte Regel ist das ohmsche Gesetz ($U = R \times I$).

- Problemlösen-Lernen

Eine Problemsituation liegt vor, wenn man vor einer Aufgabe steht, die nicht auf Anhieb zu lösen ist. Man weiß zwar, dass man etwas tun muss, aber man weiß nicht, was man tun muss. Wer selbstständig ein Problem lösen will, muss sein vorhandenes, aber zur Problemlösung nicht ausreichendes Wissen miteinander kombinieren und umstrukturieren, d. h. auf die Problemsituation übertragen.

funktionales Lernen

In vielen Fällen lernt der Mensch zufällig, ohne Absicht und ohne dass ihm dabei bewusst ist, dass er lernt. Dieses Lernen nennt man funktionales Lernen. Beispiel: Ein Lehrling verbrennt sich während eines Schweißlehrgangs erstmalig am heißen Schweißdraht und ist danach für alle Zeiten vorsichtiger.

Funktionales Lernen ist oft Lernen durch Beobachtung, insbesondere durch Beobachtung des Verhaltens anderer Personen sowie dessen Auswirkungen und Folgen. Die auf diese Weise gewonnenen Informationen und Erkenntnisse werden anschließend dem eigenen Handeln und Verhalten zugrunde gelegt.

intentionales Lernen

Beim intentionalen (Intention = Absicht) Lernen erfolgt das Lernen bewusst. Der Lernende hat sich ein Lernziel gesetzt oder ein solches übernommen und versucht, dieses Ziel durch bewusstes Tun zu erreichen. Beispiel: Ein Lehrling prägt sich mit äußerster Konzentration die im Arbeitsblatt aufgeführten Arbeitsstufen einer Geräte-Inbetriebnahme ein.

2.2 Der Lernprozess und seine Phasen

zielorientiertes Lernen

Jedes Lernen ist ein in der Zeit verlaufender Prozess, der mehrere Abschnitte erkennen lässt. Diese Abschnitte werden als Lernphasen (Stufen, Schritte, Etappen) bezeichnet. Je stärker das Lernen den Charakter einer geplanten und zielorientierten Lernhandlung annimmt, umso klarer treten solche Lernphasen in Erscheinung.

Grundlegend besteht jeder Lernprozess aus der Motivation fürs Lernen, der Erarbeitung und der Festigung des Gelernten.

Eine Weiterentwicklung dieser Überlegungen ist das Vier-Phasen-Modell des Lernprozesses nach W. Stratenwerth, das neue Erkenntnisse der handlungsorientierten Didaktik aufgreift.

- Auslösung des Lernprozesses

Ein Lernprozess beginnt in der Regel dann, wenn eine Person bei der Aufgabenbewältigung auf Schwierigkeiten stößt und erkennt, dass diese Schwierigkeiten im unzureichenden Wissen und Können begründet sind. Eine solche Situation ergibt sich z. B., wenn der Lehrling bei der Durchführung eines Arbeitsauftrages nicht mehr weiterkommt. Der Lernprozess kann aber auch vom Ausbilder angestoßen werden, indem dieser auf ein Problem hinweist, eine Arbeitsunterweisung durchführt oder ein Lehrgespräch beginnt.

Ein charakteristisches Merkmal dieser Phase ist die Erfahrung bzw. das Bewusstwerden des Nicht-Wissens oder Nicht-Könnens. Der Lernende spürt einen Widerstand (Lernbarriere), der vom Lerngegenstand auszugehen scheint. Er hat den Wunsch (Anfangsmotivation), diesen Widerstand zu überwinden. Das Lernen kommt in Gang.

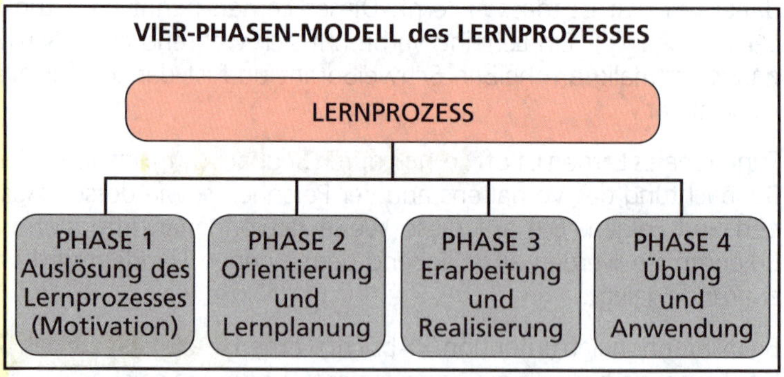

Die erste Lernphase wird auch als Motivationsphase oder Entstehungs- und Antriebsphase bezeichnet.

- Orientierungs- und Planungsphase

Lernplanung

In der zweiten Phase des Lernprozesses versucht der Lernende seine Zielvorstellung zu präzisieren. Was will bzw. soll ich eigentlich erreichen (Lernziel)? Es folgen Fragen nach den Möglichkeiten der Zielerreichung, d. h. Fragen nach den Wegen, mit denen das angestrebte Lernergebnis erreicht werden kann. In enger Verbindung damit wird auch die Motivation konkreter: Warum will bzw. soll ich mich überhaupt den Anstrengungen unterziehen, die mit dem Ziel und den zielerreichenden Aktivitäten verbunden sind? Was bringt mir die ganze Angelegenheit?

- Erarbeitungs- und Realisierungsphase

Aneignung von Fertigkeiten und Kenntnissen

In der Erarbeitungsphase findet das Lernen im engeren Sinne statt. Durch die Auseinandersetzung mit dem Lerngegenstand werden neue Kenntnisse und Fertigkeiten angeeignet, Handlungskompetenz erworben. Die Lerninhalte werden vom Lernenden verarbeitet. Am Ende dieser Phase hat der Lernende das Gefühl, das Problem gelöst zu haben, dass der „Groschen gefallen" ist oder man den „Dreh" herausgefunden hat.

- Übung und Anwendung

Man hat nur dann im echten Sinne gelernt, wenn man über das Neue auch in zukünftigen Lebens- und Berufssituationen verfügen kann. Dazu bedarf es der Übung, d. h. der Wiederholung und Anwendung des Gelernten zum Zwecke der Ausformung und Verfeinerung (Vervollkommnung), der Stabilisierung und gedächtnismäßigen Speicherung bei gleichzeitiger Gewinnung von Routine.

2.3 Lernziele: Konkretisierung der Ausbildungsziele

Das aktive Lernen gewinnt für den Lernerfolg immer mehr an Bedeutung. Dabei beeinflussen die Lernziele stark den Lernerfolg im Ausbildungsprozess. Der Ausbilder versucht, in angemessenen Lernschritten seine Zielvorstellungen zu erreichen. Den Auszubildenden ist bekannt, wozu sie am Ende eines Lernabschnittes in der Lage sein sollen.

Notwendigkeit von Lernzielen

Wenn nicht erkennbar ist, welche Ziele im Lernprozess erreicht werden sollen, fehlen entscheidende Voraussetzungen für eine pädagogisch begründbare Organisation des Lernprozesses. Mit der Formulierung der Lernziele trifft der verantwortliche Ausbilder Entscheidungen im Hinblick auf die Entwicklung seiner Auszubildenden. Hierbei muss die pädagogische Zielsetzung die Entfaltung der Aktivität des Lernenden ermöglichen.

> „Wer nicht genau weiß, wohin er will, braucht sich nicht zu wundern, wenn er ganz woanders ankommt."
>
> *(R. F. Mager, amerik. Pädagoge)*

Ein Lernziel gibt das beabsichtigte Lernergebnis an. Hieran lässt sich feststellen, ob überhaupt bzw. in welchem Umfang das vorgegebene Lernziel erreicht wurde. Somit können Lernziel und Lernergebnis voneinander abweichen. Für die Kontrolle des Lernerfolges ist die Formulierung von Lernzielen deshalb unverzichtbar. Aus möglichen Abweichungen kann auf erforderliche Maßnahmen zur Behebung der Lerndefizite geschlossen werden.

Lernziele können auf unterschiedliche Weise formuliert werden. Wenn man ein Lernziel hinterfragt, dann stellt man fest, dass es aus zwei Teilen besteht, diese sind die Angabe des Lerninhaltes und die Angabe einer Fähigkeit. Beispiel: Der Auszubildende kann mit Hilfe des Hebelgesetzes (Lerninhalt) Kräfte und Hebellängen berechnen (Fähigkeit).

Lernzielniveaus

Unterscheidung von Lernzielniveaus in **Richt-, Grob- und Feinlernziele**:

- Richtlernziele (auch Leitziele genannt) geben allgemein gehaltene Angaben für die Ausbildung wieder, entsprechend gering ist der Orientierungswert.

  Beispiel: Der Auszubildende soll befähigt werden, sich in der Berufs- und Arbeitswelt zurechtzufinden.

- Groblernziele sind relativ konkret, ohne auf einzelne Verhaltensweisen einzugehen; sie beziehen sich auf größere Ausbildungsabschnitte.

  Beispiel: Der Auszubildende kann das ohmsche Gesetz anwenden und funktionale Zusammenhänge grafisch darstellen.

- Feinlernziele beziehen sich auf einen ganz bestimmten Lerninhalt und definieren ein abprüfbares Lernergebnis.

  Beispiel: Der Auszubildende kann eine Formel nach den einzelnen Größen richtig umstellen.

Lernzielbereiche

In Ausbildungsrahmenplänen und Rahmenlehrplänen ist oft eine dreiteilige Gliederung der Lernziele in

- kognitive,
- affektive und
- psychomotorische

Lernzielbereiche

Lernzielbereiche bzw. Verhaltensbereiche vorgenommen worden. Hierdurch werden drei Bereiche des menschlichen Verhaltens angesprochen.

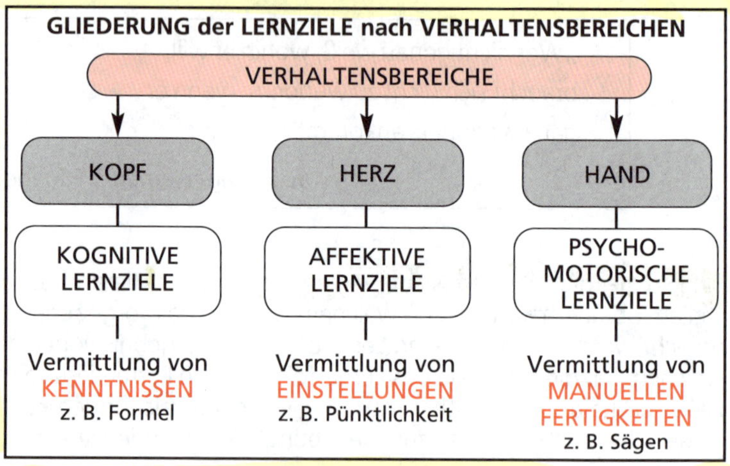

kognitive Lernziele

Bei den kognitiven (d. h. auf Erkenntnis gerichteten) Lernzielen geht es vorwiegend um die Vermittlung bzw. Aneignung von Kenntnissen und intellektuellen Fähigkeiten wie z. B. Verstehen von Zusammenhängen und Regeln, Anwendung von erlerntem Wissen, Beurteilen und Bewerten von Fakten und Zusammenhängen. Zu dieser Gruppe gehören auch solche Lernziele, bei denen es auf die Förderung der Wahrnehmungsfähigkeit ankommt.

Beispiele: Der Lehrling soll

- feine Farbabstufungen identifizieren,
- Werkstoffeigenschaften benennen,
- zahlenmäßige Werte und Größen nennen,
- Arbeitsregeln verstehen und anwenden,
- Arbeitsergebnisse nach vorgegebenen Gütekriterien beurteilen,
- Fehler eingrenzen und definieren,
- Probleme nach selbst entwickelten Kriterien definieren und lösen.

psychomotorische Lernziele

Bei den psychomotorischen Lernzielen geht es um das Beherrschen von mehr oder weniger komplizierten Bewegungsabläufen, Handgriffen und ähnlichen körperlichen Tätigkeiten. Die Psychomotorik umfasst alle bewusst vom Gehirn aus gesteuerten Bewegungen. Davon unterschieden werden die durch das vegetative Nervensystem gesteuerten Bewegungsabläufe im Körper wie der Blutkreislauf oder die Atmung.

Viele der in den Berufsbildern aufgeführten Fertigkeiten können dem psychomotorischen Lernzielbereich zugeordnet werden.

Beispiele: Der Lehrling kann

- Werkstücke plan und winklig feilen,
- Bohrungen und Rohre bis zur Passgenauigkeit aufreiben,
- Werkstücke entgraten,
- Metalle hart- und weichlöten,
- Wendelbohrer von Hand anschleifen.

affektive Lernziele

Im Gegensatz zur spontanen Gefühlshandlung geht es bei den affektiven (d. h. Gefühle betreffenden) Lernzielen generell um den Erwerb von dauerhaften Grundeinstellungen, die das Handeln eines Menschen prägen. Diese schließen auch die Interessen, Neigungen und Gewohnheiten eines Menschen mit ein. Diesem Bereich sind die sog. Arbeitstugenden wie Disziplin, Ordnungssinn, Pünktlichkeit, Zielstrebigkeit, Fleiß, Initiative, Leistungsbereitschaft, Zuverlässigkeit zuzuordnen.

Beispiele: Der Lehrling soll

- Unfallverhütungsregeln beachten,
- sein Berichtsheft sorgfältig führen,
- auf Maßgenauigkeit achten,
- sorgsam mit Arbeitsgeräten umgehen.

Lernzielstufen

Die Vermittlung der Fertigkeiten und Kenntnisse hat sachlich und zeitlich gegliedert zu erfolgen und soll von einfachen zu schwierigeren Lerninhalten führen. Somit wird der Ausbilder – je nach Lernstand/Ausbildungsstand des Lehrlings – verschiedene Lernzielstufen anstreben. Das heißt, er führt den Lehrling schrittweise auf ein höheres Niveau.

Lernzielstufen

Das soll im Folgenden für die drei genannten Lernzielbereiche konkretisiert werden. Im **kognitiven Verhaltensbereich** lassen sich folgende Lernzielstufen unterscheiden:

- Wiedergabe des Gelernten

Gelerntes wird aus dem Gedächtnis in der gleichen Form wiedergegeben, wie es gelernt worden ist.

Beispiel: Nach einer Unterweisung bezeichnet der Lehrling ein Spezialwerkzeug mit dem korrekten Fachausdruck.

- Neuordnung des Gelernten

Hiermit ist die Fähigkeit verbunden, den Lerninhalt unter einer besonderen Fragestellung zu verarbeiten.

Beispiel: Eine Arbeitsregel wird mit eigenen Worten begründet oder auf eine konkrete Aufgabenstellung angewendet.

- Übertragung (Transfer)

Das Gelernte kann auf eine neue, aber ähnliche Arbeitsaufgabe angewendet werden.

Beispiel: Ein neues Arbeitsverfahren wird unter Heranziehung des bisherigen Wissens kritisch beurteilt.

- Kreativität

Bisher Gelerntes wird kreativ (schöpferisch) kombiniert, um ein aus der Sicht des Lernenden völlig neues Problem zu lösen.

Beispiel: Es wird ein begründeter Verbesserungsvorschlag gemacht.

Im **psychomotorischen Verhaltensbereich** gibt es eine ähnliche Abstufung vom Nachahmen einer Tätigkeit über die eigene Ausführung, Koordinierung verschiedener Einzeltätigkeiten, Gewinnung von Routine bei Handgriffen (Automatisierung) bis zur Übertragung des Gelernten auf vergleichbare Tätigkeiten.

Die Abstufung im **affektiven Verhaltensbereich** wird anhand eines Beispiels verdeutlicht:

- Ein Auszubildender wird auf den sparsamen bzw. wirtschaftlichen Umgang mit Materialien aufmerksam gemacht (bewusst werden).
- Er beurteilt diesbezüglich sein bisheriges Verhalten und das seiner Kollegen (werten).
- Er arbeitet materialsparend (reagieren).
- Er erkennt, dass materialsparendes Arbeiten oft nicht nur kostengünstig, sondern auch umweltverträglich ist (eigenes Wertesystem aufbauen).

Konkrete Lernzielformulierungen

Sind Lernzielformulierungen so eindeutig, dass sie Verhaltensweisen oder Tätigkeiten, die der Lernende nach einem Lernvorgang zeigen soll, klar beschreiben, spricht man von operationalisierten Lernzielen.

Maßstab des Lernerfolges

Derart konkrete Lernzielformulierungen bieten dem Ausbilder und dem Lehrling einen Maßstab zur Überprüfung des Lehr- bzw. Lernerfolges.

Konkret formulierte, d. h. operationalisierte Lernziele sollten beeinhalten:

1. präzise Angaben des Lerninhaltes (Lehrstoff),
2. eindeutige Beschreibung des erwünschten Endverhaltens des Lehrlings,
3. Angabe der Bedingungen des Endverhaltens,
4. Angabe eines Beurteilungsmaßstabes.

Beispiel: Der Lehrling soll selbstständig unter Zuhilfenahme von Körner, Dorn, Hammer und Einspannvorrichtung in maximal 10 Minuten die Bremsbacken „von Hand" aufziehen. Dabei müssen die Nieten von der Mitte nach außen über Kreuz gesetzt werden. Der Belag soll fest auf den Backen aufliegen.

Lernziele sollten von Zeit zu Zeit in Verbindung mit einer Kontrolle des Lernerfolges überprüft und ggf. verändert werden.

2.4 Behalten und Vergessen

Gedächtnis

Eine Grundvoraussetzung für das Lernen ist das Gedächtnis. Man versteht darunter die Fähigkeit des Gehirns, Informationen zu organisieren, zu speichern und zu reproduzieren. Das Gedächtnis wird zwar oft als „Informationsspeicher" bezeichnet, es unterscheidet sich aber grundlegend vom Speichersystem eines Computers, weil es ein biologisches, selbststeuerndes und sich veränderndes System ist. Unser heutiges Wissen über die Fähigkeiten des menschlichen Gehirns kann viel zur Förderung des Lernprozesses beitragen:

Das in der Erarbeitungsphase des Lernprozesses aufgebaute Wissen und Können ist in der Regel unvollkommen und noch nicht so verstanden und verinnerlicht, dass es mühelos auf neue und komplexe Situationen übertragen werden kann; es ist störungsanfällig und wird schnell wieder vergessen bzw. verlernt. Deshalb muss das eigentliche Lernen in den meisten Fällen in eine Phase der Übung einmünden.

Neu aufgenommene Informationen werden im Ultrakurzzeitgedächtnis 10–20 Sekunden, im Kurzzeitgedächtnis 20–30 Minuten gespeichert. Um einen dauerhaften Behalteneffekt zu erzielen, ist es notwendig, dass Gelerntes im Langzeitgedächtnis abgespeichert wird. Dies wird durch wiederholtes Üben erreicht.

Beim Lernen sollten möglichst viele Sinne angesprochen werden.

Ansprechen mehrerer Sinne

> „Sagst du's mir, so vergesse ich es,
> zeigst du's mir, so merke ich es mir,
> lässt du mich teilnehmen,
> so verstehe ich es." *(Chinesisches Sprichwort)*

Die Informationsspeicherung kann verbessert werden, wenn beim Lernen beide Gehirnhälften angesprochen werden. Die rechte Gehirnhälfte ist für Bilder, Vorstellungen, Gefühle und Emotionen zuständig, die linke Gehirnhälfte steuert logische Gedankengänge, Mathematik und Sprache. Begriffe lassen sich weitaus leichter erlernen, wenn man sie mit bestimmten Bildern verbindet. Können neue Informationen mit bereits im Gehirn vorhandenen verknüpft werden, steigt der Behalteneffekt.

Behaltensquote

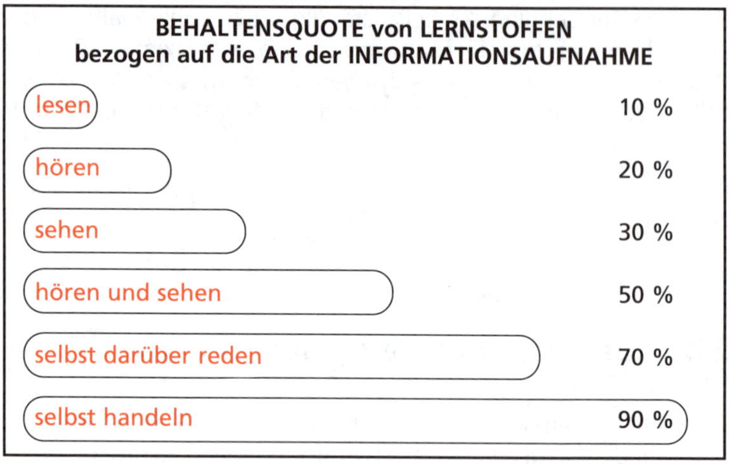

Informationen, die wir häufig benötigen und über die wir jederzeit verfügen, bezeichnet man als aktives Wissen; im Gehirn abgespeicherte Gedächtnisinhalte, an die wir uns von allein nicht erinnern, als passives Wissen.

Man kann die beim Einprägen von Wissen oder Einüben von Fertigkeiten erzielten Leistungsverbesserungen messen und in einem Diagramm veranschaulichen. Dabei ist es üblich, auf der Vertikalen die nach Kriterien wie Fehlerfreiheit ermittelte Leistungsverbesserung und auf der Horizontalen die Anzahl der Übungen einzutragen. Als Ergebnis erhält man eine sog. **Übungskurve** (oft auch als Lernkurve bezeichnet).

Übungskurve

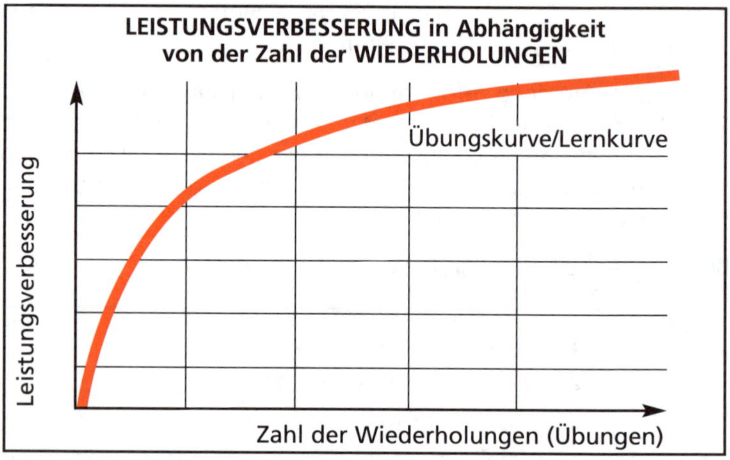

Die obige Abbildung der Übungskurve zeigt einen typischen Verlauf: Die Kurve steigt zunächst relativ steil an, wird danach etwas flacher und geht nahezu in eine Waagerechte über. In der Praxis weisen solche Kurven mehr oder weniger große Schwankungen vor allem in der ersten Phase auf; sie haben häufig keinen glatten, sondern einen treppen- oder wellenförmigen Verlauf. Das heißt: Die Qualität der Ausführungsweise bleibt trotz weiterer Übungen eine bestimmte Zeit konstant und steigt erst danach wieder an. Man spricht in diesen Fällen von Übungsplateaus.

Solche Schwankungen ergeben sich vor allem dann, wenn in der Übungsphase eine Zeitlang unterschiedlich hohe Leistungsanforderungen vorliegen, wie es beim Einüben von komplexen Arbeitsabläufen die Regel ist. Übungsplateaus können ihre Ursache aber auch in absichtlich vom Ausbilder vorgenommenen Veränderungen der Übungsbedingungen haben. Andere mögliche Ursachen sind Ermüdung und Langeweile (→ Kap. 4.2).

Wird auf jegliche Übung verzichtet, gerät neu Erlerntes schnell in Vergessenheit. Auch diesen Sachverhalt kann man mittels verschiedener Verfahren messen und in sog. **Behaltenskurven** darstellen.

Behaltenskurve

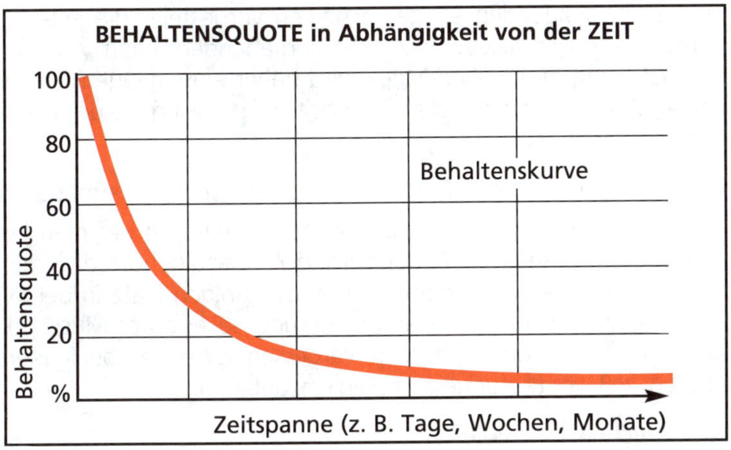

Auf der Vertikalen des obigen Diagramms wird die Behaltensquote (in %) eines Lerninhalts eingetragen: was noch behalten wurde, nachdem die auf der Horziontalen verzeichneten Zeiteinheiten vergangen sind. Die Kurve zeigt, dass ohne Üben das Behaltene mit zunehmendem zeitlichen Abstand von der Lernsituation merklich abnimmt. Die Behaltenskurve fällt zunächst sehr stark ab, um später in einen fast waagerechten Verlauf überzugehen.

Zeitfaktor

Die Behaltensleistung hängt u. a. ab von der Art und Weise, wie gelernt wurde (Lerntechnik) und von der Art des Lerninhaltes: Zusammenhängendes Wissen wird länger behalten als ungeordnetes oder gar sinnloses Einzelwissen.

2.5 Lerntechniken

Die Beherrschung von wirksamen Lern- und Arbeitstechniken erleichtert den Erwerb von Fertigkeiten und Kenntnissen. Bei den lernfördernden Maßnahmen muss die Vermittlung solcher Techniken fester Bestandteil sein.

(Lerntechniken stehen ebenfalls im Zusammenhang mit der Sicherung des Lernerfolgs durch den Ausbilder: → Kap. 4.)

In allen Berufen, die mit dem Lösen von technischen Problemen zu tun haben, steht der Handelnde im Regelfall vor einer komplexen Fragestellung.

schnelle Problemlösung

Mit welcher Arbeitstechnik komme ich relativ schnell zu einer Lösung, die auch ökonomischen und ökologischen Anforderungen standhalten soll? „Versuch, Irrtum, Erfolg", „Lernen durch Einsicht" oder „Lernen durch Transfer" sind Lerntechniken, die besonders das selbstgesteuerte Lernen fördern (→ S. 213).

Der Ausbilder muss Techniken beherrschen, die zeitraubende Erklärungen und Wiederholungen – einschließlich der nicht auszuschließenden Fehlerquellen – ersparen, und diese den Lehrlingen weiter vermitteln. Hierzu werden im Folgenden einige Techniken vorgestellt, die jeder Lernende selbstverständlich flexibel einsetzen und abändern kann. Auf die Technik der Erstellung eines Mind-Maps wird näher eingegangen, da mit dieser neuen Methode in der letzten Zeit positive Erfahrungen auch in der Ausbildung gemacht wurden.

Lernplanung

- Zeitplanung und Schaffung einer konzentrierten Lernatmosphäre

Neben der Motivation ist sicher die Atmosphäre, in der man lernt, eine wichtige Voraussetzung für den Lernerfolg. Dazu gehört, dass man ausgeruht mit dem Lernen beginnt, sich einen ruhigen Platz in der Wohnung aussucht etc. Zu laute Geräuscheinwirkung, sei es durch Musik oder TV, ist sicher nicht sehr förderlich. Nicht vergessen sollte man bei längeren Lernphasen, z. B. vor Prüfungen, Pausen einzuplanen.

- Lerntechnik für das Lesen

Information aus Texten

Auch im Zeitalter von Multimedia und Internet ist das Durcharbeiten von Texten immer noch ein sehr wichtiger Weg, um Informationen zu erhalten, d. h. um zu „lernen". Es haben sich drei wesentliche Schritte bewährt:

1. Ein Text, z. B. ein Kapitel aus diesem Lehrbuch, wird einmal grob gelesen, um sich einen Überblick zu verschaffen. Bei einem Buch hilft oft schon ein Blick in das Inhaltsverzeichnis, um zu erkennen, ob es für den jeweiligen Zweck geeignet ist.
2. Danach wird der Text intensiv gelesen, dabei werden Stellen, die man für besonders wichtig hält, markiert (mit farbigem Stift z. B.). Aber Achtung: wenn man zuviel markiert, macht das keinen Sinn mehr, weil man vor lauter Bäumen den Wald nicht mehr sieht . . .
3. Als dritter Schritt sollte eine Zusammenfassung bzw. Auswertung folgen, indem entweder mit eigenen Worten das Wesentliche auf den Punkt gebracht wird oder eine abschließende Bewertung in Verbindung mit der ursprünglichen Fragestellung vorgenommen wird.

Einprägen

- Einprägen von schwierigen Begriffen, Zahlen etc.

Wer kennt nicht die Situation, dass einem ein bestimmter Begriff partout nicht einfällt? Hier kann helfen, was man in der Umgangssprache „Eselsbrücke", in der Fachsprache „Assoziationstechnik" nennt. Man sucht sich einen gut merkbaren Begriff oder Gegenstand, mit dem man den zu erlernenden Begriff verbinden kann, und prägt sich diese Verbindung ein. Dann gelingt meist die Erinnerung besser.

Mind-Map

• Mind-Map

Diese Lern- und Arbeitstechnik eignet sich sowohl für das selbstständige Lernen wie für den Einsatz in der Ausbildung (in größeren Betrieben, in der überbetrieblichen Lehrwerkstatt u. Ä.). Ein Mind-Map kann auch für die Einordnung eines Themas in einen größeren Zusammenhang verwendet werden, um sich einen „roten Faden" zu erarbeiten etc.

Viele Menschen vergessen, was sie sich notiert haben, weil nur ein Teilbereich des Gehirns an diesem Vorgang beteiligt war. Die üblichen Aufzeichnungsmethoden (Wort- und Satzverbindungen, Listen und Linienstrukturen, Zahlen) sprechen nur die linke Gehirnhälfte an und schöpfen deshalb nicht die gesamte menschliche Kreativität aus.

Was ist ein Mind-Map? Der englische Begriff „Mind" umfasst Geist, Inspiration, Gedächtnis, Erinnerung, Assoziation, Gedankenarbeit, Ideenquelle. Mit „Maps" sind die durch Gedankenarbeit etc. erzeugten Bilder gemeint. Mit Hilfe der Mind-Map-Methode kann der Mensch die gesamte Kapazität seiner geistigen Fähigkeiten individuell, schnell und umfassend nutzen. Mind-Maps unterstützen das Gedächtnis und die Konzentration, erhöhen die Effizienz und den Überblick, fördern den Ideenreichtum und die Freude beim Lernen. Der Einsatz der Mind-Map-Methode fördert den Erwerb wichtiger Schlüsselqualifikationen und entwickelt die erforderliche geistige Beweglichkeit und Umsicht, die für das selbstorganisierte Arbeiten und Lernen unverzichtbar sind.

kreative gedankliche Arbeit

Ein Stichwort dient als Schlüsselwort für die Aktivierung weiterer Gedanken. Bei der Gestaltung eines Mind-Maps sind der Kreativität keine Grenzen gesetzt. Die Grundstruktur eines Mind-Maps entspricht der eines Baumes (→ Abb. S. 226). Das Wachstum des Baumes ist gekennzeichnet durch das Nachwachsen von Ästen und Zweigen zu einem komplexen Gebilde. Hiermit vergleichbar wächst das Mind-Map bei neuen Gedanken mit.

Vorgehensweise

Um diese Aufzeichnungstechnik anzuwenden, geht man so vor:

- Ausgangspunkt ist der Mittelpunkt eines weißen Blattes (einer Wandtafel, eines Flipcharts).
- Um den Mittelpunkt wird ein Kreis gezeichnet, in dem das Thema steht.
- Bei der ersten Untergliederung gehen Hauptäste in alle Richtungen.
- Von jedem Hauptast gehen Verästelungen aus. Diese Zweige sind Stich- oder Schlüsselwörter, die einen Gedankengang repräsentieren; ein gedanklich ausgeformter Ast mit vielen Zweigen wird als „Komplex" bezeichnet.
- Je nachdem, wie breit das Thema angelegt ist oder wie tief „eingestiegen" wird, kommen immer weitere Gedanken hinzu, die als weitere Äste und Zweige eine Baumstruktur entstehen lassen.
- Bei aller Ideenflut sollte eine Systematik eingehalten werden, um Schlüsselwörter schnell wiederzufinden (z. B. farbige Stifte; verschiedene Astdicke).

BEISPIEL für ein MIND-MAP
(Lernfeld 5: Förderung des Lernprozesses)

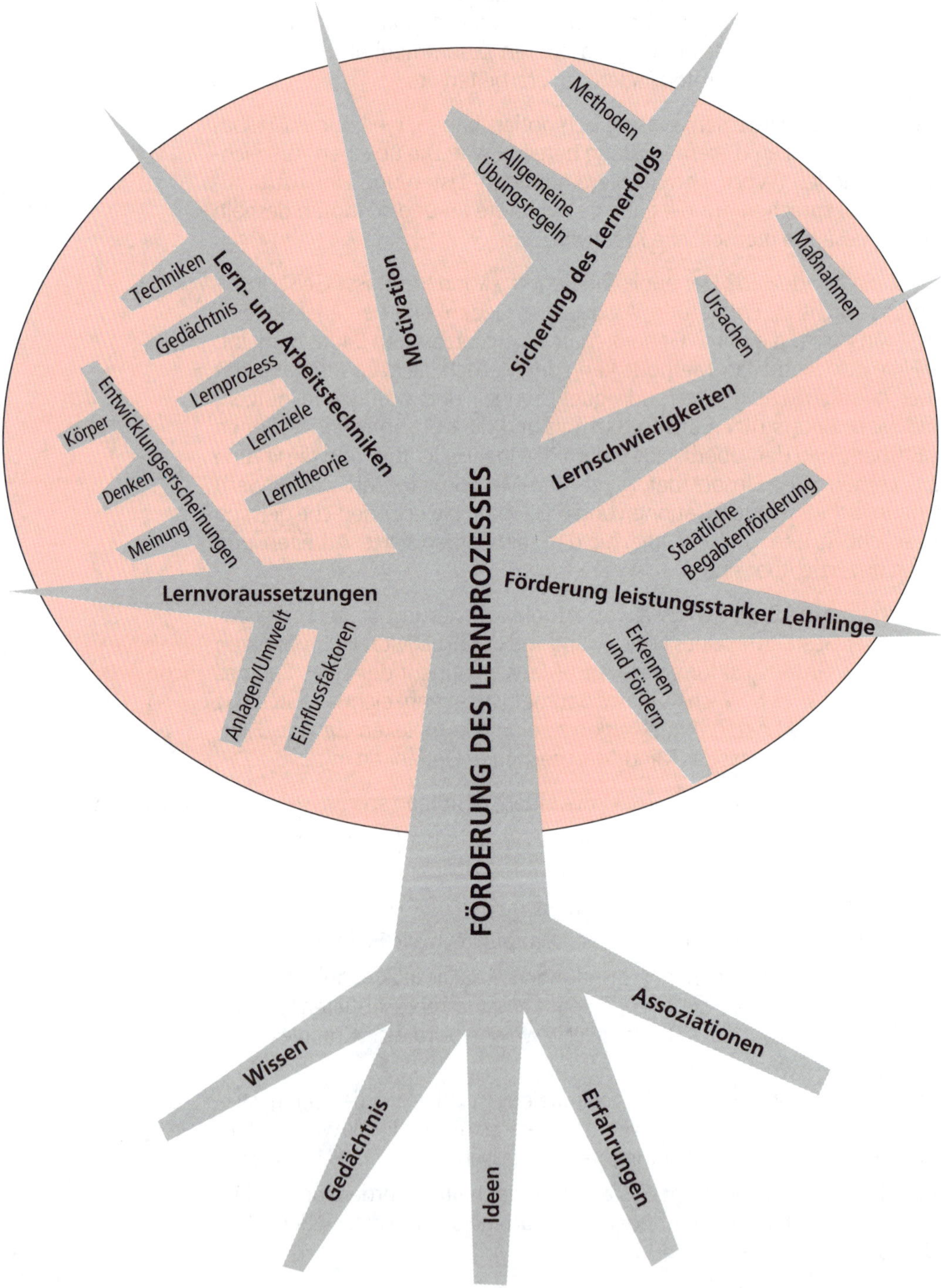

Bitte bearbeiten Sie abschließend die folgenden Aufgaben:

1. Erläutern Sie das Vier-Phasen-Modell des Lernprozesses anhand eines konkreten Beispiels.

2. Erklären Sie, was unter kognitiven, psychomotorischen sowie affektiven Lernzielen zu verstehen ist, und erläutern Sie die Lernzielstufen im kognitiven Verhaltensbereich an einem Beispiel.

3. Wie kann der Ausbilder dazu beitragen, dass der Auszubildende einmal Gelerntes auch im Gedächtnis behält?

4. Wie entsteht ein Mind-Map, und welche Vorteile bietet die Nutzung dieser Lern- und Arbeitstechnik?

3. Motivation als Motor zur Förderung des Lernprozesses

Kompetenzen:

Der Lernende

- kann die Bedeutung der Motivation für den Lernerfolg begründen,
- kann zwischen verschiedenen Arten von Motivation unterscheiden,
- kann Möglichkeiten zur Verstärkung der Motivation erläutern und in der Ausbildung einsetzen.

Motivation ist die Bereitschaft eines Menschen, seine Fertigkeiten und Kenntnisse auf ein Ziel zu richten und es aktiv zu verfolgen. Jede Motivation drückt die Wechselwirkung von Persönlichkeitsmerkmalen und den Anforderungen einer bestimmten Situation aus.

Motiv

Ein „Motiv" bewegt uns dazu, etwas zu tun; es kann deshalb als „Beweggrund" einer Handlung definiert werden. Ein solcher Beweggrund kann spontan in einer konkreten Handlungssituation wirksam werden, ggf. auch einer plötzlichen Stimmungslage entspringen. Im Allgemeinen beeinflussen jedoch stabile und situationsübergreifende, zur Gewohnheit gewordene Handlungsantriebe das Tun. Dann spricht man von Motivation.

Kurz gesagt:

- Motivation ist die Summe der Beweggründe für eine Handlung oder Entscheidung.
- Lernmotivation beinhaltet den Beweggrund und damit den Antrieb zum Lernen.

Die Motivation wird als „hoch" eingeschätzt, wenn sich der Handelnde trotz großer Schwierigkeiten für ein bestimmte Ziel entscheidet und es unter allen Umständen zu erreichen sucht. Eine Motivation wird als „niedrig" bezeichnet, wenn der Handelnde bereits bei der Zielentscheidung und Entschlussfassung wegen tatsächlicher oder vermeintlicher Schwierigkeiten Probleme hat, wenn er sich bei der Handlungsausführung leicht durch andere Dinge ablenken lässt oder sogar bei Auftauchen der ersten größeren Schwierigkeiten sein Ziel aufgibt.

Motivierung

Ein Ausbilder kann einen Auszubildenden motivieren, wenn er dessen Interessen kennt und daran anknüpft. Ein motivierter Auszubildender hat durch sein Lernen entsprechende Lernerfolge. Die daraus resultierenden Lernerfolgserlebnisse ermutigen ihn, sich mit neuen Aufgabenstellungen auseinander zu setzen. Erfolge bauen so systematisch aufeinander auf.

Misserfolge und permanenter Tadel schwächen im Regelfall das Selbstvertrauen, wirken demotivierend und führen nicht selten zu immer stärkerem

Leistungsabfall (→ Kap. 5: Lernschwierigkeiten und Verhaltensauffälligkeiten).

Motivationsarten

Es gibt verschiedene Arten der Motivation: Intrinsische bzw. direkte Motivation liegt z. B. vor, wenn dem Handeln ein Sachinteresse zugrunde liegt, weil man die Notwendigkeit des jeweiligen Tuns einsieht oder weil jemandem eine bestimmte Tätigkeit einfach Freude bereitet. Extrinsische Motivation bedeutet, dass die Motivation „von außen" kommt, wenn eine Handlung in erster Linie wegen bestimmter mit ihr verbundener Konsequenzen und Vorteile erfolgt. Extrinsisch motiviert sind z. B. Handlungen, die nur ausgeführt werden, um eine Belohnung zu erhalten oder eine Bestrafung zu verhindern. Die extrinsische Motivation wird auch als indirekte Motivation bezeichnet. Wenn der Ausbilder dem Lehrling eine Aufgabe stellt, kommt die Motivation sicher zunächst „von außen". Die Abbildung auf → S. 230 zeigt, wie sich bei erfolgreicher selbstständiger Durchführung der Aufgabe die (Lern-)Motivation weiterentwickeln kann.

Förderung der Motivation

Dem Ausbilder stehen vielfältige Möglichkeiten zur Verfügung, durch geeignete Maßnahmen und Hilfen die Lernmotivation zu fördern:

- ein gutes Betriebs- und Ausbildungsklima schaffen,
- dem Lehrling in menschlicher und fachlicher Hinsicht ein Vorbild sein,
- ein persönliches Vertrauensverhältnis zum Lehrling aufbauen,
- Verantwortung übertragen,
- dafür sorgen, dass das Lernen nicht unnötig durch Störungen behindert wird,
- dem Lehrling Sinn und Bedeutung der zu erfüllenden Arbeits- und Lernaufgaben offenlegen, auch im Zusammenhang mit der Auftragsabwicklung insgesamt,
- den Lerngegenstand für den Lehrling attraktiv machen, z. B. Anknüpfen an vorhandene Interessen und anregende Darbietungsformen,
- Voraussetzungen für ein möglichst selbstständiges Lernen schaffen,
- Möglichkeiten schaffen, in der Gruppe zu lernen, z. B. um sich gegenseitig bei der Lerntätigkeit unterstützen zu können,
- dem Auszubildenden helfen, sich realistische Ziele zu setzen sowie die eigenen Stärken und Schwächen realistisch einzuschätzen und Selbstvertrauen zu gewinnen,
- den Lehrling daran gewöhnen, positive und negative Folgen seines Handelns vorauszusehen und zu bewerten,
- Erfolgserlebnisse ermöglichen z. B. dadurch, dass die Arbeits- und Lernaufgaben den Lehrling weder überfordern noch unterfordern,
- soweit wie möglich das Prinzip „Selbstkontrolle geht vor Fremdkontrolle!" berücksichtigen; der Ausbilder sollte bei seiner eigenen Kontrolle die Bewertungskriterien offenlegen,
- bei Anerkennung und Kritik auch die persönlichen Anstrengungen des Lehrlings berücksichtigen.

Für das auftragsorientierte Lernen – insbesondere im Handwerksbetrieb – ist die enge Verbindung von Lernen und produktiver Mitarbeit charakteristisch (→Lernfeld 4: Ausbildung am Arbeitsplatz, Kap. 2). Die Qualität der Ausbildung hängt in entscheidendem Maße davon ab, inwieweit es dem Ausbilder gelingt, den Lehrling sinnvoll in den Produktions- bzw. Dienstleistungsprozess des Ausbildungsbetriebes einzubinden. Zum Erreichen des Ausbildungserfolges kann es erforderlich sein, dass zur Erfüllung der Arbeitsaufgaben eine angemessene Lernunterstützung gegeben wird.

Motivation beim auftragsorientierten Lernen

AUSWIRKUNG des AUFTRAGSORIENTIERTEN LERNENS auf die LERNMOTIVATION

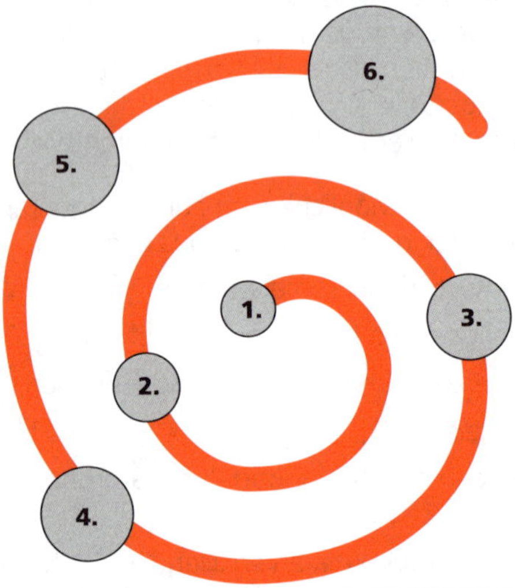

1. Arbeitsauftrag (extrinsische Motivation)
2. auftragsorientiertes Lernen
3. Lernerfolgserlebnis durch selbstständiges
   - Planen
   - Durchführen
   - Kontrollieren
4. gesteigertes Selbstbewusstsein
5. erweiterte Handlungskompetenz
6. intrinsische Motivation durch selbstgesteuertes Handeln

Der Arbeitsauftrag zeigt sich in seinem auftragsorientierten Lernen als eine moderne Methode, die die Motivation des Auszubildenden fördert und dem Anspruch auf Förderung der Handlungskompetenz und dem Erwerb von Schlüsselqualifikationen in besonderem Maße gerecht wird. Die zentrale Vorgabe „selbstständiges Planen, Durchführen und Kontrollieren" wird als zu erreichende Qualifikation nicht nur in theoretischen Zusammenhängen diskutiert, sondern im betrieblichen Geschehen lernmotivierend umgesetzt.

4. Sicherung des Lernerfolgs

Kompetenzen:

Der Lernende

- kann die Notwendigkeit der Sicherung des Lernerfolgs begründen,
- ist in der Lage, die Grenzen der Leistungsfähigkeit im Lern- und Arbeitsprozess bei der Planung und Durchführung der Ausbildung zu berücksichtigen,
- kann mit geeigneten Maßnahmen den Lernerfolg sichern.

Notwendigkeit des Übens

Die Notwendigkeit des regelmäßigen Übens ergibt sich aus mehreren Gründen. Bereits in → Kap. 2 „Lern- und Arbeitstechniken" war erläutert worden, wie das Gedächtnis neue Informationen speichert. Mehrmals wiederholtes Üben verstärkt die Behaltensleistung des Gedächtnisses. Darüber hinaus braucht man eine bestimmte Routine, damit bei einzelnen Handgriffen und Fertigkeiten nicht immer wieder neu überlegt werden muss: „... wie ging das doch gleich ...?" Unfälle werden vermieden, wenn Routine und Erfahrungen vorliegen. Ganz wichtig ist die Fähigkeit, Kenntnisse auf neue Probleme und Aufgaben zu übertragen. Damit ist der Erwerb einer stabilen und dauerhaften Handlungskompetenz verbunden (→ Lernfeld 2: Planung der Ausbildung, Kap. 2.3).

4.1 Allgemeine Übungsregeln

Beim Üben geht es um die Festigung des Gelernten, die Anwendung von neuen Fertigkeiten und Kenntnissen auf ähnliche oder andere Aufgaben, Erwerb von Routine und Verbesserung und Vervollkommnung von neu erworbenen Fertigkeiten.

Um größtmöglichen Übungserfolg zu erzielen, sollte der Ausbilder folgende allgemeine Übungsregeln berücksichtigen:

- sich über die Funktion der jeweils geplanten Übung klar werden und diese auch dem Lehrling erklären,
- Übungen interessant machen, z. B. durch Verbindung der Übung mit praxisnahen Aufgabenstellungen,
- auf das individuelle Übungstempo achten,
- Übungsfortschritte bewusst machen und möglichst durch den Lehrling kontrollieren lassen,
- bei der übenden Anwendung die konkreten Bedingungen systematisch verändern und den Schwierigkeitsgrad allmählich steigern,

- beim Einüben von Fertigkeiten darauf achten, dass sich keine Fehler einschleichen und diese verfestigt werden,
- bei komplizierten Lerninhalten zwischen der ersten Lernphase und der Übungsphase nichts Neues lernen lassen, sondern eine kurze Pause machen; der Lernende könnte sonst überfordert werden und verschiedene Lerninhalte nicht mehr voneinander trennen können,
- das Üben in sinnvollen Zusammenhängen ist erfolgreicher als das Üben von zerstückeltem und unverstandenem Wissen,
- wenn theoretische Zusammenhänge vermittelt werden sollen, bildliche Darstellungen und Medien einsetzen (z. B. Flussdiagramme, Grafiken, Modelle).

Üben, das über einen bestimmten Zeitraum verteilt ist, bringt in der Regel mehr Erfolg als eine sehr lange Übungsphase, bei der sich Langeweile oder Ermüdung einstellen. Zu dieser Frage werden im Folgenden einige wichtige Forschungsergebnisse aus der Arbeitswissenschaft zusammengefasst.

4.2 Maßnahmen gegen Ermüdung

Grenzen der Leistungsfähigkeit

Die Leistungsfähigkeit des Menschen wird bestimmt durch seine vorhandenen Anlagen, seine Ausbildung und die Erfahrungen im Laufe des Lebens. Aufgrund von Tagesrhythmus, Ermüdung und körperlichem Befinden gibt es jedoch Grenzen der Leistungsfähigkeit. Die menschliche Leistung unterliegt folgenden Veränderungen:

1. Sie steigt mit häufiger Wiederholung der Arbeit, sinkt aber bei zu häufigem Wiederholen.
2. Sie kann bei Ermüdung absinken; ein erhöhter Willenseinsatz kann dem zwar gegensteuern, aber nur begrenzt.
3. Sie unterliegt Schwankungen, die durch den biologischen Rhythmus des Körpers bestimmt werden.
4. Sie ist auch vom Lebensalter abhängig.

Ermüdung

Ermüdung ist ein Verlust an Leistungsfähigkeit, der durch ausreichende Erholung wieder ausgeglichen wird. Die sog. biologische Ermüdung stellt sich unabhängig davon ein, ob der Mensch arbeitet oder nicht, denn nur der Schlaf stellt einen Zustand dar, in dem Lebewesen nicht ermüden. Wachsein – auch ohne Tätigsein – führt zu Ermüdung, und die Art der Tätigkeit bzw. die durch sie bedingte Beanspruchung bestimmen lediglich die Stärke und Dauer der Ermüdung.

Pausen gegen Ermüdungsspitzen

Bei der Gestaltung des Arbeitsablaufes kommt es darauf an, durch betriebliche Pausenregulierungen die Ermüdungsspitzen „abzuschneiden" und auf diese Weise das Anwachsen der Ermüdung über ein gewisses Maß hinaus zu verhindern.

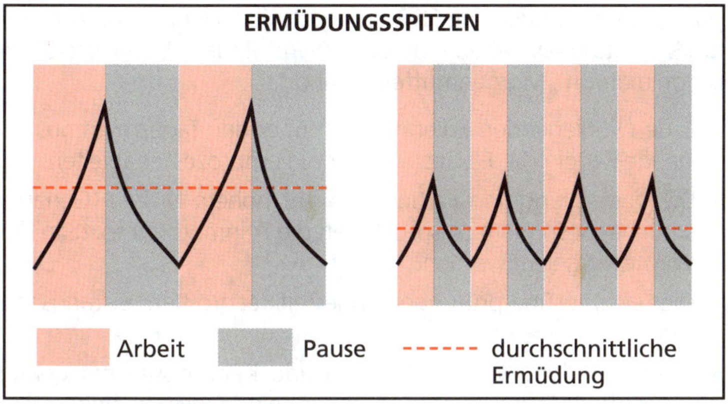

nach G. Lehmann, REFA-Methodenlehre

An dieser Abbildung wird sichtbar, dass sich viele kurze Pausen positiv auf die Leistungsfähigkeit auswirken (rechts) – im Gegensatz zu wenigen langen Pausen. Hier tritt eine viel stärkere Ermüdung ein (die linke Abbildung zeigt sehr hohe Ermüdungsspitzen).

Das Jugendarbeitsschutzgesetz versteht unter Pausen Arbeitsunterbrechungen, die allein der Erholung dienen und mindestens 15 Minuten dauern. Viele Auszubildende fallen nicht mehr unter das JArbSchG, trotzdem sollten die o. g. arbeitswissenschaftlichen Erkenntnisse auch auf diese Zielgruppe übertragen werden.

Gerade beim Jugendlichen wird infolge seines unzureichenden Ausbildungsstandes eine frühzeitige Ermüdung auftreten. Durch eine angemessene Arbeitsunterweisung kann eine beschleunigte Einarbeitung erreicht werden. Außerdem kann das Arbeitsverhalten (Gefühl für eine ökonomische Arbeitseinteilung, für den zweckmäßigen Wechsel zwischen Tätigsein und Pause sowie für das optimale Arbeitstempo) durch eine richtige Arbeitsunterweisung beeinflusst werden.

optimales Arbeitstempo

Bei der Durchführung der Ausbildung geht es um den Abbau der Arbeitsermüdung durch die Gestaltung des Arbeitsablaufs, des Arbeitsplatzes und der benötigten Arbeitsmittel. Zum Beispiel sollte man stets gleichbleibende Muskelbeanspruchung vermeiden.

Über-/ Unterforderung

Hinsichtlich der Anforderung an die Aufmerksamkeit und Konzentration kann sowohl Über- als auch Unterforderung schädlich sein. Bei Überforderung kommt es zur frühzeitiger Ermüdung geistiger Funktionen, bei Unterforderung (Reizarmut bei eintönigen Arbeiten) zur Antriebsermüdung. Eine Erholungswirkung tritt durch Wechsel der Arbeitsverrichtungen ein, z. B. wenn eine Arbeit aus verschiedenen Teilvorgängen besteht, die den Auszubildenden in verschiedener Weise beanspruchen.

Biorhythmus

Die Leistungsfähigkeit des Menschen wird bekanntlich auch durch den Biorhythmus des Körpers bestimmt. Aus Untersuchungen geht hervor, dass in den Vormittagsstunden ein Maximum an Leistungsbereitschaft besteht. In den Nachmittagsstunden sinkt die Leistungsfähigkeit, nach der Mittagspause gibt es wieder eine Steigerung, die jedoch nicht ganz so hoch ist wie am Vormittag. Daneben gibt es auch individuelle Unterschiede: Jeder hat schon mal von „Morgenmuffeln" gehört . . .

Schlussfolgerungen

Aus den vorliegenden Erkenntnissen über den Tagesrhythmus lassen sich folgende Regeln für die Gestaltung des Lernprozesses ableiten:

- Die Vermittlung von Fertigkeiten auf hohem Niveau (Genauigkeitsansprüche, besondere Ansprüche an die Feinmotorik) sollte in den frühen Vormittag gelegt werden.
- Die Leistungsüberprüfungen in die Zeit der größten Leistungsbereitschaft legen.
- Die Vermittlung von Fertigkeiten und Kenntnissen mit geringem Anspruch und Übungsphasen sollten für eine Tageszeit eingeplant werden, wenn die Leistungsfähigkeit erwartungsgemäß eher gering ist.

5. Lernschwierigkeiten und Verhaltensauffälligkeiten

Kompetenzen:

Der Lernende

- ist in der Lage, normales und auffälliges Verhalten voneinander abzugrenzen,
- kann mögliche Ursachen für Lernschwierigkeiten und Verhaltensauffälligkeiten beschreiben,
- kann Maßnahmen zur Behebung von Lernschwierigkeiten und Verhaltensauffälligkeiten erläutern und deren Einsatz begründen,
- ist in der Lage, Anzeichen für Ausbildungsabbrüche zu erkennen und Maßnahmen zur Vermeidung umzusetzen.

Erfahrungsgemäß können auch bei guter Planung und Durchführung der Ausbildung Probleme entstehen. Der eine Lehrling greift die angebotenen Lernhilfen des Ausbilders bereitwillig auf, bei einem anderen entwickeln sich Lernschwierigkeiten. Nicht selten verstärken sich diese, und es entsteht auffälliges Verhalten, meist in Verbindung mit anderen Problemen.

Andererseits ist zu bedenken, dass ein bestimmtes Verhalten für den einen Ausbilder gar kein Problem darstellt; ein anderer Ausbilder fühlt sich jedoch z. B. von der wiederholten Unpünktlichkeit seines Auszubildenden provoziert und weiß nicht, was er dagegen machen soll. Das Beispiel zeigt, dass es schwierig ist, die Begriffe Lernschwierigkeiten und Verhaltensauffälligkeiten ganz eindeutig zu bestimmen. In diesem Lehrbuch sollen jedoch einige wichtige Fragen in diesem Zusammenhang behandelt werden, mit deren Hilfe der Ausbilder Probleme mit seinen Lehrlingen besser einordnen und evtl. lösen kann.

5.1 Erscheinungsformen und Ursachen von Lernschwierigkeiten und Verhaltensauffälligkeiten

Verhaltensauffälligkeiten

Extreme Verhaltensauffälligkeiten von Jugendlichen sind solche Normabweichungen, die mit einem einfachen Gespräch und viel gutem Willen nicht ohne weiteres behebbar sind, sondern die Ausbilder häufig vollständig überfordern. Bei extremen Verhaltensauffälligkeiten (wie Drogenabhängigkeit oder Kriminalität) sollte der Ausbilder auf jeden Fall professionelle Beratung durch die entsprechenden Stellen suchen.

Falsch und richtig gesteuerter Lernprozess

Erscheinungsformen

Der Ausbilder stößt manches Mal auf Reaktionen des Lehrlings, die eine weitere „normale" Ausbildung fraglich erscheinen lassen. Dazu zählen folgende Erscheinungsformen:

- verminderte Konzentrationsfähigkeit,
- Motivationsmangel, Unlust, Faulheit,
- Oberflächlichkeit,
- Arroganz,
- Disziplinmangel, ständige Unpünktlichkeit,
- Trotzreaktionen,
- Unwahrheiten, Ausreden,
- Aufsässigkeit, Aggression.

Wenn auch weniger auffällig, so müssen dazu auch stärker ausgeprägte Kontaktarmut, Angst, starke Schüchternheit gezählt werden. Wenn die Frage der Ursachen diskutiert wird, sollte die im 1. Kapitel dieses Lernfelds erläuterte Wechselwirkung von Erbanlagen und Umwelteinflüssen beachtet werden (→ Kap. 1.2). Auch Grad und Häufigkeit der auftretenden Lernschwierigkeiten und Verhaltensauffälligkeiten spielen eine Rolle.

falsch gesteuerter Lernprozess

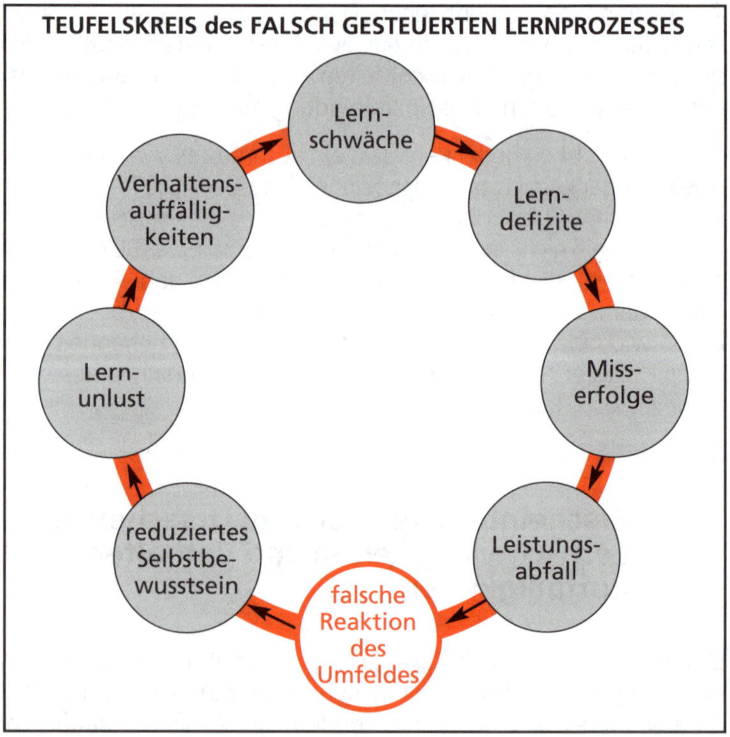

Während es sehr schwierig ist, bei einem bestimmten Jugendlichen die ganz konkrete Ursache für seine Lernschwierigkeiten herauszufinden, sollten folgende allgemeinen Erfahrungen und Lösungen unbedingt beachtet werden: Einmal aufgetretene Lern- und Leistungsdefizite können sich in der Schule permanent steigern. Es entsteht oft schon im frühen Kindesalter ein Teufelskreis des falsch gesteuerten Lernprozesses. Wer in der Primarstufe die Leistungsanforderungen nicht erfüllt, hat oftmals kaum Chancen, die Wissenslücken später zu schließen. Diese werden in der späteren Schullaufbahn und der Ausbildung zum ständigen Begleiter.

Für den Ausbilder ist es wichtig zu wissen: Durch die richtige Reaktion des Umfeldes kann dieser Teufelskreis erfolgreich durchbrochen werden! Vorausgesetzt, das Problem wird als solches erkannt. Wenn sich Lernschwierigkeiten und Verhaltensauffälligkeiten entwickelt haben, muss verhindert werden, dass sie sich festsetzen. Die Anforderungen an den Ausbilder, trotz dieser Probleme dazu beizutragen, dass der betreffende Lehrling das Ausbildungsziel erreicht, sind hoch.

Maßnahmen des Ausbilders

Folgende Maßnahmen kann er ergreifen, um den Lernprozess positiv zu steuern:

- Besonders während der ersten Ausbildungsphase sollte der Ausbilder Gespräche mit dem Auszubildenden führen, um Besonderheiten, Probleme im Lern- und Sozialverhalten zu erkennen und Informationen über das Umfeld zu bekommen. Hierdurch kann auch eine Vertrauensbasis geschaffen und evtl. vorhandene Versagensängste können abgebaut werden.
- Es empfiehlt sich, allen Lehrlingen einen festen Ansprechpartner im Betrieb zuzuweisen. Wenn erkennbar ist, dass ein Jugendlicher Lernschwierigkeiten bzw. Verhaltensauffälligkeiten zeigt, muss dieser Ansprechpartner Geduld und Fingerspitzengefühl aufbringen.

richtig gesteuerter Lernprozess

LERNERFOLGSSPIRALE im RICHTIG GESTEUERTEN LERNPROZESS

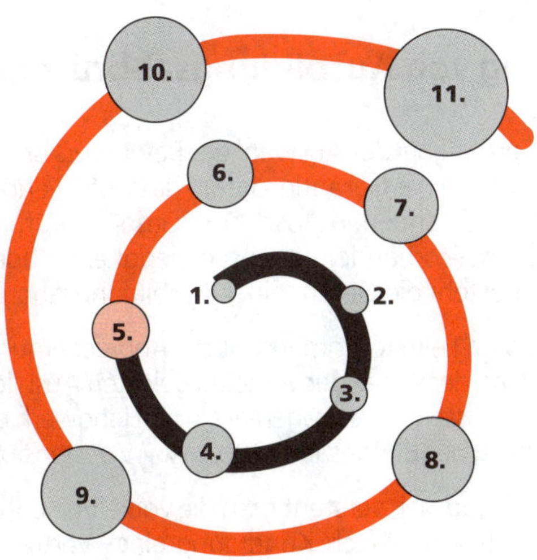

1. Lernschwäche
2. Lerndefizite
3. Misserfolge
4. Leistungsabfall
5. richtige Reaktion des Ausbilders
6. gestiegenes Selbstbewusstsein
7. Lernbereitschaft
8. angemessenes Verhalten
9. Lernerfolge
10. Leistungssteigerung
11. Verstärkung durch das Umfeld

- Der Ausbilder bringt seine Handlungskompetenz in einer Art und Weise ein, die ihn als Vorbild und Lernberater erscheinen lässt und nicht durch autoritäres Verhalten abschreckt.
- Der Ausbildungserfolg ist in angemessenen Zeitabständen zu kontrollieren, wobei die Bedeutung der Selbstkontrolle durch den Auszubildenden zu beachten ist. Defizite können dann erkannt und behoben werden.
- Besonders bei bestehenden Lernschwierigkeiten sollten die Ausbildungsinhalte in angemessener Form unter didaktischen Gesichtspunkten strukturiert werden, um eine Überforderung zu vermeiden (→ Lernfeld 4: Ausbildung am Arbeitsplatz, Kap. 1, S. 138).

außerbetriebliche Hilfen

Neben den betrieblichen Gegebenheiten kann bei Bedarf der Ausbildungsprozess durch außerbetriebliche und außerschulische Maßnahmen unterstützt werden. Hier bietet die Agentur für Arbeit kostenlose Hilfe auf der Grundlage des Sozialgesetzbuches (SGB III § 235, § 240 ff.). Diese werden ausbildungsbegleitende Hilfen (abH) genannt und umfassen

- Stützunterricht von drei bis acht Stunden pro Woche, der zusätzlich zum Berufsschulunterricht angeboten wird. Hier werden in kleinen Lerngruppen Lerndefizite und Lerninhalte zielgruppengerecht aufbereitet;
- zusätzliche überbetriebliche Unterweisung, die maximal drei Monate im Jahr stattfindet, aber nicht in allen Kammerbezirken angeboten wird;
- sozialpädagogische Begleitung der Auszubildenden.

Die Maßnahmen werden von verschiedenen Trägern angeboten und von der Agentur für Arbeit bezahlt *(www.arbeitsagentur.de)*. Sie finden im Regelfall in der Freizeit der Jugendlichen statt. Sofern doch Ausfallzeiten für den Ausbildungsbetrieb entstehen, zahlt die Agentur für Arbeit eine Entschädigung auf die Ausbildungsvergütung. Die aktuelle Regelung der ausbildungsbegleitenden Hilfen in den jeweiligen Kammerbezirken kann beim Ausbildungsberater der zuständigen Stelle (Kammer) oder bei der Arbeitsagentur (Berufsberatung) erfragt werden.

5.2 Vermeidung von Ausbildungsabbrüchen

Leider sind die größte Sorgfalt bei der Auswahl des Bewerbers und die beste Ausbildung des Lehrlings keine Garantie dafür, dass der Lehrling seine Ausbildung auch mit der bestandenen Abschluss-/Gesellenprüfung vollendet. Wenn es nicht gelingt, vorhandene Lernschwierigkeiten oder andere Probleme zu beheben, besteht die Gefahr eines Ausbildungsabbruchs.

Abbrecherquote

Trotz der Probleme auf dem Lehrstellenmarkt ist die Abbrecherquote immer noch hoch: 2000–2002 lag der Anteil der vorzeitig gelösten Ausbildungsverträge an den neu abgeschlossenen Verträgen allein im Handwerk bei durchschnittlich 29,8 % (Statistisches Bundesamt, 2003; *www.destatis.de*).

Unter einem Ausbildungsabbruch versteht man die vorzeitige Lösung eines Ausbildungsvertrages entweder durch Kündigung eines Vertragspartners oder in gegenseitigem Einvernehmen.

Begründungen

Auszubildende begründen eine vorzeitige Lösung des Lehrvertrages wie folgt:

- Schwierigkeiten mit dem Ausbilder,
- einen besseren Ausbildungsplatz gefunden,
- Ausbildungsmängel,
- ausbildungsfremde Tätigkeiten,
- kein Gefallen am Beruf,
- gesundheitliche Gründe.

Alter und schulische Vorbildung der Lehrlinge sind in den letzten Jahren gestiegen. Dies mag dazu führen, dass Lehrlinge die Ausbildung kritischer beurteilen als früher und den Lehrvertrag heute ohne Zustimmung der Eltern lösen können. Bei Kleinbetrieben liegt die Auflösungsquote höher als bei großen Betrieben. In kleinen Betrieben geht die Vertragslösung gleichermaßen von Auszubildenden und Betrieben aus.

Ausbilder geben als Ursache für Ausbildungsabbrüche folgende Gründe an:

- mangelnde Leistung des Lehrlings,
- fehlende Motivation,
- häufige Abwesenheit im Betrieb oder der Berufsschule,
- wiederholtes Fehlverhalten (z. B. Diebstahl).

Auch die Betriebsaufgabe muss mit 10 % der Vertragslösungen in diesem Zusammenhang genannt werden.

Aus Sicht des Lehrlings wie aus Sicht des Ausbildungsbetriebes ist jeder Ausbildungsabbruch negativ zu bewerten: Oft ist ein Abbruch Ausdruck mehr oder weniger krisenhafter Störungen im Prozess der beruflichen Entwicklung des jungen Menschen. Für den Ausbildungsbetrieb ist jeder Ausbildungsabbruch eine Fehlinvestition.

Vermeidung von Abbrüchen

Maßnahmen zur Konfliktbewältigung und Vermeidung von Ausbildungsabbrüchen umfassen die folgenden Bereiche:

- pädagogische Qualifikation der Ausbilder verbessern,
- dem Lehrling bei Umstellungsschwierigkeiten helfen,
- die Konfliktfähigkeit des Lehrlings fördern,
- lernschwache Jugendliche besonders fördern,
- mit dem Elternhaus Kontakt aufnehmen,
- mit den Partnern im dualen System kooperieren,
- Ausbildungsberater und Lehrlingswart hinzuziehen.

Natürlich kommt dem Ausbilder eine Schlüsselfunktion bei der Verminderung von Ausbildungsabbrüchen zu (über 40 % der Abbrüche sollen aus Schwierigkeiten mit dem Ausbilder resultieren). Wenn die Kompetenz des Ausbilders durch Fortbildung erhöht wird, könnte sich dies auch positiv auf die Reduzierung von Ausbildungsabbrüchen auswirken.

Ausbildungsberater

Wichtig ist der Kontakt des Ausbilders zur Handwerkskammer, vor allem zum zuständigen Ausbildungsberater. Der Ausbilder sollte sich nicht scheuen, den Rat des Ausbildungsberaters in Anspruch zu nehmen, auch bei besonderen Erziehungsschwierigkeiten mit Jugendlichen.

Lehrlingswart

Außer den hauptamtlichen Ausbildungsberatern der Kammern stehen ehrenamtlich tätige Lehrlingswarte als Ansprechpartner zur Verfügung. Der Lehrlingswart kann mit den Erziehungsberechtigten Kontakte pflegen und sollte zwischen Ausbildern und Lehrlingen vermittelnd eingreifen, wenn ein Ausbildungsabbruch droht (→ Lernfeld 6: Ausbildung in der Gruppe, Kap. 3.3).

6. Förderung von leistungsstarken Auszubildenden

Kompetenzen:

Der Lernende

- ist in der Lage, besondere Begabungen und Leistungen der Auszubildenden zu erkennen,
- kann darstellen, wie leistungsstarke Auszubildende unter Berücksichtigung ihrer Begabungsschwerpunkte gezielt gefördert werden können,
- kann Möglichkeiten der Begabtenförderung beschreiben und Auszubildenden Wege der Weiterqualifizierung aufzeigen.

6.1 Erkennen und Fördern von besonderen Begabungen

Merkmale besonderer Begabung

Dem Fördern leistungsstarker Auszubildender geht das Erkennen besonderer Begabungen voraus. Für den Ausbilder sind folgende Merkmale hilfreich:

- gute Auffassungsgabe,
- ausgeprägtes Problembewusstsein,
- eigenständiges Erarbeiten von Lösungsstrategien,
- überdurchschnittliche Leistungen in Theorie und Praxis,
- überdurchschnittliches Potenzial an Schlüsselqualifikationen,
- besonders ausgeprägte Handlungskompetenz.

Die veränderte Studiensituation an den Hochschulen und die geänderten Wertevorstellungen in der Gesellschaft haben dazu geführt, dass die Zahl der Auszubildenden mit besonderen schulischen Qualifikationen (Fachhochschulreife, allgemeine Hochschulreife) ständig zunimmt; 2000 lagen die Neuabschlüsse bei 15,8 %, im Handwerk bisher bei 4,6 %.

Es ist belegt, dass Abiturienten eine höhere abstrakte Denkfähigkeit im Vergleich zu anderen Auszubildenden haben. Abiturienten können sich nachweisbar schneller auf neue Situationen einstellen, weil sie neue Informationen schneller verknüpfen. Sie haben häufig gut ausgebildete Problemlösungsstrategien und sind deshalb in der Lage, frühzeitig selbstständig und kreativ zu arbeiten. Gleichzeitig haben sie ein großes Bedürfnis nach Anerkennung ihrer Leistung und Selbstständigkeit.

Zur handwerklichen Geschicklichkeit dieser Personengruppe konnten Untersuchungen zeigen, dass diese im fachpraktischen Bereich anderen Auszubildenden nicht über-, aber auch nicht unterlegen sind.

Was bedeutet nun die Förderung des Lernprozesses, wenn der Ausbilder es mit besonders begabten Jugendlichen, Abiturienten oder auch Studienabbrechern zu tun hat?

Im Gegensatz zu der früher sehr verbreiteten Meinung ist die Ausbildung von leistungsstarken Lehrlingen nicht besonders kompliziert oder problematisch. Je nachdem, mit welcher Einstellung der Ausbilder an diese Aufgabe herangeht, kann sie sogar Spaß machen: wenn Lernimpulse schnell und motiviert aufgegriffen werden, ohne dass ein besonderer Aufwand in die methodisch-didaktische Aufbereitung investiert werden muss.

„Karriere mit Lehre"

Die Begabtenförderung in der beruflichen Bildung stellt eine wirksame Unterstützung all derjenigen dar, die sich im Wettbewerb der Bildungswege für die „Karriere mit Lehre" entscheiden. Als quasi „vorgeschaltete Einrichtung" kommt der dualen Berufsausbildung mit den Lernorten Betrieb und Berufsschule eine entsprechende Bedeutung zu.

Der Ausbilder sollte – möglichst in Zusammenarbeit mit der Berufsschule – überlegen, mit welchen Maßnahmen er die besonderen Begabungen fördern kann. Hierzu eignen sich innerbetriebliche Angebote (z. B. Übertragen von Verantwortung, Verwirklichung brauchbarer Ideen, hoher Anteil des selbstständigen Arbeitens, Herausstellen besonderer Leistungen) und außerbetriebliche Qualifizierungschancen (z. B. Wahrnehmung zusätzlicher Bildungsangebote, zusätzliche berufliche Qualifizierung durch betrieblich unterstützte Lehrgangsteilnahme).

6.2 Staatliche Begabtenförderung

Die Bundesregierung misst der Begabtenförderung in der beruflichen Bildung große Bedeutung bei. Berufliche Qualifikation gehört zu den entscheidenden Ressourcen, die über Wachstums- und Beschäftigungsperspektiven entscheiden. Eine moderne und zukunftsorientierte berufliche Bildung ist ein wesentlicher Standortfaktor, zugleich ist sie ein Schlüssel für gute persönliche Zukunftschancen jedes Einzelnen.

Gefördert werden können begabte Absolventen einer dualen Berufsausbildung, die zu Beginn der Förderung jünger als 25 Jahre alt sind.

Nachweise

Die Qualifizierung wird nachgewiesen

- durch das Ergebnis der Berufsabschlussprüfung mit besser als „gut" (bei mehreren Prüfungsteilen Durchschnittsnote 1,9 oder besser) oder
- durch besonders erfolgreiche Teilnahme an einem überregionalen beruflichen Leistungswettbewerb oder
- durch begründeten Vorschlag des Betriebes oder der Berufsschule.

Durch staatliche Zuschüsse zu den Kosten wird die fachbezogene, berufliche oder berufsübergreifende Weiterbildung gefördert. Aber auch Maßnahmen, die der Entwicklung fachübergreifender und allgemeiner beruflicher oder sozialer Kompetenzen oder der Persönlichkeitsbildung dienen, sind förderfähig. Förderschwerpunkte sind u. a. Intensivsprachkurse im Ausland und Maßnahmen der beruflichen Aufstiegsfortbildung.

Vielzahl von Angeboten

Es gibt eine Vielzahl von Angeboten der verschiedenen Veranstalter. Die Stipendiaten wählen ihre Maßnahmen selbst aus, über die Förderfähigkeit entscheidet die zuständige Kammer.

Über drei Jahre hinweg können Zuschüsse von jährlich bis zu € 1 800,– für die Finanzierung berufsbegleitender Weiterbildung gezahlt werden. Es ist ein Eigenanteil an den Kosten von 20 %, höchstens jedoch € 120,– pro Förderjahr zu zahlen. Die Mittel für das Förderprogramm stellt das Bundesministerium für Bildung und Forschung (BMBF) bereit. (Infos unter: *www.fortbildung.bw/→ Beratung → Förderung → Begabtenförderung*.)

Die Maßnahmen werden von verschiedenen Veranstaltern durchgeführt, die für die Berufsbildung zuständig sind, im Regelfall von den Kammern. Sie übernehmen die Auswahl der Stipendiaten, ihre Beratung und Förderung; sie entscheiden nach Maßgabe der Förderrichtlinien über die Förderfähigkeit von Weiterbildungsmaßnahmen, berechnen die förderfähigen Maßnahmekosten und zahlen den Förderbetrag an die Stipendiaten aus (→ Lernfeld 7: Abschluss der Ausbildung, Kap. 4).

Bitte bearbeiten Sie abschließend die folgenden Aufgaben:

1. Welche Maßnahmen kann ein Ausbilder ergreifen, um die Motivation des Auszubildenden zu fördern?

2. Erläutern Sie, was der Ausbilder berücksichtigen muss, um den Lernerfolg zu sichern.

3. Beschreiben Sie den „Teufelskreis des falsch gesteuerten Lernprozesses" und wie der Ausbilder dazu beitragen kann, diesen Teufelskreis zu durchbrechen.

Lernfeld 6: Ausbildung in der Gruppe

1. Bildung und Führung von Gruppen und Teams

Kompetenzen:

Der Lernende

- kann Kriterien für die Bildung und Führung von Gruppen bestimmen und anwenden,
- kann einzelne Rollen im Betrieb unterscheiden und die Auswirkungen seines Führungsverhaltens auf das Leistungsvermögen in der Gruppe erläutern,
- kann die Bedeutung der Kommunikation für Gruppenführung und Gruppenleistung erläutern und kommunikationstheoretische Grundlagen bei der Führung von Gruppen berücksichtigen.

1.1 Führung von Arbeits- und Lerngruppen

Arbeiten und Lernen in Gruppen

Wenn mehrere Personen im Betrieb gemeinsam ein bestimmtes Produktionsziel verfolgen, sprechen wir von Gruppenarbeit. Diese ist in der Industrie heute sehr verbreitet. Handwerksbetriebe wie Kleinbetriebe im Allgemeinen sind durch ihre Werkstattfertigung besonders geeignet, die Vorteile der Gruppenarbeit in Produktion und Ausbildung zu nutzen: z. B. hohe Leistungserbringung durch Kooperation, Stärkung des Wir-Gefühls, Reduzierung monotoner Arbeiten, hohe Motivation, geringe Fluktuation bzw. Krankenstände. In der Fertigung werden dabei recht vielseitige Arbeitsverrichtungen zusammengefasst, wenn auch für kleine Stückzahlen.

Andererseits ist in Handwerksbetrieben die Mitarbeiterzahl eher gering; sehr oft gibt es nur einen einzigen Lehrling. In kleinen und mittleren Betrieben werden die Auszubildenden nicht wie in Großbetrieben in einer Lehrwerkstatt zusammengefasst, sondern sie durchlaufen die verschiedenen Betriebsabteilungen zu unterschiedlichen Zeiten, kaum gemeinsam als Gruppe. Dies scheint gegen den Einsatz von Gruppenarbeit und Ausbildung in der Gruppe in solchen kleineren Betrieben zu sprechen. Viele Elemente von Gruppenarbeit werden jedoch in Handwerksbetrieben und anderen kleinen Betrieben umgesetzt.

Lernen in der Gruppe bzw. im Team hat viele positive Aspekte, wenn man an seine eigene Ausbildung oder auch die Schulzeit denkt. Zum Beispiel:

- gegenseitige Hilfe,
- Leistungswettbewerb und
- voneinander und miteinander Lernen.

Vom Standpunkt des gesamten Betriebes oder von der Ausbildungsaufgabe aus kann zunächst von folgender These ausgegangen werden, aus der sich wichtige Ziele einer Gruppen- oder Teamentwicklung im Betrieb ableiten lassen:

Die Arbeit eines Teams ist immer nur so gut wie die Arbeit des einzelnen Teammitglieds!

Jedoch nicht jede Arbeit in der Gruppe bzw. im Team ist Gruppenarbeit im eigentlichen Sinne (die Begriffe „Gruppe" und „Team" haben hier die gleiche Bedeutung). Gruppenarbeit kann vor allem durch den hohen Grad an Selbstständigkeit, der den Gruppenmitgliedern bei der Planung, Durchführung und Kontrolle von Arbeitsaufgaben zur Verfügung steht, von einer traditionellen Arbeitsgruppe unterschieden werden, in der der Meister die Vorgaben macht und auch den Arbeitsprozess insgesamt überwacht. Der Meister selbst führt eine solche Arbeitsgruppe.

selbstständige Gruppenarbeit

Im Rahmen der Ausbildung muss als entscheidendes Mittel zur Erreichung von selbstständigen Mitarbeitern der Übergang von einer geführten Arbeitsgruppe zu einer selbstständigen Gruppenarbeit angestrebt werden.

1.1.1 Arten von Gruppen und Gruppenbeziehungen

Betrachtet man die verschiedenen Mitarbeiter in einem Betrieb, so erkennt man unterschiedliche Personengruppen oder Gruppierungen, die ein bestimmtes Ziel verfolgen. Diese Gruppen werden aufgrund arbeitsorganisatorischer Regelungen gebildet.

Beispiele: Die eine Gruppe soll vielleicht die Montagearbeiten abwickeln, die andere Gruppe kümmert sich um die Buchhaltung und wieder eine andere Gruppe erledigt Aufgaben rund um den Einkauf. Auch kann der Meister eine Lerngruppe bilden, in der verschiedene Auszubildende einige betriebliche Besonderheiten kennen lernen sollen, um sich während der Ausbildung besser zurechtzufinden.

Hinter der Unterscheidung von Arbeits- und Lerngruppe verbirgt sich jedoch ein Problem: Es besteht die Auffassung, dass Arbeiten von fachkompetenten Menschen im Betrieb ausgeführt werden, die Routine haben, welche dem Lehrling noch fehlt. Lernen wird verstanden als Erkunden oder Entdecken von Neuem. Allerdings kann diese Unterscheidung von Arbeits- und Lerngruppe in der Praxis nicht unbedingt aufrechterhalten werden. So kann es durchaus vorkommen, dass ein Lehrling bereits über bestimmte Fachkenntnisse verfügt und Routinearbeiten erledigen kann. Andererseits können langjährige Mitarbeiter auf Probleme stoßen, die sie sich neu erarbeiten müssen. Deshalb sollen im Folgenden der Begriff der Gruppe genauer bestimmt und Merkmale von Gruppen herausgearbeitet werden, die konkreter sind als die Unterscheidung von Arbeits- und Lerngruppe.

Begriff der Gruppe

Halten wir fest: Eine Gruppe bzw. ein Team ist grundsätzlich eine soziale Gemeinschaft mehrerer Personen, die aufgrund bestimmter Ziele oder Interessen gebildet wird bzw. sich gebildet hat. Eine solche Gruppe hat nur ca. drei bis fünf Mitglieder, um effizient arbeiten zu können, selten mehr.

Merkmale von Gruppen

Folgende weitere Merkmale sind typisch: Die Gruppenmitglieder kommunizieren viel häufiger miteinander als mit anderen Mitarbeitern, und zwar über einen relativ langen Zeitraum (z. B. mehrere Monate oder Jahre). Jeder kommuniziert dabei mit jedem, d. h., die Gruppenmitglieder bilden eine überschaubare Anzahl.

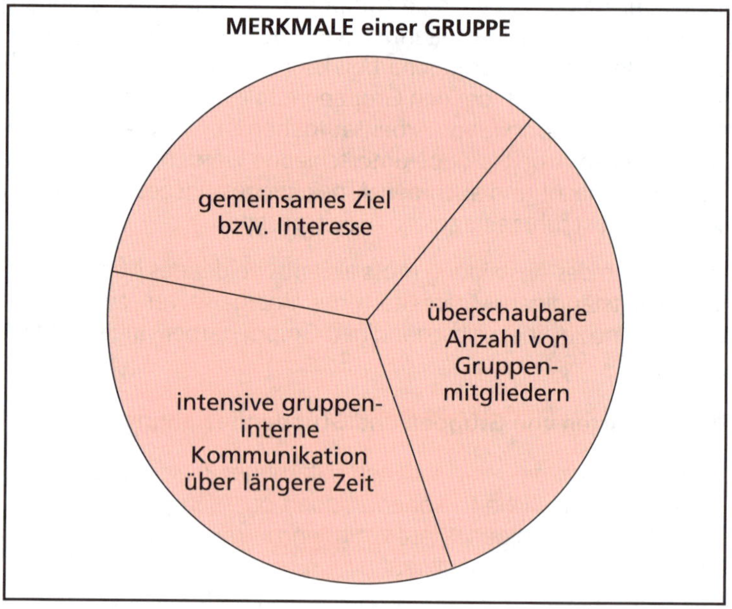

Zusammenhalt und Regeln

Das Auftreten dieser Merkmale ist häufig mit einer besonderen Art von Zusammenhalt in der Gruppe verbunden, der sich zum Teil in sog. ungeschriebenen Gesetzen der Gruppe widerspiegelt. Außenstehende werden nicht über alles unterrichtet, was in der Gruppe abläuft. Sie werden zum Teil sogar bewusst außen vor gelassen, weil sie nicht zur Gruppe gehören. Bestimmte Informations- und Kommunikationswege sind nur den Gruppenmitgliedern bekannt. Verschiedene Normen und Wertvorstellungen haben nur in der Gruppe ihre besondere Gültigkeit. Diese Prozesse, die die Gruppendynamik auszeichnen, sind Ausdruck eines besonderen Zusammengehörigkeitsgefühls – des sog. Wir-Gefühls.

Neben diesen allgemeinen Merkmalen von Gruppen gibt es noch weitere wichtige Unterscheidungsmerkmale.

formelle Gruppe

Werden verschiedene Personen zur Erreichung bestimmter betrieblicher Zwecke von der Unternehmensleitung zusammengeführt, so spricht man auch von formellen Gruppen. Ihre Aufgaben sind z. B. Einkauf, Produktion,

Montage, Reparatur, Verkauf. In einer formellen Gruppe kommt es insbesondere auf die Qualifikationen der Mitarbeiter und die Verfolgung eines bestimmten betrieblichen (Teil-)Ziels an. Personalauswahlentscheidungen im Betrieb orientieren sich hauptsächlich an den vorhandenen Qualifikationen der Bewerber um eine Stelle. Der Bewerber soll schließlich die betrieblichen Aufgaben in einer bestimmten Gruppe (mit-)erledigen.

Man kann auch alle Mitarbeiter eines Betriebs als formelle Gruppe in diesem Sinne verstehen, insofern sie zu einem bestimmten Zweck zusammengeführt wurden. Das gilt allerdings nur, solange die Betriebsgröße überschaubar bleibt.

Neben solchen bewusst gebildeten Gruppen im Betrieb gibt es auch Gruppen, die sich aufgrund bestimmter Interessen zusammenschließen, z. B. die Gruppe der Raucher und der Nichtraucher. Auch die Lehrlinge eines Betriebes bilden oft eine solche informelle Gruppe, sie gehen zusammen aus etc.

informelle Gruppe

Solche informellen Gruppen haben einen wesentlichen Einfluss auf den Betriebsalltag. Häufig hängt der betriebliche Erfolg nicht zuletzt davon ab, wie die Gruppenmitglieder miteinander auskommen und wichtige Informationen austauschen. So wurde beispielsweise in Untersuchungen festgestellt, dass auch die Mitglieder dieser betrieblichen Gruppen sich eigene ungeschriebene Gesetze geben, die von allen eingehalten werden müssen, wollen sie nicht geschnitten oder unkooperativ behandelt werden. Zu viel oder zu wenig arbeiten kann ebenso ein Fehler in einer informellen Gruppe sein wie das Ausplaudern gruppeninterner Besonderheiten gegenüber Vorgesetzten.

Es muss beachtet werden, dass sich auch in formellen Gruppen, die die Unternehmensleitung einrichtet, derartige Gruppenbeziehungen entwickeln.

Rollen

In jeder Gruppe nehmen die einzelnen Gruppenmitglieder unterschiedliche soziale „Rollen" bzw. Positionen ein. Der Ausdruck Rolle erinnert an die Schauspielerei, und in der Tat erinnern viele Verhaltensweisen von Gruppenmitgliedern an diese. Ein Auszubildender wird sich vermutlich seinem Chef gegenüber anders verhalten als seinen Mitauszubildenden. Und diesen gegenüber anders als seinen Freunden und Bekannten oder seinen Familienmitgliedern. Unterschiedliche Rollen werden von allen Menschen je nach Situation oder Erwartungen eingenommen. Vom Chef erwartet man etwas anderes als vom Auszubildenden (→ Lernfeld 2: Planung der Ausbildung, Kap. 5.1.3).

Die Übernahme einer Rolle bedeutet eine gewisse Sicherheit. Der Chef erwartet vom Auszubildenden z. B. Engagement, Fleiß, Pünktlichkeit und Aufmerksamkeit während der Arbeitszeit. Je eindeutiger die Rollenerwartungen den Mitgliedern einer Gruppe bekannt sind, desto eher lassen sich Rollenkonflikte reduzieren. Diese entstehen immer dann, wenn das Mitglied einer Gruppe den Erwartungen nicht entspricht. Allerdings sind solche Rollenerwartungen einem ständigen Wandel unterworfen.

Beispiel: Der Chef erwartet vom Auszubildenden, dass dieser selbstständig und freundlich auf einen Kunden zugeht und ihn fachkompetent bedient. Der Auszubildende erwartet aber vom Chef vielleicht, dass dieser ihm zunächst die Angst vor dem Kundengespräch nimmt und ihn langsam mit solchen Aufgaben konfrontiert.

Neben Rollen, die sich aus der Funktion eines Gruppenmitglieds ergeben, gibt es aber auch allgemeine Rollen, die in allen Gruppen vorkommen. Als Rollen, die in Reinform nur selten im Betrieb vorkommen, können beispielsweise unterschieden werden: der Anführer, der Spezialist, der Liebling, der Außenseiter, der Clown, der Mitläufer, der Querulant etc.

1.1.2 Gruppenführung und Gruppenentwicklung

Gruppenführung

Da Gruppen aus Individuen bestehen, die eigene Wünsche und Ziele haben, stellt die Frage nach der richtigen Führung einer Gruppe einen zentralen Punkt im Betriebsalltag dar. Eine Gruppe „läuft nämlich nicht von selbst". Bis eine Gruppe ihre Aufgaben zur Zufriedenheit der Unternehmensleitung erledigt, müssen bestimmte Entwicklungsphasen der Gruppe beachtet werden.

vier Phasen

Der Idealfall ist sicherlich ein Zustand, in dem die Gruppenmitglieder alle Aufgaben umfassend erledigen, sich konstruktiv an der Beseitigung von Problemen beteiligen und sich durch besonderen Einsatzwillen auszeichnen. In der Praxis lässt sich jedoch feststellen, dass Teams bestimmte Phasen durchlaufen, die nicht immer dem Idealfall entsprechen. Daraus ergeben sich praktische Schlussfolgerungen für die Führung von Gruppen. Im Folgenden werden vier Phasen einer Gruppenentwicklung dargestellt.

1. Phase

Wenn eine Gruppe neu gebildet wurde, sind die Mitglieder zunächst eher unsicher. Diese Unsicherheit wird u. a. dadurch hervorgerufen, dass man nicht weiß, welche Rolle man in der Gruppe einnehmen soll und kann. In dieser Phase werden verschiedene Verhaltensweisen ausprobiert, um herauszufinden, wie die anderen Mitglieder der Gruppe reagieren. Beispiel: In einer neu eingerichteten Montagegruppe versuchen evtl. mehrere Gruppenmitglieder, die Rolle des Spezialisten einzunehmen, indem sie durch ihre Fachqualifikation glänzen. Konflikte können durch den jeweiligen Kompetenzanspruch der Spezialisten („ich weiß es aber besser") leicht entstehen. In dieser Phase müssen die Gruppenmitglieder neben den offiziellen auch die inoffiziellen Spielregeln festlegen, die für die Gruppe gelten sollen. Je schneller man sich auf verbindliche Maßstäbe einigt, desto eher entsteht ein Wir-Gefühl.

Häufige Gespräche aller Gruppenteilnehmer sind für das Aufstellen und Überprüfen solcher Gruppenregeln gerade zu Beginn einer Teamarbeit notwendig.

2. Phase

Während anfangs die neuen Aufgaben und Rollen von allen Gruppenmitgliedern vorläufig akzeptiert werden, besteht in der 2. Phase die Tendenz, die Team-Anforderungen abzulehnen. Hierdurch können Konflikte entstehen. So kann sich eine „Opposition" zu demjenigen herausbilden, der die Führungsrolle in der Gruppe innehat. Man lehnt die sachlichen Anforderungen ab, weil man die Rolle des Führenden nicht akzeptiert. Beispiel: Der fachlich sehr kompetente Alt-Geselle will dem noch nicht so erfahrenen Jung-Meister dessen fachliche Unzulänglichkeit demonstrieren und blockiert deshalb zeitweise die Arbeit der ganzen Gruppe.

3. Phase

Diese Phase lässt sich durch eine positive Entwicklung hin zu einem verstärkten Zusammenhalt in der Gruppe charakterisieren. Die verdeckten „Machtkämpfe" lassen nach, die Rollen innerhalb der Gruppe haben sich herausgebildet, und jeder weiß zunehmend, woran er beim anderen ist. Die in der Anfangsphase zum Teil mehrfach geänderten Gruppennormen werden als notwendig akzeptiert, und Ansätze zu kooperativem Verhalten sind zu beobachten. Die anfänglichen Konflikte verringern sich zunehmend.

4. Phase

In dieser Phase existieren keine Probleme zwischen den Gruppenmitgliedern mehr. Das Wir-Gefühl ist ausgeprägt, man arbeitet gemeinsam an der Erledigung der betrieblichen Aufgaben. Die Machtkämpfe haben aufgehört, und jeder ist sich über seine Position und die der anderen innerhalb der Gruppe im Klaren. Kooperation der Mitglieder ist nicht die Ausnahme, sondern die Regel. Die sozial-kommunikativen Fähigkeiten der Mitglieder sind ausgeprägt, so dass anfallende Konflikte die betrieblichen Teamaufgaben nicht belasten und recht schnell ausgeräumt werden können.

Eine Vernachlässigung solcher „natürlichen" Gruppenentwicklungsphasen kann sehr leicht dazu führen, dass die Gruppe bei Phase 2 stehenbleibt und sich nicht in Richtung Phase 4 entwickelt.

Einflussnahme

Wie kann der Meister bzw. Ausbilder in seiner Führung von Gruppen auf die positive Weiterentwicklung hin zu Phase 4 Einfluss nehmen? Hierbei sind sowohl Kommunikationsstörungen (→ Kap. 1.2.2 und Kap. 3) als auch Hinweise zur Bildung von Gruppen zu beachten (→ Kap. 2).

1.2 Kommunikative Grundzusammenhänge

Die wechselseitige Beziehung der Menschen, seien es nun Meister und Geselle oder Ausbilder und Lehrling oder auch Verkäufer und Kunde, ist ein charakteristisches Merkmal auch eines Betriebes. Wenn darüber nachgedacht wird, wie in der betrieblichen Praxis die Beziehungen zum Kollegen, zum Chef, zum Auszubildenden und zum Kunden hergestellt werden, wird man sicherlich feststellen können, dass Sprache dabei die entscheidende Rolle spielt.

Sprache

Sprache bedeutet alles das, was Menschen in die Lage versetzt, in Verbindung mit ihren Mitmenschen zu treten. Zur Sprache zählen deshalb nicht nur Worte, sondern auch Geräusche, Gerüche, Tastempfindungen oder Signale. Hierzu einige Beispiele: Der Gong im Kino „sagt" mir, dass die Filmvorführung beginnt (Geräusch). Der angebrannte Geruch aus der Küche „sagt", dass ich mein Spiegelei vergessen habe (Geruch). Blinde Menschen „lesen" Bücher durch das Abtasten der Blindenschrift (Tasten). Die rote Ampel „sagt" mir, dass ich stehen bleiben muss (Signal).

Kommunikation

Wird über Sprache Information weitergegeben oder ausgetauscht, spricht man von Kommunikation. Dabei können Einwegkommunikation, z. B. das Lesen eines Briefes, und Zweiwegkommunikation, z. B. ein Beförderungsgespräch, unterschieden werden. Kommunikative Situationen sind also durch den Austausch von Informationen gekennzeichnet.

Im Betriebsalltag gibt es vielfältige kommunikative Situationen. Dazu zählen

- Kundengespräche,
- Mitarbeitergespräche,
- Ausbildungsgespräche,
- Konfliktgespräche,
- Einstellungsgespräche.

1.2.1 Modell der Kommunikation

Wäre man in der Lage, die aufgeführten Beispiele für kommunikative Situationen durch einen Röntgenapparat anzuschauen, so würde man überall das gleiche Grundgerüst einer Kommunikationsstruktur vorfinden. Dieses Grundgerüst wird auch als Kommunikationsmodell[1] bezeichnet:

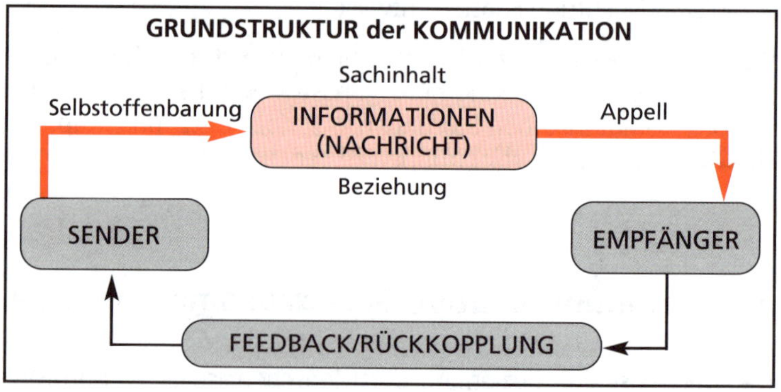

Nach dem Modell gehören immer ein Sender und ein Empfänger zu einem Kommunikationsprozess. Der Sender übermittelt dabei dem Empfänger eine Nachricht. Hat der Empfänger Gelegenheit, gegenüber seinem Sender

[1]) Vgl. Schulz von Thun, F.: Miteinander reden: Störungen und Klärungen, Reinbek 1981

mit einer Rückmeldung zu reagieren, so spricht man von einer Rückkopplung bzw. einem Feedback im Kommunikationsprozess. Schulz von Thun, der dieses Kommunikationsmodell entworfen hat, behauptet nun, dass jede Nachricht bzw. jede Information, die zwischen Menschen ausgetauscht wird, vier Botschaften gleichzeitig enthalten kann: den eigentlichen Inhalt der Nachricht, einen Appell, eine Aussage über die Beziehung zwischen dem Sender und dem Empfänger sowie eine Selbstoffenbarung. So wie der Sender vier Nachrichten losschickt, hört der Empfänger vier Nachrichten. Das Modell wird deshalb auch häufig als „Vier-Ohren-Modell" bezeichnet.

vier Seiten einer Nachricht

Diese vier Seiten einer Nachricht müssen etwas näher betrachtet werden. Dabei wird von folgendem Beispiel ausgegangen: Der Ausbilder schüttelt den Kopf und sagt zu seinem Auszubildenden, beide Hände in der Hosentasche: „Wenn das so weitergeht, sehe ich schwarz für Ihre Prüfung!"

- Zum Sachinhalt

Der Auszubildende könnte verstehen:

„Der Ausbilder signalisiert mir, dass meine Ausbildungsresultate so schlecht sind, dass das Bestehen meiner Abschlussprüfung gefährdet ist."

- Zum Appell

Der Auszubildende könnte verstehen:

„Der Ausbilder will mir damit auch sagen, dass ich mich ändern muss."

- Zum Beziehungsaspekt

Der Auszubildende könnte verstehen:

„Wie der das sagt und wie der vor mir steht: Der Ausbilder hat bestimmt keine Lust mehr, mit mir zu arbeiten, den ödet das an!"

- Zur Selbstoffenbarung

Der Auszubildende könnte verstehen:

„Der Ausbilder ist selber hilflos, tiefer gehen die Hände doch nicht mehr in die Hosentasche! Wer soll mir jetzt noch weiterhelfen?"

Weil Nachrichten mit „vier Ohren" gehört werden, muss der Sender Folgendes beachten:

Sachaspekt

Der **Sachaspekt** betont den sachlichen Gehalt einer Nachricht. Der Sender sollte sich vor allem bemühen, die Nachricht so verständlich auszudrücken, dass der Empfänger sie ohne viel Aufwand verstehen kann. Werden Nachrichten nämlich empfängergerecht gesendet, kann ein Betrieb Kosten sparen, die durch Missverständnisse entstehen, wie z. B. ein nicht deutlich delegierter Arbeitsauftrag an den Gesellen, der daraufhin nicht korrekt ausgeführt wird. Hier entstehen im Jahr Kosten, die vermieden werden könnten, wenn der Austausch der Informationen zwischen den Kommunikationspartnern funktionieren würde. Auch erspart sich der Ausbilder häufig aufwendiges Erklären und mühevolle Wiederholungen, wenn er sich bemüht, seine Fragen und Erklärungen so zu formulieren, dass der Auszubildende die Informationen ohne Probleme verstehen kann.

Appell

Der **Appell** hat die Funktion, beim Empfänger ein Verhalten in Gang zu setzen oder zu steuern. Im oben aufgezeigten Beispiel liegt dem Ausbilder sicherlich daran, dass der Auszubildende sein Leistungsverhalten ändert. Dies drückt der Ausbilder jedoch nicht direkt, sondern unterschwellig aus. Es liegt jedoch am Auszubildenden, ob der Appell dieser Nachricht überhaupt verstanden wird, denn die Aufforderung, sich zu bessern, wird ja mit konkreten Worten nicht geäußert. Der Sender geht häufig einfach davon aus, dass der mit seiner Nachricht betonte Appell vom Empfänger verstanden wird. Das ist jedoch nicht immer der Fall. Deshalb gehören nicht verstandene Appelle zu häufigen Problemen der zwischenmenschlichen Kommunikation, da das eigentliche Anliegen nicht offen und klar ausgesprochen wird.

Der Ausbilder hätte in diesem Sinne vielleicht folgende Botschaft offen formulieren müssen: „Wenn Sie Ihre Abschlussprüfung bestehen wollen, müssen Ihre Leistungen im Bereich der Schweißtechnik in den nächsten Wochen um einiges verbessert werden!"

Beziehungsaspekt

Je nachdem, wie Sender und Empfänger miteinander kommunizieren, finden sich auch ihre Einstellungen, Gefühle, Vorurteile, Erwartungen u. Ä. im **Beziehungsaspekt** wieder. Hier spielt gerade die Kommunikation eine große Rolle, die nicht mit Worten, sondern mit Gestik oder Mimik, in der Sprechweise oder der Betonung erfolgt. Man sagt ja auch: „Der Ton macht die Musik!" Dies wird non-verbale Kommunikation genannt. Dieser Aspekt wird immer wieder hervorgehoben, wenn es um die Gestaltung der Arbeits- oder Ausbildungsatmosphäre geht, denn ein gutes Arbeits- und Ausbildungsklima ist eine entscheidende Grundlage für eine effiziente Kommunikation. Auch der Volksmund sagt: „Wie man in den Wald ruft, so schallt es zurück!" Oder: „Wie du kommst gegangen, so wirst du empfangen!"

Selbstoffenbarung

Der Sender muss sich nicht zuletzt vergegenwärtigen, dass er mit jeder Nachricht dem Empfänger auch etwas über sich selbst übermittelt **(Selbstoffenbarung)**. Mit jeder gesendeten Nachricht offenbart der Sender ein Stück von seiner Persönlichkeit. Gerade, wenn der Sender nicht in der Lage bzw. bereit ist auszudrücken, wie und was er fühlt und denkt, sucht er Verhaltensweisen, die es ihm ermöglichen, sich zu verbergen.

Eine gute Beziehung zwischen zwei Menschen drückt sich dadurch aus, dass die Kommunikationspartner – ohne die Höflichkeitsgrenzen zu verletzen – nicht mehr jedes Wort auf die Goldwaage legen müssen. Sie können so miteinander kommunizieren, sich so zeigen und bewegen, wie sie fühlen und wie sie sind. Damit entfällt der Aufwand, sich dem anderen gegenüber zu verstellen. Der Kommunikationsprozess kann sich dann auf den Austausch der wesentlichen Informationen konzentrieren.

1.2.2 Vermeidung von Kommunikationsstörungen

Kommunikationsstörungen sind eigentlich missverständliche Botschaften, die zwischen Sender und Empfänger ausgetauscht werden. Beispiel: Der Meister möchte mit seiner Aufforderung „mach schneller" seinen Wunsch zum Ausdruck bringen, rechtzeitig Feierabend machen zu können (Selbstoffenbarung). Der Auszubildende oder Geselle versteht aber: „Ich bin der Meister und sage dir, wo's langgeht; ich bestimme über dich" (Beziehungsaspekt).

Vermeidung von Konflikten und Kommunikationsstörungen

Eine Vielzahl von Konflikten lassen sich vermeiden oder reduzieren, wenn aus den grundlegenden Zusammenhängen der Kommunikation praktische Schlüsse gezogen werden. Beispiel: Der Meister glaubt, den Auszubildenden mit einer schnell dahin geworfenen kritischen Bemerkung motivieren zu können, während dieser sich selber für einen Versager hält, dem man nichts zutraut (→ Konfliktlösung, Kap. 3).

Kommunikationsprobleme haben erhebliche Auswirkungen auf die Leistung der Mitarbeiter. So kann z. B. eine „falsch" gesendete Botschaft des Meisters dazu führen, dass der Jugendliche seine eigenen Fähigkeiten als zu gering für die Anforderungen des Betriebes einschätzt. Auch können Motivationsprobleme auftauchen, wenn Lob und Anerkennung sprachlich nicht vermittelt werden. Sofern immer nur die bei der Arbeit gemachten Fehler der Mitarbeiter kommentiert werden, kann sich das Betriebsklima erheblich verschlechtern. Dieses führt auch dazu, dass leistungswillige und -fähige Lehrlinge ihren Ausbildungsbetrieb nach Abschluss der Lehre früher oder später verlassen und sich einen Betrieb suchen, der ein besseres Betriebsklima besitzt.

Zur Vermeidung von Kommunikationsstörungen trägt also ein gutes Betriebsklima erheblich bei. Es sollte für den Vorgesetzten/Ausbilder selbstverständlich sein, nicht nur die Schwächen ihrer Mitarbeiter und Lehrlinge zu kritisieren, sondern auch ihre Stärken anzuerkennen (→ Betriebskultur, Lernfeld 2: Planung der Ausbildung, Kap. 5.1.2).

Bitte bearbeiten Sie abschließend die folgenden Aufgaben:

1. Erläutern Sie, was eine Gruppe kennzeichnet und inwiefern informelle Gruppen im Betrieb von Bedeutung sind.

2. Veranschaulichen Sie die vier Seiten einer Nachricht anhand eines konkreten Beispiels, und erklären Sie, worauf der Sender einer Nachricht achten muss, damit seine Botschaft richtig, d. h. so, wie sie gemeint war, verstanden wird.

---

2. Planung und Anleitung von Lern- und Arbeitsgruppen

Kompetenzen:

Der Lernende

- kann Gesprächssituationen analysieren und bewerten und als Instrument moderner Personalarbeit einsetzen,
- kann methodische Möglichkeiten zur Organisation des Lernens und Arbeitens in Gruppen erläutern und einsetzen.

2.1 Planung von Gruppenarbeit im Betrieb

Vorüberlegungen

Auch wenn Gruppenarbeit zuweilen als Allheilmittel für eine Vielzahl betrieblicher Probleme angepriesen wird, so muss man sich vorher immer die zentrale Frage stellen: Welche Vorteile bzw. Nachteile bringt Gruppenarbeit, auch die Ausbildung in der Gruppe, konkret? Welche betrieblichen Veränderungen sind notwendig und erwünscht? Dazu sollen im Folgenden einige konkrete Zusammenhänge zwischen der Erweiterung der Arbeitsinhalte und dem Handlungsspielraum der Mitarbeiter aufgezeigt werden, die mit der Einführung von Gruppenarbeit eng verknüpft sind.

Grundsätzlich führt die zunehmende Vergrößerung des Arbeitsinhalts zu einer Vergrößerung des Handlungs- bzw. Tätigkeitsspielraums des Mitarbeiters.

Erweiterung des Umfangs der Arbeit

Sie zeigt sich beispielsweise darin, dass der Auszubildende und ein Geselle für mehrere verschiedene Tätigkeiten verantwortlich sind, z. B. für die Durchführung aller Produktionsschritte für ein Produkt sowie für die Wartung und Pflege der benutzten Maschine. Der Umfang (d. h. die Quantität) der Arbeit vergrößert sich also. In einem Team können Auszubildende und Gesellen auch dazu übergehen, verschiedene Arbeiten an unterschiedlichen Arbeitsplätzen zu übernehmen. Auch hier wird der Arbeitsinhalt quantitativ erweitert.

Der häufige Wechsel der Arbeitsplätze durch die Mitarbeiter in Klein- und Mittelbetrieben (vor allem des Handwerks) ist jedoch nichts prinzipiell Neues, weil das Werkstattprinzip vorherrscht und der Spezialisierungsgrad geringer ist als in der Industrie. Der einzelne Mitarbeiter in solchen Betrieben muss häufig recht unterschiedliche Arbeiten verrichten. Sofern der Arbeitsinhalt auch auf umfangreichere Entscheidungs-, Planungs- und Kontrollfunktionen erweitert wird, findet eine qualitative Arbeitsinhaltsvergrößerung statt.

Eine umfangreiche Teamarbeit zeichnet sich dadurch aus, dass **quantitative und qualitative Arbeitsinhaltserweiterungen** vorhanden sind. Die Gruppe kann dabei etwa über ein bestimmtes Budget selbstständig verfügen und alleine entscheiden, welche Arbeiten in welcher Reihenfolge erledigt werden. Außerdem kontrolliert sie ihre Arbeitsergebnisse und veranlasst bestimmte Korrekturen in ihren Arbeitsabläufen selber. Solche Gruppen, die über einen umfangreichen Tätigkeitsspielraum und über umfangreiche Entscheidungs-, Planungs- und Kontrollfunktionen verfügen, bezeichnet man als teilautonome Arbeitsgruppen.

Erweiterung des Handlungsspielraums

Gesichtspunkte bei der Teambildung

Um eine Teamarbeit in diesem Sinne verwirklichen zu können, sollen hier einige Überlegungen zur Bildung eines Teams vorgestellt werden, die vorher geklärt werden müssen. Die Einbeziehung von Lehrlingen in eine solche Gruppe ist durchaus sinnvoll. Damit ist Gruppenarbeit und Ausbildung in der Gruppe Bestandteil des auftragsorientierten Lehrens und Lernens (→ Lernfeld 4: Ausbildung am Arbeitsplatz, Kap. 2.1).

geeignete Aufgaben

- Welche Aufgaben liegen vor, die sich besser durch eine Gruppe erledigen lassen?

Zunächst gilt es einmal festzustellen, ob die anfallenden Arbeitsaufgaben durch ein Team tatsächlich effizienter als durch einen oder mehrere einzelne Mitarbeiter erledigt werden können. Bei Aufgaben, die sich durch eine hohe Komplexität auszeichnen, die eine Person alleine nicht bewältigen kann und das Know-how verschiedener Mitarbeiter erfordert, bietet sich Teamarbeit an. Dieser Vorteil ist z. B. für Montageteams entscheidend.

Sofern eine Person alleine besser klarkommt, ist Gruppenarbeit natürlich nicht erforderlich.

Mitarbeiter

- Welche Mitarbeiter kommen für die Teamarbeit in Frage?

Teamarbeit geht mit vielen arbeitsorganisatorischen und sozialen Veränderungen einher, die den Gruppenmitgliedern zu Beginn der Teamarbeit zumeist noch nicht in vollem Umfang bewusst sind – auch wenn sie über umfangreiches Wissen in ihrem Spezialgebiet verfügen. Veränderte Informations- und Kommunikationswege, Zuständigkeiten und neue, zum Teil unbekannte Anforderungen müssen im Team und durch das Team bewältigt werden, was wiederum hohe soziale Kompetenzen aller Teammitarbeiter erfordert.

Auch wenn die zu erledigenden Aufgaben präzise formuliert werden, so scheitert Gruppenarbeit häufig daran, dass hier Probleme liegen. Es kann vorkommen, dass manche fachlich qualifizierten Mitarbeiter keine Erweiterung ihres Arbeitsinhalts wünschen und lieber einfache Arbeiten verrichten wollen. Es sind somit nicht unbedingt alle Mitarbeiter als Teamarbeiter geeignet.

Qualifikationen

- Welche Qualifikationen benötigen die Mitarbeiter und wie erreichen sie sie?

Selten liegen alle benötigten Qualifikationen bei allen Mitarbeitern vor. Dabei geht es weniger um fachliche Fähigkeiten, auch das Mitdenken aller Beteiligten ist eine Fähigkeit, die außerhalb des Teams, wo klare Anweisungen von Einzelpersonen zu befolgen sind, nicht unbedingt so entscheidend ist wie innerhalb des Teams.

Häufig müssen sich die Teammitarbeiter mit dem betriebsbezogenen Denkschema der anderen erst vertraut machen, um die Aufgaben und Probleme aus deren Sicht zu sehen und zu beurteilen. Dieser Prozess lässt sich anhand der Phasen einer Gruppenentwicklung verdeutlichen (→ Kap. 1.1.2).

Beispiel: Ein Monteur betrachtet die betrieblichen Vorgänge vielleicht unter dem Aspekt „Hauptsache, es funktioniert ...“; ein Mitarbeiter aus dem Einkauf betrachtet die betrieblichen Vorgänge möglicherweise unter dem Aspekt „Hauptsache preiswert ...“; ein Servicemitarbeiter betrachtet die betriebliche Welt vielleicht zentral unter dem Aspekt „Hauptsache, der Kunde ist zufrieden ...“. Dass diese Denkschemata zu unterschiedlichen Verhaltensweisen im Umgang mit Menschen, Maschinen und Material führen, ist immer wieder zu beobachten.

Unterstützung der Teambildung durch die Unternehmensleitung

Wenn es notwendig sein sollte, die Teamfähigkeit von Mitarbeitern zu erhöhen, ist dies eine Aufgabe der Personalentwicklung (→ Lernfeld 2: Planung der Ausbildung, Kap. 1.1) und somit des Vorgesetzten. Fort- und Weiterbildungsmaßnahmen werden auch für diesen Bereich angeboten; sie können inner- oder außerbetrieblich durchgeführt werden.

Sofern vom Betrieb eigene Weiterbildungsmaßnahmen durchgeführt werden, müssen didaktische Überlegungen angestellt werden, die die Arbeits- und Lernprozesse der Teilnehmer anregen und unterstützen.

Prioritäten

- Wie lauten die Kernaufgaben des Teams?

Die komplizierten Aufgaben, die durch das Team bearbeitet werden sollen, müssen möglichst präzise formuliert werden. Diese Arbeit erweist sich häufig als recht schwierig, da ein Team eine Vielzahl von Aufgaben erledigen muss. Es kann hilfreich sein, Kernaufgaben und Nebenaufgaben zu formulieren. Die Prioritäten können sich im Laufe der Arbeit des Teams natürlich ändern.

Ausstattung

- Welche Sachausstattung benötigt ein Team?

In Handwerksbetrieben z. B. können besondere Materialien und Werkzeuge zur Sachausstattung eines Teams gehören, ebenso wie Computer, die zur Erfassung von Informationen benötigt werden (Anschriften, Bestellungen, Reparaturangaben etc.). Auch die ständige Erreichbarkeit der Teammitarbeiter kann notwenig sein, so dass die Anschaffung von Handys in Frage kommt. Die Kosten, die hierbei anfallen können, sollten von der Betriebsleitung nicht unterschätzt werden.

Rollen

- Welche Rolle soll jeder im Team haben?

Häufig gibt es einen Teamsprecher, der die Gruppe nach außen vertritt und Anforderungen an die Gruppe weiterleitet. Der Sprecher muss nicht gleichzeitig der Teamleiter sein. Dieser kann aufgrund besonderer Befugnisse bestimmt worden sein und trägt einen großen Teil der Verantwortung. Gerade bei begründeten Unstimmigkeiten in der Gruppe muss ein Teamleiter in der Lage sein, eine bestimmte Richtung vorzugeben, um eine konstruktive Weiterarbeit zu ermöglichen.

Da aufgrund der zumeist recht intensiven Zusammenarbeit in einem Team soziale Spannungen sehr belastend sein können, müssen solche Spannungen in regelmäßig stattfindenden Teambesprechungen thematisiert werden. Sie können sonst zum Scheitern der Teamarbeit führen.

geeignete Methoden

Im Folgenden werden einige wichtige Methoden erläutert, die sich für eine Ausbildung in der Gruppe eignen. Sie alle fördern im besonderen Maße das selbstständige Lernen und die Handlungskompetenz des Auszubildenden. Darüber hinaus verweisen wir auf die Darstellung der aktives Lernen fördernden Ausbildungsmittel (→ Lernfeld 4: Ausbildung am Arbeitsplatz, Kap. 3).

2.2 Gestaltung von Gesprächssituationen

Unter den Mitarbeitern eines Betriebs muss es ständig eine Abstimmung geben, die für den störungsfreien Ablauf der Produktion ebenso wie für den der Ausbildung sorgt. Es ist deshalb eine wichtige Aufgabe der Personalführung, die Kommunikation zwischen allen Beteiligten optimal zu gestalten. Über das Tagesgeschäft hinaus gibt es bestimmte inner- und außerbetriebliche Gesprächssituationen, denen besondere Aufmerksamkeit geschenkt werden muss. Dies sind z. B. Gespräche mit dem Lehrling, Mitarbeitergespräche, Vorstellungsgespräche etc. (→ Konfliktgespräche, Kap. 3). Auch die Kommunikation mit Kunden erfordert in vielen Fällen wohlüberlegte Gespräche. Die folgenden Hinweise geben einige Anhaltspunkte zur planmäßigen Gesprächsführung.

planmäßige Gesprächsführung

- Wichtige Gespräche sollten immer vorbereitet werden. Für die Vorbereitung ist die Einteilung des Gespräches in die Phasen „Eröffnung", eigentliche „Durchführung" und „Schluss" sinnvoll. (Dies gilt selbstverständlich nicht für kurze Gespräche während der Arbeit.)
- Der Gesprächspartner sollte mit Handschlag begrüßt und verabschiedet werden. Es empfiehlt sich, ihm einen Platz anzubieten, der in einer für Fremde angemessenen Distanz zum eigenen Platz steht. Die Sitzposition sollte so gewählt sein, dass Blickkontakt möglich ist. Dabei sollte man daran denken, dass ein Schreibtisch z. B. wie eine Barriere wirkt und eine Distanz zum Gesprächspartner erzeugen kann.
- Stellen Sie sich auf die Sprache des Gesprächspartners ein. Gerade im Gespräch mit Auszubildenden sind lange Sätze zu vermeiden und Fremdwörter nur dann ratsam, wenn sie dem Auszubildenden bekannt sind oder vorher erklärt wurden.
- Weiter ist es überaus wichtig, den Gesprächspartner ausreden zu lassen und ihm nicht ins Wort zu fallen. Vor allem Geduld ist wichtig. Bedeutsame Gesprächsanlässe, wie z. B. ein Einstellungs-, Ausbildungs- oder Beförderungsgespräch, sollten so angesetzt werden, dass kein störender Zeitdruck entstehen kann.
- Mit konkretem Nachfragen kann festgestellt werden, ob der Gesprächspartner die gegebenen Informationen auch tatsächlich verstanden hat. Die Entstehung einer „Verhörsituation" sollte jedoch vermieden werden.

- Aussagen müssen deutlich artikuliert werden. Es sollte nicht zu laut, aber auch nicht zu leise gesprochen werden.
- Es ist nicht nur ein Zeichen von Höflichkeit, im Gespräch den Gesprächspartner – auch wiederholt – mit seinem Namen anzusprechen, sondern es wird dem Gegenüber damit auch Respekt signalisiert. Durch Blickkontakt wird Aufmerksamkeit gegenüber dem Gesprächspartner ausgedrückt, und es ist einfacher, die Reaktionen des Gesprächspartners, seine Gestik und Mimik zu beobachten und zu interpretieren.

Zusammenfassung der Ergebnisse

- Am Schluss des Gespräches sollten wichtige Gesprächsergebnisse zusammengefasst werden, um Unstimmigkeiten und Missverständnisse zu vermeiden. Werden Vereinbarungen getroffen, sollte ein Gesprächsprotokoll erstellt und den Gesprächspartnern ausgehändigt werden.
- Aber auch richtiges Zuhören ist eine wichtige Voraussetzung für einen reibungslosen Kommunikationsablauf. Das gilt für alle Kommunikationspartner in gleichem Maße, sobald sie die Funktion des Empfängers einnehmen.

2.3 Moderation

Begriff der Moderation

Auch wenn die Moderationsmethode bisher hauptsächlich in der Weiterbildung angewendet wird, so lassen sich doch wesentliche Elemente in der Ausbildung nutzen. Worum handelt es sich bei der Moderationsmethode? Das Gespräch bzw. die Diskussion aller Beteiligten bildet die Form der Auseinandersetzung. Diese Methode geht davon aus, dass einer allein selten alle Besonderheiten betrieblicher Prozesse überschauen und alle Probleme selber lösen kann. Deshalb bedeutet die Entscheidung zum Einsatz der Moderationsmethode, dass die Unternehmensleitung bestimmte Kompetenzen oder Gestaltungsspielräume an die Mitarbeiter abgibt, der Meister also nicht allein „das Sagen hat".

Die Anwendungsmöglichkeiten der Moderationsmethode in Handwerksbetrieben, in Klein- und Mittelbetrieben sind recht vielfältig. Beispiel: So könnte man die Auszubildenden auffordern, durch Anwendung der Moderationsmethode Schwierigkeiten, die ihnen während der Ausbildung immer wieder begegnen, herauszuarbeiten und ggf. Verbesserungsvorschläge zu unterbreiten. Diese können Arbeitsabläufe ebenso betreffen wie Überlegungen zur Anschaffung eines Getränkeautomaten.

Material

Wenn die Moderationsmethode in einem Betrieb angewendet werden soll, bietet sich die rechtzeitige Anschaffung des notwendigen Materials an:

- Pinnwand (oder Magnettafel),
- (Kartei-)Karten in verschiedenen Farben,
- farbige Filzstifte,
- farbige Klebepunkte (z. B. für die Bewertung der Vorschläge).

Das notwendige Material ist als Set im Fachhandel für Büromaterial erhältlich, kann jedoch auch selber hergestellt werden.

Anlass für die Anwendung der Moderationsmethode

wichtige betriebliche Fragen

Der Anlass kann jedes betriebliche Thema sein, das das Betriebsgeschehen absehbar beeinflussen wird oder bereits erheblich beeinflusst hat. Es kann sich um Konflikte zwischen Mitarbeitern handeln, um organisatorische Abläufe, die von einer Mehrzahl der Mitarbeiter als problematisch empfunden werden. Die betreffende Frage muss allgemein als bedeutsam im Betrieb angesehen werden.

Aufgaben des Moderators

Moderator

Der Moderator nimmt die wesentliche Stellung innerhalb einer Diskussion ein. Er soll nicht seine eigenen Lösungsvorschläge vorstellen, sondern die Gruppe dabei unterstützen, ihre eigenen Probleme bzw. Diskussionsanlässe vorzutragen. Der Moderator hat hierbei u. a. folgende Aufgaben:

- Er informiert alle Teilnehmer der Diskussionsrunde über das zu lösende Problem. Bereits zu Beginn werden die inhaltlichen Standpunkte/Beiträge aller Diskussionsteilnehmer auf farbigen Karteikarten auf einer Pinnwand veranschaulicht (visualisiert). Diese **Visualisierung** ist der wichtigste methodische Baustein für die Anwendung der Moderationsmethode.
- Der Moderator organisiert die Erarbeitung der Lösungsvorschläge der Teilnehmer. Er hat dafür zu sorgen, dass die Lösungsvorschläge immer wieder sichtbar gemacht werden. So kann die gesamte Gruppe feststellen, ob gemachte Vorschläge sich widersprechen oder bereits formuliert wurden. Der Moderator bewertet dabei die Vorschläge selber nicht, sondern überlässt die Bewertung der Gruppe.
- Während der Diskussion achtet der Moderator darauf, dass keine Beiträge unterdrückt werden – also auch der Lehrling zu Wort kommt –, dass alle an der Problemlösung interessiert sind, effizient, aber nicht verbissen gearbeitet wird und Unklarheiten möglichst schnell beseitigt werden.
- Der Moderator gibt den Teilnehmern eine Rückmeldung über ihre (Teil-)Arbeitsergebnisse. Sofern es von der Gruppe als notwendig erachtet wird, müssen die Ergebnisse zusammengefasst und ebenfalls visualisiert werden. So wird den Diskussionsteilnehmern ein Fortschritt sichtbar gemacht. Zeitliche Vereinbarungen der Gruppe sind vom Moderator zu beachten.
- Der Moderator muss die Gruppe zusammenhalten und in größeren Betrieben ggf. auch nach außen vertreten. Eine große Schwierigkeit kann darin bestehen, dass sich verschiedene Mitglieder als nicht kompetent für die Lösung eines Teilproblems erachten. Hier muss der Moderator dafür sorgen, dass eine geeignete Basis für alle geschaffen wird. Auch muss er die unterschiedlichen Rollen in einer Gruppe (→ S. 247) berücksichtigen, die eher „Stillen" anspornen und die eher „Lauten" ein wenig bremsen.

Der Ablauf einer Moderation ist höchst unterschiedlich und lässt sich kaum vorher bestimmen, weil die Themen, die Gruppenzusammensetzung und die individuelle Vorgeschichte des Diskussionsanlasses zu unterschiedlich sind. Als Orientierung kann jedoch folgendes Schema[1] dienen:

Ablauf einer Moderation

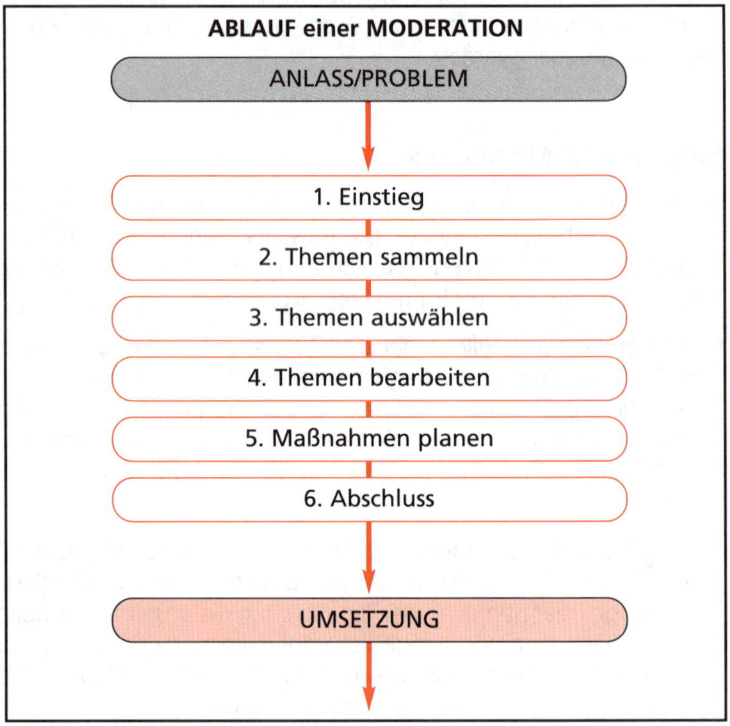

Es kann besonders vorteilhaft sein, wenn bei erstmaliger Anwendung der Moderationsmethode nicht der Meister, sondern ein Geselle oder ein Auszubildender die Moderation übernimmt. Insgesamt stellt die Moderationsmethode nicht nur eine Technik zur Problemlösung dar, sondern auch eine gewisse Grundhaltung im Umgang mit betrieblichen Problemen.

2.4 Brainstorming

Begriffserklärung

Brainstorming (dt. etwa: „Geistesblitze" erzeugen) ist eine besondere Kreativitätstechnik, die in einem Unternehmen eingesetzt werden kann, um neue Problemlösungen zu entwickeln. Für die Durchführung des Brainstorming eignet sich die Moderationsmethode, da die gleichen Grundgedanken auch hier gelten. Ebenfalls gibt es einen Moderator.

---

[1]) Nach Dauscher, U.: Moderationsmethode und Zukunftswerkstatt. Neuwied, Kriftel, Berlin 1996, S. 63

Der Unterschied zur Moderation liegt darin, dass es sich beim Brainstorming weniger um eine Diskussion handelt, sondern um eine kurze, „heftige" Sammlung von Ideen – zur Anregung kreativer neuer Ideen, ohne Einschränkung. Dies drücken die Regeln zur Durchführung aus:

Grundsätze des Brainstormings

Regeln für Brainstorming

1. Keinerlei Kritik an den Beiträgen der anderen Teilnehmer!
2. Je mehr Ideen produziert werden, desto besser (Quantität geht vor Qualität)!
3. Alle Ideen sollen gesammelt werden, es gibt keine dummen oder verrückten Gedanken!
4. Die Ideen der anderen sollen mit eigenen Ideen verknüpft werden, um zu neuen Ideen zu gelangen!

Nachdem der Moderator die Regeln bekannt gemacht hat (z. B. mittels Pinnwand) nennt er das Problem der Brainstorming-Runde. In der nächsten Phase werden alle Gedanken, die zu dem betreffenden Thema einfallen, von allen Teilnehmern aufgeschrieben. Um die Ideen für alle sichtbar zu machen, eignet sich die Pinnwand. Dort können z. B. alle Karteikarten gesammelt werden, ohne Beachtung der unterschiedlichen Rollen oder Positionen der Teilnehmer eines Betriebes.

Die Bedeutung der Visualisierung liegt vor allem darin, dass alle Teilnehmer die Gedanken bzw. Ideen der anderen Mitarbeiter kennen lernen. Hierdurch kommt man dann selber wieder auf neue Gedanken, weil man die Ideen der anderen mit eigenen verknüpft. Dem Lehrling fällt vielleicht bei einem bestimmten Stichwort des Meisters auch etwas Passendes ein, was er an die Pinnwand bringen möchte. Wenn eine umfangreiche Ideensammlung stattgefunden hat (meist reichen dafür ca. 15–30 Minuten), liegt das Hauptergebnis des Brainstorming vor.

gemeinsame Lösungssuche

Die Gruppe kann im weiteren Verlauf entscheiden, welche Lösungen näher in Betracht gezogen werden und welche aus verschiedenen Gründen ausscheiden. Die in Frage kommenden Lösungen sollten durch den Moderator bzw. die Gruppe weiter verfolgt werden. Der Moderator kann hierfür z. B. mit den Mitarbeitern, die zur Lösung des Problems beitragen können, Teilschritte angeben. Hierbei kann festgelegt werden, wer was wann wie zur Lösung der Teilschritte beitragen muss. Somit kann man die Verwirklichung bzw. Umsetzung der Lösungsvorschläge dokumentieren und den jeweils aktuellen Stand der Dinge vorzeigen bzw. abrufen. Sollte es bei der Umsetzung der Lösungen Schwierigkeiten geben, so können diese auch wieder Thema eines weiteren Brainstorming sein.

2.5 Rollenspiel

Zielsetzung

Das Rollenspiel kann – trotz der immer wieder angeführten Kritik an der gespielten und nicht echten Situation in einem Rollenspiel – im Betrieb dazu benutzt werden, wiederkehrende Probleme zu veranschaulichen und sie dadurch zu lösen. Auch ist es für das Erlernen bestimmter gewünschter Verhaltensweisen geeignet (z. B. korrekter Umgang der Auszubildenden mit Kunden im Betrieb). Diese beiden Zielsetzungen im Rollenspiel sind insbesondere dann zu erreichen, wenn die gespielte Situation der Echtsituation des Alltags weitestgehend entspricht. Denn eine größtmögliche Identifizierung der Teilnehmer eines Rollenspiels mit der zugewiesenen Rolle ist notwendige Voraussetzung für sein Gelingen.

Folgendes Beispiel soll die Einsatzmöglichkeit eines Rollenspiels veranschaulichen. In einem Betrieb erkennt ein Geselle, dass der Lehrling die Kundschaft unhöflich bedient. Sofern dies öfter vorgekommen ist und Einzelgespräche des Meisters mit dem Lehrling keine wesentliche Verbesserung gebracht haben, könnte ein Rollenspiel durchgeführt werden.

Schritte beim Einsatz des Rollenspiels

Schritte zur Planung, Durchführung und Kontrolle eines Rollenspiels[1)]

1. Vorbereitung der Mitarbeiter
2. Teilnehmer aussuchen
3. Planung des eigentlichen Spiels durch die Spieler
4. Beobachtungskriterien festlegen
5. Durchführung des Rollenspiels
6. Auswertung und Bewertung

Vorbereitung

Zunächst müssen die betroffenen Mitarbeiter und in dem Fall der Auszubildende über die Absicht, ein Rollenspiel zum Erlernen des richtigen Umgangs mit Kunden durchzuführen, informiert werden. Vor dem eigentlichen Spiel werden die Teilnehmer und ihre Rollen bestimmt. Diese sprechen sich kurz ab, um den groben Ablauf zu charakterisieren. Danach müssen die Beobachtungskriterien durch alle beteiligten Mitarbeiter festgelegt werden. Dies hilft insbesondere, unterschiedliche Aspekte im Verhalten der Teilnehmer bewusst zu beobachten.

Beobachtung

Weil jeder eine spezifische Sichtweise hat und auf die Dinge achtet, die er besonders wichtig findet, müssen unterschiedliche Blickwinkel in die Be-

---

1) Vgl. auch Shaftel, F. R., Shaftel, G., Weinmann, W.: Rollenspiel als soziales Entscheidungstraining. 3. Aufl., München 1976

obachtungskriterien einfließen. Für die Bildung solcher Kriterien eignen sich im hier angegebenen Beispiel etwa das Ansprechen des Kunden, der Tonfall, die Wortwahl, der Ausdruck von Höflichkeit etc.

Nachdem die Situation „Begrüßung von Kunden" im Betrieb von den Mitarbeitern durchgespielt wurde, können die Teilnehmer des Rollenspiels eine Auswertung und Beurteilung des Lehrlingsverhaltens durchführen. Anschließend können sich alle zu dem Rollenspiel äußern und ihre positive und negative Kritik anführen. Für Auszubildende kann es besonders wichtig sein hervorzuheben, dass sie sich im Umgang mit Kunden unsicher und nervös fühlen. Für den Meister oder Gesellen kann es wichtig sein hervorzuheben, dass diese Nervosität auf den Kunden einen schlechten Eindruck macht und dadurch für den Betrieb negative Folgen hat.

Auswertung

2.6 Projektausbildung

Unter einem Projekt kann man ein zeitlich befristetes und komplexes Vorhaben verstehen, an dem mehrere Mitarbeiter gemeinsam arbeiten. Der Vorteil liegt darin, dass die Auszubildenden unmittelbar praxisrelevante Tätigkeiten und soziale Handlungskompetenzen durch eine Projektarbeit erlernen können. Theorie und Praxis sind nicht losgelöst voneinander, sondern aufeinander bezogen. Der oder die Auszubildenden haben in einem Projekt die Möglichkeit, innerhalb vorgegebener Grenzen relativ autonom Arbeiten zu erledigen und dabei bestimmte Kompetenzen zu erwerben.

Projektarbeit

Weil Projekte konkrete Probleme bzw. Aufgaben behandeln, müssen die Auszubildenden eine Vielzahl von Einzelinformationen einholen, gewichten, sortieren und selbstständig bewerten. Hier wird bereits deutlich, dass an einen Lehrling hohe fachliche, aber auch soziale Anforderungen gestellt werden. Zum Ablauf eines Projekts sollen im Folgenden fünf Schritte angegeben werden.

Ablauf eines Projekts

1. Schritt

Im Rahmen der Projektinitiative können die Auszubildenden dem Meister den Vorschlag für ein Projekt machen. Es ist wichtig, dass in der beruflichen Ausbildung die Projektinitiative vom Auszubildenden ausgeht. Damit unterscheidet sich diese Form des Lernens bzw. Arbeitens von der Projektarbeit durch eigens hierfür ausgewählte oder angestellte Mitarbeiter.

2. Schritt

Im nächsten Schritt muss über die Projektinitiative beraten werden. Hierzu werden bestimmte Regeln und Rahmendaten vereinbart, die eingehalten werden müssen (z. B. Art, Umfang und Dauer der Projektarbeiten).

3. Schritt

Hier wird von der Gruppe in eigener Verantwortung festgelegt, wer was wann wie zu leisten hat. Zur Festlegung eignet sich auch die Verwendung der Moderationsmethode (→ Kap. 2.3). Es entsteht ein Projektplan.

4. Schritt

Anschließend wird das Projekt von den Lehrlingen in eigener Regie durchgeführt. Hierbei können Teilaufgaben von Einzelnen oder von Gruppen bearbeitet werden.

5. Schritt

Nach der Realisation des Projekts kann die Gruppe ein bestimmtes Ergebnis präsentieren und auswerten. Gelungene und weniger gelungene Aktivitäten während der gesamten Projektphase werden bewertet und Schlussfolgerungen daraus gezogen. Besonders hilfreich sind Projekte immer dann, wenn die Erkenntnisse (Produkte) in die alltägliche Arbeit der Auszubildenden mit einfließen.

hoher Aufwand

Vorausgesetzt, dass die betrieblichen Rahmenbedingungen dies zulassen, stellt die Projektausbildung eine hervorragende Ergänzung der üblichen betrieblichen Ausbildung dar, weil mit ihr die geforderte Handlungskompetenz in hohem Maße trainiert werden kann. Wegen des hohen organisatorischen und zeitlichen Aufwandes wird die Projektmethode aber eher in der überbetrieblichen Ausbildung oder der Berufsschule als in der betrieblichen Ausbildung zum Einsatz kommen können.

Bitte bearbeiten Sie abschließend die folgenden Aufgaben:

1. Geben Sie ein Beispiel für einen Arbeitsauftrag, der dazu geeignet ist, in Teamarbeit erledigt zu werden. Schildern Sie, welche Überlegungen Sie im Vorfeld der Auftragserteilung an die Mitarbeiter stellen müssen und was Sie den betreffenden Mitarbeitern mitteilen müssen, damit die Teamarbeit möglichst störungsfrei abläuft.

2. Beschreiben Sie die Moderationsmethode, und erläutern Sie dabei speziell die Aufgaben des Moderators.

3. Schildern Sie konkrete betriebliche Situationen, in denen es sich anbietet, mit den Mitarbeitern zum einen ein Brainstorming, zum anderen ein Rollenspiel durchzuführen, und begründen Sie Ihre Ansicht.

3. Erkennen und Lösen von zwischenmenschlichen Konflikten

Kompetenzen:

Der Lernende

- kann die Ursachen und Arten von Konflikten im Betrieb erläutern und die damit verbundenen Chancen und Risiken beurteilen,
- ist in der Lage, sich anbahnende oder bestehende Konflikte zu erkennen und geeignete Lösungsstrategien auszuwählen,
- kann Konfliktgespräche vorbereiten, durchführen und nachbereiten,
- kann den Einsatz von Ausbildungsberatern oder Lehrlingswarten zur konstruktiven Konfliktbewältigung begründen.

3.1 Begriff, Ursachen und Arten von Konflikten

Begriff

Unter einem Konflikt versteht man allgemein eine Unvereinbarkeit zwischen Verhaltensweisen oder Zielen. Konflikte können innerhalb einer Person auftreten, weil sie sich z. B. nicht zwischen zwei widersprüchlichen Zielen entscheiden kann. In dem Fall muss die Person den Konflikt mit sich selbst austragen. Konflikte treten häufig zwischen zwei Personen auf, weil der eine etwas anderes will als der andere.

Der Meister muss in der Lage sein, Konflikte im Team auch positiv zu nutzen.

Der Körper braucht ein „gesundes Schmerzempfinden", um Krankheiten zu erkennen. Erst dann ist man in der Lage, entsprechende medizinische Maßnahmen einzuleiten. Eine ähnliche Funktion können Konflikte unter den Mitarbeitern im Betrieb haben. Treten Konflikte offen zu Tage (offene Konflikte), so weiß man, dass aus einem offensichtlich zwischenmenschlichen Problem ein Abstimmungsproblem resultieren kann, welches sich negativ auf den Betriebs- bzw. Ausbildungsablauf niederschlägt. Hier hat der Konflikt also die wichtige Funktion, auf ein mögliches Abstimmungsproblem bei den Mitarbeitern im Betrieb hinzuweisen. Der Meister hat dann die Möglichkeit, zu reagieren und den Konflikt zu beseitigen.

Funktion von Konflikten

Diese Beispiele zeigen, dass Konflikte den normalen Arbeitsablauf stören; sie werden deshalb häufig als etwas Negatives eingeschätzt. Aber wenn das Feuer immer unter der Decke schwelt, ist es dem Meister unmöglich zu erkennen, warum das Betriebsklima schlecht ist und die Arbeitsleistung sinkt. Es ist ausgesprochen wichtig, verdeckte Konflikte offen zu legen.

Grundsätzlich gilt deshalb, dass Konflikte Probleme aufdecken, zu Selbsterkenntnis führen und Stillstand verhindern. Deshalb haben Konflikte auch eine positive Seite, was oft vernachlässigt wird.

Ursachen von Konflikten

Unternehmensleitung bzw. Ausbilder müssen sich mit entstandenen Konflikten genauer beschäftigen und ihre Ursachen analysieren. Das Modell der Kommunikation eignet sich für eine solche Analyse in der Praxis besonders gut (→ Kap. 1.2.1). Gerade für Auszubildende ist es allerdings häufig schwierig, die Gepflogenheiten eines Betriebes, die sich häufig über Jahrzehnte gebildet haben, auf Anhieb zu verstehen und sich an alle Spielregeln zu halten. Somit müssen vor allem der Meister und der Lehrling erst einmal die Bereitschaft aufbringen, das Verhalten des jeweils anderen zu verstehen. Trotzdem werden immer wieder Konflikte auftauchen, die sinnvoll bewältigt werden müssen.

Beispiele: Konflikte zwischen Gesellen treten auf, weil jemand unangenehme Arbeiten auf den anderen abschieben will. Konflikte zwischen dem Meister und den Gesellen entstehen, wenn die Arbeitseinteilung als ungerecht, die Bezahlung als nicht angemessen empfunden wird und die Bedürfnisse nach weniger Überstunden nicht berücksichtigt werden, und umgekehrt, wenn die Arbeitsleistung und -qualität nicht den Vorstellungen des Vorgesetzten entspricht.

Konflikte in der Ausbildung entstehen, wenn der Auszubildende etwas lernen möchte und dem Ausbilder zu wenig Zeit zur Verfügung steht, neue Dinge vernünftig zu erklären, wenn Auszubildende unfreundlich und herabsetzend behandelt werden, aber auch, wenn der Auszubildende andere Vorstellungen über kundenfreundliches Aussehen, Pünktlichkeit und Disziplin hat.

Arten von Konflikten

Nicht alle Konflikte müssen vom Vorgesetzten beachtet und aufgegriffen werden. Es gibt wichtige und weniger wichtige Arten von Konflikten:

- Scheinkonflikte sind Interessensgegensätze, die zu so gut wie keiner gefühlsmäßigen Beeinträchtigung bei den Betroffenen führen. „Man regt sich eben mal ein bisschen künstlich auf."
- Randkonflikte führen zu einer geringen Beeinträchtigung und sind schnell wieder vergessen. Sie haben keine Langzeitwirkung.
- Zentralkonflikte sind Interessensgegensätze, die erhebliche Beeinträchtigungen hervorrufen, welche mit Gefühlen wie Ärger, Scham, Verlegenheit, Trauer und Angst verbunden sind. Ein Zentralkonflikt kann z. B. darin bestehen, dass ein Geselle ständig zu Arbeiten eingeteilt wird, die unangenehm sind, während die anderen sich die Arbeitsfelder aussuchen können. Auf Dauer wird diese Ungerechtigkeit ihn gefühlsmäßig zermürben. Eine Folge kann dann sein, dass er nur noch „Dienst nach Vorschrift" machen und keine Eigeninitiative mehr zeigen will.
- Extremkonflikte sind ebenfalls Zentralkonflikte, die aber zusätzlich dadurch gekennzeichnet sind, dass die Betroffenen selbst aus eigener Kraft zu keiner Lösung mehr kommen können und dass die gefühlsmäßige Beeinträchtigung dauerhaft ist. Das Beispiel des Gesellen könnte sich zu einem Extremkonflikt ausweiten, wenn er die Resignation am Arbeits-

platz auf sein Freizeitleben überträgt. Er kann sich auch im Freizeitbereich zu keiner Aktivität mehr aufraffen und ist depressiv. Eine solche gefühlsmäßige Reaktion wird in der Fachsprache auch als „Ausbrennen" bezeichnet. Sie ist in unserer heutigen Gesellschaft kein Einzelfall.

Während Schein- und Randkonflikte sich also letztlich von selbst regeln, muss der Vorgesetzte (Ausbilder) bei Zentral- und Extremkonflikten eingreifen und, sofern er nicht selbst eine der Konfliktparteien ist, Hilfe zur Schlichtung anbieten. Im Falle der eigenen Betroffenheit kann bei einem Zentralkonflikt in einem ruhigen Gespräch zwar vieles geklärt werden, ansonsten ist aber ein neutraler Dritter als Schlichter mit hinzuzuziehen.

Schlichtung

3.2 Konfliktbewältigung und Lösungsstrategien

Was kann getan werden, um einen Konflikt zu beheben? Grundsätzlich reicht es nicht aus, an Symptomen herumzudoktern, sondern die genauen Ursachen müssen gefunden werden. Nur dann kann man zu vernünftigen Lösungen kommen. Ursachen lassen sich aber nur aufdecken, wenn die Betroffenen angehört werden und ein ruhiges, vernünftiges Gespräch geführt wird. Ein Konfliktgespräch hat folgende typische Phasen, die bei der Vorbereitung, Durchführung und Nachbereitung berücksichtigt werden müssen:

Phasen von Konfliktgesprächen

Einstiegsphase

Hier gilt es, die Gemüter zu beruhigen, klarzustellen, dass es wichtig ist, zu einer Lösung zu kommen und ein Vertrauensklima zu schaffen.

Beschreibungsphase

Man kann nur nach Ursachen suchen, wenn man die Sachlage genau kennt. Deshalb ist es unbedingt notwendig, dass die am Konflikt beteiligten Personen in allen Einzelheiten aus ihrer Sicht das Problem und die Sachlage schildern. Dies hat zusätzlich den positiven Nebeneffekt, dass ein wenig von dem emotionalen Druck verschwindet, wenn man sich einmal alles von der Seele reden kann.

Ursachenanalyse

Ist die Sachlage allen klar, dann kann man langsam versuchen, an die Gründe heranzukommen, die zu dem Konflikt führten. Dies kann nur mit Hilfe der Personen geschehen, die am Konflikt beteiligt sind. Der Vorgesetzte (Ausbilder) sollte nicht vorschnell zu einer eigenen Meinung kommen und diese den Konfliktpartnern vorsetzen; denn erstens muss man Personen schon sehr genau kennen, um ihre Beweggründe zu erkennen, und zweitens verschlimmert eine Fehleinschätzung nur die Situation. Es empfiehlt sich, gemeinsam mit den Konfliktpartnern vorsichtig mögliche Ursachen für den Konflikt herauszufinden.

Lösungssuche

Sind die Ursachen aufgedeckt, so kann man nach Lösungen für das Problem suchen. Auch hier sollte der Chef nicht seine Lösung präsentieren und den anderen auftragen, sie zu befolgen. Lösungen müssen gemeinsam gefunden werden, Verhaltensänderungen müssen freiwillig sein und auf Einsicht beruhen, sonst ist der nächste Konflikt bereits vorprogrammiert.

Umsetzung und Kontrolle der Lösung

Die gemeinsam gefundene Lösung sollte ausprobiert und getestet werden. Nach einiger Zeit sollte kontrolliert werden, ob die eingeleitete Maßnahme zum Erfolg geführt hat oder ob man neue Überlegungen anstellen muss.

Konfliktgespräche sollten, wenn möglich, zuerst mit jedem Beteiligten einzeln geführt werden. Gerade in der Phase der Ursachenklärung spricht ein Mitarbeiter Dinge aus, die er im Beisein seines „Gegners" vermeiden würde. Spätestens in der Phase der Lösungssuche sollten aber alle Beteiligten an einen Tisch.

3.3 Mitwirkung von Ausbildungsberater und Lehrlingswart bei der Konfliktbewältigung

Ausbildungsberater

Lehrlingswart

Nach § 45 BBiG und § 41 a HwO überwachen die Ausbildungsberater die Durchführung der Berufsausbildung und beraten sowohl die Ausbildenden als auch die Lehrlinge (→ Lernfeld 1: Allgemeine Grundlagen, Kap. 5). Im Handwerk übernehmen auch die Lehrlingswarte der Innungen derartige Aufgaben. (Unter *www.h-online.net/texte/hwkliste.htm* erhält man eine Adress- und Linkliste der Handwerkskammern in Deutschland, über die man weitere Informationen abrufen kann.) Während die Lehrlingswarte Experten in berufsbezogenen und fachlichen Fragen sind, sind Ausbildungsberater berufs- und fachübergreifende Experten. Aufgrund der berufsspezifischen Ausrichtung der Lehrlingswarte und der berufsübergreifenden Ausrichtung der Ausbildungsberater können sie sich in Fragen der Berufsausbildung gegenseitig unterstützen bzw. ergänzen.

Lehrlinge geben oft „Schwierigkeiten mit dem Ausbilder" als Grund zur vorzeitigen Beendigung des Lehrvertrages an (→ Lernfeld 5: Förderung des Lernprozesses, Kap. 5). Hier könnten sowohl der Ausbildungsberater als auch der Lehrlingswart korrigierend und unterstützend eingreifen. Beide können bei Schwierigkeiten zwischen Ausbilder und Lehrling zu einem konstruktiven Gespräch anregen und ggf. als Moderator eine Schlichtungsfunktion einnehmen.

Rolle des Moderators

Die Einschaltung eines nicht unmittelbar selber betroffenen Moderators hat den Vorteil, dass die emotionale Betroffenheit der beteiligten „Gegner" nicht überhand nimmt und der Meister aufgrund der Autorität seiner Position das gesamte Gespräch „zu seinen Gunsten" führt.

Eine offene Grundhaltung der beiden „Parteien" ist eine Voraussetzung für den Erfolg eines Konfliktgesprächs. Auch wenn es nicht leicht ist, dass Meister und Lehrling diese Offenheit angesichts vieler aufgestauter Kritikpunkte aufrechterhalten, so kann zumindest der Versuch zu solch einem Gespräch unternommen werden. Der Ausbildungsberater oder Lehrlingswart kann unvoreingenommen helfen, dass die wesentlichen gegenseitigen Kritikpunkte auf den Tisch kommen und gelöst werden. Dadurch kann die Entscheidung, ob das Ausbildungsverhältnis aufrechterhalten oder beendet werden soll, von allen Parteien fundierter und sachlicher vorbereitet werden. (Viele interessante Hinweise, Informationen sowie Urteile zum Ausbildungsrecht (über Suchfunktion) unter: *www.arbeitsrecht.de*)

Bitte bearbeiten Sie abschließend die folgenden Aufgaben:

1. Geben Sie Beispiele für die vier verschiedenen Stufen von Konflikten, und geben Sie an, in welchen dieser Fälle der – nicht am Konflikt beteiligte – Vorgesetzte eingreifen sollte. Überlegen Sie sich auch, wie sich der Vorgesetzte konkret verhalten könnte, um zur Beilegung des Konflikts beizutragen.

2. Schildern Sie die Phasen, in denen ein Konfliktgespräch idealtypisch verläuft, und worauf es in diesen Phasen jeweils ankommt.

Lernfeld 7: Abschluss der Ausbildung

1. Prüfungsvorbereitung und Anmeldung zu Prüfungen

Kompetenzen:

Der Lernende

- kann die Anforderungen und den grundlegenden Ablauf der Zwischen- und Abschluss-/Gesellenprüfung sowie von Wiederholungsprüfungen erläutern und bei der Planung und Durchführung von Maßnahmen zur Prüfungsvorbereitung berücksichtigen,
- kann die Vorschriften für die Anmeldung zur Zwischen- und Abschluss-/Gesellenprüfung sowie zur Wiederholungsprüfung darstellen.

1.1 Prüfungsvorbereitung

Training während der Ausbildung

Alle Maßnahmen zur Prüfungsvorbereitung während der Ausbildung sollen dazu beitragen, dass der Auszubildende Berufstüchtigkeit als Fachkraft erlangt und die Abschluss-/Gesellenprüfung besteht. Sie dürfen jedoch nicht schlagartig kurz vor dem Prüfungstermin einsetzen, sondern sind als dauernder Prozess in die gesamte Ausbildung einzubeziehen. Die betrieblichen Erfolgskontrollen nach einzelnen Ausbildungsabschnitten sowie Berichte und Ausbildungsnachweise des Auszubildenden ermöglichen während der Ausbildung bereits ein intensives Training von prüfungsähnlichen Situationen (→ Lernfeld 4: Ausbildung am Arbeitsplatz, Kap. 4).

In den letzten Wochen vor der Abschlussprüfung ist es eine wichtige Aufgabe für den Ausbilder, auf die besondere Situation des Auszubildenden einzugehen. Er muss sich darum bemühen, bei den Lehrlingen evtl. aufkommende Prüfungsängste und Nervosität durch geeignete Maßnahmen abzubauen. Die Hilfestellungen müssen es dem Auszubildenden ermöglichen, seine wirkliche Leistungsfähigkeit unter Beweis zu stellen – trotz der Stresssituation, die mit einer Prüfung einhergeht.

Es ist von entscheidender Bedeutung, dass die gesamte Ausbildung entsprechend des Ausbildungsplanes systematisch und vollständig durchgeführt wird. Wenn der Auszubildende in seinen Leistungen kontinuierlich beurteilt wird, können aufgetretene Schwächen in einzelnen Ausbildungsabschnitten

Gewinnung von Sicherheit

rechtzeitig erkannt und behoben werden. Nur so gewinnt der Auszubildende eine realistische Selbsteinschätzung, die ihm persönliche Sicherheit für seine Leistungsfähigkeit gibt.

Wenn Berichte und Ausbildungsnachweise regelmäßig durchgesehen und besprochen werden, kann der Ausbilder sofort geeignete Ausbildungsmaßnahmen zur Lenkung und Intensivierung bestimmter Ausbildungsinhalte ergreifen.

Immer wieder zeigt sich in der Praxis, dass die Vorbereitung auf die Prüfung am ersten Ausbildungstag beginnen muss.

Dies bezieht sich nicht nur auf zu vermittelnde Fertigkeiten und Kenntnisse, sondern auch auf das Training in prüfungsähnlichen Situationen. Der Auszubildende soll im Rahmen der Ausbildung lernen, unter Bedingungen zu arbeiten, die nicht völlig stressfrei sind. Hat er Fertigkeiten und Kenntnisse erlernt und geübt, kommt es ebenfalls darauf an, mit Bedingungen wie Zeitdruck, hohen Qualitätsanforderungen, steigenden Anforderungen an Konzentration und Ausdauer etc. fertig zu werden. Sowohl in den Prüfungen als auch später im Arbeitsleben müssen Belastungen und Zeitdruck bewältigt werden.

Hinweise zur Prüfungsvorbereitung

Positive Ergebnisse sind sicher zu erwarten, wenn der Ausbilder folgende Hinweise beachtet:

- Der Ausbilder macht den Auszubildenden mit dem Prüfungsablauf, prüfungsähnlichen Aufgaben und der Bewertung der Prüfungsleistungen vertraut – mit praktischen Übungen, offenen und programmierten Aufgaben (für die schriftliche, praktische und mündliche Prüfung).
- Der Ausbilder macht die Ernsthaftigkeit solcher Übungen im Betrieb deutlich, indem er die Leistungen des Auszubildenden nach Kriterien bewertet, die für die spätere Prüfung Bedeutung haben; er bespricht diese anschließend mit dem Lehrling.
- Der Ausbilder spricht mit dem Auszubildenden anhand des Ausbildungsplanes die notwendigen Fertigkeiten und Kenntnisse durch; er lässt ihn auch selbst beurteilen, welche Fertigkeiten und Kenntnisse er schon gut beherrscht bzw. in welchen Bereichen noch Schwächen auszugleichen sind. Aufgrund dieser Erkenntnisse können Ausbildungslücken rechtzeitig geschlossen und wesentliche Arbeitsaufgaben verstärkt geübt werden.
- Der Auszubildende lernt und übt unter Mitwirkung des Ausbilders gemeinsam mit anderen Auszubildenden.
- Der Ausbilder gibt den Lehrlingen auch Hinweise zu Lerntechniken (→ Lernfeld 5: Förderung des Lernprozesses, Kap. 2.5).

Es muss für den Ausbilder selbstverständlich sein, dass er in dieser Vorbereitungsphase den engen Kontakt zu Berufsschullehrern und Prüfungskommissionen hält, um seinem Auszubildenden die wesentlichen Informationen zum Prüfungsgeschehen geben zu können.

1.2 Rechtsgrundlagen und Ablauf der Prüfungen

Rechtsgrundlagen

Wesentliche Rechtsgrundlagen für die Zwischen- und Abschlussprüfungen bzw. Gesellenprüfungen sind §§ 34–43 BBiG (Berufsbildungsgesetz: *http://bundesrecht.juris.de/bundesrecht/bbig/*), §§ 31–40 HwO (Gesetz zur Ordnung des Handwerks: *http://bundesrecht.juris.de/bundesrecht/hwo/*), die Ausbildungsordnung des jeweiligen Berufes und die Prüfungsordnungen der zuständigen Stelle.

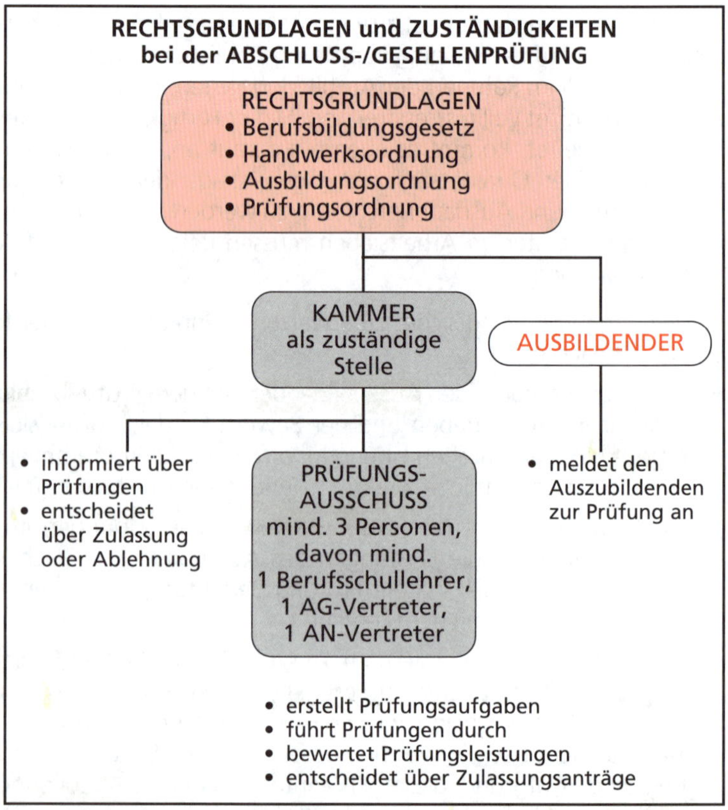

(AG = Arbeitgeber, AN = Arbeitnehmer)

Ziel der Berufsausbildung ist, den Auszubildenden die Fertigkeiten und Kenntnisse in einem anerkannten Ausbildungsberuf zu vermitteln, die sie zur Ausübung einer qualifizierten beruflichen Tätigkeit befähigen (§ 35 BBiG; § 32 HwO). Am Ende der Ausbildung muss in der Abschlussprüfung (im Handwerk: Gesellenprüfung) festgestellt werden, ob der Prüfling in der Lage ist, als Fachkraft in seinem Beruf zu arbeiten.

Zwischenprüfung

Während der Ausbildung muss mindestens eine Zwischenprüfung abgelegt werden, in der festgestellt werden soll, ob der Auszubildende den in der Ausbildungsordnung vorgesehenen Ausbildungsstand erreicht hat und ob eventuell Schwächen hinsichtlich der zu erlernenden Fertigkeiten und

Kenntnisse vorliegen. Bei einer Zwischenprüfung kommt es nicht auf das Bestehen bzw. Nichtbestehen an, sondern sie dient zur Erfolgskontrolle. Gleichzeitig drücken sich darin die Ausbildungsbemühungen des Ausbildungsbetriebes aus. Werden Ausbildungsmängel durch die Zwischenprüfung offenkundig, muss der Ausbilder geeignete Maßnahmen ergreifen, um Ausbildungslücken rechtzeitig zu schließen.

gestreckte Gesellenprüfung

Allerdings wurde für 10 Handwerksberufe im fahrzeug- und elektrotechnischen Bereich eine so genannte „gestreckte Gesellenprüfung" zunächst für die Dauer von fünf Jahren probeweise eingeführt und es wurden entsprechende Erprobungsverordnungen erlassen. Zweck ist, der Zwischenprüfung eine höhere Bedeutung als bisher zu geben. Die in der Zwischenprüfung erzielten Ergebnisse werden in diesem Verfahren zusammen mit den gezeigten Leistungen der Abschlussprüfung in eine Gesamtbewertung einbezogen, so dass die Gesellenprüfung in zwei zeitlich auseinanderfallende Prüfungsteile gegliedert ist:

Die Leistungen der Zwischenprüfung werden als Teil 1 bewertet und mit einer Gewichtung von 35–40 % beim Endergebnis berücksichtigt, die Leistungen der Abschlussprüfung als Teil 2 fließen mit einer Gewichtung von 60–65 % in die Bewertung ein.

Die Zwischenprüfung ist damit also ein rechtlich unselbstständiger Teil der Gesamtprüfung.

Für die Ausbildungsberufe, bei denen keine gestreckte Gesellenprüfung vorgesehen ist, gilt weiterhin, dass schlechte Ergebnisse weder Auswirkung auf die Zulassung zur Abschlussprüfung noch Auswirkungen auf das Endergebnis in der Abschlussprüfung haben. Hier ist lediglich die Teilnahme an der Zwischenprüfung Voraussetzung für die spätere Zulassung zur Abschlussprüfung. Hierüber wird eine entsprechende Teilnahmebescheinigung ausgestellt.

Wenn die Gesamtausbildungszeit drei bis dreieinhalb Jahre dauert, werden Zwischenprüfungen vor Ende des zweiten Ausbildungsjahres durchgeführt. Für Ausbildungsberufe mit zwei und zweieinhalbjähriger Ausbildung erfolgen die Zwischenprüfungen nach dem ersten Ausbildungsjahr.

Abschlussprüfung

Durch die Abschlussprüfung sollen zuverlässige Vorhersagen über die künftige Leistungsfähigkeit von Mitarbeitern möglich sein. Mit der erfolgreichen Ablegung der Prüfung wird der Qualifikationsnachweis erbracht und die Berechtigung erworben, als Fachkraft in dem erlernten Beruf tätig zu werden. Dies wird in gewerblich-technischen Berufen durch den Gesellenbrief bzw. Facharbeiterbrief dokumentiert, in kaufmännischen Berufen durch das Abschlussprüfungszeugnis.

Außerdem bildet die Abschluss-/Gesellenprüfung die Grundlage für die Zulassung zu bestimmten Weiterbildungsqualifikationen, im Handwerk zur Meisterprüfung. Damit ist eine Abschlussprüfung für eine erfolgreiche berufliche Tätigkeit und für Möglichkeiten zur Weiterbildung erforderlich.

Prüfungsbereiche

Die Zwischen- und Abschlussprüfungen des gewerblich-technischen Bereiches gliedern sich in zwei Bereiche:

- Die Auszubildenden sollen ihre erlernten Fertigkeiten durch Prüfungsstücke und Arbeitsproben nachweisen **(Fertigkeitsprüfung).**
- Die **Kenntnisprüfung** erfolgt schriftlich in bestimmten festgelegten Fachgebieten, z. B. Technologie, Mathematik, Zeichnen und fachbezogenen Analyseaufgaben.

In der Zwischenprüfung erfolgt bei den kaufmännischen Berufen die Fertigkeits- und Kenntnisprüfung durch schriftlich zu lösende Aufgaben. Auch in der Abschlussprüfung sind in festgelegten Fächern schriftliche Arbeiten zu erstellen. Außerdem wird im Rahmen des Prüfungsteiles „Praktische Übungen" festgestellt, ob der Prüfling anhand eines geschilderten Betriebsereignisses wirtschaftliche Zusammenhänge richtig erkennt und Problemlösungen entwickeln kann.

mündliche Prüfung

Mündliche Prüfungen können bei der Abschlussprüfung in allen Ausbildungsberufen entweder auf Verlangen des Prüfungsausschusses oder auf Wunsch des Prüflings durchgeführt werden, wenn diese für den Prüfungserfolg von ausschlaggebender Bedeutung sind.

Beispiel

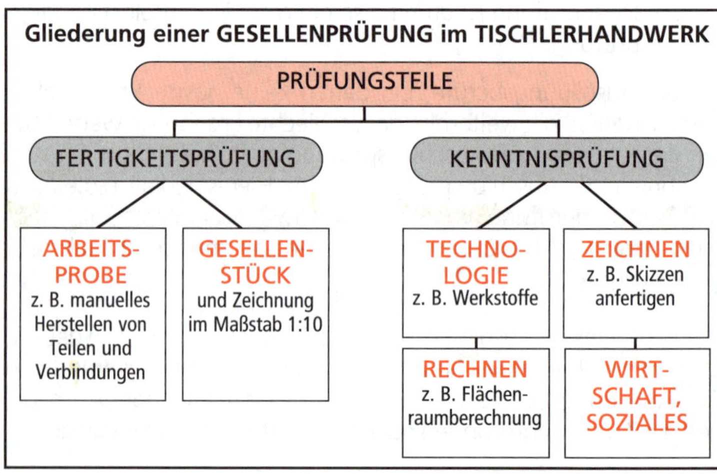

Zuständigkeiten

Die Durchführung von Prüfungen liegt in der Hand der zuständigen Stellen. Diese nehmen als Körperschaften des öffentlichen Rechts diese Aufgaben wahr und sind gesetzlich verpflichtet, Prüfungsordnungen zu erlassen und Prüfungsausschüsse einzurichten. Die Industrie- und Handelskammern sind für kaufmännische und Industrieberufe zuständig, die Landwirtschaftskammern für Berufe in der Landwirtschaft, die Handwerkskammern für Handwerksberufe. Die Handwerkskammer kann die Errichtung von Gesellenprüfungsausschüssen auf Handwerksinnungen übertragen.

Die Prüfungsanforderungen, die in den jeweiligen Ausbildungsordnungen enthalten sind, beschreiben und regeln insbesondere

- die Vorbereitung und Durchführung der Prüfung einschließlich der Beschreibung von Prüfungsinhalten und den Zeitrahmen,
- Hinweise zur Bewertung der Prüfungsleistungen,
- Verfahren zu Wiederholungsprüfungen.

Sowohl das Berufsbildungsgesetz, die Handwerksordnung als auch die Prüfungsordnungen beschreiben die Zusammensetzung von Prüfungsausschüssen. Jeder Ausschuss muss aus mindestens drei für die Prüfungsgebiete sachkundigen Personen bestehen. Dies sind Beauftragte der Arbeitgeber und Arbeitnehmer in gleicher Zahl sowie ein Lehrer der berufsbildenden Schule (→ Abbildung, S. 272). **Prüfungsausschuss**

Der Prüfungsausschuss kann auch fünf Mitglieder haben (Fünfer-Ausschuss), jedoch muss er immer zu mindestens zwei Dritteln aus Arbeitgeber- und Arbeitnehmervertretern bestehen. Der Prüfungsausschuss wählt aus seiner Mitte den Vorsitzenden. Bei Beschlussfassungen müssen mindestens drei Mitglieder mitwirken. Hat der Ausschuss mehr Mitglieder, ist die Mitwirkung von mindestens zwei Dritteln erforderlich. Beschlüsse müssen mit Stimmenmehrheit gefasst werden. Sollte Stimmengleichheit bestehen, entscheidet die Stimme des Vorsitzenden über den Beschluss.

1.3 Anmeldung und Zulassung zu Prüfungen

Der Ausbildende ist verpflichtet, den Auszubildenden zu Prüfungen anzumelden, ihn dafür freizustellen und die Prüfungsgebühr zu entrichten. Jugendliche Auszubildende sind außerdem am Arbeitstag vor schriftlichen Prüfungen freizustellen.

Der Anmeldung zur Prüfung müssen Bescheinigungen über die Teilnahme an Zwischenprüfungen, die Ausbildungsnachweise und das letzte Zeugnis der berufsbildenden Schule beigefügt werden. Die zuständige Stelle entscheidet über die Zulassung zur Abschlussprüfung, wobei folgende Zulassungsvoraussetzungen gelten: **Zulassung**

1. Die Ausbildungszeit muss ordnungsgemäß absolviert worden sein. Dies ist bereits der Fall, wenn die Ausbildungszeit nicht später als zwei Monate nach dem Prüfungstermin endet.
2. Teilnahmebescheinigungen für die vorgeschriebenen Zwischenprüfungen müssen vorliegen.
3. Das Ausbildungsverhältnis muss in dem Verzeichnis der Ausbildungsverhältnisse (im Handwerk: Lehrlingsrolle) eingetragen sein.
4. Die vorgeschriebenen Berichtshefte oder Ausbildungsnachweise müssen vorliegen.

Falls die Kammer als zuständige Stelle einen Lehrling nicht zur Prüfung zulässt, weil er die Voraussetzungen zur Zulassung nicht erfüllt, muss der Prüfungsausschuss über eine Zulassung oder Ablehnung befinden.

Anmeldeformular

Blatt 2

Anmeldung zur Gesellen-/Abschlussprüfung

zugelassen ☐ ja ______ (Unterschrift)

Datum ☐ nein (Begründung s. Rücks.)

Nr. des Prüflings

Lehrling / Auszubildende/r (bitte ggf. Anschrift berichtigen)

geb. am ______

Ausbildungszeit vom ______ bis ______

Zur Beachtung!
Die Entscheidung über den Antrag kann erst getroffen werden, wenn alle Unterlagen eingereicht sind!

Betrifft: Anmeldung zur Gesellen-/Abschlussprüfung
Gesellenprüfung als
Abschlussprüfung als

An die Geschäftsstelle des Prüfungsausschusses

in ______

Sehr geehrte Damen und Herren,
der o. a. Lehrling wird zur Prüfung angemeldet.

Beigefügt sind

1. **Nachweis der Ausbildung (z. B. Kopie des Berufsausbildungsvertrages, Kopie der Tätigkeitsnachweise)**
2. **Kopie des letzten Berufsschulzeugnisses**
3. **Vorgeschriebene Berichtshefte (Ausbildungsnachweise) im Original**
4. **Kopie(n) des/der Zwischenprüfungszeugnisse(s)**
5. **Kopien weiterer Ausbildungs- und Tätigkeitsnachweise (z. B. Kopie der Bescheinigung über Teilnahme an überbetrieblichen Unterweisungsmaßnahmen)**

☐ **Folgende Behinderung soll berücksichtigt werden:**

☐

Der Prüfungsbewerber hat bereits die Gesellen-/Abschlussprüfung am ______ als ______
bestanden ☐ nicht bestanden ☐*

Die Prüfungsgebühr ist am ______ eingezahlt/überwiesen worden.

Ausbildungsbetrieb

Ort/Datum

Unterschrift

Anmeldung gem. § 10 (1) GPO/APO

* Bitte ankreuzen!

Verlagsanstalt Handwerk GmbH, Postfach 10 51 62, 40042 Düsseldorf, Best.-Nr. 43 18 03/00

1.4 Wiederholungsprüfung bei Nichtbestehen der Abschlussprüfung

Verlängerung des Ausbildungsverhältnisses

Auch bei Nichtbestehen der Abschluss-/Gesellenprüfung ist das Ausbildungsverhältnis mit Ablauf des Vertragsdatums eigentlich beendet. Aber der Auszubildende kann in diesem Falle die Verlängerung des Ausbildungsverhältnisses bis zur nächstmöglichen Wiederholungsprüfung verlangen. Der Ausbildende ist verpflichtet, den Ausbildungsvertrag entsprechend zu ändern und diese wesentliche Änderung der zuständigen Stelle schriftlich mitzuteilen. Die Verlängerung des Ausbildungsverhältnisses beträgt maximal ein Jahr.

Ursachen für Nichtbestehen

Mögliche URSACHEN für das NICHTBESTEHEN einer PRÜFUNG

BETRIEB
- zu viele Routineaufgaben ohne Lernfortschritte
- schlechte Ausbildungsbedingungen
- negative Einstellung von Kollegen, Vorgesetzten

SOZIALES UMFELD
- zu wenig Rückhalt durch Eltern
- negative Beeinflussung durch Freundeskreis

AUSZUBILDENDER
- zu geringer Lerneinsatz
- entwicklungsbedingte Störungen
- persönliche Fehleinschätzung

BERUFSSCHULE
- keine Einbindung im Klassenverband
- schlechter Berufsschulunterricht
- hohe Fehlzeiten

AUSBILDER
- keine ausreichende Unterstützung aus Zeitmangel
- Fehleinschätzung
- Fehler bei der Planung und Durchführung der Ausbildung
- mangelnde Erfolgskontrollen
- beauftragte Mitarbeiter ungeeignet

An Wiederholungsprüfungen kann der Auszubildende höchstens zweimal teilnehmen. Dabei sind im Regelfall nur die Prüfungsfächer zu wiederholen, in denen keine ausreichenden Leistungen erbracht wurden. Dies kann bei der gestreckten Gesellenprüfung dazu führen, dass z. B. nur Teil 1 oder Teil 2, bzw. einzelne Prüfungsfächer daraus zu wiederholen sind. Es besteht jedoch keine Möglichkeit, den Prüfungsteil 1 zu wiederholen, bevor der Prüfungsteil 2 absolviert wurde, da erst mit Teil 2 das Gesamtergebnis und damit das Bestanden oder Nichtbestanden ermittelt wird.

Allein die Verlängerung der Ausbildungszeit auf Verlangen des Auszubildenden ist jedoch nicht ausreichend, um die Ausbildung doch noch zu einem erfolgreichen Abschluss zu bringen. Es ist Aufgabe des Ausbilders, die Ursachen für das Nichtbestehen zu ergründen, um in der Verlängerungszeit Schwächen und Mängel zu beseitigen. Zunächst ist deshalb zu klären, in welchen Bereichen der Auszubildende in der Prüfung versagt hat.

Bitte bearbeiten Sie abschließend die folgenden Aufgaben:

1. Schildern Sie, wie Sie als Ausbilder wesentlich dazu beitragen, dass Ihr Auszubildender optimal vorbereitet in die Abschlussprüfung geht.

2. Erläutern Sie bitte den Sinn und die Bedeutung der Zwischenprüfung.

3. Bitte nennen Sie die Voraussetzungen, die für die Zulassung zur Abschlussprüfung erfüllt sein müssen, und stellen Sie die Gliederung einer Abschlussprüfung in Ihrem Beruf – auf der Grundlage der entsprechenden Ausbildungsordnung – dar.

4. Schildern Sie die rechtliche Lage in dem Fall, dass der Auszubildende die Abschlussprüfung nicht besteht, und erläutern Sie die organisatorischen Maßnahmen, die in diesem Fall zu ergreifen sind.

2. Beendigung der Ausbildung

Kompetenzen:

Der Lernende

- kann die rechtlichen Möglichkeiten der Beendigung der Ausbildung erläutern,
- kann die Gründe für die Verlängerung der Ausbildungszeit beurteilen,
- ist in der Lage, die rechtlichen Vorschriften für die Verlängerung der Ausbildungszeit anzuwenden.

2.1 Die reguläre Beendigung des Ausbildungsverhältnisses

Ablauf nach BBiG

Nach dem Wortlaut des Berufsbildungsgesetzes (§ 14 BBiG) endet die Ausbildung im Regelfalle mit dem Ablauf der Ausbildungszeit, d. h. mit dem im Ausbildungsvertrag angegebenen Datum (Beendigung durch Zeitablauf). In der Ausbildungspraxis finden Abschlussprüfungen vor dem vertraglichen Ende der Ausbildung statt. Bei Bestehen der Abschlussprüfung endet das Ausbildungsverhältnis mit dem letzten Prüfungstag. Dann erfährt der Lehrling das Prüfungsergebnis und erhält eine Bescheinigung darüber (Beendigung durch Zweckerreichung).

Weiterbeschäftigung

Nach Beendigung des Ausbildungsverhältnisses kann der Auszubildende weiterbeschäftigt werden. Eine gesetzliche Übernahmeverpflichtung besteht für den Ausbildenden nicht, es sei denn, die Weiterbeschäftigung ist innerhalb der letzten sechs Monate der Ausbildung vereinbart worden. Auszubildende, die Mitglied der Jugend- oder Auszubildendenvertretung sind, haben gegenüber dem Arbeitgeber einen Anspruch auf Weiterbeschäftigung.

Wird der Auszubildende nach Bestehen der Prüfung weiterbeschäftigt, ist ein Arbeitsverhältnis auf unbestimmte Zeit damit begründet.

Der Auszubildende erhält sofort nach der bestandenen Prüfung nicht mehr die Ausbildungsvergütung, sondern die Vergütung als Fachkraft (Geselle, Facharbeiter). Die Höhe der Vergütung kann tarifvertraglich geregelt sein; zumindest ist eine ortsüblich angemessene Vergütung zu zahlen.

Folgende Möglichkeiten hat der Betrieb, wenn der (ehemalige) Auszubildende nicht unbefristet übernommen werden soll:

- Soll der Auszubildende nach Bestehen der Prüfung nicht weiterbeschäftigt werden, ist es empfehlenswert, ihn rechtzeitig (schriftlich) darüber zu informieren, damit er sich um einen neuen Arbeitsplatz bemühen kann.

- Es kann mit dem Lehrling nach Bestehen der Gesellenprüfung eine befristete Weiterbeschäftigung vertraglich vereinbart werden. Hierbei sind die Vorschriften über befristete Arbeitsverträge zu beachten.

2.2 Die vorzeitige Beendigung des Ausbildungsverhältnisses

Kündigung

Eine vorzeitige Beendigung des Ausbildungsverhältnisses kann durch Kündigung eines Vertragspartners erfolgen, wobei der Ausbildende nach Ablauf der Probezeit gegenüber dem Auszubildenden nur ein eingeschränktes Kündigungsrecht hat (→ Lernfeld 3: Einstellung von Auszubildenden, Kap. 2.3.1).

Während der Probezeit können beide Vertragspartner ohne Angabe eines Grundes und ohne Einhaltung einer Frist kündigen. Nach Ablauf der Probezeit hat der Auszubildende das sog. einseitige Kündigungsrecht. Er kann unter Einhaltung einer Frist von vier Wochen mit Angabe des Grundes kündigen, wenn er die Berufsausbildung ganz aufgeben oder sich in einem anderen Beruf ausbilden lassen will.

Schadenersatz

Außerdem haben beide Vertragspartner das Recht, bei Vorliegen eines wichtigen Grundes, den der andere Vertragspartner zu vertreten hat, unter Angabe des Grundes fristlos zu kündigen. Bei Kündigungen aus wichtigem Grund kann derjenige Vertragspartner Ersatz eines tatsächlich entstandenen Schadens verlangen, der den Grund der Kündigung nicht zu vertreten hat. Der Schadenersatz muss innerhalb von drei Monaten nach Beendigung des Ausbildungsverhältnisses geltend gemacht und in der entstandenen Höhe ggf. nachgewiesen werden.

Alle Kündigungen müssen schriftlich erfolgen. Ist der Auszubildende noch nicht 18 Jahre alt, muss der gesetzliche Vertreter dessen Kündigung mit unterschreiben bzw. von der Kündigung des Ausbildenden eine Zweitschrift erhalten.

Außer durch Kündigung kann das Ausbildungsverhältnis auch in gegenseitigem Einvernehmen vorzeitig beendet werden. Ausbildender und Auszubildender schließen einen Aufhebungsvertrag, der bei minderjährigen Auszubildenden vom gesetzlichen Vertreter ebenfalls zu unterzeichnen ist.

3. Ausstellen von Zeugnissen

Kompetenzen:

Der Lernende

- kann die arbeitsrechtliche Bedeutung eines Zeugnisses für den Auszubildenden beurteilen,
- kann die verschiedenen Zeugnisarten und die damit verbundenen rechtlichen Bestimmungen darstellen,
- ist in der Lage, Zeugnisse auszustellen, die den arbeitsrechtlichen Anforderungen entsprechen.

Pflicht nach BBiG

Bei Beendigung des Ausbildungsverhältnisses ist der Ausbildende verpflichtet, dem Auszubildenden ohne weitere Aufforderung ein Zeugnis auszustellen (§ 8 BBiG). Darin sind Angaben über Art, Dauer und Ziel der Ausbildung und über die im Einzelnen erlernten Fertigkeiten und Kenntnisse zu machen **(einfaches Zeugnis).** Der Auszubildende kann auch ein **qualifiziertes Zeugnis** verlangen, in dem der Ausbildende zusätzlich zu den oben genannten Punkten eine Beurteilung über Führung, Leistung und besondere fachliche Fähigkeiten des Auszubildenden abgeben muss (→ Beispiel für ein qualifiziertes Zeugnis, S. 284).

Insgesamt erhält der Lehrling nach der bestandenen Gesellenprüfung drei Zeugnisse:

- Zeugnis des Ausbildungsbetriebs (einfaches oder qualifiziertes Zeugnis),
- Berufsschulzeugnis,
- Gesellenbrief bzw. Abschlusszeugnis.

Bedeutung des Zeugnisses

Der Ausbildende muss sich der großen Bedeutung eines Zeugnisses bewusst sein, denn es hat erhebliches Gewicht bei den Bemühungen um einen Arbeitsplatz. Bereits vor den Einstellungsverhandlungen gibt es dem möglichen neuen Arbeitgeber einen ersten Überblick über den Ausbildungsgang, die erlernten Fertigkeiten und Kenntnisse sowie besonders erlangte Fähigkeiten des Bewerbers. Das Zeugnis kann mit entscheidend über die Einstellung im Einzelfall und auch über das berufliche Fortkommen des Auszubildenden sein.

Deshalb sollte jeder Arbeitgeber gewissenhaft die Person des (ehemaligen) Lehrlings und seine Leistungen beurteilen. Außerdem muss der Ausbildende beachten, dass ein Zeugnis Außenstehenden einen Eindruck über den Ausbildungsbetrieb vermittelt. Aussehen, Form und Inhalt sind mindestens genauso Aushängeschild eines Ausbildungsbetriebes wie Geschäftsbriefe. Deshalb wird ein Zeugnis auf einem Firmenbogen sorgfältig, sauber, stilgerecht ausgestellt. Der Inhalt muss der Wahrheit entsprechen und soll wohlwollend sein, andererseits aber kein „Gefälligkeitszeugnis" darstellen.

Der Ausbildende muss bei Erstellung des Zeugnisses sehr genau abwägen, welche Angaben er darin macht. Einerseits sollen die positiven Eigenschaften des Auszubildenden klar herausgestellt werden. Damit sie für Einstellungsentscheidungen eine zuverlässige Beurteilungsgrundlage bilden, müssen sie natürlich zutreffend sein. Andererseits dürfen wesentliche negative Vorkommnisse nicht durch besonders positive Hervorhebungen überdeckt werden.

Im Regelfall wird der Ausbildende negative Verhaltensmerkmale nicht erwähnen und eine Beurteilung unterlassen. Zum Beispiel wird in dem Zeugnis nicht die Ehrlichkeit und Zuverlässigkeit des Auszubildenden betont, wenn er tatsächlich eher unzuverlässig war.

Beispiel für ein Gesellenprüfungszeugnis

Prüfungszeugnis

nach § 31 HwO

geb. am

hat die

Gesellenprüfung

im

Maler- und Lackierer-Handwerk
Schwerpunkt Maler

bestanden.

Die einzelnen Prüfungsleistungen wurden wie folgt bewertet:

Fertigkeitsprüfung

Gesellenstück

Arbeitsprobe

Ergebnis der Fertigkeitsprüfung

Kenntnisprüfung

Technologie

Technische Mathematik

Technisches Zeichnen

Wirtschafts- und Sozialkunde

Ergebnis der Kenntnisprüfung

(Ort, Tag der Feststellung des Gesamtergebnisses der Prüfung)

Vorsitzende/r des Prüfungsausschusses | Beauftragte/r der zuständigen Stelle

(Unterschrift) | (Unterschrift)

Siegel

Rechtsbehelfsbelehrung:
Gegen die Entscheidung kann innerhalb eines Monats nach Bekanntgabe Widerspruch erhoben werden. Der Widerspruch ist schriftlich oder zur Niederschrift bei der Geschäftsstelle des Prüfungsausschusses (Handwerkskammer/Kreishandwerkerschaft/Innung) einzulegen. Falls die Frist durch das Verschulden eines von Ihnen Bevollmächtigten versäumt werden sollte, so muß dessen Verschulden Ihnen zugerechnet werden.

Verlagsanstalt Handwerk GmbH, Postfach 10 51 62, 40042 Düsseldorf, Best.-Nr. 40 05

Angaben im Zeugnis

Zeugnis des Ausbildungsbetriebs: notwendige Angaben		
Einfaches Zeugnis	**Qualifiziertes Zeugnis**	**Erläuterungen**
• Name des Ausbildungsbetriebes		Name, Anschrift, Firmenlogo auf offiziellem Firmenbogen
• Ort und Datum der Ausstellung		Ausstellungsdatum soll dem Ausbildungsende entsprechen
• Personalien des Auszubildenden		Anrede, Vorname, Name, Geburtsdatum, Anschrift
• Art der Ausbildung		Angaben über die Ausbildungsstätte
• Dauer der Ausbildung		Beginn und Ende der Ausbildung mit Datum
• Ziel der Ausbildung		Bezeichnung des erlernten Ausbildungsberufes
• Erworbene Fertigkeiten und Kenntnisse		detailierte Darstellung der Ausbildungsschwerpunkte
	• Führung	z. B. Pünktlichkeit, Zuverlässigkeit, Verantwortungsbewusstsein, Ordnungssinn
	• Leistungen	z. B. Auffassungsgabe, Arbeitsausführung, Teamfähigkeit
	• besondere fachliche Fähigkeiten	Eignung und Qualifikationen, die über den normalen Umfang der Ausbildung hinausgehen
• Name, Unterschrift des Ausbildenden		zusätzlich zur handschriftlichen Unterzeichnung sollte der Name in Maschinenschrift angegeben werden
• Name und Unterschrift des Ausbilders		falls der Ausbildende nicht der Ausbilder war, sollte auch der Ausbilder unterschreiben

Beispiel

Beispiel für ein qualifiziertes Zeugnis

Autohaus Grawitzki

Service rund ums Auto

97020 Rennheim, Am Ring 187

Zeugnis

Herr Dieter Reife, geboren am 12.6.1984, wohnhaft in 97024 Rennheim, Geeststr. 14, begann am 1. 9. 2000 in unserem Unternehmen eine Ausbildung zum Kraftfahrzeugmechaniker, die am heutigen Tag durch erfolgreiches Absolvieren der Gesellenprüfung beendet wurde.

Herr Reife wurde entsprechend den Vorgaben der Ausbildungsordnung nach unserem Ausbildungsplan ausgebildet und erlernte alle Grundfertigkeiten und -kenntnisse in folgenden Ausbildungsschwerpunkten:

- Grundlagen der Metallbearbeitung
- Grundlagen der Prüf- und Messtechnik
- Kfz-Elektrik und -elektronik
- Hydraulik und Pneumatik
- Kfz-Wartung
- Kfz-Instandsetzung

Herr Reife hat an der vorgeschriebenen Zwischenprüfung teilgenommen. Neben der Ausbildung in unserem Unternehmen wurde er in vierwöchigen überbetrieblichen Ausbildungsmaßnahmen in Kfz-Elektronik ausgebildet. Außerdem durchlief Herr Reife ein herstellergebundenes Ausbildungsprogramm zu den Themen „Im Mittelpunkt steht der Kunde" und „Arbeitsorganisation im Reparaturbetrieb".

Herr Reife hat sich seit Beginn der Ausbildung sehr schnell an die neue Arbeitswelt gewöhnt und stellte während der einzelnen Ausbildungsphasen seine überdurchschnittliche Auffassungsgabe unter Beweis, indem er Zusammenhänge in kurzer Zeit verstand und schnell die Grundaufgaben der Kfz-Wartung allein durchführen konnte. Sein Interesse an dem Beruf war sehr hoch. So ließ er keine Möglichkeit aus, sich beim zuständigen Ausbilder und den Gesellen Rat und Informationen auch über schwierigere Ausbildungsinhalte zu holen.

Während der gesamten Ausbildung zeigte Herr Reife gute, im Bereich der Kfz-Elektronik und Diagnose sogar durchweg sehr gute Leistungen. Seine Aufgaben erledigte er stets verantwortungsbewusst, zuverlässig und ehrlich. Er war weder in der Berufsschule noch im Betrieb unpünktlich. In der Zusammenarbeit mit Kollegen wie auch im Kontakt mit Kunden war Herr Reife zuvorkommend und beliebt.

Fachlich können wir bestätigen, dass Herr Reife sich insbesondere in der Kfz-Elektronik hervorragende Kenntnisse angeeignet hat und bei entsprechender Weiterbildung sicher ein wertvoller Spezialist auf diesem Gebiet werden kann.

Trotz unseres Angebotes der Übernahme in ein unbefristetes Beschäftigungsverhältnis hat sich Herr Reife entschlossen, zunächst seinen Wehrdienst zu absolvieren und Berufssoldat zu werden.

Wir wünschen ihm auf seinem weiteren Berufsweg alles Gute.

Rennheim, 23. März 2004
Grawitzki | Schumacher

(Ausbildender) | (Ausbilder)

Bitte bearbeiten Sie abschließend die folgenden Aufgaben:

1. Wann endet das Berufsausbildungsverhältnis regulär, und welche Regelungen gelten bezüglich der Weiterbeschäftigung des (ehemaligen) Auszubildenden?

2. Erklären Sie die Bedeutung des Abschlusszeugnisses, das Sie Ihrem (ehemaligen) Auszubildenden nach bestandener Prüfung ausstellen, und erläutern Sie, worauf Sie bei der Erstellung der zwei Arten eines Zeugnisses achten müssen.

3. Erstellen Sie ein qualifiziertes Zeugnis für einen Auszubildenden in Ihrem Beruf, der seine Ausbildung mit gutem Ergebnis abgeschlossen hat.

4. Berufliche Fort- und Weiterbildung

Kompetenzen:

Der Lernende

- kann die Notwendigkeit der beruflichen Fort- und Weiterbildung im heutigen Arbeitsleben begründen,
- kann Möglichkeiten der berufsspezifischen und berufsübergreifenden Fort- und Weiterbildung im Rahmen einer Karriereplanung erläutern,
- kann Fördermöglichkeiten darstellen.

Qualifikationsanforderungen an Mitarbeiter unterliegen heute aufgrund des schnellen technologischen Wandels und der internationalen wirtschaftlichen Verflechtung ständigen Veränderungen, und zwar sowohl im Produktions- wie Verwaltungsbereich. Lange Zeit hatte das Prinzip der eng abgegrenzten Arbeitsteilung Gültigkeit, heute werden nicht nur in der Industrie, sondern auch im Handwerk und anderen Klein- und Mittelbetrieben Teilarbeiten zu ganzheitlichen Aufgabenkomplexen verknüpft. Der wirtschaftliche Wettbewerb macht es notwendig, dass Mitarbeiter wissen müssen, warum sie bestimmte Aufgaben erfüllen und welche Konsequenzen ihr Handeln für angegliederte Arbeitsbereiche hat.

allgemeine Bedeutung

Zunehmend werden von Mitarbeitern fachübergreifende Fähigkeiten verlangt. In der Fort- und Weiterbildung ist neben der Förderung von Fachkenntnissen auch die Persönlichkeitsbildung ein zentraler Schwerpunkt. Hier spielt der Erwerb von Handlungskompetenzen und Schlüsselqualifikationen eine große Rolle (Sozial-, Problemlösungs- und Handlungskompetenz). Diese sind zur verantwortlichen Bewältigung von komplexen Aufgaben unabdingbar (→ Lernfeld 2: Planung der Ausbildung, Kap. 2.3).

Die berufliche Erstausbildung kann nur Grundlage für lebenslanges Lernen sein; manche Berufe „sterben aus", neue Berufsbilder werden entwickelt. Eine Intensivierung der ständigen Weiterbildung ist also auch aus der Sicht der Mitarbeiter erforderlich.

Wir halten fest: die berufliche Erstausbildung und die gesamte Berufstätigkeit muss als ständiger Lernprozess gesehen werden, wenn man seinen Arbeitsplatz sichern, gute Berufsaussichten und Chancen zum Aufstieg haben will.

Ausbilder als Berater

Der Ausbilder hat eine Beratungsfunktion gegenüber seinen Auszubildenden – nicht um eine Tendenz weg von der beruflichen Bildung hin zur Hochschule zu verstärken, sondern um die Qualifizierung der Mitarbeiter zu fördern.

4.1 Berufsspezifische und berufsübergreifende Fort- und Weiterbildung

In der beruflichen Fortbildung (§ 1 BBiG) unterscheidet man zwischen der Anpassungsfortbildung und der Aufstiegsfortbildung. In einer weiteren Gliederung gibt es die Bereiche der berufsspezifischen und berufsübergreifenden Weiterbildung.

Anpassungs-/Aufstiegsfortbildung

Alle Fortbildungsmaßnahmen haben den Zweck, die bisherigen beruflichen Fertigkeiten und Kenntnisse zu erhalten, zu erweitern und den fortgeschrittenen technischen und wirtschaftlichen Gegebenheiten anzupassen **(Anpassungsfortbildung)** bzw. dadurch berufliche Aufstiegschancen zu ermöglichen **(Aufstiegsfortbildung)** (→ Lernfeld 1: Allgemeine Grundlagen, Kap. 1.2).

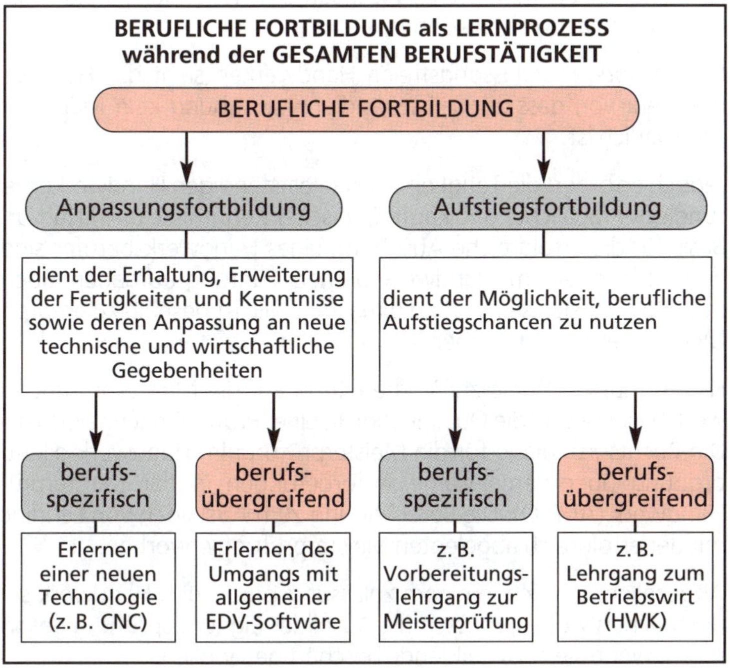

Träger

Die Weiterbildungsangebote sind recht vielfältig. Neben Kurzseminaren werden von vielen Trägern Vollzeit- und Abendlehrgänge angeboten. Interessenten können sich an vielen Bildungszentren weiterbilden, u. a.:

- von Handwerkskammern bzw. Industrie- und Handelskammern,
- von Unternehmer- und Arbeitnehmerverbänden,
- von freien Bildungsträgern.

Darüber hinaus spielen betriebsinterne Weiterbildungsmaßnahmen eine wichtige Rolle. Diese können (evtl. begleitend zu externen Lehrgängen, Seminaren und Kursen) berufliche Aufstiegschancen ermöglichen, z. B.

vom Facharbeiter zum Vorarbeiter oder zum Abteilungsleiter. Betriebe können auch eigene Weiterbildungsmaßnahmen durch „Trainer" organisieren, die eine durchaus kostengünstige Alternative zu externen Lehrgängen sein können.

4.1.1 Meisterprüfung im Handwerk und Ausbilder-Eignungsprüfung

zulassungspflichtige Handwerke

Seit Novellierung der Handwerksordnung im Dezember 2003 unterliegen von den 94 Handwerksberufen nur noch 41 dem so genannten „Meisterzwang". Das bedeutet, dass diese nur von den Personen selbstständig ausgeübt werden, die eine Meisterprüfung absolviert haben. Außerdem können nach der neu gefassten Altgesellenregelung auch Gesellen das Handwerk ausüben, wenn sie mindestens eine 6-jährige praktische Tätigkeit und davon mindestens zwei Jahre in leitender Funktion in diesem Handwerk nachweisen können.

In den übrigen zulassungsfreien Handwerken sieht das Handwerksrecht nunmehr vor, dass zur selbstständigen Ausübung kein Meistertitel mehr erforderlich ist.

Jedoch erfordert die Tätigkeit eines selbstständigen Handwerkers eine Fülle fundierter fachlicher und kaufmännischer Kenntnisse und Erfahrungen, die Basis für die erfolgreiche Ausübung eines Handwerksberufes sind. Für jeden, der in einem Handwerksbetrieb Führungsaufgaben übernehmen möchte oder sich selbstständig machen will, ist deshalb zu empfehlen, den Meistertitel zu anzustreben.

AMVO

Hierzu müssen Kurse zur Vorbereitung auf die Meisterprüfung im Handwerk besucht und die Qualifikation in einer Prüfung nachgewiesen werden. Die Rechtsgrundlage für die Meisterprüfung im Handwerk bildet die Verordnung über gemeinsame Anforderungen in der Meisterprüfung im Handwerk (AMVO). Die Berechtigung zum Ausbilden von Lehrlingen wird mit der erfolgreich abgelegten Meisterprüfung erworben.

Ausbilder-Eignungsprüfung

Altgesellen, die sich in einem zulassungspflichtigen Handwerk selbstständig machen wollen, müssen die Ausbilder-Eignungsprüfung gesondert ablegen, wenn sie Auszubildende beschäftigen wollen.

vorübergehende Aussetzung der AEVO

Wer in einem zulassungsfreien Handwerk oder handwerksähnlichen Gewerbe ausbilden will, muss keine Ausbilder-Eignungsprüfung mehr absolviert haben, da die Vorschriften hierzu im Rahmen einer Probephase bis 2008 ausgesetzt wurden (→ LF 1, Kap. 3.6.2). Weitere Informationen können die Ausbildungsberater der Handwerkskammern geben.

Auch für die Ausbildung in anderen Berufen ist die Ausbilder-Eignungsprüfung ausgesetzt worden. „Alle Ausbilder sind für Ausbildungsverhältnisse, die in der Zeit vom 1. August 2003 bis 31. Juli 2008 bestehen oder begründet werden, von der Pflicht zum Nachweis von Kenntnissen nach der Ausbilder-Eignungsverordnung befreit." Aber die Möglichkeit, die Ausbilder-Eignungsprüfung abzulegen, besteht weiterhin für diejenigen, die sich für die Ausbildertätigkeit besonders qualifizieren wollen. Die Prüfung erfolgt auch weiterhin auf der Grundlage der bundesweit gültigen AEVO.

Was die Lehrgangsinhalte, Prüfungsgebiete und die Durchführung der Prüfung betrifft, so sind die Rechtsgrundlagen für den Nachweis der Ausbildereignung nach AMVO (zum Teil IV) und AEVO die gleichen.

Ausbildung zum Ausbilder

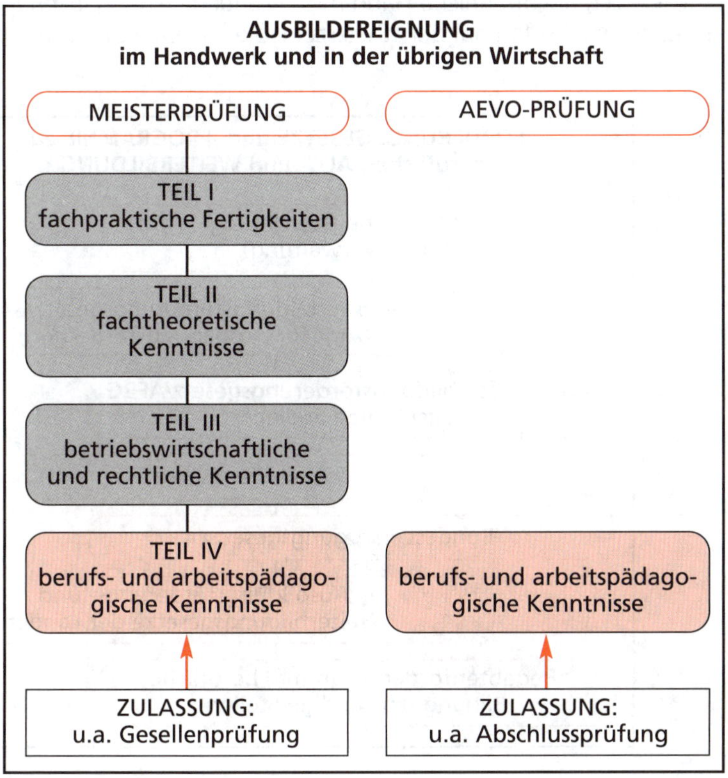

4.1.2 Weitere Qualifizierungswege

weitere Qualifizierung

Auch für andere Fortbildungsprüfungen, die von zuständigen Stellen oder staatlichen Prüfungsausschüssen abgenommen werden, gibt es Rechtsgrundlagen mit entsprechenden Prüfungsordnungen. Den gesetzlichen Rahmen hierzu bildet das Berufsbildungsgesetz (§ 46 BBiG).

Fortbildung zum technischen oder kaufmännischen Fachwirt, Betriebswirt, Techniker, Industriemeister sind nur einige Beispiele aus der Vielzahl von Möglichkeiten. Die zuständigen Stellen können die individuelle Karriereplanung beratend unterstützen. Andere Informationsmöglichkeiten bieten die Berufsberater der Agenturen für Arbeit; sie zeigen Wege der beruflichen Fortbildung auf und können evtl. auch Empfehlungen für bestimmte Fortbildungswege geben.

4.2 Finanzielle Förderung beruflicher Bildungsmaßnahmen

Für die Berufsausbildung gilt, dass die Kosten der betrieblichen sowie der überbetrieblichen Ausbildung von den Betrieben getragen werden, während der Staat für die Kosten der schulischen Ausbildung aufkommt. Auch an den Kosten und Maßnahmen der beruflichen Fort- und Weiterbildung beteiligt sich die öffentliche Hand nach Maßgabe einer ganzen Reihe von Gesetzen und Bestimmungen. Diese zeigt die folgende Grafik im Überblick.

FÖRDERUNGSGESETZE und -PROGRAMME zur beruflichen AUS- und WEITERBILDUNG

- SGB III – Arbeitsförderung (Arbeitsverwaltung)
- Bundesausbildungsförderungsgesetz/BAföG (Amt für Ausbildungsförderung)
- Aufstiegsfortbildungsförderungsgesetz/AFBG (zuständige Stellen)
- Sozialhilfegesetz (Sozialamt)
- Bundesversorgungsgesetz
- Ausbildungsförderungs- und Weiterbildungsgesetze der Länder
- Begabtenförderprogramm berufliche Bildung (zuständige Stellen)

Die wesentlichen dieser rechtlichen Grundlagen werden im Folgenden vorgestellt (→ Begabtenförderung, Lernfeld 5: Förderung des Lernprozesses, Kap. 6.2).

Arbeitsförderungsrecht

Die Bestimmungen des Arbeitsförderungsgesetzes wurden 1998 durch das Sozialgesetzbuch Drittes Buch (SGB III) Arbeitsförderung abgelöst. Hierin sind im Wesentlichen neue Aufgaben und Ziele der Arbeitsverwaltung festgelegt. Hauptziel der Bestimmungen ist es, Arbeitslosigkeit von vornherein zu vermeiden oder die Dauer der Arbeitslosigkeit zu verkürzen. Das Gesetz enthält eine Vielzahl von Förderbestimmungen, u. a. auch für die berufliche Aus- und Weiterbildung.

Förderleistungen Fördermöglichkeiten gibt es für Arbeitnehmer, Arbeitgeber und Bildungsträger. Zum Beispiel:

- Auszubildende können durch Zahlung von Berufsausbildungsbeihilfen gefördert werden.
- Arbeitslose Personen können bei Aufnahme einer selbstständigen Tätigkeit unter bestimmten Voraussetzungen durch Zahlung von Überbrückungsgeld gefördert werden.
- Arbeitgeber erhalten Zuschüsse zu Vergütungszahlungen oder zur Wiedereingliederung von Arbeitnehmern.
- Die Weiterbildung wird durch Erstattung der Weiterbildungskosten und Zahlung von Unterhaltsgeld gefördert, wenn durch Maßnahme eine berufliche Wiedereingliederung möglich ist bzw. eine drohende Arbeitslosigkeit vermieden werden kann.

Grundsätzlich ist es Aufgabe der Arbeitsverwaltung (Arbeitsämter), Arbeitnehmer und Arbeitgeber durch Beratung und Vermittlung zu fördern. Hier sind auch Auskünfte zu einzelnen Fördermaßnahmen zu bekommen und es können entsprechende Anträge gestellt werden *(www.arbeitsagentur.de)*.

Bundesausbildungsförderungsgesetz (BAföG)

Förderung von Schülern und Studenten

Nach dem Bundesausbildungsförderungsgesetz werden Schüler und Studenten gefördert. Sie erhalten monatliche Zuschüsse nach Bedarfssätzen. Anträge nehmen die Ämter für Ausbildungsförderung der Kreis- und Stadtverwaltungen entgegen.

Aufstiegsfortbildungsförderungsgesetz (AFBG)

Durch das Aufstiegsfortbildungsförderungsgesetz wird gewährleistet, dass Fachkräfte, die an Fortbildungsmaßnahmen teilnehmen, finanzielle Unterstützung erhalten können. Unabhängig von der Form der Bildungsmaßnahmen bestehen Fördermöglichkeiten in vielen Berufsbereichen. Das sog. „Meister-Bafög" umfasst unter Berücksichtigung der Regelungen des Haushaltsbegleitgesetzes 2004 folgende finanzielle Unterstützung:

Meister-Bafög

- Die Fortbildung wird durch ein zinsgünstiges Darlehen in Höhe der Lehrgangs- und Prüfungsgebühren bis maximal € 10 226,– gefördert. Dabei können die Kosten des Meisterstücks mit bis zu € 1 534,– einbezogen werden.
- Durch einen Zuschuss in Höhe von 33 % (ab Januar 2005: 32 %; ab Januar 2006: 30,5 %) zu den Lehrgangs- und Prüfungsgebühren wird die Darlehensbelastung erheblich reduziert.
- Außerdem ist die verbleibende Darlehensschuld ab Lehrgangsbeginn bis zur Dauer von sechs Jahren zins- und tilgungsfrei.

Auch familiäre Umstände der fortbildungswilligen Fachkräfte finden mehr Berücksichtigung. Den Personen, die eine Fortbildung in Vollzeitlehrgängen absolvieren, wird ein Unterhaltsbeitrag teils als Zuschuss, teils als Darlehen gewährt. Die Höhe ist u. a. vom jeweiligen Familienstand abhängig. Familienmitgliedern mit Kindern und Alleinerziehenden wird durch Kinderzuschläge und Kinderbetreuungszuschüsse eine Fortbildung finanziell zusätzlich erleichtert.

Schließlich wird mit dem Gesetz ein wichtiger Beitrag zur Gründung neuer Unternehmen geleistet. Denjenigen Teilnehmern der Meistervorbereitungslehrgänge, die innerhalb von drei Jahren nach bestandener Meisterprüfung eine selbstständige Existenz aufbauen und spätestens am Ende des dritten Jahres nach Existenzgründung mindestens zwei Personen zum Zeitpunkt der Antragstellung für die Dauer von mindestens vier Monaten sozialversicherungspflichtig beschäftigt haben, kann die Darlehensschuld zu 71 % (ab Januar 2005: 69 %; ab Januar 2006: 66 %) erlassen werden.

Weitere Informationen zum Meister-Bafög, über zuständige Beratungsstellen sowie Formulare (z. B. Antragsvordrucke) zum Herunterladen unter: *www.meister-bafoeg.info/*.

Bitte bearbeiten Sie abschließend die folgenden Aufgaben:

1. Erklären Sie, warum die Bereitschaft zum lebenslangen Lernen – heute noch mehr als früher – notwendig ist und von jeder qualifizierten Fachkraft gefordert wird.

2. Geben Sie einen Überblick über die verschiedenen Fort- und Weiterbildungsmöglichkeiten, die für eine Fachkraft – je nachdem, welche Ziele sie verfolgt – in Frage kommen.

Anhang

Auszüge aus:

Berufsbildungsgesetz (BBiG)
Handwerksordnung (HwO)
Jugendarbeitsschutzgesetz (JArbSchG)

Im Folgenden werden die für die Berufsbildung zentralen Gesetze in Auszügen abgedruckt, damit sie bei der Beschäftigung mit dem Lehrbuch herangezogen werden können.

Das **Berufsbildungsgesetz** ist das für die gesamte Berufsbildung grundlegende Gesetz.

Teil II der **Handwerksordnung**[1]) fasst die für die „Berufsbildung im Handwerk" geltenden Paragraphen zusammen. In die Handwerksordnung wurden die Bestimmungen des Berufsbildungsgesetzes im Wortlaut übernommen, erweitert um einige handwerksspezifische Einrichtungen und Begriffe (siehe die folgende Aufstellung). Aus diesem Grund werden Paragraphen der HwO, die den gleichen Inhalt haben wie das BBiG, nicht abgedruckt. Stattdessen wird der Paragraph der HwO am Rand angegeben, falls er eine andere Nummer hat. Einige Sonderregelungen der HwO (in den §§ 21 und 25) werden abgedruckt und durch Kursivdruck hervorgehoben.

Unterschiedliche Begriffe in Berufsbildungsgesetz und Handwerksordnung	
BBiG	**HwO**
Auszubildender	Lehrling
zuständige Stelle	Handwerkskammer
Abschlussprüfung	Gesellenprüfung
Verzeichnis der Ausbildungsverhältnisse	Lehrlingsrolle

[1]) Gesetz zur Ordnung des Handwerks (Handwerksordnung), in der Fassung der Bekanntmachung vom 24. September 1998 (BGBl. I, S. 3074), zuletzt geändert durch Gesetz vom 24. Dezember 2003 (BGBl. I S. 2934)

Berufsbildungsgesetz

Vom 14. August 1969 (BGBl. I S. 1112)

Zuletzt geändert durch Gesetz vom 24. Dezember 2003 (BGBl. I S. 2954)

Erster Teil. Allgemeine Vorschriften

§ 1 Berufsbildung. (1) Berufsbildung im Sinne dieses Gesetzes sind die Berufsausbildungsvorbereitung, die Berufsausbildung, die berufliche Fortbildung und die berufliche Umschulung.

(1a) Die Berufsausbildungsvorbereitung dient dem Ziel, an eine Berufsausbildung in einem anerkannten Ausbildungsberuf oder eine gleichwertige Berufsausbildung heranzuführen.

(2) Die Berufsausbildung hat eine breit angelegte berufliche Grundbildung und die für die Ausübung einer qualifizierten beruflichen Tätigkeit notwendigen fachlichen Fertigkeiten und Kenntnisse in einem geordneten Ausbildungsgang zu vermitteln. Sie hat ferner den Erwerb der erforderlichen Berufserfahrungen zu ermöglichen.

(3) Die berufliche Fortbildung soll es ermöglichen, die beruflichen Kenntnisse und Fertigkeiten zu erhalten, zu erweitern, der technischen Entwicklung anzupassen oder beruflich aufzusteigen.

(4) Die berufliche Umschulung soll zu einer anderen beruflichen Tätigkeit befähigen.

(5) Berufsbildung wird durchgeführt in Betrieben der Wirtschaft, in vergleichbaren Einrichtungen außerhalb der Wirtschaft, insbesondere des öffentlichen Dienstes, der Angehörigen freier Berufe und in Haushalten (betriebliche Berufsbildung) sowie in berufsbildenden Schulen und sonstigen Berufsbildungseinrichtungen außerhalb der schulischen und betrieblichen Berufsbildung.

§ 2 Geltungsbereich. (1) Dieses Gesetz gilt für die Berufsbildung, soweit sie nicht in berufsbildenden Schulen durchgeführt wird, die den Schulgesetzen der Länder unterstehen.

Zweiter Teil. Berufsausbildungsverhältnis

Erster Abschnitt. Begründung des Berufsausbildungsverhältnisses

§ 3 Vertrag. (1) Wer einen anderen zur Berufsausbildung einstellt (Ausbildender), hat mit dem Auszubildenden einen Berufsausbildungsvertrag zu schließen.

(2) Auf den Berufsausbildungsvertrag sind, soweit sich aus seinem Wesen und Zweck und aus diesem Gesetz nichts anderes ergibt, die für den Arbeitsvertrag geltenden Rechtsvorschriften und Rechtsgrundsätze anzuwenden.

(4) Ein Mangel in der Berechtigung, Auszubildende einzustellen oder auszubilden, berührt die Wirksamkeit des Berufsausbildungsvertrages nicht.

§ 4 Vertragsniederschrift. (1) Der Ausbildende hat unverzüglich nach Abschluß des Berufsausbildungsvertrages, spätestens vor Beginn der Berufsausbildung, den wesentlichen Inhalt des Vertrages schriftlich niederzulegen. In die Niederschrift sind mindestens aufzunehmen

1. Art, sachliche und zeitliche Gliederung sowie Ziel der Berufsausbildung, insbesondere die Berufstätigkeit für die ausgebildet werden soll,
2. Beginn und Dauer der Berufsausbildung,
3. Ausbildungsmaßnahmen außerhalb der Ausbildungsstätte,
4. Dauer der regelmäßigen täglichen Ausbildungszeit,
5. Dauer der Probezeit,
6. Zahlung und Höhe der Vergütung,
7. Dauer des Urlaubs,
8. Voraussetzungen, unter denen der Berufsausbildungsvertrag gekündigt werden kann,
9. ein in allgemeiner Form gehaltener Hinweis auf die Tarifverträge, Betriebs- oder Dienstvereinbarungen, die auf das Berufsausbildungsverhältnis anzuwenden sind.

(2) Die Niederschrift ist von dem Ausbildenden, dem Auszubildenden und dessen gesetzlichem Vertreter zu unterzeichnen.

(3) Der Ausbildende hat dem Auszubildenden und dessen gesetzlichem Vertreter eine Ausfertigung der unterzeichneten Niederschrift unverzüglich auszuhändigen.

§ 5 Nichtige Vereinbarungen. (1) Eine Vereinbarung, die den Auszubildenden für die Zeit nach Beendigung des Berufsausbildungsverhältnisses in der Ausübung seiner beruflichen Tätigkeit beschränkt, ist nichtig. Dies gilt nicht, wenn sich der Auszubildende innerhalb der letzten sechs Monate des Berufsausbildungsverhältnisses dazu verpflichtet, nach dessen Beendigung mit dem Ausbildenden ein Arbeitsverhältnis einzugehen.

(2) Nichtig ist eine Vereinbarung über

1. die Verpflichtung des Auszubildenden, für die Berufsausbildung eine Entschädigung zu zahlen,
2. Vertragsstrafen,
3. den Ausschluß oder die Beschränkung von Schadensersatzansprüchen,
4. die Festsetzung der Höhe eines Schadensersatzes in Pauschbeträgen.

Zweiter Abschnitt. Inhalt des Berufsausbildungsverhältnisses

Erster Unterabschnitt. Pflichten des Ausbildenden

§ 6 Berufsausbildung. (1) Der Ausbildende hat

1. dafür zu sorgen, daß dem Auszubildenden die Fertigkeiten und Kenntnisse vermittelt werden, die zum Erreichen des Ausbildungszieles erforderlich sind, und die Berufsausbildung in einer durch ihren Zweck gebotenen Form planmäßig, zeitlich und sachlich gegliedert so durchzuführen, daß das Ausbildungsziel in der vorgesehenen Ausbildungszeit erreicht werden kann,
2. selbst auszubilden oder einen Ausbilder ausdrücklich damit zu beauftragen,
3. dem Auszubildenden kostenlos die Ausbildungsmittel, insbesondere Werkzeuge und Werkstoffe zur Verfügung zu stellen, die zur Berufsausbildung und zum

Ablegen von Zwischen- und Abschlußprüfungen, auch soweit solche nach Beendigung des Berufsausbildungsverhältnisses stattfinden, erforderlich sind,

4. den Auszubildenden zum Besuch der Berufsschule sowie zum Führen von Berichtsheften anzuhalten, soweit solche im Rahmen der Berufsausbildung verlangt werden, und diese durchzusehen,
5. dafür zu sorgen, daß der Auszubildende charakterlich gefördert sowie sittlich und körperlich nicht gefährdet wird.

(2) Dem Auszubildenden dürfen nur Verrichtungen übertragen werden, die dem Ausbildungszweck dienen und seinen körperlichen Kräften angemessen sind.

§ 7 Freistellung. Der Ausbildende hat den Auszubildenden für die Teilnahme am Berufsschulunterricht und an Prüfungen freizustellen. Das gleiche gilt, wenn Ausbildungsmaßnahmen außerhalb der Ausbildungsstätte durchzuführen sind.

§ 8 Zeugnis. (1) Der Ausbildende hat dem Auszubildenden bei Beendigung des Berufsausbildungsverhältnisses ein Zeugnis auszustellen. Hat der Ausbildende die Berufsausbildung nicht selbst durchgeführt, so soll auch der Ausbilder das Zeugnis unterschreiben.

(2) Das Zeugnis muß Angaben enthalten über Art, Dauer und Ziel der Berufsausbildung sowie über die erworbenen Fertigkeiten und Kenntnisse des Auszubildenden. Auf Verlangen des Auszubildenden sind auch Angaben über Führung, Leistung und besondere fachliche Fähigkeiten aufzunehmen.

Zweiter Unterabschnitt. Pflichten des Auszubildenden

§ 9 Verhalten während der Berufsausbildung. Der Auszubildende hat sich zu bemühen, die Fertigkeiten und Kenntnisse zu erwerben, die erforderlich sind, um das Ausbildungsziel zu erreichen. Er ist insbesondere verpflichtet,

1. die ihm im Rahmen seiner Berufsausbildung aufgetragenen Verrichtungen sorgfältig auszuführen,
2. an Ausbildungsmaßnahmen teilzunehmen, für die er nach § 7 freigestellt wird,
3. den Weisungen zu folgen, die ihm im Rahmen der Berufsausbildung vom Ausbildenden, vom Ausbilder oder von anderen weisungsberechtigten Personen erteilt werden,
4. die für die Ausbildungsstätte geltende Ordnung zu beachten,
5. Werkzeug, Maschinen und sonstige Einrichtungen pfleglich zu behandeln,
6. über Betriebs- und Geschäftsgeheimnisse Stillschweigen zu wahren.

Dritter Unterabschnitt. Vergütung

§ 10 Vergütungsanspruch. (1) Der Ausbildende hat dem Auszubildenden eine angemessene Vergütung zu gewähren. Sie ist nach dem Lebensalter des Auszubildenden so zu bemessen, daß sie mit fortschreitender Berufsausbildung, mindestens jährlich, ansteigt.

(2) Sachleistungen können in Höhe der nach *§ 160 Abs. 2 der Reichsversicherungsordnung*[1)] festgesetzten Sachbezugswerte angerechnet werden, jedoch nicht über fünfundsiebzig vom Hundert der Bruttovergütung hinaus.

---

1) § 160 Abs. 2 RVO aufgehoben; vgl. jetzt § 17 SGB IV, abgedruckt im dtv-Band Nr. **5024** RVO.

(3) Eine über die vereinbarte regelmäßige tägliche Ausbildungszeit hinausgehende Beschäftigung ist besonders zu vergüten oder durch entsprechende Freizeit auszugleichen.

§ 11 Bemessung und Fälligkeit der Vergütung. (1) Die Vergütung bemißt sich nach Monaten. Bei Berechnung der Vergütung für einzelne Tage wird der Monat zu dreißig Tagen gerechnet.

(2) Die Vergütung für den laufenden Kalendermonat ist spätestens am letzten Arbeitstag des Monats zu zahlen.

§ 12 Fortzahlung der Vergütung. (1) Dem Auszubildenden ist die Vergütung auch zu zahlen

1. für die Zeit der Freistellung (§ 7),
2. bis zur Dauer von sechs Wochen, wenn er
   a) sich für die Berufsausbildung bereithält, diese aber ausfällt, oder
   b) aus einem sonstigen, in seiner Person liegenden Grund unverschuldet verhindert ist, seine Pflichten aus dem Berufsausbildungsverhältnis zu erfüllen.

Wenn der Auszubildende infolge einer unverschuldeten Krankheit, einer Maßnahme der medizinischen Vorsorge oder Rehabilitation, einer Sterilisation oder eines Abbruchs der Schwangerschaft durch einen Arzt an der Berufsausbildung nicht teilnehmen kann, findet das Entgeltfortzahlungsgesetz Anwendung.

Dritter Abschnitt. Beginn und Beendigung des Berufsausbildungsverhältnisses

§ 13 Probezeit. Das Berufsausbildungsverhältnis beginnt mit der Probezeit. Sie muß mindestens einen Monat und darf höchstens drei Monate betragen.

§ 14 Beendigung. (1) Das Berufsausbildungsverhältnis endet mit dem Ablauf der Ausbildungszeit.

(2) Besteht der Auszubildende vor Ablauf der Ausbildungszeit die Abschlußprüfung, so endet das Berufsausbildungsverhältnis mit Bestehen der Abschlußprüfung.

(3) Besteht der Auszubildende die Abschlußprüfung nicht, so verlängert sich das Berufsausbildungsverhältnis auf sein Verlangen bis zur nächstmöglichen Wiederholungsprüfung, höchstens um ein Jahr.

§ 15 Kündigung. (1) Während der Probezeit kann das Berufsausbildungsverhältnis jederzeit ohne Einhalten einer Kündigungsfrist gekündigt werden.

(2) Nach der Probezeit kann das Berufsausbildungsverhältnis nur gekündigt werden

1. aus einem wichtigen Grund ohne Einhalten einer Kündigungsfrist,
2. vom Auszubildenden mit einer Kündigungsfrist von vier Wochen, wenn er die Berufsausbildung aufgeben oder sich für eine andere Berufstätigkeit ausbilden lassen will.

(3) Die Kündigung muß schriftlich und in den Fällen des Absatzes 2 unter Angabe der Kündigungsgründe erfolgen.

(4) Eine Kündigung aus einem wichtigen Grund ist unwirksam, wenn die ihr zugrunde liegende Tatsachen dem zur Kündigung Berechtigten länger als zwei Wochen bekannt sind. Ist ein vorgesehenes Güteverfahren vor einer außergerichtli-

chen Stelle eingeleitet, so wird bis zu dessen Beendigung der Lauf dieser Frist gehemmt.

§ 16 Schadensersatz bei vorzeitiger Beendigung. (1) Wird das Berufsausbildungsverhältnis nach der Probezeit vorzeitig gelöst, so kann der Ausbildende oder der Auszubildende Ersatz des Schadens verlangen, wenn der andere den Grund für die Auflösung zu vertreten hat. Dies gilt nicht im Falle des § 15 Abs. 2 Nr. 2.

(2) Der Anspruch erlischt, wenn er nicht innerhalb von drei Monaten nach Beendigung des Berufsausbildungsverhältnisses geltend gemacht wird.

Vierter Abschnitt. Sonstige Vorschriften

§ 17 Weiterarbeit. Wird der Auszubildende im Anschluß an das Berufsausbildungsverhältnis beschäftigt, ohne daß hierüber ausdrücklich etwas vereinbart worden ist, so gilt ein Arbeitsverhältnis auf unbestimmte Zeit als begründet.

§ 18a Interessenvertretung. (1) Auszubildende, deren praktische Berufsbildung in einer sonstigen Berufsbildungseinrichtung außerhalb der schulischen und betrieblichen Berufsbildung (§ 1 Abs. 5) mit in der Regel mindestens fünf Auszubildenden stattfindet und die nicht wahlberechtigt zum Betriebsrat nach § 7 des Betriebsverfassungsgesetzes, zur Jugend- und Auszubildendenvertretung nach § 60 des Betriebsverfassungsgesetzes oder zur Mitwirkungsvertretung nach § 36 des Neunten Buches Sozialgesetzbuch sind (außerbetriebliche Auszubildende), wählen eine besondere Interessenvertretung.

(2) Absatz 1 findet keine Anwendung auf Berufsbildungseinrichtungen von Religionsgemeinschaften sowie auf andere Berufsbildungseinrichtungen, soweit sie eigene gleichwertige Regelungen getroffen haben.

§ 18b Verordnungsermächtigung. Das Bundesministerium für Bildung und Forschung bestimmt durch Rechtsverordnung mit Zustimmung des Bundesrates im Einzelnen die Fragen, auf die sich die Beteiligung erstreckt, die Zusammensetzung und die Amtszeit der Interessenvertretung, die Durchführung der Wahl, insbesondere die Feststellung der Wahlberechtigung und der Wählbarkeit sowie Art und Umfang der Beteiligung.

Dritter Teil. Ordnung der Berufsbildung

Erster Abschnitt. Berechtigung zum Einstellen und Ausbilden

§ 21 HwO **§ 20 Persönliche und fachliche Eignung.** (1) Auszubildende darf nur einstellen, wer persönlich geeignet ist. Auszubildende darf nur ausbilden, wer persönlich und fachlich geeignet ist.

(2) Persönlich nicht geeignet ist insbesondere, wer

1. Kinder und Jugendliche nicht beschäftigen darf oder
2. wiederholt oder schwer gegen dieses Gesetz oder die auf Grund dieses Gesetzes erlassenen Vorschriften und Bestimmungen verstoßen hat.

(3) Fachlich nicht geeignet ist, wer

1. die erforderlichen beruflichen Fertigkeiten und Kenntnisse oder
2. die erforderlichen berufs- und arbeitspädagogischen Kenntnisse nicht besitzt.

(4) Wer fachlich nicht geeignet ist oder wer nicht selbst ausbildet, darf Auszubildende nur dann einstellen, wenn er einen Ausbilder bestellt, der persönlich und fachlich für die Berufsausbildung geeignet ist.

HwO: § 21 *(5) In einem zulassungspflichtigen Handwerk besitzt die fachliche Eignung, wer*

1. die Meisterprüfung in dem zulassungspflichtigen Handwerk, in dem ausgebildet werden soll, oder in einem mit diesem verwandten Handwerk bestanden hat oder

2. in dem zulassungspflichtigen Handwerk, in dem ausgebildet werden soll, oder in einem mit diesem verwandten Handwerk nach §§ 7, 7 a und 7 b ausübungsberechtigt ist oder nach § 8 eine Ausnahmebewilligung erhalten und den Teil IV der Meisterprüfung oder eine gleichwertige andere Prüfung bestanden hat.

(6) Für ein zulassungsfreies Handwerk oder ein handwerksähnliches Gewerbe besitzt die für die fachliche Eignung erforderlichen beruflichen Fertigkeiten und Kenntnisse, wer die Meisterprüfung in dem zulassungsfreien Handwerk oder in dem handwerksähnlichen Gewerbe, in dem ausgebildet werden soll, bestanden hat oder die Voraussetzungen nach § 76 des Berufsbildungsgesetzes erfüllt. Die berufs- und arbeitspädagogischen Kenntnisse besitzt, wer entsprechend den §§ 20 und 21 des Berufsbildungsgesetzes geeignet ist oder den Teil IV der Meisterprüfung oder eine gleichwertige andere Prüfung bestanden hat.

(7) Die nach Landesrecht zuständige Behörde kann Personen, die die Voraussetzungen der Absätze 5 und 6 nicht erfüllen, die fachliche Eignung nach Anhören der Handwerkskammer widerruflich zuerkennen.

§ 22 Eignung der Ausbildungsstätte. (1) Auszubildende dürfen nur eingestellt werden, wenn

1. die Ausbildungsstätte nach Art und Einrichtung für die Berufsausbildung geeignet ist,
2. die Zahl der Auszubildenden in einem angemessenen Verhältnis zur Zahl der Ausbildungsplätze oder zur Zahl der beschäftigten Fachkräfte steht, es sei denn, daß andernfalls die Berufsausbildung nicht gefährdet wird.

(2) Eine Ausbildungsstätte, in der die erforderlichen Kenntnisse und Fertigkeiten nicht in vollem Umfang vermittelt werden können, gilt als geeignet, wenn dieser Mangel durch Ausbildungsmaßnahmen außerhalb der Ausbildungsstätte behoben wird.

§ 23 Eignungsfeststellung. (1) Die zuständige Stelle hat darüber zu wachen, daß die persönliche und fachliche Eignung sowie die Eignung der Ausbildungsstätte vorliegen.

(2) Werden Mängel der Eignung festgestellt, so hat die zuständige Stelle, falls der Mangel zu beheben und eine Gefährdung des Auszubildenden nicht zu erwarten ist, den Ausbildenden aufzufordern, innerhalb einer von ihr gesetzten Frist den Mangel zu beseitigen. Ist der Mangel der Eignung nicht zu beheben oder ist eine Gefährdung des Auszubildenden zu erwarten oder wird der Mangel nicht innerhalb der gesetzten Frist beseitigt, so hat die zuständige Stelle dies der nach Landesrecht zuständigen Behörde mitzuteilen.

§ 24 Untersagung des Einstellens und Ausbildens. (1) Die nach Landesrecht zuständige Behörde hat das Einstellen und Ausbilden zu untersagen, wenn die persönliche oder fachliche Eignung nicht oder nicht mehr vorliegt.

(2) Die nach Landesrecht zuständige Behörde kann ferner für eine bestimmte Ausbildungsstätte das Einstellen und Ausbilden untersagen, wenn die Voraussetzungen nach § 22 nicht oder nicht mehr vorliegen.

(3) Vor der Untersagung sind die Beteiligten und die zuständige Stelle zu hören. Dies gilt nicht im Falle des § 20 Abs. 2 Nr. 1.

Zweiter Abschnitt. Anerkennung von Ausbildungsberufen, Änderung der Ausbildungszeit

§ 25 Ausbildungsordnung. (1) Als Grundlage für eine geordnete und einheitliche Berufsausbildung sowie zu ihrer Anpassung an die technischen, wirtschaftlichen und gesellschaftlichen Erfordernisse und deren Entwicklung kann das Bundesministerium für Wirtschaft und Arbeit oder das sonst zuständige Fachministerium im Einvernehmen mit dem Bundesministerium für Bildung und Forschung durch Rechtsverordnung, die nicht der Zustimmung des Bundesrates bedarf, Ausbildungsberufe staatlich anerkennen, die Anerkennung aufheben und für die Ausbildungsberufe Ausbildungsverordnungen erlassen.

(2) Die Ausbildungsordnung hat mindestens festzulegen

1. die Bezeichnung des Ausbildungsberufes,
2. die Ausbildungsdauer; sie soll nicht mehr als drei und nicht weniger als zwei Jahre betragen,
3. die Fertigkeiten und Kenntnisse, die Gegenstand der Berufsausbildung sind (Ausbildungsberufsbild),
4. eine Anleitung zur sachlichen und zeitlichen Gliederung der Fertigkeiten und Kenntnisse (Ausbildungsrahmenplan),
5. die Prüfungsanforderungen.

HwO: § 25 *(1) Als Grundlage für eine geordnete und einheitliche Berufsausbildung sowie zu ihrer Anpassung an die technischen, wirtschaftlichen und gesellschaftlichen Erfordernisse und deren Entwicklung kann das Bundesministerium für Wirtschaft und Arbeit im Einvernehmen mit dem Bundesministerium für Bildung und Forschung durch Rechtsverordnung, die nicht der Zustimmung des Bundesrates bedarf, für Gewerbe der Anlage A und Anlage B Ausbildungsberufe staatlich anerkennen und Ausbildungsordnungen erlassen. Dabei können in einem Gewerbe mehrere Ausbildungsberufe staatlich anerkannt werden, soweit dies wegen der Breite des Gewerbes erforderlich ist; die in diesen Berufen abgelegten Abschlußprüfungen sind Prüfungen im Sinne des § 49 Abs. 1 oder § 51 a Abs. 5 Satz 1.*

§ 26 Stufenausbildung. (1) Die Ausbildungsordnung kann sachlich und zeitlich besonders geordnete, aufeinander aufbauende Stufen der Berufsausbildung festlegen. Nach den einzelnen Stufen soll sowohl ein Ausbildungsabschluß, der zu einer Berufstätigkeit befähigt, die dem erreichten Ausbildungsstand entspricht, als auch die Fortsetzung der Berufsausbildung in weiteren Stufen möglich sein.

(2) In einer ersten Stufe beruflicher Grundbildung sollen als breite Grundlage für die weiterführende berufliche Fachbildung und als Vorbereitung auf eine vielseitige berufliche Tätigkeit Grundfertigkeiten und Grundkenntnisse vermittelt sowie Verhaltensweisen geweckt werden, die einem möglichst großen Bereich von Tätigkeiten gemeinsam sind.

(3) In einer darauf aufbauenden Stufe allgemeiner beruflicher Fachbildung soll die Berufsausbildung für möglichst mehrere Fachrichtungen gemeinsam fortgeführt werden. Dabei ist besonders das fachliche Verständnis zu vertiefen und die Fähigkeit des Auszubildenden zu fördern, sich schnell in neue Aufgaben und Tätigkeiten einzuarbeiten.

(4) In weiteren Stufen der besonderen beruflichen Fachbildung sollen die zur Ausübung einer qualifizierten Berufstätigkeit erforderlichen praktischen und theoretischen Kenntnisse und Fertigkeiten vermittelt werden.

§ 27 Berufsausbildung außerhalb der Ausbildungsstätte. Die Ausbildungsordnung kann festlegen, daß die Berufsausbildung in geeigneten Einrichtungen außerhalb der Ausbildungsstätte durchgeführt wird, wenn und soweit es die Berufsausbildung erfordert. **§ 26 a HwO**

§ 28 Ausschließlichkeitsgrundsatz. (1) Für einen Ausbildungsberuf darf nur nach der Ausbildungsordnung ausgebildet werden. **§ 27 HwO**

§ 29 Abkürzung und Verlängerung der Ausbildungszeit. (1) Das Bundesministerium für Wirtschaft und Arbeit oder das sonst zuständige Fachministerium kann im Einvernehmen mit dem Bundesministerium für Bildung und Forschung nach Anhören des Ständigen Ausschusses des Bundesinstituts für Berufsbildung durch Rechtsverordnung bestimmen, daß der Besuch einer berufsbildenden Schule oder die Berufsausbildung in einer sonstigen Einrichtung ganz oder teilweise auf die Ausbildungszeit anzurechnen ist. **§ 27 a HwO**

(2) Die zuständige Stelle hat auf Antrag die Ausbildungszeit zu kürzen, wenn zu erwarten ist, daß der Auszubildende das Ausbildungsziel in der gekürzten Zeit erreicht.

(3) In Ausnahmefällen kann die zuständige Stelle auf Antrag des Auszubildenden die Ausbildungszeit verlängern, wenn die Verlängerung erforderlich ist, um das Ausbildungsziel zu erreichen.

(4) Vor der Entscheidung nach den Absätzen 2 und 3 sind die Beteiligten zu hören.

Dritter Abschnitt. Verzeichnis der Berufsausbildungsverhältnisse

§ 31 Einrichten, Führen. Die zuständige Stelle hat für anerkannte Ausbildungsberufe ein Verzeichnis der Berufsausbildungsverhältnisse einzurichten und zu führen, in das der wesentliche Inhalt des Berufsausbildungsvertrages einzutragen ist. Die Eintragung ist für den Auszubildenden gebührenfrei. **§ 28 HwO**

§ 32 Eintragen, Ändern, Löschen. (1) Ein Berufsausbildungsvertrag und Änderungen seines wesentlichen Inhalts sind in das Verzeichnis einzutragen, wenn **§ 29 HwO**

1. der Berufsausbildungsvertrag diesem Gesetz und der Ausbildungsordnung entspricht,
2. die persönliche und fachliche Eignung sowie die Eignung der Ausbildungsstätte für das Einstellen und Ausbilden vorliegen und
3. für Auszubildende unter 18 Jahren die ärztliche Bescheinigung über die Erstuntersuchung nach § 32 Abs. 1 des Jugendarbeitsschutzgesetzes zur Einsicht vorgelegt wird.

(2) Die Eintragung ist abzulehnen oder zu löschen, wenn die Eintragungsvoraussetzungen nicht vorliegen und der Mangel nicht nach § 23 Abs. 2 behoben wird. Die Eintragung ist ferner zu löschen, wenn die ärztliche Bescheinigung über die erste Nachuntersuchung nach § 33 Abs. 1 des Jugendarbeitsschutzgesetzes nicht spätes-

tens am Tage der Anmeldung des Auszubildenden zur Zwischenprüfung zur Einsicht vorgelegt und der Mangel nicht nach § 23 Abs. 2 behoben wird.

§ 30 HwO **§ 33 Antrag.** (1) Der Ausbildende hat unverzüglich nach Abschluß des Berufsausbildungsvertrages die Eintragung in das Verzeichnis zu beantragen. Eine Ausfertigung der Vertragsniederschrift ist beizufügen. Entsprechendes gilt bei Änderungen des wesentlichen Vertragsinhalts.

(2) Der Ausbildende hat anzuzeigen

1. eine vorausgegangene allgemeine und berufliche Ausbildung des Auszubildenden,
2. die Bestellung von Ausbildern.

Vierter Abschnitt. Prüfungswesen

§ 31 HwO **§ 34 Abschlußprüfung.** (1) In den anerkannten Ausbildungsberufen sind Abschlußprüfungen durchzuführen. Die Abschlußprüfung kann zweimal wiederholt werden.

(2) Dem Prüfling ist ein Zeugnis auszustellen.

(3) Die Abschlußprüfung ist für den Auszubildenden gebührenfrei.

§ 32 HwO **§ 35 Prüfungsgegenstand.** Durch die Abschlußprüfung ist festzustellen, ob der Prüfling die erforderlichen Fertigkeiten beherrscht, die notwendigen praktischen und theoretischen Kenntnisse besitzt und mit dem ihm im Berufsschulunterricht vermittelten, für die Berufsausbildung wesentlichen Lehrstoff vertraut ist. Die Ausbildungsordnung ist zugrunde zu legen.

§ 36 HwO **§ 39 Zulassung zur Abschlußprüfung.** (1) Zur Abschlußprüfung ist zuzulassen,

1. wer die Ausbildungszeit zurückgelegt hat oder wessen Ausbildungszeit nicht später als zwei Monate nach dem Prüfungstermin endet,
2. wer an vorgeschriebenen Zwischenprüfungen teilgenommen sowie vorgeschriebene Berichtshefte geführt hat und
3. wessen Berufsausbildungsverhältnis in das Verzeichnis der Berufsausbildungsverhältnisse eingetragen oder aus einem Grund nicht eingetragen ist, den weder der Auszubildende noch dessen gesetzlicher Vertreter zu vertreten hat.

(2) Über die Zulassung zur Abschlußprüfung entscheidet die zuständige Stelle. Hält sie die Zulassungsvoraussetzungen nicht für gegeben, so entscheidet der Prüfungsausschuß . . .

§ 37 HwO **§ 40 Zulassung in besonderen Fällen.** (1) Der Auszubildende kann nach Anhören des Ausbildenden und der Berufsschule vor Ablauf seiner Ausbildungszeit zur Abschlußprüfung zugelassen werden, wenn seine Leistungen dies rechtfertigen.

(2) Zur Abschlußprüfung ist auch zuzulassen, wer nachweist, daß er mindestens das Zweifache der Zeit, die als Ausbildungszeit vorgeschrieben ist, in dem Beruf tätig gewesen ist, in dem er die Prüfung ablegen will. Hiervon kann abgesehen werden, wenn durch Vorlage von Zeugnissen oder auf andere Weise glaubhaft dargetan wird, daß der Bewerber Kenntnisse und Fertigkeiten erworben hat, die die Zulassung zur Prüfung rechtfertigen.

(3) Zur Abschlußprüfung ist ferner zuzulassen, wer in einer berufsbildenden Schule oder einer sonstigen Einrichtung ausgebildet worden ist, wenn diese Ausbil-

dung der Berufsausbildung in einem anerkannten Ausbildungsberuf entspricht. Das Bundesministerium für Wirtschaft und Arbeit oder das sonst zuständige Fachministerium kann im Einvernehmen mit dem Bundesministerium für Bildung und Forschung nach Anhören des Ständigen Ausschusses des Bundesinstituts für Berufsbildung durch Rechtsverordnung bestimmen, welche Schulen oder Einrichtungen die Voraussetzungen des Satzes 1 erfüllen.

§ 41 Prüfungsordnung. Die zuständige Stelle hat eine Prüfungsordnung für die Abschlußprüfung zu erlassen. Die Prüfungsordnung muß die Zulassung, die Gliederung der Prüfung, die Bewertungsmaßstäbe, die Erteilung der Prüfungszeugnisse, die Folgen von Verstößen gegen die Prüfungsordnung und die Wiederholungsprüfung regeln. Dem Ausbildenden werden auf dessen Verlangen die Ergebnisse der Zwischen- und Abschlußprüfung des Auszubildenden übermittelt. Der Hauptausschuß des Bundesinstituts für Berufsbildung erläßt für die Prüfungsordnung Richtlinien. Die Prüfungsordnung bedarf der Genehmigung der zuständigen obersten Landesbehörde. **§ 38 HwO**

§ 42 Zwischenprüfungen. Während der Berufsausbildung ist zur Ermittlung des Ausbildungsstandes mindestens eine Zwischenprüfung entsprechend der Ausbildungsordnung durchzuführen, bei der Stufenausbildung für jede Stufe. Die §§ 34 bis 36 gelten entsprechend. **§ 39 HwO**

Fünfter Abschnitt. Regelung und Überwachung der Berufsausbildung

§ 44 Regelungsbefugnis. Soweit Vorschriften nicht bestehen, regelt die zuständige Stelle die Durchführung der Berufsausbildung im Rahmen dieses Gesetzes. **§ 41 HwO**

§ 45 Überwachung, Ausbildungsberater. (1) Die zuständige Stelle überwacht die Durchführung der Berufsausbildung und fördert sie durch Beratung der Ausbildenden und der Auszubildenden. Sie hat zu diesem Zweck Ausbildungsberater zu bestellen. Die Ausbildenden sind verpflichtet, die für die Überwachung notwendigen Auskünfte zu erteilen und Unterlagen vorzulegen sowie die Besichtigung der Ausbildungsstätten zu gestatten. **§ 41 a HwO**

Achter Abschnitt
Berufsausbildungsvorbereitung

§ 50 Personenkreis und Anforderungen. (1) Die Berufsausbildungsvorbereitung richtet sich an lernbeeinträchtigte oder sozial benachteiligte Personen, deren Entwicklungsstand eine erfolgreiche Ausbildung in einem anerkannten Ausbildungsberuf oder eine gleichwertige Berufsausbildung noch nicht erwarten lässt.

(2) Maßnahmen der Berufsausbildungsvorbereitung müssen nach Inhalt, Art, Ziel und Dauer den besonderen Erfordernissen des in Absatz 1 genannten Personenkreises entsprechen und durch umfassende sozialpädagogische Betreuung und Unterstützung begleitet werden. Sie dienen der Vermittlung von Grundlagen für den Erwerb beruflicher Handlungsfähigkeit.

(3) Für die Berufsausbildungsvorbereitung, die nicht im Rahmen des Dritten Buches Sozialgesetzbuch oder anderer vergleichbarer, öffentlich geförderter Maßnahmen durchgeführt wird, gelten die §§ 20 und 22 sowie die auf Grund des § 21 Abs. 1 erlassenen Rechtsverordnungen entsprechend.

§ 51 Qualifizierungsbausteine, Bescheinigung. (1) Die Vermittlung von Grundlagen für den Erwerb beruflicher Handlungsfähigkeit (§ 50 Abs. 2 Satz 2) kann insbesondere durch inhaltlich und zeitlich abgegrenzte Lerneinheiten erfolgen, die aus den Inhalten anerkannter Ausbildungsberufe oder einer gleichwertigen Berufsausbildung entwickelt werden (Qualifizierungsbausteine).

(2) Über die erworbenen Grundlagen beruflicher Handlungsfähigkeit (§ 50 Abs. 2 Satz 2) stellt der Anbieter der Berufsausbildungsvorbereitung eine Bescheinigung aus. Das Nähere regelt das Bundesministerium für Bildung und Forschung im Einvernehmen mit den für den Erlass von Ausbildungsordnungen zuständigen Fachministerien nach Anhörung des Ständigen Ausschusses des Bundesinstituts für Berufsbildung durch Rechtsverordnung, die nicht der Zustimmung des Bundesrates bedarf.

§ 52 Überwachung, Berater. (1) Die nach Landesrecht zuständige Behörde hat die Berufsausbildungsvorbereitung zu untersagen, wenn die Voraussetzungen des § 50 Abs. 1 nicht vorliegen.

(2) Die zuständige Stelle überwacht die Durchführung der Berufsausbildungsvorbereitung in Betrieben und fördert sie durch Beratung der Ausbildungsvorzubereitenden und Anbieter der Berufsausbildungsvorbereitung. Sie hat zu diesem Zweck Berater zu bestellen. § 45 Abs. 1 Satz 3 und Abs. 2 und 3 gilt entsprechend.

(3) Die Absätze 1 und 2 gelten nicht, soweit die Berufsausbildungsvorbereitung im Rahmen des Dritten Buches Sozialgesetzbuch oder anderer vergleichbarer, öffentlich geförderter Maßnahmen durchgeführt wird.

Sechster Teil. Besondere Vorschriften für einzelne Wirtschafts- und Berufszweige

Erster Abschnitt. Berufsbildung im Handwerk

§ 74 Zuständige Stelle. Für die Berufsbildung in Betrieben zulassungspflichtiger Handwerke der Handwerksordnung ist die Handwerkskammer zuständige Stelle im Sinne dieses Gesetzes.

Zweiter Abschnitt. Berufsbildung in anderen Gewerbezweigen und im Bergwesen

Erster Unterabschnitt. Allgemeine Vorschriften

§ 75 Zuständige Stelle. (1) Für die Berufsbildung, die nicht in Betrieben von Handwerkern oder handwerksähnlichen Gewerben der Handwerksordnung durchgeführt wird, ist die Industrie- und Handelskammer zuständige Stelle im Sinne dieses Gesetzes. Das Gleiche gilt für die Berufsbildung in anderen Berufsbildungseinrichtungen, soweit sie in Ausbildungsberufen der gewerblichen Wirtschaft durchgeführt wird, die nicht Handwerken oder handwerksähnlichen Gewerben der Handwerksordnung zugehörig sind.

(2) Für die Berufsbildung in Betrieben in zulassungsfreien Handwerken oder handwerksähnlichen Gewerben der Handwerksordnung ist die Handwerkskammer zuständige Stelle im Sinne dieses Gesetzes. Das Gleiche gilt für die Berufsbildung in anderen Berufsbildungseinrichtungen, soweit sie in zulassungsfreien Handwerken oder handwerksähnlichen Gewerben der Handwerksordnung durchgeführt wird.

§ 76 Fachliche Eignung. (1) Die für die fachliche Eignung erforderlichen beruflichen Fertigkeiten und Kenntnisse besitzt, wer das vierundzwanzigste Lebensjahr vollendet hat und

1. die Abschlußprüfung in einer dem Ausbildungsberuf entsprechenden Fachrichtung bestanden hat,
2. eine Abschlußprüfung an einer deutschen Hochschule, einer öffentlichen oder staatlich anerkannten deutschen Ingenieurschule oder Höheren Wirtschaftsfachschule in einer dem Ausbildungsberuf entsprechenden Fachrichtung bestanden hat und eine angemessene Zeit in seinem Beruf praktisch tätig gewesen ist oder
3. eine anerkannte Prüfung an einer Ausbildungsstätte oder vor einer Prüfungsbehörde in einer dem Ausbildungsberuf entsprechenden Fachrichtung bestanden hat und eine angemessene Zeit in seinem Beruf praktisch tätig gewesen ist.

(2) In einem zulassungsfreien Handwerk oder handwerksähnlichen Gewerbe zur Handwerksordnung besitzt die für die fachliche Eignung erforderlichen beruflichen Fertigkeiten und Kenntnisse auch, wer die Meisterprüfung in dem zulassungsfreien Handwerk oder handwerksähnlichen Gewerbe, in dem ausgebildet werden soll, oder eine gleichwertige andere Prüfung bestanden hat.

(...)

(4) Die nach Landesrecht zuständige Behörde kann Personen, die den Voraussetzungen der Absätze 1 und 2 nicht entsprechen, die fachliche Eignung nach Anhören der Industrie- und Handelskammer widerruflich zuerkennen.

Siebenter Teil. Bußgeldvorschriften

§ 99 Ordnungswidrigkeiten. (1) Ordnungswidrig handelt, wer

1. entgegen § 4 Abs. 1 oder 4 den wesentlichen Inhalt des Vertrages oder seine wesentlichen Änderungen nicht schriftlich niederlegt,
2. entgegen § 4 Abs. 3 oder 4 dem Auszubildenden oder dessen gesetzlichem Vertreter die unterzeichnete Niederschrift nicht aushändigt,
3. dem Auszubildenden Aufgaben überträgt, die dem Ausbildungszweck nicht dienen,
4. entgegen § 7 dem Auszubildenden die für die Teilnahme am Berufsschulunterricht, an Prüfungen oder an Ausbildungsmaßnahmen außerhalb der Ausbildungsstätte erforderliche Zeit nicht gewährt,
5. Auszubildende einstellt oder ausbildet, obwohl er nach § 20 Abs. 2 Nr. 1 persönlich oder nach § 20 Abs. 3 fachlich nicht geeignet ist,
6. entgegen § 20 Abs. 4 einen Ausbilder bestellt, obwohl dieser nach § 20 Abs. 2 Nr. 1 persönlich oder nach § 20 Abs. 3 fachlich nicht geeignet ist oder diesem die Ausbildung nach § 24 untersagt worden ist,
7. Auszubildende einstellt oder ausbildet, obwohl ihm das Einstellen oder Ausbilden nach § 24 untersagt worden ist,
8. entgegen § 33 die Eintragung in das Verzeichnis nicht oder nicht rechtzeitig beantragt oder eine Ausfertigung der Vertragsniederschrift nicht beifügt,
9. entgegen § 45 Abs. 1 Satz 3 der zuständigen Stelle oder ihrem Beauftragten eine Auskunft nicht, nicht rechtzeitig, unrichtig oder unvollständig erteilt, Unterlagen nicht vorlegt oder eine Besichtigung nicht gestattet,

10. entgegen § 72 Abs. 1 den Beauftragten des Instituts eine Auskunft nicht, nicht rechtzeitig, unrichtig oder unvollständig erteilt, Unterlagen nicht vorlegt oder eine Besichtigung nicht gestattet.

(2) Die Ordnungswidrigkeiten nach Absatz 1 Nr. 1, 2, 8 bis 10 können mit einer Geldbuße bis zu eintausend Euro, die Ordnungswidrigkeiten nach Absatz 1 Nr. 3 bis 7 mit einer Geldbuße bis zu fünftausend Euro geahndet werden.

Gesetz zum Schutze der arbeitenden Jugend (Jugendarbeitsschutzgesetz – JArbSchG)

Vom 12. April 1976 (BGBl. I S. 965)
Zuletzt geändert durch Gesetz vom 24. Dezember 2003 (BGBl. I S. 2954)

Erster Abschnitt. Allgemeine Vorschriften

§ 1 Geltungsbereich. (1) Dieses Gesetz gilt für die Beschäftigung von Personen, die noch nicht 18 Jahre alt sind,

1. in der Berufsausbildung,
2. als Arbeitnehmer oder Heimarbeiter,
3. mit sonstigen Dienstleistungen, die der Arbeitsleistung von Arbeitnehmern oder Heimarbeitern ähnlich sind,
4. in einem der Berufsausbildung ähnlichen Ausbildungsverhältnis.

§ 2 Kind, Jugendlicher. (1) Kind im Sinne dieses Gesetzes ist, wer noch nicht 15 Jahre alt ist.

(2) Jugendlicher im Sinne dieses Gesetzes ist, wer 15, aber noch nicht 18 Jahre alt ist.

(3) Auf Jugendliche, die der Vollzeitschulpflicht unterliegen, finden die für Kinder geltenden Vorschriften Anwendung.

§ 3 Arbeitgeber. Arbeitgeber im Sinne dieses Gesetzes ist, wer ein Kind oder einen Jugendlichen gemäß § 1 beschäftigt.

§ 4 Arbeitszeit. (1) Tägliche Arbeitszeit ist die Zeit vom Beginn bis zum Ende der täglichen Beschäftigung ohne die Ruhepausen (§ 11).

(2) Schichtzeit ist die tägliche Arbeitszeit unter Hinzurechnung der Ruhepausen (§ 11).

Zweiter Abschnitt. Beschäftigung von Kindern

§ 5 Verbot der Beschäftigung von Kindern. (1) Die Beschäftigung von Kindern (§ 2 Abs. 1) ist verboten.

(2) Das Verbot des Absatzes 1 gilt nicht für die Beschäftigung von Kindern

1. zum Zwecke der Beschäftigungs- und Arbeitstherapie,
2. im Rahmen des Betriebspraktikums während der Vollzeitschulpflicht,
3. in Erfüllung einer richterlichen Weisung.

Dritter Abschnitt. Beschäftigung Jugendlicher

Erster Titel. Arbeitszeit und Freizeit

§ 8 Dauer der Arbeitszeit. (1) Jugendliche dürfen nicht mehr als acht Stunden täglich und nicht mehr als 40 Stunden wöchentlich beschäftigt werden.

(2) Wenn in Verbindung mit Feiertagen an Werktagen nicht gearbeitet wird, damit die Beschäftigten eine längere zusammenhängende Freizeit haben, so darf die ausfallende Arbeitszeit auf die Werktage von fünf zusammenhängenden, die Ausfalltage einschließenden Wochen nur dergestalt verteilt werden, daß die Wochenarbeitszeit im Durchschnitt dieser fünf Wochen 40 Stunden nicht überschreitet. Die tägliche Arbeitszeit darf hierbei achteinhalb Stunden nicht überschreiten.

(2 a) Wenn an einzelnen Werktagen die Arbeitszeit auf weniger als acht Stunden verkürzt ist, können Jugendliche an den übrigen Werktagen derselben Woche achteinhalb Stunden beschäftigt werden.

(3) In der Landwirtschaft dürfen Jugendliche über 16 Jahre während der Erntezeit nicht mehr als neun Stunden täglich und nicht mehr als 85 Stunden in der Doppelwoche beschäftigt werden.

§ 9 Berufsschule. (1) Der Arbeitgeber hat den Jugendlichen für die Teilnahme am Berufsschulunterricht freizustellen. Er darf den Jugendlichen nicht beschäftigen

1. vor einem vor 9 Uhr beginnenden Unterricht; dies gilt auch für Personen, die über 18 Jahre alt und noch berufsschulpflichtig sind,
2. an einem Berufsschultag mit mehr als fünf Unterrichtsstunden von mindestens je 45 Minuten, einmal in der Woche,
3. in Berufsschulwochen mit einem planmäßigen Blockunterricht von mindestens 25 Stunden an mindestens fünf Tagen; zusätzliche betriebliche Ausbildungsveranstaltungen bis zu zwei Stunden wöchentlich sind zulässig.

(2) Auf die Arbeitszeit werden angerechnet

1. Berufsschultage nach Absatz 1 Nr. 2 mit acht Stunden,
2. Berufsschulwochen nach Absatz 1 Nr. 3 mit 40 Stunden,
3. im übrigen die Unterrichtszeit einschließlich der Pausen.

(3) Ein Entgeltausfall darf durch den Besuch der Berufsschule nicht eintreten.

§ 10 Prüfungen und außerbetriebliche Ausbildungsmaßnahmen. (1) Der Arbeitgeber hat den Jugendlichen

1. für die Teilnahme an Prüfungen und Ausbildungsmaßnahmen, die auf Grund öffentlich-rechtlicher oder vertraglicher Bestimmungen außerhalb der Ausbildungsstätte durchzuführen sind,
2. an dem Arbeitstag, der der schriftlichen Abschlußprüfung unmittelbar vorangeht,

freizustellen.

(2) Auf die Arbeitszeit werden angerechnet

1. die Freistellung nach Absatz 1 Nr. 1 mit der Zeit der Teilnahme einschließlich der Pausen,
2. die Freistellung nach Absatz 1 Nr. 2 mit acht Stunden.

Ein Entgeltausfall darf nicht eintreten.

§ 11 Ruhepausen, Aufenthaltsräume. (1) Jugendlichen müssen im voraus feststehende Ruhepausen von angemessener Dauer gewährt werden. Die Ruhepausen müssen mindestens betragen

1. 30 Minuten bei einer Arbeitszeit von mehr als viereinhalb bis zu sechs Stunden,
2. 60 Minuten bei einer Arbeitszeit von mehr als sechs Stunden.

Als Ruhepause gilt nur eine Arbeitsunterbrechung von mindestens 15 Minuten.

(2) Die Ruhepausen müssen in angemessener zeitlicher Lage gewährt werden, frühestens eine Stunde nach Beginn und spätestens eine Stunde vor Ende der Arbeitszeit. Länger als viereinhalb Stunden hintereinander dürfen Jugendliche nicht ohne Ruhepause beschäftigt werden.

(3) Der Aufenthalt während der Ruhepausen in Arbeitsräumen darf den Jugendlichen nur gestattet werden, wenn die Arbeit in diesen Räumen während dieser Zeit eingestellt ist und auch sonst die notwendige Erholung nicht beeinträchtigt wird.

§ 12 Schichtzeit. Bei der Beschäftigung Jugendlicher darf die Schichtzeit (§ 4 Abs. 2) 10 Stunden, im Bergbau unter Tage 8 Stunden, im Gaststättengewerbe, in der Landwirtschaft, in der Tierhaltung, auf Bau- und Montagestellen 11 Stunden nicht überschreiten.

§ 13 Tägliche Freizeit. Nach Beendigung der täglichen Arbeitszeit dürfen Jugendliche nicht vor Ablauf einer ununterbrochenen Freizeit von mindestens 12 Stunden beschäftigt werden.

§ 14 Nachtruhe. (1) Jugendliche dürfen nur in der Zeit von 6 bis 20 Uhr beschäftigt werden.

(2) Jugendliche über 16 Jahre dürfen

1. im Gaststätten- und Schaustellergewerbe bis 22 Uhr,
2. in mehrschichtigen Betrieben bis 23 Uhr,
3. in der Landwirtschaft ab 5 Uhr oder bis 21 Uhr,
4. in Bäckereien und Konditoreien ab 5 Uhr

beschäftigt werden.

(3) Jugendliche über 17 Jahre dürfen in Bäckereien ab 4 Uhr beschäftigt werden.

(4) An dem einem Berufsschultag unmittelbar vorangehenden Tag dürfen Jugendliche auch nach Absatz 2 Nr. 1 bis 3 nicht nach 20 Uhr beschäftigt werden, wenn der Berufsschulunterricht am Berufsschultag vor 9 Uhr beginnt.

§ 15 Fünf-Tage-Woche. Jugendliche dürfen nur an fünf Tagen in der Woche beschäftigt werden. Die beiden wöchentlichen Ruhetage sollen nach Möglichkeit aufeinander folgen.

§ 16 Samstagsruhe. (1) An Samstagen dürfen Jugendliche nicht beschäftigt werden.

(2) Zulässig ist die Beschäftigung Jugendlicher an Samstagen nur

1. in Krankenanstalten sowie in Alten-, Pflege- und Kinderheimen,
2. in offenen Verkaufsstellen, in Betrieben mit offenen Verkaufsstellen, in Bäckereien und Konditoreien, im Friseurhandwerk und im Marktverkehr,
3. im Verkehrswesen,
4. in der Landwirtschaft und Tierhaltung,
5. im Familienhaushalt,
6. im Gaststätten- und Schaustellergewerbe,
7. bei Musikaufführungen, Theatervorstellungen und anderen Aufführungen, bei Aufnahmen im Rundfunk (Hörfunk und Fernsehen), auf Ton- und Bildträger sowie bei Film- und Fotoaufnahmen,
8. bei außerbetrieblichen Ausbildungsmaßnahmen,
9. beim Sport,
10. im ärztlichen Notdienst,
11. in Reparaturwerkstätten für Kraftfahrzeuge.

Mindestens zwei Samstage im Monat sollen beschäftigungsfrei bleiben.

(3) Werden Jugendliche am Samstag beschäftigt, ist ihnen die Fünf-Tage-Woche (§ 15) durch Freistellung an einem anderen berufsschulfreien Arbeitstag derselben Woche sicherzustellen. In Betrieben mit einem Betriebsruhetag in der Woche kann die Freistellung auch an diesem Tage erfolgen, wenn die Jugendlichen an diesem Tage keinen Berufsschulunterricht haben.

(4) Können Jugendliche in den Fällen des Absatzes 2 Nr. 2 am Samstag nicht acht Stunden beschäftigt werden, kann der Unterschied zwischen der tatsächlichen und der nach § 8 Abs. 1 höchstzulässigen Arbeitszeit an dem Tage bis 13 Uhr ausgeglichen werden, an dem die Jugendlichen nach Absatz 3 Satz 1 freizustellen sind.

§ 17 Sonntagsruhe. (1) An Sonntagen dürfen Jugendliche nicht beschäftigt werden.

(2) Zulässig ist die Beschäftigung Jugendlicher an Sonntagen nur

1. in Krankenanstalten sowie in Alten-, Pflege- und Kinderheimen,
2. in der Landwirtschaft und Tierhaltung mit Arbeiten, die auch an Sonn- und Feiertagen naturnotwendig vorgenommen werden müssen,
3. im Familienhaushalt, wenn der Jugendliche in die häusliche Gemeinschaft aufgenommen ist,
4. im Schaustellergewerbe,
5. bei Musikaufführungen, Theatervorstellungen und anderen Aufführungen sowie bei Direktsendungen im Rundfunk (Hörfunk und Fernsehen),
6. beim Sport,
7. im ärztlichen Notdienst,
8. im Gaststättengewerbe.

Jeder zweite Sonntag soll, mindestens zwei Sonntage im Monat müssen beschäftigungsfrei bleiben.

(3) Werden Jugendliche am Sonntag beschäftigt, ist ihnen die Fünf-Tage-Woche (§ 15) durch Freistellung an einem anderen berufsschulfreien Arbeitstag derselben Woche sicherzustellen. In Betrieben mit einem Betriebsruhetag in der Woche kann die Freistellung auch an diesem Tage erfolgen, wenn die Jugendlichen an diesem Tage keinen Berufsschulunterricht haben.

§ 19 Urlaub. (1) Der Arbeitgeber hat Jugendlichen für jedes Kalenderjahr einen bezahlten Erholungsurlaub zu gewähren.

(2) Der Urlaub beträgt jährlich

1. mindestens 30 Werktage, wenn der Jugendliche zu Beginn des Kalenderjahres noch nicht 16 Jahre alt ist,
2. mindestens 27 Werktage, wenn der Jugendliche zu Beginn des Kalenderjahres noch nicht 17 Jahre alt ist,
3. mindestens 25 Werktage, wenn der Jugendliche zu Beginn des Kalenderjahres noch nicht 18 Jahre alt ist.

Jugendliche, die im Bergbau unter Tage beschäftigt werden, erhalten in jeder Altersgruppe einen zusätzlichen Urlaub von drei Werktagen.

(3) Der Urlaub soll Berufsschülern in der Zeit der Berufsschulferien gegeben werden. Soweit er nicht in den Berufsschulferien gegeben wird, ist für jeden Berufsschultag, an dem die Berufsschule während des Urlaubs besucht wird, ein weiterer Urlaubstag zu gewähren.

Zweiter Titel.
Beschäftigungsverbote und -beschränkungen

§ 22 Gefährliche Arbeiten. (1) Jugendliche dürfen nicht beschäftigt werden

1. mit Arbeiten, die ihre physische oder psychische Leistungsfähigkeit übersteigen,
2. mit Arbeiten, bei denen sie sittlichen Gefahren ausgesetzt sind,
3. mit Arbeiten, die mit Unfallgefahren verbunden sind, von denen anzunehmen ist, daß Jugendliche sie wegen mangelnden Sicherheitsbewußtseins oder mangelnder Erfahrung nicht erkennen oder nicht abwenden können,
4. mit Arbeiten, bei denen ihre Gesundheit durch außergewöhnliche Hitze oder Kälte oder starke Nässe gefährdet wird,
5. mit Arbeiten, bei denen sie schädlichen Einwirkungen von Lärm, Erschütterungen oder Strahlen ausgesetzt sind,
6. mit Arbeiten, bei denen sie schädlichen Einwirkungen von Gefahrstoffen im Sinne des Chemikaliengesetzes ausgesetzt sind,
7. mit Arbeiten, bei denen sie schädlichen Einwirkungen von biologischen Arbeitsstoffen im Sinne der Richtlinie 90/679/EWG des Rates vom 26. November 1990 zum Schutze der Arbeitnehmer gegen Gefährdung durch biologische Arbeitsstoffe bei der Arbeit ausgesetzt sind.

(2) Absatz 1 Nr. 3 bis 7 gilt nicht für die Beschäftigung Jugendlicher, soweit

1. dies zur Erreichung ihres Ausbildungszieles erforderlich ist,
2. ihr Schutz durch die Aufsicht eines Fachkundigen gewährleistet ist und
3. der Luftgrenzwert bei gefährlichen Stoffen (Absatz 1 Nr. 6) unterschritten wird.

Satz 1 findet keine Anwendung auf den absichtlichen Umgang mit biologischen Arbeitsstoffen der Gruppen 3 und 4 im Sinne der Richtlinie 90/679/EWG des Rates vom 26. November 1990 zum Schutze der Arbeitnehmer gegen Gefährdung durch biologische Arbeitsstoffe bei der Arbeit.

(3) Werden Jugendliche in einem Betrieb beschäftigt, für den ein Betriebsarzt oder eine Fachkraft über Arbeitssicherheit verpflichtet ist, muß ihre betriebsärztliche oder sicherheitstechnische Betreuung sichergestellt sein.

§ 23 Akkordarbeit; tempoabhängige Arbeiten. (1) Jugendliche dürfen nicht beschäftigt werden

1. mit Akkordarbeit und sonstigen Arbeiten, bei denen durch ein gesteigertes Arbeitstempo ein höheres Entgelt erzielt werden kann,
2. in einer Arbeitsgruppe mit erwachsenen Arbeitnehmern, die mit Arbeiten nach Nummer 1 beschäftigt werden,
3. mit Arbeiten, bei denen ihr Arbeitstempo nicht nur gelegentlich vorgeschrieben, vorgegeben oder auf andere Weise erzwungen wird.

(2) Absatz 1 Nr. 2 gilt nicht für die Beschäftigung Jugendlicher,

1. soweit dies zur Erreichung ihres Ausbildungszieles erforderlich ist oder
2. wenn sie eine Berufsausbildung für diese Beschäftigung abgeschlossen haben

und ihr Schutz durch die Aufsicht eines Fachkundigen gewährleistet ist.

§ 25 Verbot der Beschäftigung durch bestimmte Personen. (1) Personen, die

1. wegen eines Verbrechens zu einer Freiheitsstrafe von mindestens zwei Jahren,
2. wegen einer vorsätzlichen Straftat, die sie unter Verletzung der ihnen als Arbeitgeber, Ausbildender oder Ausbilder obliegenden Pflichten zum Nachteil von Kindern oder Jugendlichen begangen haben, zu einer Freiheitsstrafe von mehr als drei Monaten,
3. wegen einer Straftat nach den §§ 109 h, 171, 174 bis 174 c, 176 bis 181 a, 182 bis 184 b, 225 des Strafgesetzbuches,
4. wegen einer Straftat nach dem Betäubungsmittelgesetz oder
5. wegen einer Straftat nach dem Jugendschutzgesetz oder nach dem Gesetz über die Verbreitung jugendgefährdender Schriften wenigstens zweimal

rechtskräftig verurteilt worden sind, dürfen Jugendliche nicht beschäftigen sowie im Rahmen eines Rechtsverhältnisses im Sinne des § 1 nicht beaufsichtigen, nicht anweisen, nicht ausbilden und nicht mit der Beaufsichtigung, Anweisung oder Ausbildung von Jugendlichen beauftragt werden. Eine Verurteilung bleibt außer Betracht, wenn seit dem Tage ihrer Rechtskraft fünf Jahre verstrichen sind. Die Zeit, in welcher der Täter auf behördliche Anordnung in einer Anstalt verwahrt worden ist, wird nicht eingerechnet.

Dritter Titel. Sonstige Pflichten des Arbeitgebers

§ 28 Menschengerechte Gestaltung der Arbeit. (1) Der Arbeitgeber hat bei der Einrichtung und der Unterhaltung der Arbeitsstätte einschließlich der Maschinen, Werkzeuge und Geräte und bei der Regelung der Beschäftigung die Vorkehrungen und Maßnahmen zu treffen, die zum Schutze der Jugendlichen gegen Gefahren für Leben und Gesundheit sowie zur Vermeidung einer Beeinträchtigung der körperlichen oder seelisch-geistigen Entwicklung der Jugendlichen erforderlich sind.

Hierbei sind das mangelnde Sicherheitsbewußtsein, die mangelnde Erfahrung und der Entwicklungsstand der Jugendlichen zu berücksichtigen und die allgemein anerkannten sicherheitstechnischen und arbeitsmedizinischen Regeln sowie die sonstigen gesicherten arbeitswissenschaftlichen Erkenntnisse zu beachten.

§ 29 Unterweisung über Gefahren. (1) Der Arbeitgeber hat die Jugendlichen vor Beginn der Beschäftigung und bei wesentlicher Änderung der Arbeitsbedingungen über die Unfall- und Gesundheitsgefahren, denen sie bei der Beschäftigung ausgesetzt sind, sowie über die Einrichtungen und Maßnahmen zur Abwendung dieser Gefahren zu unterweisen. Er hat die Jugendlichen vor der erstmaligen Beschäftigung an Maschinen oder gefährlichen Arbeitsstellen oder mit Arbeiten, bei denen sie mit gesundheitsgefährdenden Stoffen in Berührung kommen, über die besonderen Gefahren dieser Arbeiten sowie über das bei ihrer Verrichtung erforderliche Verhalten zu unterweisen.

(2) Die Unterweisungen sind in angemessenen Zeitabständen, mindestens aber halbjährlich, zu wiederholen.

§ 31 Züchtigungsverbot; Verbot der Abgabe von Alkohol und Tabak. (1) Wer Jugendliche beschäftigt oder im Rahmen eines Rechtsverhältnisses im Sinne des § 1 beaufsichtigt, anweist oder ausbildet, darf sie nicht körperlich züchtigen.

(2) Wer Jugendliche beschäftigt, muß sie vor körperlicher Züchtigung und Mißhandlung und vor sittlicher Gefährdung durch andere bei ihm Beschäftigte und durch Mitglieder seines Haushalts an der Arbeitsstätte und in seinem Hause schützen. Er darf Jugendlichen unter 16 Jahren keine alkoholischen Getränke und Tabakwaren, Jugendlichen über 16 Jahre keinen Branntwein geben.

Vierter Titel. Gesundheitliche Betreuung

§ 32 Erstuntersuchung. (1) Ein Jugendlicher, der in das Berufsleben eintritt, darf nur beschäftigt werden, wenn

1. er innerhalb der letzten vierzehn Monate von einem Arzt untersucht worden ist (Erstuntersuchung) und
2. dem Arbeitgeber eine von diesem Arzt ausgestellte Bescheinigung vorliegt.

(2) Absatz 1 gilt nicht für eine nur geringfügige oder eine nicht länger als zwei Monate dauernde Beschäftigung mit leichten Arbeiten, von denen keine gesundheitlichen Nachteile für den Jugendlichen zu befürchten sind.

§ 33 Erste Nachuntersuchung. (1) Ein Jahr nach Aufnahme der ersten Beschäftigung hat sich der Arbeitgeber die Bescheinigung eines Arztes darüber vorlegen zu lassen, daß der Jugendliche nachuntersucht worden ist (erste Nachuntersuchung). Die Nachuntersuchung darf nicht länger als drei Monate zurückliegen. Der Arbeitgeber soll den Jugendlichen neun Monate nach Aufnahme der ersten Beschäftigung nachdrücklich auf den Zeitpunkt, bis zu dem der Jugendliche ihm die ärztliche Bescheinigung nach Satz 1 vorzulegen hat, hinweisen und ihn auffordern, die Nachuntersuchung bis dahin durchführen zu lassen.

(2) Legt der Jugendliche die Bescheinigung nicht nach Ablauf eines Jahres vor, hat ihn der Arbeitgeber innerhalb eines Monats unter Hinweis auf das Beschäftigungsverbot nach Absatz 3 schriftlich aufzufordern, ihm die Bescheinigung vorzulegen. Je eine Durchschrift des Aufforderungsschreibens hat der Arbeitgeber dem Personensorgeberechtigten und dem Betriebs- oder Personalrat zuzusenden.

(3) Der Jugendliche darf nach Ablauf von 14 Monaten nach Aufnahme der ersten Beschäftigung nicht weiterbeschäftigt werden, solange er die Bescheinigung nicht vorgelegt hat.

§ 34 Weitere Nachuntersuchungen. Nach Ablauf jedes weiteren Jahres nach der ersten Nachuntersuchung kann sich der Jugendliche erneut nachuntersuchen lassen (weitere Nachuntersuchungen). Der Arbeitgeber soll ihn auf diese Möglichkeit rechtzeitig hinweisen und darauf hinwirken, daß der Jugendliche ihm die Bescheinigung über die weitere Nachuntersuchung vorlegt.

Vierter Abschnitt. Durchführung des Gesetzes

Erster Titel. Aushänge und Verzeichnisse

§ 47 Bekanntgabe des Gesetzes und der Aufsichtsbehörde. Arbeitgeber, die regelmäßig mindestens einen Jugendlichen beschäftigen, haben einen Abdruck dieses Gesetzes und die Anschrift der zuständigen Aufsichtsbehörde an geeigneter Stelle im Betrieb zur Einsicht auszulegen oder auszuhängen.

§ 48 Aushang über Arbeitszeit und Pausen. Arbeitgeber, die regelmäßig mindestens drei Jugendliche beschäftigen, haben einen Aushang über Beginn und Ende der regelmäßigen täglichen Arbeitszeit und der Pausen der Jugendlichen an geeigneter Stelle im Betrieb anzubringen.

Übersicht über wichtige Internetadressen

Internetadresse	Bemerkungen
www.arbeitsagentur.de	Online-Stellenmärkte, Dienststellen, Infos zu Arbeitsmarktgesetzen etc.
www.arbeitsrecht.de	Ratgeber zum Aus- und Weiterbildungsrecht
www.ausbildung-plus.de	Datenbank über bundesweit angebotene Zusatzqualifikationen für Auszubildende
www.berufsstart.de	Online-Stellenmarkt für Hochschulabsolventen
www.berufswahl.de	offizieller Server für Studien- und Berufswahl
www.bibb.de	Bundesinstitut für Berufsbildung
www.bildungsserver.de	insbesondere Rubrik: Berufliche Bildung, Informationen für Ausbilder/innen; Rahmenvereinbarungen der Kultusministerkonferenz
www.bmbf.de	Bundesministerium für Bildung und Forschung; Download z. B. des Berufsbildungsberichtes, Infos und Antragsformular für Meister-Bafög; Gesetzestexte: Berufsbildungsgesetz, Aufstiegsfortbildungsförderungsgesetz etc.
www.bmwa.de	Bundesministerium für Wirtschaft und Arbeit; u.A. Förderdatenbank des Bundes
www.bundesregierung.de	aktuelle Infos zu Gesetzen und Gesetzesvorhaben, Datenbanken, Links zu den anderen Bundesministerien
www.bw-tips.de	Bewerbungs-Tipps: Hinweise, Beispiele und praktische Tipps für den Start in den Beruf

Internetadresse	Bemerkungen
www.foraus.de	BiBB-Forum für Ausbilder/innen zu diversen Fragen und Themen
www.forum-jobline.de	Studenten-Service: Infos über Unternehmen und Veranstaltungen, Tipps und Hinweise zum Berufseinstieg
www.good-practice.de	Infos zur Förderung von Benachteiligten in der Ausbildung
www.grundig-akademie.de	Projekte: Materialien zur Ausbilderqualifizierung
www.handwerk.de	Internetportal des deutschen Handwerks; Online-Dienstleister des Handwerks; Links zu allen Handwerkskammern
www.h-online.net	Informationen rund ums Handwerk, zu Organisationen, Lehrstellenbörse, Betriebsbörse, Lehrgänge etc. Mit Links zu allen Handwerkskammern
www.lehrstellen.org	Lehrstellenbörse der NRW-Handwerkskammern; NRW-Datenbank Ausbildungsberatung
www.neue-ausbildungsberufe.de	fachliche Betreuung der Internet-Seite durch BIBB; z. B. neue Berufe aus dem Jahr 2002
www.shm-netzwerk.de	gute Hinweise zu Methoden und zur Rolle des Ausbilders
www.stellenanzeigen.de	Berufseinstiegsbörse: Stellenangebote, Stellengesuche
www.suchmaschinen.de	Verzeichnis von Suchmaschinen nach unterschiedlichen Kriterien, z. B. regional, international, Spezial-Suchmaschinen. Empfehlenswerte Suchmaschine: www.google.de
www.zdh.de	Zentralverband des Deutschen Handwerks

Literaturverzeichnis

Arnold, Rolf: **Betriebspädagogik. Ausbildung, Fortbildung, Personalentwicklung.** Bd. 31. 2., überarb. und erw. Auflage, Erich Schmidt Verlag, 1997

Arnold, Rolf; Krämer-Stürzl, Antje: **Berufs- und Arbeitspädagogik. Leitfaden der Ausbildungspraxis in Produktions- und Dienstleistungsberufen**. 2., überarb. Auflage, Cornelsen-Lehrbuch, 1999

Arnold, Rolf; Münch, Joachim: **120 Fragen und Antworten zum Dualen System der deutschen Berufsausbildung. Grundlagen der Berufs- und Erwachsenenbildung.** Bd. 20. Schneider Verlag, 2000

Bundesministerium für Bildung und Forschung (Hrsg.): **Ausbildung und Beruf – Rechte und Pflichten während der Berufsausbildung.** 29., aktualisierte und ergänzte Ausgabe, 2000
(Broschüre kann nur als Download bezogen werden:
www.bmbf.de/pub/ausbildung_und_beruf.pdf)

Dieckmann, Harald (Hrsg.): **Der Handwerksmeister. Bd. 2: Berufs- und Arbeitspädagogik.** 21. Auflage, Feldhaus-Verlag, 2002

Frömsdorf, Ortwin: **Grundlagen der Berufs- und Arbeitspädagogik. Begleitbuch für die rahmenstoffplanbezogene Vorbereitung auf die handlungsorientierte Ausbilder-Eignungsprüfung.** Schneider-Verlag, 2000

Golas, Heinz G.: **Berufs- und Arbeitspädagogik für Ausbilder. Bd. 2: Jugendliche in der Ausbildung; Rechtsgrundlagen.** 8., überarb. und erw. Auflage. Cornelsen Lehrbuch, 1994

Greinert, Wolf D.: **Das duale System der Berufsausbildung in der Bundesrepublik Deutschland. Struktur und Funktion.** 3., neubearb. Auflage, Holland & Josenhans Verlag, 1997

Gress, Werner (u. a.): **Die neue Handwerker-Fibel. Bd. 3: Berufs- und Arbeitspädagogik.** Für die praxisnahe Vorbereitung auf die Meisterprüfung Teil IV/Ausbildereignungsprüfung. 42., überarb. Auflage 2003/04, Holzmann-Verlag, 2003

König, Rene: **Arbeit und Beruf in der modernen Gesellschaft.** Hrsg. von Hansjürgen Daheim u. Dieter Fröhlich. Leske + Budrich, 2002

Leischner, Dietmar: **Berufs- und Arbeitspädagogik (Lernmaterialien).** 4. Auflage, Stam-Verlag, 2000

Mentzel, Wolfgang: **Personalentwicklung. Erfolgreich motivieren, fördern und weiterbilden.** DTV Beck, 2001

Schuhmann, Georg: **Aufstieg durch handlungsorientierte Ausbildung: Ada-Prüfungsfragen. Programmierte, ungebundene Fallstudien.** Zum Einheften in den Ordner. 4. Auflage, Europa-Lehrmittel, 2001

Schuhmann, Georg; Fischer, Winfried; Brüggemann, Eike: **Aufstieg durch Ausbildung (Ada). Handlungsorientiert. Arbeitsmappe für die Ausbildung der Ausbilder im kaufmännischen Bereich.** Nach dem neuen handlungsorientierten Rahmenstoffplan und den neuen Lernzielen. 7., erw. Auflage, Europa Lehrmittel, 2001

Abkürzungsverzeichnis

A

abH – ausbildungsbegleitende Hilfen
AEVO – Ausbilder-Eignungsverordnung
AFBG – Aufstiegsfortbildungsförderungsgesetz
AIS – ArbeitgeberInformationsService
AMVO – Allgemeine Meisterprüfungsverordnung
ASIS – AusbildungsStellenInformations-Service

B

BAföG – Bundesausbildungsförderungsgesetz
BBiG – Berufsbildungsgesetz
BerBiFG – Berufsbildungsförderungsgesetz
BGB – Bürgerliches Gesetzbuch
BIBB – Bundesinstitut für Berufsbildung
BIZ – Berufsinformationszentren der Agenturen für Arbeit
BMBF – Bundesministerium für Bildung und Forschung
BMWA – Bundesministerium für Wirtschaft und Arbeit

C

CAD – Computer Aided Design
CBT – Computer-based Training; dt.: Computer-unterstütztes Lernen

E

EU – Europäische Union

H

HWK – Handwerkskammer
HwO – Handwerksordnung

I

IHK – Industrie- und Handelskammer

J

JArbSchG – Jugendarbeitsschutzgesetz

K

KMK – Kultusministerkonferenz

S

SGB III – Sozialgesetzbuch Drittes Buch

U

ÜBL – Überbetriebliche Lehrwerkstatt
UNESCO – United Nations Educational, Scientific and Cultural Organization

Stichwortverzeichnis

A

B

C

D

E

F

G

H

I

J

K

L

M

N

O

P